LA PERSISTANCE du CHÔMAGE

LA PERSISTANCE du CHÔMAGE

Etude coordonnée par

PIERRE-YVES HENIN

Avec la contribution de

PIERRE CAHUC
MARIANNE CHAMBIN
FABRICE COLLARD
JEAN-FRANÇOIS JACQUES
THOMAS JOBERT
FRANÇOIS LANGOT
MURIEL PUCCI

ECONOMICA
49, rue Héricart, 75015 Paris

PRÉSENTATION GÉNÉRALE

I. PRÉSENTATION GÉNÉRALE

A côté de performances macroéconomiques satisfaisantes, parfois brillantes comme les résultats acquis en matière de désinflation, l'économie française est confrontée au problème majeur d'un niveau élevé de chômage persistant. Les études sont nombreuses qui apportent des éléments de compréhension de ce phénomène et en particulier discutent de la marge d'action limitée de l'intervention publique.

Pour contribuer à la compréhension de la persistance du chômage en France, deux conditions nous paraissent nécessaires. D'un côté, la dimension comparative apporte un éclairage irremplaçable. Le degré d'intégration atteint au sein de la Communauté Européenne, mais aussi plus généralement entre les principales économies de l'OCDE, rapproche les contraintes comme les logiques de gestion des employeurs, des pouvoirs publics et, plus progressivement sans doute, des syndicats. A ce titre, la dimension comparative est importante tant par ce qu'elle permet d'établir comme régularités communes, que doit prendre en compte toute explication robuste, que de singularités nationales, que l'on essaiera d'expliquer par des différences dans les institutions, les pratiques et les expériences historiques. Ainsi, l'opposition éventuelle d'une situation nord-américaine à ce qu'on a pu qualifier d'Eurosclérose éclaire-t-elle le débat sur les degrés comparés et souhaitables de flexibilité des salaires et au-delà dans la gestion de la main-d'oeuvre.

Une seconde condition pour une meilleure compréhension du problème est de reconnaître la diversité des sens que l'on attache couramment à l'expression de persistance du chômage. Entend-t-on par là un niveau durablement élevé, comme dans l'expérience anglaise des années vingt d'où est née l'élaboration keynésienne d'un concept d'équilibre de sous-emploi ? Parle-t-on d'une augmentation tendancielle, comme celle qui résulte de l'opposition entre la croissance continue des ressources en main-d'oeuvre et un niveau d'emploi qui ne connaît plus de progression significative ? Vise-t-on le phénomène de rigidité à la baisse, avec le constat d'une asymétrie entre des phases de récession où le chômage continue à s'accroître et des périodes d'expansion où son recul est tardif et limité, voire inexistant ?

Les éclairages apportés par les modèles macroéconomiques traditionnels contribuent à expliquer la persistance dans ses deux premières acceptions. Un approfondissement important a été fourni par les travaux menés dans le cadre du programme européen sur le chômage (Drèze et Bean, 1990) évaluant, dans un cadre analytique en partie rénové, les contributions de contraintes de demande, de capacité ou de rentabilité, à l'accroissement du chômage dans différents pays.

Dans l'étude menée à la demande du Commissariat Général du Plan et dont est issu cet ouvrage, on n'a pas adopté l'approche développée systématiquement dans ce programme européen qui a mobilisé récemment un réseau international de spécialistes réputés disposant de moyens incomparablement supérieurs. Dans le même temps en effet s'impose une autre acception du terme de persistance, associée à l'irruption en macroéconomie des processus non stationnaires et des phénomènes de tendance stochastique auxquels ils donnent lieu.

Statistiquement, la caractérisation du taux de chômage comme variable suivant un processus non stationnaire donne un sens techniquement précis et particulièrement fort à sa persistance. Dans cette perspective en effet, c'est l'existence même d'une norme donnée de chômage parfois dit taux naturel ou — en termes plus neutres — non inflationniste, qui disparaît. Le taux de chômage suit une tendance stochastique, dérivant au gré de l'accumulation des chocs aléatoires qui affecte l'environnement et les politiques.

A cette caractérisation statistique est associée une propriété d'hystérèse. Comme l'a montré Hargraves-Heap dès 1980, dans une telle représentation, le taux naturel n'est plus une norme donnée mais le produit de l'histoire et donc, pour une part, des politiques passées.

Les implications de la non stationnarité vont bien au-delà de l'analyse univariée du processus que suit le taux de chômage. L'économétrie des séries non stationnaires a montré en effet le profond renouvellement de la modélisation dynamique qui résultait des implications purement techniques de la non stationnarité. Ce renouvellement affecte toutes les relations macroéconomiques standard où intervient le taux de chômage.

La caractérisation du taux de chômage comme variable intégrée d'ordre 1 est *a priori* paradoxale. Cette variable représente en effet un terme d'écart à l'équilibre dont la dynamique doit normalement être dominée par des forces de rappel qui tendent à rapprocher l'économie de cette norme d'équilibre. Dans la macroéconomie standard, deux forces doivent ainsi s'exercer : la réaction des autorités, dont est attendue une action budgétaire ou monétaire stabilisatrice, et la dynamique endogène du taux de salaire suivant la logique que décrit la Courbe de Phillips. Caractériser le chômage comme non stationnaire ne permet plus de maintenir cette représentation, ce qui soulève un double défi pour un programme de recherche, qui comme le présent ouvrage, se propose de prendre au sérieux cette caractérisation.

Il faut d'une part proposer un ou des modèles théoriques qui rendent compte de ce nouveau statut du taux de chômage et de la défaillance des mécanismes stabilisateurs qui devraient le ramener à un niveau normal. Il convient d'autre part de reformuler ses relations empiriques avec une série de variables caractéristiques de l'activité macroéconomique, de la situation du marché du travail, des salaires, de l'évolution des capacités et de la rentabilité.

Une synthèse des travaux théoriques sur la persistance et l'hystérèse du chômage fait l'objet du premier chapitre, par Pierre Cahuc. La caractérisation statistique du chômage et le calcul de différents indicateurs de persistance sont présentés dans un second chapitre, par P.Y. Hénin et Th. Jobert.

Viennent ensuite trois textes qui s'attachent à la reformulation, dans une perspective de processus non stationnaires, des grandes relations macroéconomiques où intervient le taux de chômage : la Loi d'Okun, relation entre le taux de chômage et le PIB ou les taux d'utilisation (P.Y. Hénin et Th. Jobert), la courbe de Beveridge, qui repère par la combinaison du chômage et des emplois vacants l'évolution des processus d'appariement et de réallocation sur le marché du travail (J.F. Jacques et F. Langot), et la Courbe de Phillips qui évalue la tendance à l'autocorrection du chômage par freinage des coûts salariaux (P.Y. Hénin et F. Collard).

L'apparition des facteurs "insiders", s'opposant aux facteurs généraux de la formation des salaires, ne peut être évaluée au niveau complètement agrégé : d'où la contribution de M. Chambin et M. Pucci qui présentent une étude multisectorielle-multinationale.

Enfin, la nécessité de resituer le chômage dans une perspective faisant une place accrue aux facteurs d'offre conduit P.Y. Hénin et Th. Jobert à procéder à une évaluation statistique de la proposition dite "théorème de H. Schmidt" pour lequel les profits d'aujourd'hui sont les investissements de demain et les emplois d'après-demain.

Un dernier chapitre, en forme d'annexe méthodologique, décrit les principales méthodes de l'économétrie des séries non stationnaires, en présentant en particulier une stratégie de test de racine unitaire et une approche des tests de spécification et de causalité dans le cadre multivarié.

Au fil de ces contributions s'esquisse une vision différente du chômage, beaucoup plus autonome à l'égard des grands mécanismes macroéconomiques, soumis à des chocs dont l'effet s'amplifie à long terme plutôt qu'il ne s'estompe. Sans doute, les pièces du puzzle sont-elles encore loin de s'assembler parfaitement, mais du moins cet ensemble de contributions doit-il permettre de mieux situer la dérive du chômage français, ou étranger, au sein d'un ensemble de tendances stochastiques qu'impulsent les différents chocs que subissent nos économies et les réponses par lesquelles elles s'y adaptent.

II. ÉLÉMENTS DE SYNTHESE THÉORIQUE

Dans la synthèse théorique qu'il propose, P. Cahuc remarque que l'effort de recherche des années 80 a profondément renouvelé l'analyse du chômage persistant. Là où il s'agissait précédemment d'expliquer par des erreurs de prévisions ou diverses rigidités d'ajustement un écart temporaire à un taux de chômage naturel, les analyses récentes, très variées dans leur formulation, convergent cependant vers une perspective d'explication d'un taux de chômage d'équilibre — éventuellement élevé — comme résultante des limitations des structures informationnelles et concurrentielles du modèle d'équilibre général.

L'articulation avec le marché des biens retient souvent la formulation de Dixit-Stiglitz-Blanchard-Kiyotaki d'un marché de concurrence monopolistique. Sur le marché du travail, montre P. Cahuc, deux hypothèses principales rendent compte de la formation du salaire : l'hypothèse du salaire d'efficience ou un schéma de négociations salariales. Dans l'un ou l'autre cas, une représentation en termes de confrontation d'une quasi-demande (ou fixation des prix, *PS*) et d'une quasi-offre de travail (ou formation des salaires, *WS*) peut être dérivée conformément au paradigme développé initialement à la L.S.E.

L'explication du chômage et son inefficience paretienne tient dans ce cadre au pouvoir de monopole sur le marché du travail et des biens, mais aussi à l'inefficacité des transactions et au processus d'appariement (matching) et doit être qualifiée selon le contexte institutionnel, en particulier si celui-ci se traduit par un dualisme du marché du travail, ou la manifestation d'une opposition insiders-outsiders.

La question de l'efficacité des politiques de demande renvoie principalement aux mécanismes de rigidités nominales : des distorsions informationnelles ou concurrentielles de nature réelle peuvent éventuellement justifier des mesures correctrices, mais non une action par la demande globale. Un champ nouveau pour l'action possible de la politique économique est constitué par les situations d'équilibres multiples, ou une "trappe" à chômage coexiste *a priori* avec un équilibre haut et où on peut concevoir que l'action publique aide les agents à coordonner leurs actions de manière à assurer globalement la réalisation de cet équilibre satisfaisant.

III. CARACTÉRISATION STATISTIQUE ET MESURES DE LA PERSISTANCE DU CHOMAGE

L'essentiel des travaux empiriques a porté sur l'étude économétrique des taux de chômage, dans cinq des “majors” de l'OCDE, la France, la RFA, le Royaume-Uni, les Etats-Unis et le Canada, sur la période 1961-1990 et en général sur données trimestrielles.

Méthodologiquement, il convenait d'abord de caractériser et d'établir la non stationnarité des taux de chômage. On montre en particulier comment la non stationnarité implique une valeur infinie de l'indicateur naturel de persistance de l'économétrie standard, le délai moyen d'ajustement. Il faut donc définir de nouveaux indicateurs de persistance comme le coefficient de réponse à long terme, $A(1)$ ou les rapports de variance V de Cochrane.

Les tests de racine unitaire menés à l'aide d'une stratégie explicitée, tant sur les taux de chômage que leurs transformées logistiques, confirment très nettement dans l'ensemble la non stationnarité de ces séries.

Seuls les USA, au seuil de 10 %, pourraient voir rejeter l'hypothèse de non stationnarité du taux de chômage, mais non celle — techniquement plus appropriée — de non stationnarité de sa transformée logistique. La même remarque s'applique en France et en Allemagne de 1960 à 1974. Dans ce cas cependant, le rejet éventuel d'une tendance stochastique s'effectue au profit d'une tendance déterministe. La France est le seul pays qui cumule, sur l'ensemble de la période, une tendance déterministe et une tendance stochastique, toutes deux significatives.

Le calcul d'indicateurs de persistance montre que, sur l'ensemble de la période comme sur la sous période 1974-1989, le taux de chômage suit un processus plus persistant qu'une marche aléatoire. L'ampleur du phénomène est cependant moindre aux Etats-Unis et au Canada qu'en Europe, où il affecte particulièrement la France et surtout le Royaume-Uni. Dans ces deux pays, l'estimation d'un modèle ARFIMA permet même de conclure que le taux de chômage suit un processus stationnaire en différence et à mémoire longue.

Ces résultats statistiques soulignent à la fois l'ampleur du problème : le taux de chômage semble avoir — sur une période de trente ans — échappé aux mécanismes stabilisateurs spontanés ou discrétionnaires et la nature des difficultés nouvelles qui affectent sa modélisation. Ils obligent par ailleurs à considérer avec attention les modèles théoriques explicatifs de l'hystérèse, même si ces modèles n'apparaissent pas comme pleinement satisfaisants.

IV. LES RELATIONS ENTRE LE CHÔMAGE ET L'ACTIVITÉ MACROÉCONOMIQUE

En suivant une dérive stochastique, le chômage s'écarte nécessairement de sa représentation keynésienne, qu'exprime en particulier la Loi d'Okun, où il apparaît comme l'image inversée des fluctuations de l'activité macroéconomique.

Une estimation directe de la Loi d'Okun, obtenue en éliminant la dérive stochastique du chômage par un filtre statistique (de Hodrick-Prescott) conduit à des coefficients d'Okun qui encadrent la valeur traditionnelle de 1/3. Un point d'écart conjoncturel entraine 0.4 point de chômage supplémentaire aux USA et au Canada, contre 0.3 en France.

Une modélisation bivariée des interactions dynamiques entre chômage et activité macro mesurée par le PIB ou le taux d'utilisation des capacités confirme une relation plus forte aux USA.

La volatilité du chômage est expliquée dans cette approche par des chocs d'activité et des chocs spécifiques indépendants des premiers. En France ou en Allemagne, les chocs d'activité macroéconomique n'expliquent que 20 à 30 % de la variance du chômage à court terme (horizon de six mois) mais 70 à 75 % à long terme (15 ans). Ces pourcentages s'élèvent à 50 % (à 6 mois) et 90 % (à 15 ans) pour les Etats-Unis où il se confirme donc que la conjoncture domine la dynamique du chômage.

Le phénomène d'hystérèse prend ici la forme d'une persistance à long terme de l'impact des chocs conjoncturels sur le chômage, d'une ampleur plus grande aux USA (– 0.7) qu'en France

(– 0.3). L'exercice permet également la décomposition de la série historique du chômage en contribution des facteurs tendanciels, déterministes et stochastiques et de sa composante stationnaire.

V. FACTEUR DE PERSISTANCE SUR LE MARCHÉ DU TRAVAIL ET DÉRIVE DE LA COURBE DE BEVERIDGE

Une vision synthétique des désajustements observés sur le marché du travail est apportée par la Courbe de Beveridge, qui met en relation chômage et emplois vacants. Cette relation a en particulier le mérite de permettre la distinction entre les mouvements du chômage qui correspondent à une variation de l'excès d'offre de travail — mouvements le long de la Courbe de Beveridge — et les variations dues à une inadéquation croissante de l'offre et de la demande, ou une accélération des réallocations, qui se traduisent par des déplacements de la courbe elle-même.

Il est intéressant d'appliquer cette analyse à la tendance stochastique du chômage. On pourrait en effet penser à une situation où le chômage connaît à la fois des fluctuations conjoncturelles stationnaires autour de la Courbe de Beveridge, et à une dérive tendancielle qui déplace cette courbe sous l'effet de facteurs structurels. Tel serait par exemple le cas dans le schéma d'analyse de Layard-Jackman et Nickell (1991) où la montée du Nairu (taux naturel) est expliquée par des facteurs institutionnels.

La modélisation effectuée par J.F. Jacques et F. Langot, qui utilisent une méthode originale d'identification des chocs, ne confirme pas cette vision. Au contraire, la dérive stochastique du chômage s'opère principalement le long de la Courbe de Beveridge, bien que le glissement de cette courbe soit lui-même significatif pour plusieurs pays. On trouve ainsi que la contribution des chocs conjoncturels à la dynamique du chômage domine à long terme celle des chocs de réallocation.

Dans le cas de la France, comme de l'Allemagne, la composante d'accroissement déterministe est particulièrement forte, mais elle s'opère elle-même dans la direction d'une Courbe de Beveridge, et non par un déplacement de cette courbe.

VI. REFORMULATION DES ÉQUATIONS DE SALAIRES, TESTS D'HYSTERESE ET "EFFET PHILLIPS"

Après l'introduction par Friedman des anticipations d'inflation dans une courbe de Phillips "augmentée", la spécification des équations de salaires a surtout progressé dans la voie ouverte par Sargan d'une réintroduction de termes en niveau. Dans leur évaluation méthodologique, F. Collard et P.Y. Hénin remarquent que l'écriture correcte d'une équation de salaire en termes de modèle à correction d'erreur doit faire intervenir deux relations de cointégration, respectivement en termes de variables d'offre et de demande.

L'estimation d'équations de salaire de référence valide l'hypothèse d'une indexation totale sur la productivité tendancielle. Elle met en évidence des spécificités nationales intéressantes, comme le fait qu'en France les salaires supportent plus qu'ailleurs le poids de charges sociales mais moins celui des chocs de prix relatif. L'évidence empirique d'une hystérèse salariale, où le taux de chômage n'interviendrait qu'en différence, paraît faible. De même, il ne semble pas confirmé que le chômage long cesse de peser sur les salaires.

Malgré des difficultés imputables essentiellement à l'absence de certaines séries importantes pour l'explication des comportements d'offre, l'introduction de termes à correction d'erreur, en écart à des équations de cointégration interprétables comme quasi-demande (*PS*), ou quasi-offre (*WS*), conduit à des résultats encourageants. En particulier, l'impact négatif du taux de chômage sur la variation des salaires est plus élevé et techniquement mieux fondé que dans des équations de Phillips.

VII. EFFETS SECTORIELS ET TESTS DES MÉCANISMES "INSIDER"

Pour expliquer la défaillance des mécanismes de marché dans la réduction du chômage, on évoque souvent l'asymétrie profonde entre la position des insiders, pourvus d'un emploi et d'une influence prépondérante dans les négociations salariales, et la situation des outsiders demandeurs d'emploi se trouvant plus ou moins écartés des canaux de recrutement et de négociation. Pour apprécier la validité des modèles construits sur cette distinction, il faut abandonner le niveau macroéconomique et considérer des données désagrégées au moins par secteur.

Marianne Chambin et Muriel Pucci, après avoir rappelé le cadre théorique des modèles insider-outsider et les formulations alternatives d'équations de salaires qui en dérivent, procèdent à l'estimation comparative de telles équations pour six pays et dix secteurs.

Les résultats confirment et renforcent les conclusions de la littérature : les données ne permettent pas de retenir, même dans certains secteurs, une équation de salaire de type insider plutôt qu'une équation standard ou de type outsider. Pourtant, si l'opposition est reprise sous une formulation plus large, en remarquant que les mécanismes "insiders" justifient un rôle accru des variables sectorielles alors que la logique d'outsider retient surtout des déterminants macroéconomiques, il apparaît qu'un modèle mixte de formation des salaires est le plus courant entre les différents pays et les différents secteurs.

Dans l'ensemble, à l'exception du Royaume-Uni, et en partie des USA, l'existence d'un mécanisme d'hystérèse transitant par une rente de situation des insiders au niveau sectoriel peut en général être rejetée, ce qui confirme donc les résultats dérivés d'équations traditionnelles de salaire que la dynamique salariale ne parait pas le mécanisme principal générateur de l'hystérèse du chômage.

VIII. RELATIONS PROFIT-INVESTISSEMENT-CHÔMAGE

La proposition selon laquelle "les profits d'aujourd'hui font les investissements de demain et les emplois d'après-demain" attribuée à H. Schmidt, illustre bien le renversement de la problématique des politiques économiques à l'égard du chômage. C'est aussi une proposition empiriquement testable.

Des tests de causalité au sens de Granger montrent que l'existence d'une causalité s'exercant du taux de profit vers le chômage est aussi apparente que la causalité keynésienne du PIB vers le chômage, mais qu'elle s'avère plus robuste à l'intégration de variables supplémentaires.

Pour étudier ce point de manière plus approfondie, P.Y. Hénin et Th. Jobert considèrent un système de sept variables : PIB, salaire réel, taux d'intérêt, de profit et d'investissement, emploi et taux de chômage. La méthodologie de Johansen et Juselius est appliquée pour construire un modèle VECM pour ces données, compatible avec leurs propriétés de cointégration.

Les résultats obtenus sur cinq pays font apparaître un rôle relativement important des profits, qui domine celui du PIB dans trois cas. La France se distingue par le pouvoir explicatif principal qui revient aux innovations de l'investissement. Le modèle éclaire aussi les facteurs explicatifs de la profitabilité et des variations du PIB et n'accorde qu'une influence limitée aux chocs affectant les taux de salaire.

IX. ÉLÉMENTS DE MÉTHODE

Les travaux empiriques présentés dans cet ouvrage relèvent tous de l'économétrie des séries non stationnaires. L'application des méthodes appropriées à ce cadre est encore assez nouvelle, aussi a-t-il paru intéressant de proposer, sous la forme d'une annexe méthodologique, une présentation des principales d'entre elles.

L'objet du texte de Th. Jobert est double. En premier lieu il veut permettre au lecteur de mieux suivre les travaux présentés dans les chapitres précédents mais, au-delà, il espère aider d'autres chercheurs intéressés par l'application de telles méthodes. De ce fait, le texte privilégie les aspects pratiques de mise en oeuvre plutôt que l'exposé technique que l'on attendrait d'un ouvrage d'économétrie.

Ainsi une stratégie de mise en oeuvre des tests de Dickey Fuller est décrite avec soin, avec sa démarche séquentielle allant du général au particulier et l'attention nécessaire à l'imbrication des hypothèses relatives aux éléments déterministes et stochastiques. La méthodologie de Johansen et Juselius est présentée en évitant d'alourdir les aspects techniques, puis prolongée par une stratégie d'analyse des causalités dans le cadre d'un système non stationnaire cointégré.

X. CONCLUSION

Les six études économétriques comparatives effectuées dans le cadre de cette recherche sur le chômage rendent compte de la persistance en termes de non stationnarité. Leurs résultats, bien sûr inégaux dans leur robustesse, présentent une vision pour l'essentiel cohérente.

La forte persistance du chômage depuis trente ans est bien de la nature d'une dérive stochastique, surtout en Europe, mais aussi aux Etats-Unis. Le chômage n'est pas seulement le profil inversé de la conjoncture macroéconomique mais il garde à long terme la trace des chocs conjoncturels. Sa dérive stochastique ne résulte pas principalement d'une inefficacité accrue du marché du travail ou d'une croissance des besoins de réallocation. Les modèles purs d'hystérèse salariale ne sont pas confortés par les données, ni au niveau macroéconomique, ni au niveau sectoriel, où le poids des facteurs spécifiques est compatible avec une vision élargie des mécanismes d'insiders. Enfin, lorsque les facteurs de profitabilité et d'investissement sont introduits, ils exercent sur le chômage une influence importante, largement autonome par rapport aux facteurs traditionnels d'activité macroéconomique et de salaire réel.

Cette série d'éclairages successifs ne constitue pas un modèle bouclé, théorique ni même empirique, d'explication du chômage. Les résultats obtenus ne confortent parfaitement aucune théorie établie. La vision keynésienne sort très affaiblie de ces analyses dynamiques, mais cependant parée d'un effet nouveau à long terme. Le message de base de l'hystérèse semble confirmé, mais pas ses mécanismes usuels, de nature salariale ou transitant par le chômage de longue durée. L'importance de la profitabilité n'est pas étonnante, mais ses canaux de transmission attendus ne ressortent pas.

Puissent ces études, malgré les paradoxes qu'elles mettent à jour, ou peut-être grâce à eux, aider au renouvellement des idées et des méthodes nécessaires pour comprendre la dérive persistante du chômage et ainsi la maîtriser.

BIBLIOGRAPHIE

Drèze J. et Bean Ch., 1990, *Europe's Unemployment Problem,* MIT Press.

Hargraves-Heap S.P., 1980, Choosing the Wrong Natural Rate, Accelerating Inflation or Decelerating Unemployment and Growth, *Economic Journal,* 611-620

Layard R., Jackman et Nickell C., 1991, *Unemployment, Macroeconomic Performances and the Labour Market,* Oxford University Press.

CHAPITRE I

LES FONDEMENTS THÉORIQUES

Pierre CAHUC

Introduction

L'explication de la persistance du chômage constitue une préoccupation majeure de la macroéconomie. C'est grâce à la *Théorie générale de l'emploi, de l'intérêt et de la monnaie* (1936), souvent considérée comme l'ouvrage fondateur de la macroéconomie contemporaine, que Keynes a popularisé les concepts de chômage involontaire et d'équilibre stable de sous-emploi. Plus récemment, dans une contribution analysant les causes de la persistance du chômage, Layard et Bean (1989, p. 371) ont soutenu que la persistance du chômage constituait l'objet de la macroéconomie.

Une telle affirmation peut paraître étonnante : depuis la fin des années soixante, et jusqu'à une période récente, l'essentiel des débats relatifs à la théorie macroéconomique du chômage, fortement influencé par le célèbre article de Friedman (1968), était focalisé sur des problèmes de court-terme. Les variations du taux de chômage étaient conçues comme des fluctuations d'un taux de chômage effectif autour d'un taux "naturel". Le taux de chômage naturel était un concept ambigu, défini tantôt comme le taux d'équilibre d'un modèle d'équilibre général walrasien incluant des imperfections informationnelles et concurrentielles, tantôt comme un taux tendantiel de long-terme, tantôt comme un taux incompressible par des politiques anticipées de relance de la demande globale, ou encore comme un taux compatible avec une non accélération de l'inflation, pour ne citer que les interprétations les plus couramment admises (cf. Johnson et Layard, 1986).

Une première explication de l'écart de court-terme au taux naturel reposait sur l'existence d'erreurs de prévision. Des anticipations adaptatives (Friedman, 1968), une perception imparfaite de l'évolution des prix relatifs (Lucas, 1972) ou des erreurs d'anticipation sans autocorrélation dans les travaux des "nouveaux classiques", entrainaient des rigidités qui justifiaient des écarts au taux naturel. Dans une tradition keynésienne, l'illusion monétaire, l'ajustement incomplet des prix et l'existence de contrats de salaire étaient les sources privilégiées de rigidité. Dans cette perspective, les débats portaient essentiellement sur la rapidité du processus de convergence du taux de chômage effectif au taux naturel dont la détermination n'était pas explicitée. A un extrême, les théoriciens des "équilibres avec rationnements" soutenaient que l'équilibre walrasien était une référence uniquement dans le long terme (par exemple d'Autume, 1985, p. 78), tandis qu'à l'autre extrême, les premiers modèles de la "nouvelle macroéconomie classique" montraient que les écarts au taux naturel étaient des bruits blancs (écarts de moyenne nulle et sans corrélation temporelle).

De ce point de vue, l'augmentation rapide des taux de chômage et leur maintien à des niveaux élevés dans de nombreux pays industrialisés a constitué un véritable défi lancé à l'analyse macroéconomique. L'importance persistante des taux de chômage effectifs, l'absence de relation stable entre inflation et chômage et la diversité des taux nationaux de chômage ont suggéré que le chômage naturel était le principal déterminant du niveau effectif de chômage (Hall, 1970 ; Holt, 1980 ; Summers, 1986 ; Layard et Bean, 1989).

Depuis le début des années 80, une part importante des développements de l'analyse macroéconomique a consisté à relever ce défi. Aujourd'hui, l'objet essentiel de la théorie du chômage n'est plus d'expliquer des écarts transitoires entre un taux de chômage effectif et un taux naturel, mais d'analyser directement les déterminants du chômage comme résultant des "imperfections" des mécanismes de marché. Dans la voie ouverte dès 1970 par Phelps, ce programme de recherche cherche à expliquer le chômage dans le cadre de modèles d'équilibre général comprenant des imperfections informationnelles et concurrentielles. Une telle démarche s'est avérée être étonnamment féconde ; elle renouvelle profondément la compréhension du chômage, à tel point qu'elle a pu être assimilée à une révolution copernicienne (Mankiw, 1990 et Summers, 1988).

En effet, la recherche de fondements microéconomiques du taux de chômage dans un cadre d'équilibre général prenant en compte l'existence d'imperfections informationnelles et concurrentielles a bouleversé la conception selon laquelle il existerait un taux de chômage d'équilibre stable, non manipulable par des politiques systématiques, et indépendant du taux de chômage effectif.

Ainsi, paradoxalement, la recherche de fondements microéconomiques du taux de chômage naturel, conçu comme le taux d'équilibre d'un modèle walrasien comprenant les imperfections de marché, permet de renouer avec la problématique keynésienne, fondatrice de la macroéconomie, et de préciser la pertinence des principales intuitions proposées par Keynes en 1936. La dichotomie entre un taux naturel, concept jusqu'alors mal défini, et un taux effectif disparaît au profit d'une théorie soulignant notamment la dépendance du chômage à son "histoire", la fragilité d'équilibres nécessairement fortement conditionnés par les conjectures des agents, l'importance des caractéristiques institutionnelles et des coûts de transaction sur les marchés du travail, ou encore les conséquences complexes des politiques de relance de la demande globale.

Le but de cette contribution est de présenter les principaux développements de cette nouvelle théorie du chômage dans un cadre analytique unifié (cf. aussi les synthèses remarquables de Johnson et Layard, 1986 ; Blanchard et Fisher, 1989 ; Nickell, 1990). La première section expose le modèle de référence en montrant comment l'imperfection de l'information et de la concurrence peuvent induire du chômage dans un cadre d'équilibre général. La deuxième section présente les conséquences de chocs permanents réels ou nominaux. Enfin, la troisième section montre comment des chocs transitoires peuvent avoir des effets permanents ou, en d'autres termes, comment le chômage peut être soumis à des phénomènes d'hystérésis.

1. LE CHÔMAGE : CONSÉQUENCE DE L'IMPERFECTION DE LA CONCURRENCE ET DE L'INFORMATION

La théorie récente considère le chômage comme un phénomène de rationnement et distingue à ce titre deux sources du chômage.

La première est la rigidité des salaires réels. C'est parce que les salaires réels n'ajustent pas l'offre et la demande de travail que des salariés désirant travailler au salaire courant ne peuvent se faire embaucher et sont au chômage. Les développements récents de la théorie microéconomique du marché du travail ont montré que certaines spécificités de la relation salariale, comme sa dimension collective, la durée du contrat de travail ou la relation d'autorité liant les salariés et les entreprises, peuvent être à l'origine de la rigidité des salaires réels.

La seconde est l'inefficacité des transactions sur le marché du travail. Les coûts de transaction liés à la recherche d'emploi et à la gestion des postes de travail peuvent être à l'origine d'une certaine forme de chômage, car le fonctionnement du marché n'est pas suffisamment efficace pour que les entreprises pourvoient tous leurs emplois sans délai et sans coût et que tous les salariés désirant travailler trouvent immédiatement un emploi.

Ces deux sources du chômage sont évidemment interdépendantes : les conséquences de la rigidité des salaires réels dépendent de l'ampleur de l'inefficience des transactions, et inversement.

1.1. La rigidité du salaire réel

La formalisation explicite des caractéristiques de la relation salariale a permis de repérer des sources de rigidité des salaires. Afin d'analyser les implications des fondements microéconomiques de la rigidité des salaires sur le chômage, il est nécessaire de raisonner dans un cadre d'équilibre général. Pour ce faire, considérons une économie constituée de f entreprises identiques ($i = 1,\ldots, f$) en situation de concurrence monopolistiques (cf. Dixit et Stiglitz, 1977 ; Benassy, 1987 ; Blanchard et Kiyotaki, 1987 ; Manning, 1990 ; Weitzman, 1985 ; Zylberberg, 1989), et d'une population active composée de H consommateurs identiques. L'utilité indirecte d'un consommateur est $\Phi = w/P$ s'il travaille et $\Phi = e$ sinon ; w est le salaire nominal, P le niveau général des prix et e représente l'utilité du loisir, ou identiquement la désutilité d'une unité de travail. Les prix sont exprimés par rapport à un bien numéraire qui n'est ni produit ni échangé ; l'introduction de la fonction de réserve de valeur de la monnaie dans un cadre d'équilibre temporaire ne modifie aucune des propriétés du modèle présenté ici (Benassy, 1987). Les profits sont perçus par des consommateurs ayant des préférences identiques, mais ne faisant pas partie de la population active.

Chaque entreprise maximise son profit sous contrainte des fonctions de demande et de production qui ont pour expressions respectives :

$$(1) \qquad y_i^d = \frac{Y}{f}\left(\frac{p_i}{P}\right)^{-E}$$

$$(2) \qquad y_i = a\, n_i^{\alpha} \quad ; \qquad a > 0,\ \alpha > 0$$

où p_i est le prix du bien i, n_i l'emploi de la firme i et $PY = \sum_{i=1}^{f} p_i y_i \cdot E > 1$ représente l'élasticité de la demande de bien par rapport au prix. Une telle fonction de demande peut se déduire rigoureusement du comportement des consommateurs dont les préférences sont représentées par une fonction d'utilité où E est l'élasticité de substitution entre les biens (Dixit et Stiglitz, 1977). Chaque firme maximise son profit en prenant le niveau du produit global Y ainsi que le niveau général des prix comme donnés. Les solutions de ce programme donnent la demande de travail et le prix fixé par chaque firme :

$$(3) \qquad n_i = \left(\frac{\mu \quad w_i}{\alpha\, a\, P}\right)^{\frac{1}{\alpha' - 1}} \left(\frac{f\, a}{Y}\right)^{\frac{1}{E(\alpha' - 1)}} \; ; \; \mu = \frac{E}{E-1}$$

$$(4) \qquad p_i = P \left(\frac{Y}{f\, a}\right)^{\frac{1-\alpha}{E(1-\alpha)+\alpha}} \left(\frac{\mu \quad w_i}{\alpha a P}\right)^{\frac{\alpha}{E(1-\alpha)+\alpha}}$$

où $\alpha' \equiv \dfrac{\alpha\,(E-1)}{E} = \dfrac{\alpha}{\mu} < 1$ pour que les conditions du deuxième ordre soient vérifiées. Ces fonctions de demande de travail et de prix représentent le fonctionnement du marché des biens. C'est l'intégration du marché du travail qui permet d'expliquer la rigidité du salaire réel.

Relation salariale et rigidité du salaire réel

Les modèles de détermination du salaire peuvent se classer en deux catégories distinctes. La première, constituée par la théorie du salaire d'efficience, rend compte d'une détermination unilatérale du salaire par les entreprises. Au contraire, la seconde comprend des modèles de négociation qui représentent des situations où les salariés, éventuellement représentés par un syndicat, décident des salaires conjointement avec les entreprises. Néanmoins, ces deux catégories de modèles reposent fondamentalement sur la même idée : les salariés disposant d'un emploi exploitent une rente de situation qui leur permet d'obtenir un salaire supérieur à celui auquel un chômeur serait prêt à travailler.

La théorie du salaire d'efficience

L'intuition qui fonde la cohérence de la théorie du salaire d'efficience est que les entreprises peuvent avoir intérêt à verser des salaires relativement élevés afin d'augmenter la productivité des travailleurs (Solow, 1979). Une telle intuition a tout d'abord été émise pour les pays en voie de développement où les augmentations de salaire sont susceptibles d'améliorer la condition physique des travailleurs. Cependant, plusieurs arguments théoriques suggèrent l'existence d'une relation croissante entre la productivité et le salaire dans les économies développées. Des salaires élevés permettent en effet : de diminuer les taux de rotation de la main d'oeuvre (Stiglitz, 1974), d'inciter les travailleurs à fournir un effort lorsque les entreprises contrôlent imparfaitement la productivité individuelle (problème *d'aléa moral* : Shapiro et Stiglitz, 1984), de sélectionner les bons travailleurs si l'annonce d'un salaire de réservation élevé est perçue comme un signal positif sur la qualité des postulants (problème de *selection adverse* : Weiss, 1980), et enfin de respecter des normes sociales d'équités qui incitent les salariés à améliorer leur productivité (Akerlof, 1982).

Nous nous contenterons ici de rappeler le fonctionnement des modèles d'incitation à l'effort dans un cadre d'information imparfaite. Supposons que chaque entreprise i, $i = 1,\dots,f$ contrôle imparfaitement l'effort fourni par ses salariés. Chaque salarié peut décider, soit de fournir un effort, il a alors une productivité positive et une utilité indirecte égale à $\frac{w_i}{P}$ s'il perçoit un salaire nominal w_i, soit de ne pas fournir d'effort, sa productivité est alors nulle, et son utilité indirecte égale à $\frac{w_i}{P} + e$, puisqu'il ne subit pas la désutilité du travail. Chaque salarié a une probabilité $d \in\ ]0,1[$ d'être détecté s'il ne fournit pas d'effort ; le cas échéant il est immédiatement licencié à coût nul, et obtient un niveau d'utilité indirecte noté z. L'espérance d'utilité d'un salarié qui ne fournit pas d'effort est donc :

$$(5) \qquad E(\Phi) = d\,z + (1-d)\left(\frac{w_i}{P} + e\right)$$

L'entreprise choisit le plus faible salaire compatible avec une productivité non nulle, c'est-à-dire, à la limite, égalise l'espérance d'utilité définie dans (5) avec l'utilité d'un travailleur incité. On obtient donc comme expression du salaire d'efficience :

$$(6) \qquad \frac{w_i}{P} = z + \frac{e\,(1-d)}{d}$$

Le salaire d'efficience est défini comme le produit d'une marge constante (fonction croissante de la désutilité de l'effort et décroissante de la fréquence du contrôle) par les opportunités extérieures des salariés.

L'intérêt de la théorie du salaire d'efficience est de montrer que les entreprises peuvent avoir rationnellement intérêt à verser des salaires supérieurs aux opportunités extérieures des salariés qui représentent le salaire que chaque firme paierait dans une situation où l'information serait parfaite ($d = 1$). Ainsi, les chômeurs ne peuvent concurrencer les salariés déjà embauchés (les *insiders)* en acceptant de travailler pour un salaire d'un montant z, car les firmes réaliseraient des profits plus faibles. La théorie du salaire d'efficience peut donc décrire une situation de chômage involontaire où les chômeurs ont une utilité plus faible que celle des insiders. La théorie des négociations s'inscrit dans la même logique. De ce point de vue elle complète la théorie du salaire d'efficience en représentant les interactions stratégiques entre firmes et travailleurs lors du processus de détermination du salaire.

La théorie des négociations salariales

La théorie des négociations représente non seulement les interactions stratégiques entre salariés et entreprise, mais appréhende aussi la dimension collective du salaire, qui est absente des théories du salaire d'efficience. Il y a néanmoins une complémentarité entre l'approche en termes de négociations et de salaire d'efficience. L'institution de négociations peut être un moyen de gérer efficacement la main d'oeuvre afin de bénéficier des gains de productivité inhérents aux échanges d'informations qu'elles suscitent (Freeman et Medoff, 1984), et éventuellement au respect de règles d'équité (Akerlof, 1982). Ainsi, il est possible de montrer que les entreprises peuvent rationnellement décider d'instituer des négociations collectives lorsqu'elles ont le choix entre décider de déterminer unilatéralement les salaires ou négocier collectivement (Cahuc et Zajdela, 1991).

Afin de représenter les négociations il faut préalablement définir les objectifs des salariés. A cet égard, l'hypothèse la plus couramment admise est que dans le bassin d'emploi de chaque entreprise un syndicat maximise l'espérance d'utilité de l'ensemble des travailleurs (cf. : Farber, 1978 ; Drèze et Modigliani, 1981 ; Mac Donald et Solow, 1981 ; Oswald, 1985 ; Pencavel, 1985 ; Cahuc, 1991). En supposant que tous les travailleurs de l'économie sont répartis uniformément sur l'ensemble des bassins d'emploi, l'espérance d'utilité d'un travailleur du bassin de l'entreprise i est :

$$(7) \qquad E(\Phi_i) = \frac{n_i}{H/f}\frac{w_i}{P} + \left(1 - \frac{n_i}{H/f}\right)z \quad ; \quad n_i \leq \frac{H}{f}$$

Dans chaque bassin d'emploi, les salariés identiques ont une probabilité $\frac{n_i}{H/f}$ d'être embauchés et de percevoir un salaire nominal w_i ; dans le cas contraire, ils obtiennent un niveau d'utilité égal à z.

L'hypothèse de maximisation de l'espérance d'utilité est extrêmement simplificatrice et repose notamment sur la fiction d'une homogénéité des travailleurs. En fait, si les travailleurs ont des caractéristiques différentes, deux arguments conduisent à penser que les représentants des travailleurs participant aux négociations pondèrent plus fortement les objectifs de salaire que ne le prédit l'hypothèse d'espérance d'utilité. Tout d'abord, si les objectifs du syndicat sont exprimés par un vote majoritaire, ce sont les préférences de l'électeur médian qui définissent ces objectifs; si l'électeur médian est un insider dont la probabilité de licenciement est nulle, il pondère uniquement un objectif de salaire (Farber, 1978 ; Blair et Crawford, 1984 ; Booth, 1984 ; Oswald, 1985). Le second argument repose sur l'idée qu'il existe une opposition fondamentale entre les insiders et les outsiders (Lindbeck et Snower, 1985, 1989) : dans chaque entreprise les insiders disposent d'une rente de situation dès lors que les firmes supportent un coût positif de remplacement de la main d'oeuvre ; les insiders ont intérêt à se coaliser, et donc à négliger les objectifs des outsiders afin d'exploiter au maximum leur rente de situation. Nous distinguerons donc par la suite deux situations différentes, la première où un syndicat maximise l'espérance d'utilité de ses membres constitués par l'ensemble des salariés du bassin d'emploi, et la seconde où les insiders ont uniquement un objectif de salaire.

Les négociations sont représentées par le modèle de Nash (1953) dont la solution s'obtient en maximisant un produit pondéré des gains nets que les joueurs tirent de la relation dans laquelle ils s'engagent. La solution de Nash a l'intérêt de correspondre à des fondements stratégiques précis, puisqu'elle constitue l'approximation d'un équilibre parfait d'un jeu répété où les protagonistes émettent à intervalles de temps donnés des propositions et contre-propositions (Binmore, Rubinstein et Wolinsky, 1986). Les travailleurs et les entreprises peuvent négocier à la fois sur le salaire et l'emploi (modèle de contrat optimal , Mac Donald et Solow, 1981) ou bien uniquement sur le salaire (modèle de droit à gérer, Nickell et Andrews, 1983). Dans le premier cas, la solution des négociations est optimale au sens de Pareto et située sur une courbe de contrat de pente positive dans le plan (w_i , n_i). Dans le cas contraire, la solution est située sur la demande de travail puisque l'entreprise conserve le droit à gérer, c'est-à-dire à ajuster l'emploi lorsque le salaire est fixé par les négociations. Nous opterons ici pour cette dernière hypothèse, qui donne de bons résultats empiriques, tant sur données de panels (Nickell et Wadhwani, 1988, Cahuc Sevestre et Zajdela, 1990) que sur données agrégées (Nickell et Andrews, 1983 ; Hoel et Nymoen, 1986 ; Cahuc et Laurent, 1988), bien que les salariés disposent vraisemblablement d'un certain pouvoir de négociation sur l'emploi (Farber, 1986 ; Manning, 1987 ; Espinosa et Rhee, 1989 ; Strand 1989).

Dans ce cadre, il est possible d'écrire le programme représentant les négociations entre un syndicat maximisant l'espérance d'utilité de ses membres et une entreprise. Les syndicats sont dans la même situation stratégique que les entreprises dans la mesure où ils considèrent aussi que les variables macroéconomiques, comme le niveau général des prix et le produit global, sont des données. Si les négociations sont interrompues, supposons que chaque salarié obtient z, les gains nets du syndicat sont donc égaux à $E\,(\Phi_i) - z$ par salarié embauché, tandis que les gains nets de la firme correspondent simplement aux profits. L'hypothèse alternative selon laquelle le profit est différent de zéro en situation de *statu quo* donne une solution différente, analytiquement plus complexe au niveau de l'équilibre partiel, mais implique les mêmes propriétés de statique comparative à l'équilibre général. Le programme s'écrit donc :

$$(8) \qquad \underset{w_i}{\mathrm{Max}}\; n_i^{\gamma}\left(\frac{w_i}{P} - z\right)^{\gamma} \quad (\Pi_i)^{\gamma} \quad ; \quad \gamma \in [0, 1]$$

sous contrainte des équations (3) et (4)

(3) est l'équation de demande de travail et (4) l'équation de prix et Π_i est le profit optimal de la firme pour tout salaire nominal

γ représente le pouvoir de négociation des salariés et a une signification différente selon que la solution de Nash s'interprète comme la solution d'un jeu coopératif (approche axiomatique) ou non coopératif (approche stratégique). Par exemple, dans le cadre de l'approche axiomatique, $\gamma = 1/2$ peut s'interpréter comme un axiome de symétrie, ainsi que le suggérait Nash dans son article initial de 1953. Si la solution de Nash correspond à l'approximation de l'équilibre parfait d'un jeu de négociations séquentielles (approche stratégique) , le rapport de force est une fonction du rapport des taux d'actualisation subjectifs des joueurs : plus la capacité d'attente d'un joueur est faible (ie plus son taux d'actualisation est élevé) et plus son pouvoir de négociation est faible (Binmore, Rubinstein et Wolinsky, 1986).

En utilisant les expressions de la demande de travail et du prix, on peut calculer le profit à l'optimum :

$$\Pi_i = (1 - \alpha') \, \alpha'^{\alpha'/(1-\alpha')} \left(\frac{Y}{f}\right)^{\frac{1}{E(1-\alpha')}} a^{\frac{E-1}{E(1-\alpha')}} \left(\frac{w_i}{P}\right)^{\frac{\alpha'}{\alpha'-1}}, \tag{9}$$

En reportant (3) et (9) dans (8), on obtient le salaire négocié à partir de la condition du premier ordre :

$$\frac{w_i}{P} = \left((1 - \gamma) + \frac{\gamma\mu}{\alpha}\right) z \tag{10}$$

Le salaire est déterminé à partir d'un taux de marge sur les opportunités extérieures des salariés. Ce taux est une fonction croissante du pouvoir de négociation du syndicat γ, et décroissante de l'élasticité de la demande de travail par rapport au salaire. Ceci signifie que les salariés partagent avec la firme les bénéfices du pouvoir de monopole de cette dernière sur le marché des biens.

On obtient des résultats similaires si les négociations concernent des insiders ayant uniquement un objectif de salaire. Dans ce cas, les gains nets des insiders sont égaux à $\frac{w_i}{P} - z$ et le programme de négociation s'écrit :

$$\underset{w_i}{\text{Max}} \left(\frac{w_i}{P} - z\right)^{\gamma} \quad (\Pi_i)^{1-\gamma} \tag{11}$$

sous contrainte (3) et (4).

On obtient comme solution :

$$\frac{w_i}{P} = \frac{(1 - \gamma)\,\alpha'}{\alpha' - \gamma} \tag{12}$$

en supposant $\alpha' > \gamma$ pour obtenir un salaire positif.

Les modèles de négociation impliquent que les salariés et les entreprises choisissent conjointement un salaire qui est égal à un taux de marge (supérieur à un) multiplié par les opportunités extérieures des salariés d'un montant z. Ainsi, comme dans le cadre de la théorie du salaire d'efficience, les firmes refusent d'embaucher les chômeurs qui désirent pourtant travailler à un salaire concurrentiel égal à z. Ce refus des firmes peut provenir de contraintes légales qui les obligent à respecter leurs engagements, ou encore du coût de remplacement de la main-d'oeuvre, mais aussi de la volonté de respecter des règles d'équité nécessaires à l'institution d'une relation de travail.

Les théories du salaire d'efficience et des négociations salariales montrent que la rigidité des salaires réels est efficiente au niveau microéconomique dans le sens où des agents déterminant des salaires de manière décentralisée ont intérêt, afin de maximiser leurs gains, à fixer des salaires différents d'un salaire concurrentiel. On peut résumer les enseignements de ces modèles, dans le cadre des hypothèses énoncées ci-dessus, en exprimant le salaire sous la forme suivante :

$$(13) \qquad \frac{w_i}{P} = A\,z + B \quad \begin{cases} \text{Efficience :} & A = 1, B \geq 0 \\ \text{Négociations :} & A \geq 1, B = 0 \end{cases}$$

Nous allons maintenant montrer que ces comportements, efficients au niveau microéconomique, induisent des inefficiences macroéconomiques.

Le taux de chômage naturel

Le niveau d'emploi d'équilibre de ce modèle définit un taux de chômage d'équilibre. Suivant la célèbre définition de Friedman ce taux d'équilibre s'interprète comme un taux de chômage naturel : "le taux de chômage naturel est le niveau qui serait défini par un modèle d'équilibre général walrasien prenant en compte les véritables caractéristiques structurelles du marché du travail et des biens, incluant les imperfections de marché, les variations stochastiques des offres et demandes, le coût d'obtention d'information sur les emplois vacants et l'offre de travail, le coût de la mobilité, etc." (Friedman, 1968, p. 8). La description des comportements conduisant à la détermination des prix et des salaires permet de donner une première caractérisation d'un tel taux de chômage naturel incluant les "imperfections de marché".

Afin d'obtenir le taux de chômage naturel de cette économie, il faut déterminer l'équilibre général du modèle. Pour ce faire, il est nécessaire de définir la valeur des opportunités extérieures des salariés :

$$(14) \qquad z = u\,e + (1 - u)\,\frac{\overline{w}}{P}$$

où $u = \dfrac{H-N}{H}$; $N = \sum_{i=1}^{f} n_i$, est le taux de chômage, et $\overline{w}$ est l'espérance de salaire d'un chercheur d'emploi. On suppose donc que lorsqu'un salarié n'est pas embauché dans son bassin d'emploi, il peut visiter l'ensemble des bassins et a une probabilité u de chômer et une probabilité $(1-u)$ de trouver un emploi. Une telle spécification des opportunités extérieures dans ce cas statique correspond au cas limite d'un modèle explicitement intertemporel où les travailleurs n'ont pas de préférence pour le présent (leur taux d'escompte est nul) et où le taux de rotation à chaque période est égal à l'unité (cf. par exemple : Layard et Nickell, 1990).

A l'équilibre général symétrique : $p_i = P$, $w_i = w = \overline{w}$, $n_i = n$ et $y_i = y$ pour tout i. Les équations (13) et (14) déterminent une équation de salaire à l'équilibre :

$$(15) \qquad \frac{w}{P} = \frac{A\,u\,e + B}{1 - A\,(1-u)} \quad \begin{cases} \text{Efficience :} & A = 1, B \geq 0 \\ \text{Négociations :} & A \geq 1, B = 0 \end{cases}$$

et de l'équation (4), on déduit le produit d'équilibre dont on substitue l'expression dans (3) pour obtenir une "équation de prix" à l'équilibre :

$$(16) \qquad u = 1 - \frac{f}{H}\left(\frac{\mu\,w}{\alpha\,P\,a}\right)^{\frac{1}{\alpha-1}}$$

Ces deux équations définissent le salaire réel et le taux de chômage d'équilibre. Elles sont représentées sur le schéma 1, la première définit une "courbe de salaire" (*wage curve*) qui reflète le mode spécifique de détermination du salaire sur le marché du travail, de pente négative dans le plan (u, w/P). La seconde se déduit du comportement des entreprises sur le marché des biens, à ce titre elle définit une "courbe de prix" (*price curve*) de pente positive si les rendements sont décroissants, nulle s'ils sont constants, et négative s'ils sont croissants. Nous nous contenterons ici d'analyser les conséquences de rendements non croissants qui assurent l'unicité de l'équilibre. Le problème posé par la multiplicité des équilibres sera abordé ultérieurement.

Figure 1

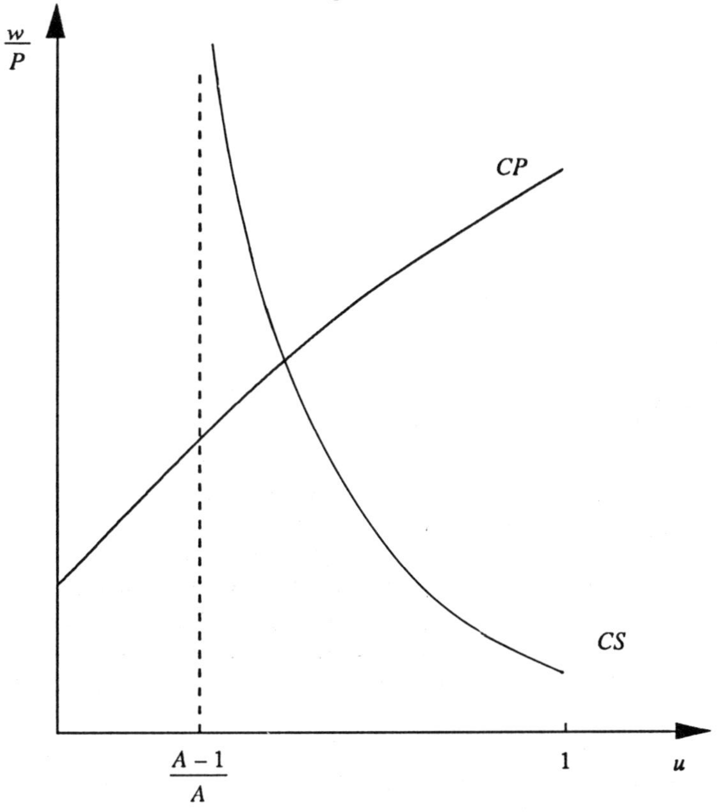

Les deux équations (15) et (16) correspondent exactement aux équations *WS* (wage setting) et *PS* (price setting) d'une famille de modèles élaborés par les économistes de la *London School of Economics* dans les années 80 pour étudier les problèmes d'emploi (cf. par exemple la synthèse proposée dans Jackman et alii, 1990). Ces modèles ont pour but de représenter le fonctionnement d'une économie imparfaitement concurrentielle, où les prix et les salaires sont déterminés de manière décentralisée, dans un cadre analytique très simple consistant à déterminer l'équilibre à partir des deux équations *WS* et *PS* dont les fondements microéconomiques ne sont pas toujours précisés. Le fait d'avoir défini précisément de tels fondements microéconomiques permet d'aboutir à un modèle cohérent dont la nature des hypothèses apparaît clairement.

1.2. L'inefficience des transactions

Si le marché du travail fonctionnait sans aucun coût de transaction, il ne coexisterait pas d'emplois vacants et de chômage. Tel n'est évidemment pas le cas. Dès 1944, les travaux de Beveridge (1944) ont mis en évidence une relation décroissante convexe entre le nombre des emplois vacants et le volume du chômage. Plus récemment, Nickell (1979), Holt (1980), Henin et Bitaud (1984), Pissarides (1986), Budd, Levine et Smith (1988), Jackman, Layard et Pissarides (1989), Blanchard et Diamond (1989a), Holmlund et alii (1989) ont montré que l'augmentation des taux de chômage s'accompagnait souvent d'un déplacement de la courbe de Beveridge traduisant une aggravation de l'inefficience du fonctionnement du marché du travail. Cette inefficience transactionnelle a suscité un volume très important de travaux, enrichissant profondément l'analyse du fonctionnement du marché du travail, qui peuvent s'articuler autour de trois axes.

Le premier souligne, en amont, la fécondité d'une analyse du chômage en termes de flux. Les variations du nombre de chômeurs, variable de stock, sont par définition la conséquence des différences de flux d'entrées et de sorties dans et hors le chômage. A cet égard, l'étude des flux est beaucoup plus riche que celle des stocks. Elle permet d'analyser les variations du chômage en explicitant la nature des flux qui l'alimentent. L'augmentation du chômage peut être la conséquence d'une augmentation des flux d'entrées, c'est-à-dire des taux de participation ou des taux de rotation de la main-d'oeuvre, ou d'une diminution des flux de sorties, c'est à dire d'une baisse des taux d'embauche des entreprises.

Le deuxième axe a pour objet d'étudier les conséquences des coûts de transaction sur les comportements individuels. Les travaux fondateurs de Holt (1970, 1980) ont montré, dans un cadre de détermination concurrentielle des salaires, que l'importance relative des taux d'emploi vacants et de chômage, variables de tension du marché du travail, a une influence non seulement sur les taux de rotation de la main-d'oeuvre, mais aussi sur les comportements de recherche d'emploi et donc sur la détermination du salaire. Plus récemment, les contributions de Mortensen (1989) et Pissarides (1990) ont permis d'approfondir la voie ouverte par Holt en étudiant les conséquences de l'inefficience des transactions dans un cadre de concurrence imparfaite sur le marché du travail.

Le dernier axe montre que l'inefficience transactionnelle induit en général des externalités non maitrisées dans une économie décentralisée (Diamond, 1982 ; Howitt et McAfee, 1987 ; Howitt, 1988). En effet, sur un marché inefficace, le coût des transactions dépend de variables agrégées comme le taux de chômage ou le taux d'emploi vacants. Par exemple, une entreprise trouvera plus facilement un travailleur adapté au poste de travail qu'elle décide de créer si le taux de chômage est important. Cependant, dans une économie décentralisée, les agents ne maîtrisent pas toutes les conséquences de leurs choix. En général, les firmes ne tiennent pas compte de l'influence de leurs embauches sur les coûts de transactions globaux. Ceci entraîne généralement des défauts de coordination.

Coûts de transaction, formation des salaires et emploi

Pour illustrer plus précisément les rapports entre l'inefficience transactionnelle et le taux de chômage il est possible d'intégrer un marché du travail avec coûts de transaction au modèle du paragraphe précédent. Supposons que les possibilités de transactions sur le marché du travail sont représentées par la relation technologique suivante :

$$(17) \quad N = (m\,H\,L)^k \quad ; \quad L \equiv N + V \quad ; \quad k > 0 \quad ; \quad m > 0$$

N est le nombre d'emplois pourvus, L le nombre de postes de travail et donc V le nombre d'emplois vacants. Selon cette fonction d'appariement *(Matching function)* le nombre total d'emplois pourvus est une fonction croissante du nombre d'emplois proposés et de la taille de la population active. Habituellement, dans un cadre dynamique, la fonction d'appariement exprime une relation entre les embauches, les emplois vacants et le chômage. Cependant, dans le modèle purement statique de la section précédente, tout emploi pourvu correspond à une embauche et la relation pertinente est bien définie par l'équation (17). Si $k > 1/2$ la fonction d'appariement a des rendements croissants : une augmentation du volume des échanges diminue l'inefficience des transactions puisqu'elle diminue à la fois le nombre d'emplois vacants et le chômage. En utilisant l'identité $U \equiv H - N$, la relation (17) définit dans le plan (U,V) une courbe de Beveridge :

(18) $$U = H - (m H (H - U + V))^k$$

On vérifie aisément que cette courbe est de pente négative si $k < \bar{k} = L/N > 1$, c'est-à-dire si les rendements de la fonction d'appariement sont inférieurs à une valeur seuil n'excluant pas les rendements croissants.

Les coûts réels associés à un emploi vacant sont notés c. Le rapport σ entre le nombre d'emplois vacants et le nombre d'emplois pourvus est une variable macroéconomique déterminée par l'efficience transactionnelle du marché du travail ; c'est-à-dire, formellement, par la fonction d'appariement. Par conséquent, le rapport σ est considéré comme donné par chaque entreprise. Ceci signifie que le volume d'embauche de chaque firme est négligeable par rapport au volume total des transactions sur le marché du travail. Il est possible de calculer σ à partir de l'équation (18), on obtient :

(19) $$\sigma \equiv \frac{V}{N} = \left(\frac{\varphi (1-u)^{\frac{1-k}{k}}}{m} - 1 \right) \in [0,1] \quad ; \quad \varphi \equiv H^{\frac{1-2k}{k}}$$

Le taux d'emplois vacants est une fonction de la taille de la population active et du taux de chômage. Si les rendements de la fonction d'appariement sont croissants ($k > 1/2$), le taux d'emplois vacants est une fonction décroissante de la taille de la population active : une augmentation de la taille de l'économie implique une amélioration de l'efficience transactionnelle sur le marché du travail.

Le programme d'optimisation des firmes doit intégrer l'existence d'emplois vacants. Le programme d'une firme i s'écrit donc :

(20) $$\underset{n_i\, y_i\, p_i}{\text{Max}}\ \Pi_i = p_i\, y_i - n_i\,(w_i + P\, c\, \sigma)$$

sous contrainte de (1) et (2).

On obtient des fonctions de demande de travail et de prix similaires à celles définies par les équations (3) et (4) en substituant à w; le nouveau coût du travail égal au terme entre parenthèses de l'équation (20) :

(21) $$n_i = \left(\frac{\mu\, (w_i + P\, c\, \sigma)}{\alpha\, a\, P} \right)^{\frac{1}{\alpha' - 1}} \left(\frac{f a}{Y} \right)^{\frac{1}{E(\alpha' - 1)}}$$

(22) $$p_i = P \left(\frac{\mu\,(w_i + P\,c\;\sigma)}{\alpha\,a\,P}\right)^{\frac{\alpha}{E(1-\alpha)+\alpha}} \left(\frac{Y}{f\,a}\right)^{\frac{1-\alpha}{E(1-\alpha)+\alpha}}$$

La détermination des fonctions d'emploi et de prix permet à présent d'étudier la formation des salaires.

L'impact de l'inefficience transactionnelle sur les salaires est différent dans le cadre des modèles de salaire d'efficience et de négociation. Dans le cadre du modèle de Shapiro et Stiglitz (1984), il apparaît immédiatement que le salaire fixé par chaque firme est indépendant du coût et du taux d'emplois vacants, (cf. les équations (5) et (6) qui sont donc encore pertinentes). Pour des négociations, par contre, comme les coûts de transaction ont un impact sur la demande de travail et sur le profit des firmes, ils influencent aussi les salaires négociés. En écrivant des programmes de négociations similaires à ceux définis par les équations (8) et (11), et en utilisant les équations (20) (21) et (22) on obtient respectivement les salaires déterminés par des négociations avec un syndicat et avec des insiders :

(23) $$\frac{w_i}{P} = z\left((1-\gamma) + \frac{\gamma\mu}{\alpha}\right) + c\;\sigma\gamma\left(\frac{\mu-\alpha}{\alpha}\right)$$

(24) $$\frac{w_i}{P} = \frac{z\;\alpha'(1-\gamma) + c\;\;\sigma\,\gamma\,(1-\alpha')}{\alpha' - \gamma}$$

Et on peut donc, comme précédemment, résumer les résultats des modèles de formation des salaires par l'équation suivante :

(25)

$$\frac{w_i}{P} = A\,z + B + D\,c\;\sigma \begin{cases} \text{Efficience :} & A = 1,\; B \geq 0\;,\; D = 0 \\ \text{Négociations :} & A \geq 1,\; B = 0\;,\; D \geq 0 \end{cases}$$

Le taux de chômage naturel avec coûts de transaction et rigidité du salaire réel

L'équilibre général se calcule facilement, grâce à la symétrie du modèle. En utilisant les définitions de l'option extérieure d'un salarié (équation 14) de σ (équation 19) et l'équation (25) on obtient une équation de salaire :

(26)

$$\frac{w}{P} = \frac{Aue + B + D\,c\left(\frac{\varphi}{m}(1-u)^{\frac{1-k}{k}} - 1\right)}{1 - A(1-u)}$$

$$\begin{cases} \text{Eff.} : A = 1, B \geq 0 \;, D = 0 \\ \text{Nég.} : A \geq 1, B = 0 \;, D \geq 0 \end{cases}$$

L'équation (22) définissant le prix optimal de chaque entreprise, et la fonction de production (équation 1) permettent de calculer, comme précédemment, une équation de prix :

$$(27) \quad u = 1 - \frac{f}{H}\left\{\frac{\alpha\,\mu}{a}\left[\frac{w}{P} + c\left(\frac{\varphi}{m}(1-u)^{\frac{1-k}{k}} - 1\right)\right]\right\}^{\frac{1}{\alpha - 1}}$$

Le taux de chômage naturel est déterminé, comme dans le paragraphe précédent, par les équations de salaire et de prix qui dépendent maintenant des modalités des transactions sur le marché du travail. Le taux de chômage naturel dépend donc non seulement des comportements de détermination des prix et des salaires, mais aussi de l'efficacité et des coûts de transaction sur le marché du travail. L'existence de coûts de transaction amplifie les conséquences de l'imperfection de l'information et de l'imparfaite coordination lors de la formation des salaires. A ce titre, l'existence d'inefficiences transactionnelles n'est pas une condition suffisante pour que le salaire réel d'équilibre soit supérieur à la désutilité du travail. Si les insiders n'ont aucun pouvoir de négociation, l'équation (26) montre que le salaire réel est égal à la désutilité du travail malgré l'existence d'emplois vacants. La courbe de salaire est donc une droite horizontale d'ordonnée e dans le plan $(u,w/P)$ (figure 2), et les coûts de transaction sur le marché du travail induisent simplement un déplacement de la courbe de prix vers la droite qui augmente le taux de chômage pour le salaire réel e.

Il est important de remarquer que l'unicité de l'équilibre n'est pas toujours assurée. Si les rendements d'échelle de la fonction d'appariement et de la fonction de production sont décroissants, ces deux équations définissent sans ambiguïté un équilibre unique : l'équation de salaire définit une courbe de pente négative et l'équation de prix une courbe de pente positive. Si les rendements d'échelle de la fonction de production ou de la fonction d'appariement sont strictement croissants il peut exister des équilibres multiples, puisque la courbe de prix peut être de pente négative et la courbe de salaire de pente de signe ambigu si les salaires sont négociés (cf. les conclusions identiques de Mortensen (1989) dans un cadre analytique légèrement différent). La figure 2 représente l'équilibre obtenu pour des rendements strictement décroissants ; le cadrant du bas représente la courbe de Beveridge (dans le plan (u,v) ; $v = V/H$), qui est entièrement déterminée par la fonction d'appariement, mais dont les modifications entraînent des déplacements des courbes de prix et de salaire.

Figure 2

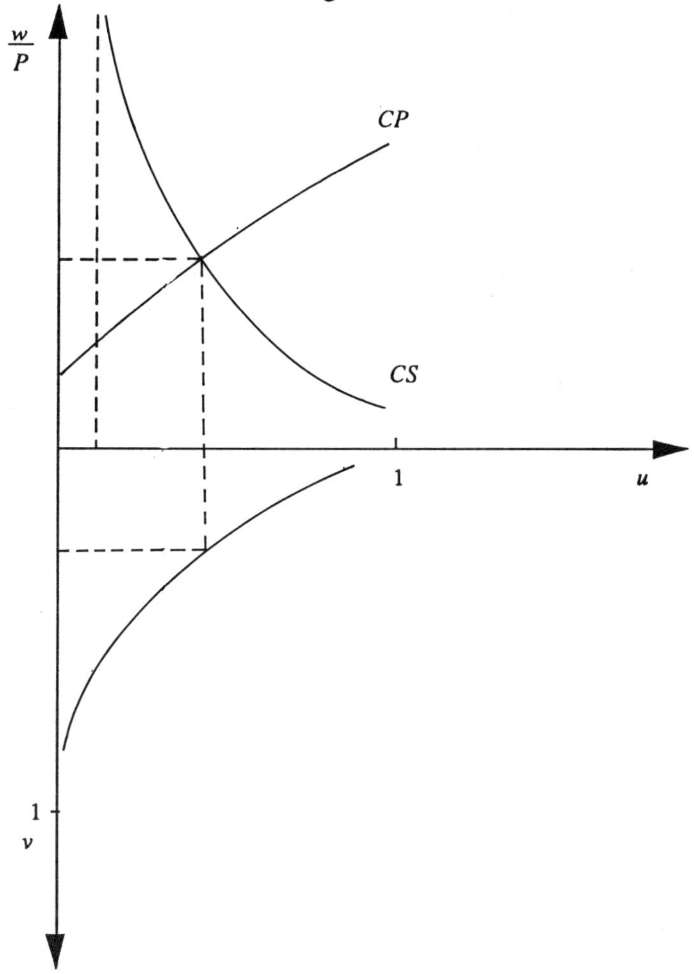

Les fondements théoriques du chômage reposent donc sur la rigidité des salaires réels et sur l'inefficience transactionnelle du marché du travail. Ces deux phénomènes permettent d'expliquer l'existence de chômage involontaire dans la mesure où le chômage ne résulte pas exclusivement d'une excessive désutilité du travail.

2. CHOCS PERMANENTS ET PERSISTANCE DU CHÔMAGE

La formalisation explicite des comportements de détermination des prix et des salaires ainsi que des contraintes transactionnelles dans un cadre d'équilibre général permet d'apporter des éléments d'explication à la persistance du chômage lorsque l'économie est affectée par des chocs permanents, réels ou nominaux.

Nous analyserons l'impact de chocs réels et nominaux sur le taux de chômage d'équilibre défini par les équations (26) et (27). Nous nous situerons dans le cadre d'une hypothèse de fonction de production et de fonction d'appariement à rendements décroissants, ce qui assure l'unicité de l'équilibre. Les conséquences des rendements croissants seront examinées dans la section suivante.

2.1. Les conséquences des chocs réels

Allocations chômage et désutilité du travail

Les variations du montant des allocations chômage ont fondamentalement les mêmes effets que les variations de la désutilité du travail. Une augmentation de la désutilité du travail, ou identiquement de l'utilité du loisir, entraîne sans ambiguïté un déplacement de la courbe de salaire vers le nord-est et donc une augmentation du chômage. Ce résultat signifie qu'une augmentation du montant réel des allocations chômage (noté B) entraîne une hausse du taux de chômage, puisque les insiders perçoivent de plus hauts salaires lorsque l'utilité d'un chômeur augmente (équations (6), (10), (12)) (Sampson, 1983 ; Oswald, 1985 ; Shah, 1985). En effet, l'espérance d'utilité d'un outsider s'écrit :

(28) $$z = u(e + b) + (1 - u)\frac{\overline{W}}{P}$$

En reportant, à l'équilibre, l'expression de z dans l'équation de salaire (25), on obtient une équation similaire à l'équation (26) en remplaçant le terme e de cette équation par le terme $(e + B)$. Ceci montre donc qu'une augmentation du montant réel des allocations chômage entraîne une hausse du taux de chômage naturel.

La portée de ce résultat est cependant très limitée dans la mesure où il n'est vraisemblablement pas pertinent d'étudier les conséquences des allocations chômage à partir de leur seul montant (Atkinson et Micklewright, 1991). Les modalités de versement des allocations jouent un rôle essentiel sur les comportements des chômeurs. Ainsi, des allocations élevées, mais conditionnelles à la recherche effective d'emploi, ou au suivi de stages de formation peuvent être meilleures pour l'emploi que des allocations d'un faible montant versées sans conditions.

Coûts de licenciement et Eurosclérose

L'importance des coûts de licenciement est souvent évoquée pour expliquer les taux de chômage élevés dans de nombreux pays européens. De ce point de vue, la législation très stricte en matière de licenciement "scléroserait" les marchés du travail. Les arguments théoriques les plus souvent avancés pour étayer de telles conclusions sont de deux ordres. Tout d'abord, en situation d'incertitude, les firmes limitent drastiquement les embauches si les coûts de licenciement sont trop élevés. Ensuite, les coûts de licenciement contribuent à alourdir le coût du travail.

Les travaux récents montrent que ces arguments théoriques s'avèrent extrêmement fragiles dans un cadre d'analyse spécifiant de manière cohérente les comportements stratégiques des salariés et des entreprises en situation d'incertitude. Bentolila et Bertola (1990) ont étudié un modèle dynamique avec coûts d'ajustement linéaire de l'emploi à salaire réel donné. Ils ont montré que les coûts de licenciement ont des effets supérieurs sur la propension à licencier que sur la propension à embaucher. Les coûts de licenciement ont un impact négatif, très faible, sur le taux de chômage de long-terme, et ralentissent la vitesse d'ajustement de l'emploi. Cependant, dans le court-terme, une réduction non anticipée des coûts de licenciement augmenterait très faiblement la propension des firmes à embaucher et affecterait par contre considérablement leur propension à licencier. Par conséquent, une réduction des coûts de licenciement, bien que susceptible de diminuer faiblement le taux de chômage de long-terme, augmenterait très probablement le taux de chômage de court-terme.

Bertola (1990) et Saint-Paul (1990) ont prolongé cette analyse en endogénéisant le salaire grâce à des modèles de négociation et d'efficience. Les modèles de négociations (Bertola) suggèrent que les coûts de licenciement ont des effets ambigus, probablement faibles, sur le salaire réel (les résultats dépendent des formes fonctionnelles sélectionnées). En fait, les conséquences des primes de licenciement dépendent de la représentativité des chômeurs lors des négociations. L'existence de coûts de licenciement augmente la rente potentielle des insiders du fait de leur impact positif sur le coût de rotation de la main d'oeuvre.

Par conséquent, si les négociations concernent uniquement des insiders ne tenant pas compte des objectifs des chômeurs, les primes de licenciement peuvent avoir un impact positif sur les salaires; par contre, si les syndicats représentent aussi bien les salariés disposant d'un emploi que les chômeurs, la modification des coûts de rotation de la main d'oeuvre n'a pas de conséquence sur le salaire négocié. Les modèles de négociation aboutissent donc à la conclusion que les primes de licenciement ont un impact vraisemblablement positif mais faible sur les salaires. Le modèle de salaire d'efficience (Saint-Paul) aboutit à une conclusion différente (modèle de risque moral présenté dans la section 1 ci-dessus). Les primes de licenciement n'ont aucun impact sur le coût du travail, car elles sont compensées par une diminution du salaire réel. Ce résultat est logique dans la mesure où la condition d'incitation porte sur la différence entre l'espérance d'utilité d'un salarié et d'un chômeur.

Les études empiriques sont encore insuffisantes pour disposer de résultats solides. Lazear (1990) conclu que l'importance des primes et des délais de licenciement expliquent une part non négligeable du chômage en Europe entre 1956 et 1984, notamment en France où l'augmentation des coûts de licenciement serait responsable de la hausse du taux de chômage pour 59 %. Les résultats de Bertola (1990), reposant sur un matériau statistique moins complet que celui de Lazear, sont différents et beaucoup plus mitigés. Il montre que les coûts de licenciement n'exercent pas de pression à la hausse sur les salaires, et qu'il n'existe pas de corrélation positive entre coût de licenciement et taux de chômage.

Productivité et stock de capital

Une variation de a, paramètre de la fonction de production (cf. équation 2) peut s'interpréter comme une modification de la productivité globale des facteurs. Elle entraîne uniquement une modification de la fonction de prix *CP*. En effet, les modèles d'efficience et de négociation impliquent que les salaires sont fixés sur la base d'un taux de marge sur les options extérieures des salariés indépendamment de la valeur de a (équation 25). Bruno et Sachs (1985) et MacDonald et Solow (1981) ont interprété ce résultat, en raisonnant dans le cadre d'un modèle d'équilibre partiel, comme une propriété de rigidité absolue du salaire réel pour des chocs sur la productivité ou sur le prix des importations. Dans un modèle d'équilibre général, le choc de productivité modifie l'équation de prix ; puisque le prix relatif de chaque entreprise est une fonction décroissante de a : une diminution de la productivité induit une augmentation du prix relatif de chaque entreprise (équation 4) et donc un déplacement de la courbe *CP* vers le sud-est de la figure 3.

Figure 3

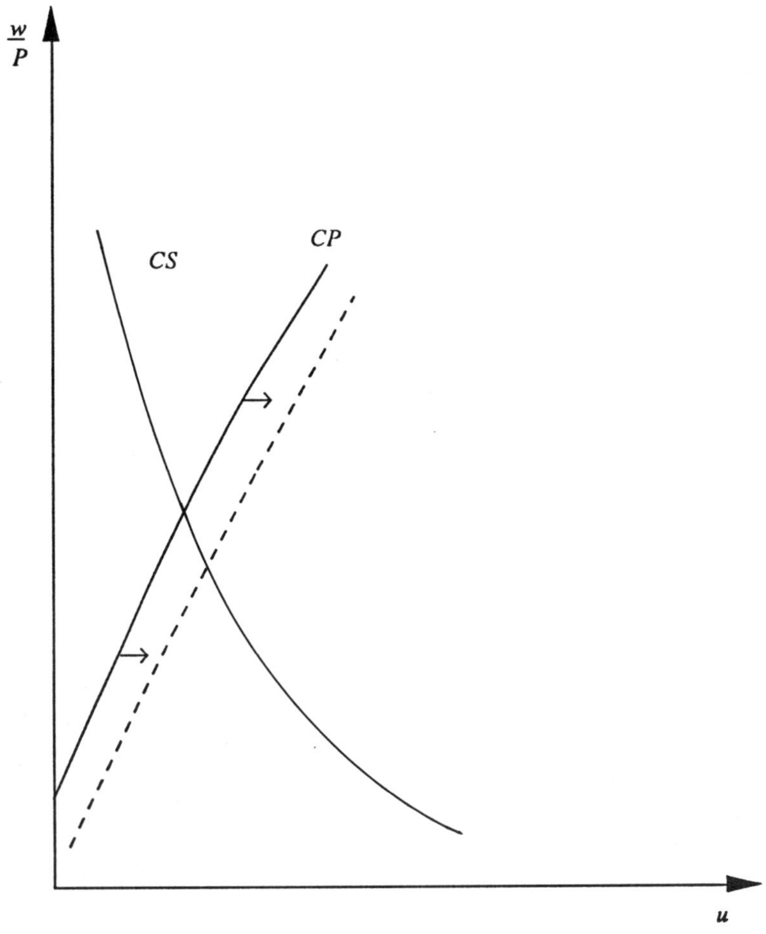

Un choc de productivité négatif entraîne donc une augmentation du chômage et une diminution du salaire réel. La forme hyperbolique de la courbe de salaire, qui semble confirmée par les données empiriques (Blanchflower et Oswald, 1990), montre cependant que le salaire réel est d'autant plus rigide que le taux de chômage est élevé : un choc de productivité entraîne donc un ajustement plus important de l'emploi si le taux de chômage est important.

Il faut souligner que la rigidité du salaire, constatée dans l'équation (25) résumant les conclusions des différents modèles de formation des salaires, n'est pas toujours vérifiée. En effet, dans le cadre des modèles de négociation le salaire est indépendant des chocs de productivité uniquement si ceux-ci n'ont pas d'impact sur l'élasticité de la demande de travail qui conditionne la valeur du taux de marge A des syndicats ou des insiders. En outre, si le profit en situation de *statu quo* n'est pas nul, le choc de productivité modifie l'équation de salaire au niveau de l'équilibre partiel lorsqu'il affecte l'écart entre le profit d'équilibre et le profit en situation de *statu quo*.

Une variation du paramètre a de la fonction de production peut aussi s'interpréter comme une modification des termes de l'échange. En négligeant les effets compétitivité, une augmentation du prix des importations entraîne une hausse du déflateur des salaires relativement au prix de la production, ce qui correspond à une diminution du paramètre a qui mesure alors l'écart *(wedge)* entre le prix de la consommation et le prix de la production (cf. Bruno et Sachs (1985), Newell et Symons (1987), Drèze et Bean (1990)). Ainsi, dans ce cadre, un choc positif sur le prix des importations entraîne une augmentation du coût du travail et donc du chômage.

Burda (1988), et Bean (1989), en exploitant les propriétés de rigidité du salaire, ont suggéré que l'importance croissante du chômage en Europe entre 1975 et 1986 pouvait résulter de la rigidité des salaires réels consécutivement à la diminution de la croissance des stocks de capital. Drèze et Bean (1990) ont soutenu que la rigidité des salaires (pour des chocs négatifs sur la productivité du travail) a entraîné une substitution excessive du capital au travail qui explique, pour une part non négligeable, l'importance des taux de chômage européens.

Ces constatations suggèrent que la croissance du chômage peut résulter de la sous-optimalité induite par l'hypothèse de "droit à gérer", présente à la fois dans les modèles d'efficience et de négociations à la Nickell et Andrews (1983). En effet, la théorie des négociations collectives montre que le développement de conventions collectives définissant conjointement des politiques de salaire et d'investissement peut constituer un moyen, non seulement pour maîtriser la tendance à une excessive substitution du capital au travail, mais aussi pour prévenir une éventuelle insuffisance du stock de capital. Grout (1984) a montré que des négociations concernant à la fois le salaire et la politique d'investissement aboutissent, au niveau décentralisé (équilibre partiel), à des équilibres préférables selon le critère de Paréto. Les contrats issus de telles négociations permettent d'obtenir à la fois un niveau d'emploi et un stock de capital plus importants avec taux de salaire dépendant de la politique d'investissement (Anderson et Devereux 1988).

Impôts et taxes

Les taxes et impôts ont un impact sur le chômage dans la mesure où ils affectent le coût des facteurs et les comportements de détermination des prix et des salaires. Un impôt sur le revenu a un impact positif sur l'écart entre prix à la consommation et à la production (mesuré dans le modèle par le coefficient a). Pour que le salaire réel, en termes de prix de production, reste constant lorsque cette différence croît, il faut que le salaire réel, en termes de prix à la consommation, diminue. Toute résistance à baisse du salaire réel en termes de prix à la consommation entraîne une augmentation du coût du travail et donc une diminution de l'emploi.

Les différents modèles de formation des salaires permettent d'analyser les conséquences des mesures fiscales sur le coût du travail et donc sur le chômage.

Pour des taxes proportionnelles, si les salariés n'ont pas d'illusion fiscale, les modèles de négociation et de salaire d'efficience présentés dans la section précédente permettent de conclure que le salaire réel net d'impôt en termes du prix à la consommation, qui est un argument de la fonction objectif des salariés, est indépendant du taux de taxe. Ceci signifie qu'une diminution des taux de taxe proportionnelle a des effets positifs sur l'emploi (Hoel, 1989). Le résultat de totale rigidité du salaire net au niveau de l'équilibre partiel dépend des hypothèses admises sur la forme de la fonction de production et sur les fonctions de demande. Les contributions de Lockwood (1990), dans un cadre d'équilibre général et de Padoa-Schoppia (1990), dans un cadre d'équilibre partiel, mais contenant des résultats empiriques pour l'Italie, ont montré que l'élasticité du salaire au taux de taxe dépend du pouvoir de négociation des syndicats et du pouvoir de monopole des firmes sur le marché des biens lorsque la fonction de production est de type C.E.S.

Dans les modèles de négociation, un taux de taxe progressif a des effets différents d'un taux proportionnel. Une diminution du taux de taxe progressif augmente les gains nets d'une augmentation du salaire brut et donc diminue le coût d'une diminution de l'emploi en termes de salaire net. Pour cette raison, une diminution du taux progressif entraîne une augmentation du chômage (Hoel, 1989). Par conséquent, une diminution du taux de taxe, si elle s'accompagne à la fois de variations du taux moyen et de la progressivité a théoriquement des effets ambigus sur le salaire réel et le chômage. Cependant, les travaux empiriques montrent qu'une augmentation des taxes se traduit généralement par un accroissement des salaires (Bean, Layard et Nickell, 1986 ; Knoester et Van der Vin, 1987 ; Padoa Schoppia, 1990)

L'efficacité transactionnelle du marché du travail

L'économie peut aussi être affectée par une dégradation de l'efficacité transactionnelle du marché du travail. Pissarides (1986), Budd, Levine et Smith (1987), Drèze et Bean (1990) ont constaté que l'augmentation des taux de chômage étaient liées aux déplacements de la courbe de Beveridge. Le modèle présenté ici suggère que les conséquences des dégradations de l'efficacité transactionnelle sont amplifiées par les mécanismes de formation des prix et des salaires (dans le même sens cf. Mortensen, 1990 ; Blanchard et Diamond, 1989). En effet, formellement, une dégradation de l'efficacité transactionnelle peut se représenter par un choc négatif sur le paramètre m (équation 17). Un tel choc modifie nécessairement la relation entre le nombre d'emplois vacants et le chômage : la courbe de Beveridge se déplace vers le sud-ouest sur le graphique 4 (équation 18).

Ceci entraîne une augmentation des coûts de la main d'oeuvre, puisque les entreprises doivent supporter une proportion plus importante d'emplois vacants (l'équation 19 implique que : $d\sigma/dm < 0$), la courbe de prix se déplace donc vers le sud-est sur le cadrant du haut (équation 27), puisque la demande de travail diminue à salaire donné. Ceci implique un impact positif sur le chômage qui peut être amplifié par le processus de formation des salaires. Les équations (24) et (25) impliquent en effet que le salaire réel est une fonction décroissante de m uniquement dans le cadre des modèles de négociations : ainsi, dans ce cas, une baisse de m induit une diminution de la demande de travail qui doit être compensée par une augmentation de salaire lors des négociations. La courbe de salaire se déplace par conséquent vers le nord-est et amplifie alors l'effet dépressif de l'augmentation du coût de la main d'oeuvre.

Figure 4

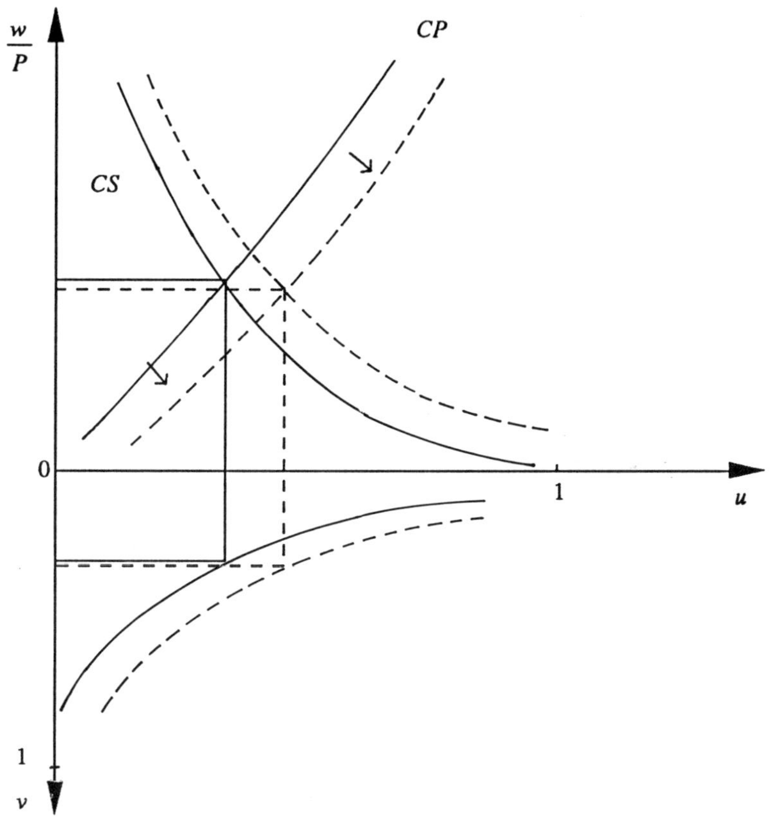

Les déplacements de la courbe de Beveridge peuvent être la conséquence d'une inadéquation croissante entre les structures des qualifications et des emplois. Dans cette optique, Lilien (1982) a émis l'hypothèse selon laquelle la détérioration de l'efficacité transactionnelle résultait de chocs sectoriels induisant une réallocation de la main d'oeuvre entre secteurs : il a en effet mis en évidence une corrélation positive entre le taux de chômage et la dispersion des taux sectoriels de croissance d'emploi. Cependant, Abraham et Katz (1986) et Murphy et Topel (1987) ont montré que les périodes de forts taux de chômage sont caractérisées par de faibles taux d'emplois vacants et de faibles mouvements intersectoriels de main d'oeuvre ; ceci suggère une causalité différente de celle avancée par Lilien : ce serait plutôt l'accentuation de l'hétérogénéité des taux sectoriels de croissance en période de basse conjoncture qui induirait mécaniquement une corrélation positive entre chômage et dispersion des taux sectoriels de croissance de l'emploi, sans entraîner une augmentation des flux de réallocation entre secteurs. En fait, les déplacements de la courbe de Beveridge sont vraisemblablement la conséquence de l'augmentation du chômage de longue durée. En effet, l'employabilité diminue avec la durée du chômage et une augmentation de la proportion de chômeurs de longue durée entraîne une dégradation de l'efficacité transactionnelle du marché du travail.

2.2. Les chocs nominaux

La représentation explicite de la détermination des prix et des salaires permet de donner des fondements microéconomiques aux rigidités nominales, et de mieux comprendre les conséquences sur l'emploi des variations de la demande globale.

La neutralité de la monnaie

Il est couramment admis que le taux de chômage d'équilibre dans un modèle d'équilibre général est indépendant des chocs monétaires anticipés en l'absence de rigidité nominale (cf. Hart, 1982 ; Benassy, 1987 ; Blanchard et Kiyotaki, 1987). Les équations (15) et (16) montrent en effet que le taux de chômage dépend uniquement du prix relatif du travail par rapport à celui des biens produits. Cette propriété de neutralité signifie, exactement comme dans un modèle d'équilibre général walrasien avec concurrence parfaite, que les politiques de relance de la demande financées par création monétaire n'ont aucun impact sur le chômage.

Cependant, cette homologie entre les modèles walrasiens et les modèles de concurrence imparfaite n'est pas toujours vérifiée : elle tient ici à la structure particulièrement simple du modèle. En fait deux mécanismes permettent de mettre en évidence des propriétés de non neutralité des politiques de relance globale.

Tout d'abord, les politiques de relance ont en général des effets structurels dans des modèles non symétriques où l'élasticité de la demande n'est pas identique pour tous les biens : si une politique de relance entraîne une augmentation de l'élasticité de la demande globale, le taux de marge des entreprises diminue et l'emploi augmente (Lindbeck et Snower, 1987 ; Jacobsen et

Schultz, 1988 ; Kahn et Mookherjee, 1988). De plus, comme l'ont montré Rotemberg et Saloner (1986), les variations de la demande peuvent modifier les comportements collusifs des entreprises et donc leurs taux de marge. Ceci conduit à définir un ensemble de taux de chômage naturel *(natural range of unemployment,* Dixon, 1988), qui dépend de la structure des dépenses entre les biens.

Ensuite, l'intégration de la dimension intertemporelle dans le cadre de modèles à générations implique la non superneutralité de la monnaie : les variations du taux de croissance de la masse monétaire ont des effets réels. Ainsi, une augmentation permanente de la part des dépenses publiques financées par création monétaire a des effets réels qui transitent par des effets de substitution intertemporelle : une politique de relance anticipée en $t + 1$ implique une augmentation des prix futurs qui déflatent les salaires (en t), ceci entraîne une augmentation du coût salarial en termes de prix de production (prix présents, cf. équation 15) et donc une diminution de la production à la date t (Jullien et Picard, 1989).

Les politiques de relance globale ont des effets réels, car elles modifient les comportements d'offre. Les effets de ces politiques ne procèdent pas de la logique du multiplicateur keynésien et leurs conséquences réelles, extrêmement complexes, sont difficiles à évaluer. Il n'est donc pas possible de prôner des politiques systématiques de manipulation de la demande globale pour réduire le taux de chômage naturel. Cependant, l'existence de rigidités nominales peut justifier des politiques de relance afin de réduire le taux de chômage effectif pour un taux naturel donné.

Les rigidités nominales

Les coûts de transactions liés à la détermination des prix et des salaires (coûts de collecte de l'information, coût fixes de modification des contrats, coûts de négociation) suggèrent que les agents peuvent ne pas toujours avoir intérêt à modifier leurs prix lorsque l'environnement économique se modifie. Dans cette optique, Akerlof et Yellen (1985), Mankiw (1985) et Blanchard et Kiyotaki (1987) ont exploité le fait que les pertes associées à une absence d'ajustement des prix pour des variations de la demande globale sont du second ordre à l'optimum. Dans un modèle de concurrence monopolistique, ces pertes sont d'autant plus faibles que les rendements d'échelle sont proches de l'unité et que l'élasticité de la demande est faible (Blanchard et Fischer, 1989) ; ceci suggère que la rigidité nominale est d'autant plus importante que le degré de concurrence est faible. Dans cette voie, Ball et Romer (1990) ont étudié systématiquement la relation entre rigidité nominale et rigidité réelle. Ball et Romer adoptent pour mesure de la rigidité réelle la dérivée du prix relatif P_i/P fixé par chaque firme par rapport à la dépense globale réelle ; la mesure de la rigidité nominale est la dérivée du niveau général des prix par rapport à la dépense nominale globale. Dans ce contexte, pour un niveau donné (faible) des coûts de fixation des prix, la rigidité nominale est une fonction croissante de la rigidité réelle. Ainsi, une importante rigidité nominale peut être la conséquence d'une combinaison de faibles frictions nominales et d'une importante rigidité réelle.

La rigidité des variables nominales justifie les politiques de relance de la demande globale qui permettent de diminuer le chômage et d'atteindre des équilibres plus efficients au sens de Pareto selon une logique purement keynésienne. Si la règle optimale de révision des salaires nominaux en présence de coûts de transaction entraîne une imbrication de contrats à salaires fixes, des chocs nominaux peuvent avoir des effets réels persistants ou même permanents (Taylor, 1980 ; Phaneuf, 1988). Là encore, le degré de persistance de l'impact réel des chocs nominaux dépend de la structure de l'économie considérée, c'est-à-dire de l'élasticité des fonctions de demande et de la valeur des rendements d'échelle (Blanchard et Fischer, 1989).

Les propriétés du modèle purement statique présenté dans la première section montrent que le chômage naturel est affecté par par des chocs permanents sur les variables réelles. Les chocs nominaux ont des effets complexes et ambigus sur le taux de chômage naturel. Néanmoins, l'existence de rigidités nominales dans le cadre d'économies où les négociations salariales ne sont pas parfaitement synchronisées suggère que la persistance du chômage peut être la conséquence d'un écart persistant entre le taux naturel et le taux effectif.

Cependant, ces éléments semblent insuffisants pour expliquer la persistance du chômage des années 80. En effet, l'amélioration de la situation économique ainsi les politiques de désindexation (Hénin, 1987) et de flexibilisation du marché du travail (Boyer, 1986) s'accordent mal avec une interprétation du chômage comme conséquence d'une série de chocs permanents amplifiés par l'absence de flexibilité du marché du travail.

3. L'HYSTÉRESE DU TAUX DE CHÔMAGE NATUREL : LES EFFETS PERSISTANTS DES CHOCS TRANSITOIRES

L'absence de correspondance apparente entre la situation économique et le niveau du chômage suggère l'existence de phénomènes d'hystérésis. Phelps, dès 1972, et Hargreaves Heap en 1980, ont émis l'idée selon laquelle le chômage naturel dépend des niveaux de chômage passés, ou en d'autre termes, que le chômage induit du chômage. Dans cette perspective, un choc temporaire sur le niveau du chômage peut avoir des effets persistants, voire permanents dans le cas d'hystérésis pure où les séries de chômage suivent une marche aléatoire du type $u_t = u_{t-1} + \varepsilon_t$, où ε_t est un bruit blanc.

Les travaux statistiques montrent en effet que les séries de chômage ne sont pas stationnaires (Henin, 1989) et corroborent l'existence de phénomène d'hystérésis (cf. la synthèse de Cotis et Mihoubi, 1990). Il existe cependant une divergence importante des résultats concernant le degré de persistance. Blanchard et Summers (1986) acceptent l'hypothèse d'hystérèsis pure sur la base de données annuelles pour la France, la R.F.A et le Royaume-Uni. Pour la France, les travaux de Sachs et Wyplosz (1987), Morin (1987), Cotis et Mihoubi (1990) rejettent l'hypothèse d'hystérésis pure et font apparaître la validité de modèles mixtes, où le niveau du chômage contemporain dépend de termes retardés en niveau et en différence.

La relation entre le taux de chômage présent et les taux passés suggère qu'il faut distinguer deux concepts différents de taux de chômage naturel dans le cas le plus vraisemblable où le chômage ne suit pas une marche aléatoire. En effet, si les chocs temporaires n'ont pas d'effets permanents, le taux de chômage naturel de court-terme converge vers une cible qui peut être définie comme le taux de chômage naturel de long-terme (Johnson et Layard, 1986 ; Layard et Bean, 1989). Nous disposons donc à présent de trois concepts de chômage, le chômage effectif qui peut être différent du chômage naturel de court-terme du fait de rigidités nominales, le chômage naturel de court-terme qui peut être différent du chômage de long-terme du fait de phénomènes d'hystérésis.

Le modèle des précédentes sections permet de dégager trois types de logique pouvant impliquer une dépendance entre le chômage contemporain et le chômage passé. Le premier est la conséquence de la rigidité du salaire réel caractérisant les relations entre les insiders et les entreprises, le deuxième provient de l'inefficience transactionnelle du marché du travail, et le dernier de l'existence d'équilibres multiples.

3.1. L'influence des insiders

Blanchard et Summers (1986) et Lindbeck et Snower (1987) ont montré que le pouvoir de négociation des insiders implique que le salaire est une fonction décroissante de l'emploi retardé. Si

le nombre d'insiders participant aux négociations est important, ceux-ci vont avoir tendance à limiter leurs revendications salariales afin de conserver une probabilité suffisante de rester embauché dans l'entreprise. *A contrario*, si un choc négatif sur la productivité diminue l'emploi, les négociations consécutives à ce choc vont concerner un nombre plus faible d'insiders, donc aboutir à un salaire plus élevé et à une baisse durable de l'emploi.
Il est possible d'illustrer plus précisément ce mécanisme en examinant le fonctionnement du modèle (paragraphe 1.1). Supposons que les négociations concernent I_{it} insiders à la date t dans chaque entreprise ; ces négociations fixent le salaire nominal pour la période t. Au moment des négociations, la réalisation de la demande globale ou de la productivité n'est pas connue, le prix et le profit sont donc des variables anticipées notées respectivement $E\,(P_t)$, $E(\Pi_t)$. Les insiders maximisent leur espérance de gain étant donné leurs anticipations de prix, et leur probabilité de rester embauché par la firme, notée $q_i\,(w_i\,,E(P_t), I_{it}\,)$, avec $q_{i1} < 0$, $q_{i2} > 0$, $q_{i3} < 0$. En suivant la même démarche que précédemment (équation 11), le programme des négociations s'écrit :

$$(29) \qquad \underset{w_i}{\text{Max}}\; q^{\gamma}\left(\frac{w_i}{E\,(P\,)} - z\right)^{\gamma}\,(E\,(\Pi_i\,))^{1-\gamma}$$

Les conditions du premier ordre donnent à l'équilibre général symétrique avec anticipations rationnelles (cf. Cahuc, 1989) :

$$(30) \qquad \frac{w_t}{P_t} = G\,(u_{t-1}\,)\,z_t\,\frac{E\,(P_t\,)}{P_t} \quad , \quad G'\,(u_{t-1}\,) \geq 0$$

où $u_{t-1} = \dfrac{H - I_t}{H}$, $I_t = \sum_{i=1}^{n} I_{i\,t} = N_{t-1}$: le nombre d'insiders négociant à la date t est égal au nombre de salariés de la période précédente. En substituant l'expression de z définie dans (14) dans l'équation (30), on obtient l'équation de salaire suivante :

$$(31) \qquad \frac{w_t}{P_t} = \frac{G\,(u_{t-1}\,)\,u_t\,e}{1 - G\,(u_{t-1t}\,)\,(1 - u_t\,)}\,\frac{E\,(P_t\,)}{P_t}$$

Le salaire réel est une fonction croissante du taux de chômage passé. L'équation (31) et l'équation de prix (16), qui est toujours identique, puisque les entreprises déterminent les prix *ex-post*, après la fixation du salaire et la réalisation des chocs, définissent le taux de chômage naturel de court terme, fonction du taux naturel passé. En substituant la valeur du salaire définie dans (31) dans l'équation (16) et en linéarisant on obtient :

$$(32) \qquad u_t = b_0\, u_{t-1} + b_1\, \frac{P_t - E\,(P_t)}{E\,(P_t)}, \qquad b_1 \geq 0$$

Une condition suffisante pour que b_0 soit positif est que la fonction de production ait des rendements décroissants, tandis que b_0 est nul dès lors que $G' = 0$. Les conditions nécessaires pour obtenir une hystérésis pure sont extrêmement restrictives : il faut imposer des hypothèses particulières sur la fonction de densité des chocs et sur les objectifs des insiders (Blanchard et Summers, 1986).

Figure 5

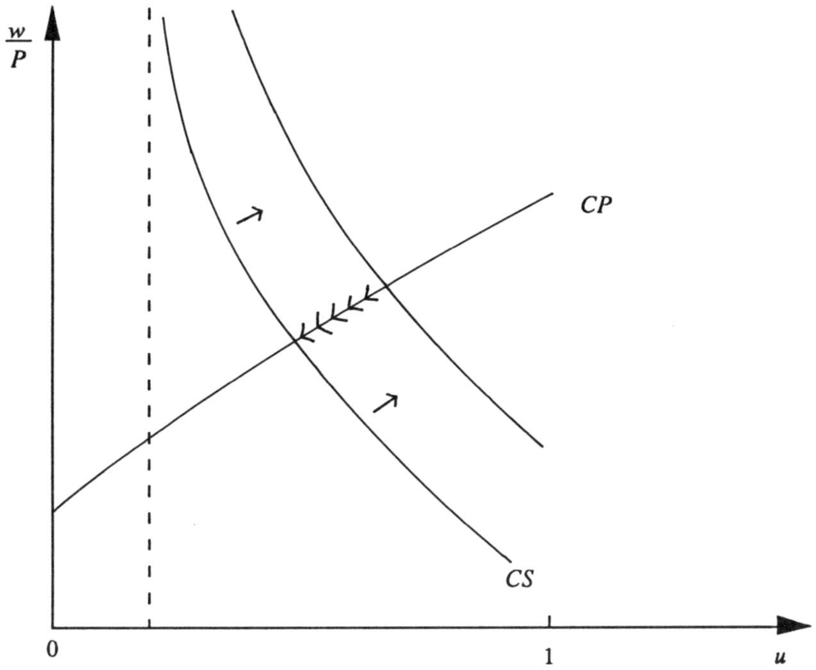

L'équation (32) montre qu'un choc non anticipé sur les prix, dû à un choc réel ou nominal, a un effet persistant sur le chômage, car il diminue le nombre d'insiders et augmente durablement le salaire négocié.

Le graphique 5 représente l'impact d'un choc transitoire correspondant à une surprise négative sur les prix. La courbe de salaire se déplace vers le nord-est (équation 31) à la période *t*. Si $b_0 = 1$, la nouvelle intersection entre la courbe de prix et la nouvelle courbe de salaire définit le taux de chômage naturel de long terme qui se confond avec le taux de court terme. Si $0 < b_0 < 1$, le taux de court terme converge vers le taux initial défini comme le taux de long terme n'intégrant donc pas les impacts des chocs transitoires, mais intégrant évidemment, comme nous l'avons montré dans la section précédente, les conséquences des chocs permanents.

L'opposition entre insiders et outsiders, liée à une hypothèse *ad hoc* de rigidité du salaire nominal, permet donc de donner des fondements microéconomiques à l'hystérésis du chômage. Celle-ci résulte d'un double défaut de coordination, entre les insiders et les outsiders d'une part, et entre les insiders des différentes entreprises d'autre part. Layard et Bean (1989) suggèrent que les modèles d'efficience peuvent aussi induire de l'hystérésis si les travailleurs déterminent leur niveau d'effort en fonction d'une norme de salaire qui intègre les niveaux de productivité passés. Dans ce cas, un choc de productivité négatif entraîne un ajustement progressif de la norme salariale et donc du chômage naturel.

Il est difficile de tester empiriquement l'importance du mécanisme d'hytérésis induit par la rente de situation des insiders sur des données macroéconomiques. En toute rigueur, si ce canal est pertinent le salaire doit être une fonction du nombre d'insiders de la période précédente, c'est à dire de l'emploi retardé, et non du taux de chômage dans un modèle plus complexe que celui-ci où la population active n'est pas exogène. Cotis et Mihoubi (1990) ont montré que les variations d'effectifs ont un impact sur les salaires en Grande Bretagne et en France, tandis qu'un tel effet n'existe pas en R.F.A. Cependant, les résultats de Holmlund et Zetterberg (1989) et de Chambin et Pucci (dans cet ouvrage) ne permettent pas de mettre en évidence l'impact de l'emploi retardé, ni au niveau de l'industrie, ni au niveau sectoriel. Une autre stratégie consiste à étudier la formation des salaires sur données de panel. Dans cette perspective, Nickell et Wadhwani (1990) et Cahuc, Sevestre et Zajdela (1990) ont montré, respectivement sur des données anglaises et françaises, que l'emploi retardé avait un faible impact sur les salaires négociés.

L'ensemble de ces résultats empiriques suggère que le pouvoir de négociation des insiders induit une faible part de l'hystérésis du chômage et incite donc à rechercher d'autres mécanismes susceptibles d'expliquer ce phénomène.

3.2. L'influence des outsiders

Le chômage exerce une pression à la baisse sur les salaires, car les opportunités extérieures des insiders (équation 14) sont une fonction décroissante du taux de chômage, et la probabilité d'être embauché décroît avec le niveau du chômage. Cependant, tous les chômeurs n'ont pas la même probabilité de trouver un emploi. En général, cette probabilité décroît avec la durée du chômage . Le chômage de longue durée réduit l'employabilité des travailleurs du fait de son impact négatif sur leur qualification (perte de capital humain), sur leur qualité perçue par les entreprises (effet de signal), mais aussi sur leur motivation (Warr et Jackson, 1985). Par conséquent, les chômeurs de longue durée ne concurrencent que faiblement les insiders licenciés lors du processus de recherche d'emploi.

Une augmentation de la durée moyenne du chômage induit un déplacement de la courbe de Beveridge, car une partie des travailleurs devient quasiment exclue du marché du travail et a une probabilité très faible de trouver un emploi. Ainsi, les résultats économétriques montrent que les déplacements de la courbe de Beveridge ne semblent pas résulter d'une inadéquation croissante entre les structures de qualification et d'emploi (cf. *supra* 2.2) mais plutôt d'une augmentation de la proportion du chômage de longue durée (Budd, Levine et Smith, 1987 ; Franz, 1987 ; Layard et Nickell, 1987 ; Langot et Lebon, 1992).

La relation décroissante entre employabilité et durée du chômage peut être une source d'hystérésis. Toutes choses égales par ailleurs, une augmentation du chômage induit une diminution du nombre d'appariements réussis aux périodes futures et entraîne une augmentation des opportunités extérieures des futurs insiders. Il est possible d'examiner les conséquences de ces deux mécanismes. Supposons que les opportunités extérieures des insiders sont définies par la relation suivante :

$$(33) \qquad z_t = \zeta\,(u_{t-1})\,u_t\,e + (1 - \zeta\,(u_{t-1})\,u_t)\,\frac{\overline{w_t}}{P_t}$$

où : $\zeta(\cdot) \in \,]0,1],\ \ \zeta'(\cdot) \leq 0$

L'équation (33) rend compte du fait que les chômeurs de la période précédente ont une probabilité plus faible d'être embauchés que les insiders licenciés dans la période. Afin de prendre en compte l'impact négatif du chômage de longue durée sur l'efficacité transactionnelle, nous supposerons que le paramètre de la fonction d'appariement est une fonction décroissante du taux de chômage de la période précédente :

(34) $$m_t = m\,(u_{t-1}), \qquad m'\,(\cdot) \leq 0$$

En substituant la valeur de z définie dans l'équation (33) dans l'équation (25) déterminant le salaire, on obtient l'équation de salaire à l'équilibre :

(35) $$\frac{w_t}{P_t} = \frac{Au_t\,\zeta\,(u_{t-1})\,e + B + Dc\;\;\sigma}{1 - A\,(1 - \zeta\,(\,u_{t-1}\,)\,u_t\,)}$$

$$\text{avec :} \begin{cases} \text{Efficience :} & A = 1,\ B \geq 0,\ D = 0 \\ \text{Négociations :} & A \geq 1,\ B = 0,\ D \geq 0 \end{cases}$$

où les équations (28) et (29) impliquent que : $\dfrac{d\;\sigma}{d\;u_{t-1}} > 0$

L'équation (27) définissant les comportements de prix est toujours valable. Les équations (35) et (27) déterminent donc l'évolution dynamique du taux de chômage naturel. En substituant (35) dans (27) afin d'éliminer le salaire et en linéarisant on obtient :

(36) $$u_t = b_2\,u_{t-1} + b_3$$

On vérifie aisément que $b_2 = 0$ si $m'(\cdot) = 0$ et $\zeta'(\cdot) = 0$. En outre, l'existence de rendements (non strictement) décroissants pour la fonction de production et pour la fonction d'appariement est suffisante pour assurer une valeur non négative à b_2.

Dans ce cadre, un choc temporaire sur le chômage a des effets persistants. La figure 6 illustre les enchaînements décrits par le modèle. Par exemple, un choc négatif transitoire sur la productivité à la date t entraîne tout d'abord un déplacement de la courbe de prix vers le sud-est, c'est-à-dire une augmentation du chômage qui induit à la période suivante (t + 1), d'une part une dégradation de l'efficacité transactionnelle du marché du travail se caractérisant par un déplacement de la courbe de Beveridge vers le sud est, et d'autre part une augmentation des opportunités extérieures des insiders (déplacement de la courbe de salaire vers la droite). En outre, en t + 1, le déplacement de la courbe de

Beveridge implique, comme nous l'avons montré lorsque nous avons analysé les conséquences d'un choc négatif sur *m*, un déplacement des courbes de prix et de salaire (en cas de négociation) vers la droite. L'économie converge vers l'équilibre initial si celui-ci est stable.

La dynamique du chômage induite par la variation de l'employabilité des chômeurs est décrite de manière très frustre dans ce modèle. Layard et Bean (1989) et Blanchard et Diamond (1989b) ont présenté des modèles intégrant un mécanisme identique à celui présenté ici, mais il n'existe pas, à notre connaissance, de travaux étudiant systématiquement la dynamique du chômage dans un tel cadre.

Figure 6

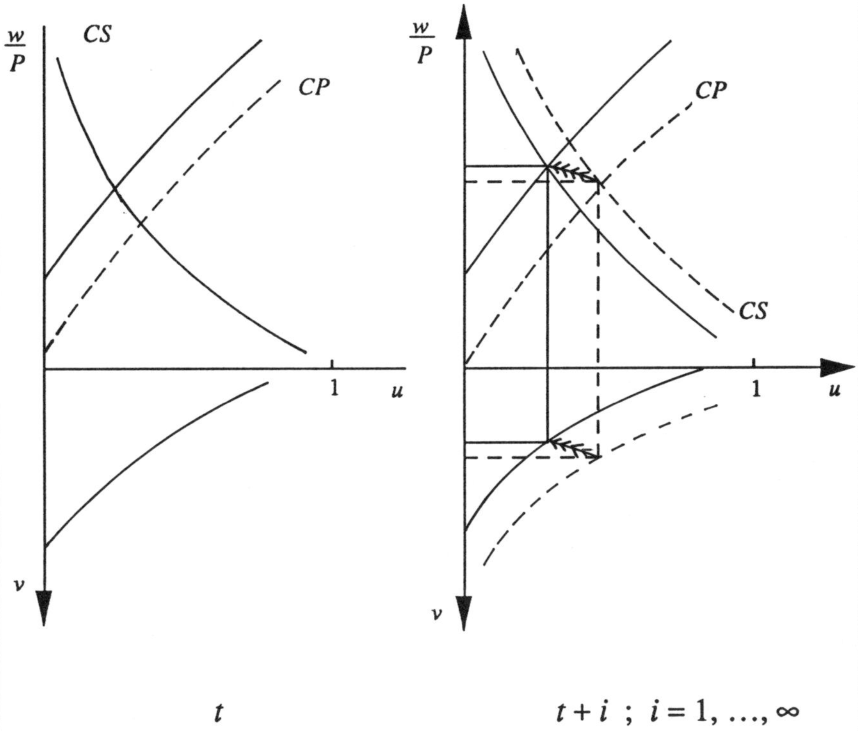

3.3. Les équilibres multiples

Nous nous sommes limité jusqu'à présent à étudier le fonctionnement du modèle sous l'hypothèse de rendements décroissants afin d'assurer l'unicité de l'équilibre et donc du taux de chômage naturel. Dans ce cadre, l'hystérésis provient de modifications des valeurs des paramètres déterminant l'équilibre. Une approche alternative consiste à concevoir les phénomènes d'hystérésis comme consécutifs à des passages entre équilibres dans des modèles à équilibres multiples (Weitzman, 1982 ; Summers, 1988). Les modèles d'équilibre général avec concurrence imparfaite sont tout à fait adaptés pour étudier de tels phénomènes puisqu'ils permettent justement d'obtenir une multiplicité d'équilibres. En effet, l'hypothèse que chaque agent connaît la structure de l'économie et a en outre des anticipations rationnelles n'est pas toujours suffisante pour déterminer un équilibre unique étant donnés les problèmes posés par la coordination de décisions décentralisées (Bryant, 1983 ; Cooper et John, 1988). Ici, c'est l'existence de rendements croissants de la production ou de la fonction d'appariement qui induit une multiplicité d'équilibres (Mortensen, 1989).

Ceci apparait clairement au regard des équations (26) et (27) ; elles montrent que, si $\alpha > 1$ ou si $k > 1$, il peut exister une multiplicité d'équilibres car la fonction de prix peut être de pente négative dans le plan $(u,w/P)$. La figure 8 représente une situation où $k = 1$ et $\alpha > 1$: la courbe de prix est concave et de pente positive, elle peut donc couper deux fois la courbe de salaire.

La mise en évidence d'équilibres multiples dans une économie décentralisée avec des rendements croissants a fait l'objet d'un nombre important de contributions. Notamment, Weitzman (1982), Diamond (1982), Bryant (1983), Solow (1986), Roberts (1987) et Chatterjee et Cooper (1989) ont élaboré des modèles aboutissant à un continuum d'équilibres dont l'existence repose fondamentalement sur l'indétermination de l'équilibre de Nash lorsque les productions des différents secteurs ou firmes composant l'économie sont strictement proportionnelles. Kiyotaki (1988), Manning (1989,1990), Mortensen (1989) et Pagano (1990) ont proposé des modèles comprenant un nombre fini d'équilibres.

S'il existe un volume important de contributions exhibant des équilibres multiples, l'exploration théorique de leur articulation avec l'hystérésis reste encore à l'état embryonnaire. Weitzman (1982, note p 803) et Summers (1988) ont suggéré que si les agents forment leurs anticipations sur la base de conventions "à la Keynes" (1936, p. 164) selon lesquelles "l'évaluation actuelle du marché est la seule correcte, eu égard à la connaissance actuelle des faits," tout passage d'un équilibre à un autre est aussitôt intégré dans les croyances des individus. Une telle explication de l'hystérésis faisant appel aux anticipations semble néanmoins excessivement fragile, car la théorie économique ne fournit pas d'éléments suffisants sur la formation des croyances dans des situations conduisants à une multiplicité d'équilibres (Guesnerie, 1989). Une autre stratégie consiste à étudier la stabilité locale des différents équilibres obtenus. Manning (1990), dans un modèle similaire au nôtre (modèle du paragraphe 1.1), analyse la stabilité locale des deux équilibres du graphique 8 en supposant des rigidités nominales ou réelles (sous la forme de coûts d'ajustements quadratiques aux valeurs cibles d'équilibre). Il montre que la stabilité locale de chaque équilibre dépend de la valeur des coûts d'ajustements et des règles suivies par la politique monétaire. Mortensen (1989) et Pagano (1990) étudient, dans des modèles dynamiques, la stabilité locale d'équilibres stationnaires multiples. Dans ce cadre, il existe une multiplicité de conjectures autoréalisatrices conduisant aux différents équilibres. Là encore, en l'absence d'éléments sur la formation des conjectures, ces modèles n'expliquent qu'imparfaitement les mécanismes provoquant de l'hystérésis.

Les tentatives de validation empirique de l'existence d'équilibres multiples sont, à notre connaissance, extrêmement rares et restent insatisfaisantes, car elles se bornent a tester la non-linéarité des fonctions de demande ou l'existence de rendements croissants (Carruth et Oswald, 1988 ; Manning, 1989). Une voie plus prometteuse consisterait sûrement à tester des modèles à plusieurs régimes, puisque, par exemple, dans le présent modèle les deux équilibres représentés sur la figure 7 ont des propriétés de statique comparative différentes.

En définitive l'explication de l'hystérésis sur la base de la multiplicité ou de la "fragilité" des équilibres, bien que séduisante et profondément novatrice (Blanchard et Summers, 1988 ; Summers, 1988), reste très parcellaire, tant d'un point de vue théorique qu'empirique.

Figure 7

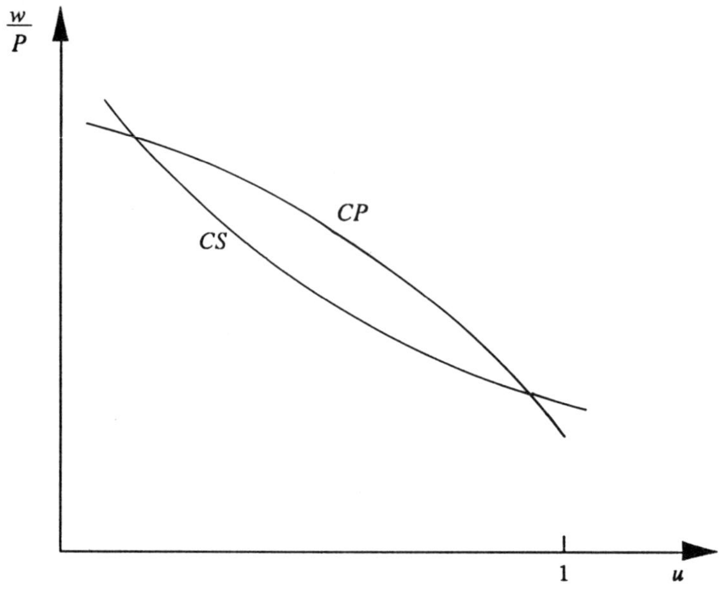

CONCLUSIONS

Les développements récents de la microéconomie du marché du travail et de la théorie de l'équilibre général dans un cadre de concurrence imparfaite ont profondément renouvellé la théorie macroéconomique du chômage. Dans cette perspective, ce sont les coûts de transaction, les problèmes de coordination en environnement stratégique et la dégradation de l'employabilité des chômeurs qui constituent les sources essentielles du chômage.

Un tel repérage des sources du chômage a suggéré que la distinction entre un taux de chômage naturel stable et un taux effectif était excessivement simplificatrice et insuffisamment heuristique. Toute variation transitoire du taux de chômage est susceptible d'avoir des effets de long-terme : elle modifie la position stratégique des insiders et donc le salaire réel, elle affecte l'employabilité des chômeurs, et elle peut aussi modifier l'équilibre de référence en fonction duquel les agents coordonnent leurs conjectures s'il existe une multiplicité d'équilibres.

Cependant, un grand nombre de problèmes restent en suspens. Il nous semble que les plus saillants sont les suivants :

— Les modèles "macroéconomiques" sensés représenter le fonctionnement de l'ensemble de l'économie reposent sur des hypothèses d'agents identiques et sont résolus pour des équilibres symétriques. En fait, l'hétérogénéité individuelle peut donner naissance à des phénonomènes qui sont totalement négligés par ces modèles.

— L'articulation théorique entre la formation des salaires et les appariements sur le marché du travail dans un cadre macroéconomique dynamique susceptible de rendre compte de l'existence de rigidité nominales est encore insuffisante. Le modèle présenté dans cet article a simplifié drastiquement le problème en se cantonnant à une analyse strictement statique et en traitant non formellement des problèmes associés aux chocs nominaux. Il reste à élaborer un modèle générique articulant ces deux dimensions du fonctionnement du marché du travail dans un véritable cadre macrodynamique représentant notamment les flux d'entrée et de sortie du chômage (cf. en ce sens : Mortensen, 1989 ; Pissarides, 1990).

— La distinction conceptuelle entre les taux de chômage effectif, naturel de court et de long terme a une porté opérationnelle douteuse, car elle pose d'importants problèmes de mesure. Le taux naturel est généralement assimilé à une tendance de long terme ; ceci n'a évidemment aucun sens puisque le taux naturel de court-terme peut être plus instable que le taux effectif si les politiques de stabilisation gèrent correctement les conséquences des rigidités nominales. A ce titre, une amélioration du diagnostic du chômage comme phénomène macroéconomique nécessite une meilleure articulation entre les travaux théoriques et empiriques.

BIBLIOGRAPHIE

Abraham, K. et Katz L.(1986) "Cyclical unemployment : sectoral shifts or aggregate disturbances?" *Journal of Political Economy*, vol. 94, 507-22.

Akerlof, G. (1982) "Labor contracts as partial gift exchange", *Quarterly Journal of Economics*, vol. 87, 543-69.

— et Yellen, J.K. (1985). "A near rational model of the business cycle with wage and price inertia," *Quarterly Journal of Economics*, vol. 100 (suppl.), 823-38.

Alogoskoufis, C. et Manning, A. (1988) "On the persistence of unemployment," *Economic Policy*, vol. 5, 2-43.

Anderson, S. et Devereux, M. (1988). "Trade Union and the choice of capital stock," *Scandinavian Journal of Economics*, vol. 98, 27-45.

Atkinson, A.B. et Mikclewright, J. (1991) "Unemployment compensation and labor market transitions: A critical review," *Journal of Economic Literature*, vol. 29, 1679-1727.

Bean, C. (1989). "Is there a capital shortage ?" *Economic Policy*, vol. 8, 11-54.

—, Layard, R. et Nickell, S. (1986). "The rise in unemployment : a multi-country study," *Economica* (supplement on unemployment), vol. 53, 1-22.

Benassy, J.P. (1984). *Macroéconomie et théorie du déséquilibre*, Dunod, Paris.

— (1987). "Imperfect competition, unemployment and policy", Document de travail CEPREMAP n° 124.

Bentolila, S. et Bertola, G. (1990). "Firing costs and labour demand: how bad is Euroscleriosis ?" *Review of Economic Studies*, vol. 57, 381-402.

Bertola, G. (1990) "Job security, employment and wages," *European Economic Review*, vol. 34, 851-80.

Binmore, K., Rubinstein, A. et Wolinsky, A. (1986) "The Nash bargaining solution in economic modelling," *Rand Journal of Economics*, vol. 17, 176-88.

Blair, D. et Crawford, D. (1984) "Labour Union objectives and collective bargaining," *Economic Journal*, vol. 99, 547-66.

Blanchard, O. et Diamond, P (1989a) "The Beveridge curve," *Brookings Papers on Economic Activity*, vol. 1, 1-76.

— (1989b) "Long term unemployment and wage determination," M.I.T Department, mimeo.

— et Fischer,S. (1989) *Lectures in Macroeconomics*, Cambridge, Mass: M.I.T Press.

— et Kiyotaki, N. (1987) "Monopolistic competition and the effects of aggregate demand and supply disturbances," *American Economic Review*, vol 77, 647-66.

— et Summers, L. (1986) "Hysteresis and the European unemployment problem," *NBER Macroeconomic Annual*, vol. 1, 15-78.

Blanchflower, D. et Oswald, A. (1990) "The wage curve," *Scandinavian Journal of Economics*, 215-35.

Booth, A. (1984) "A public choice model of trade union behaviour and membership," *Quarterly Journal of Economics*, vol. 99, 749-75.

Boyer, R. (ed) (1986) *La flexibilité du travail en Europe*, Edition la Découverte, Paris.

Bruno, M. et Sachs, J. (1985) *The Economics of Worldwide Stagflation*, Oxford, Basil Blackwell.

Budd, A., Levine, P. et Smith, P. (1988) "Unemployment, vacancies and the long term unemployed," *Economic Journal*, vol. 98, 1071-91.

Bryant, J. (1983). "A simple rational expectatins Keynes type model", Quaterly *Journal of Economics*, vol. 98, 525-29.

Burda, M. (1988) "Is there a capital shortage in Europe ?" *Weltwirtschaftliches Archiv*, 38-57.

— (1988a) "Wait unemployment in Europe," *Economic Policy*, 391-425.

— et Sachs, D. (1987) "Institutional aspects of high unemployment in the Federal Republic of Germany," NBER Working Paper n° 2241.

Cahuc, P. (1989) "Modes de formation des salaires et stagflation : une analyse en termes de théorie des jeux", *Revue Economique*, vol. 40, 421-440.

—, P. (1991). *Les négociations salariales : des fondements microéconomiques aux implications macroéconomiques*, Economica, Paris.

— et Laurent, T. (1988) "Emploi et négociations salariales en concurrence monopolistique : théorie et estimation", *Economie Appliquée*, vol. 41, 543-69.

—, Sevestre, P. et Zajdela, H. (1990) "Négociations salariales et segmentation du marché du travail," *Economie et Prévision*, vol. 92-93.

— et Zajdela, H. (1991) "Comment expliquer le marché du travail à partir de comportements rationnels ? *Revue Economique*, Mai.

Calmfors, L. et Horn, H. (1986) "Employment policies and centralised wage-setting," *Economica*, vol. 53, 281-302.

Carruth, A.A. et Oswald, A. (1988) "Testing for multiple natural rates of unemployment in the british economy : a preliminary investigation," dans R.Cross (ed.) *Unemployment hysteresis and the natural rate hypothesis*, Basil Blackwell, London, p. 232-256.

Chatterjee, S. et Cooper, F. (1989) "Multiplicity of Equilibria and fluctuations in dynamic imperfectly competitive economies," *American Economic* Review, Paper and Proceedings, 353-7.

Cooper, J. et John, A. (1988) "Coordinating coordination failures in keynesian models", *Quarterly Journal of Economics*, vol. 53, 441-63.

Cotis, J.P. et Mihoubi, F. (1990) "L'hystérésis du taux de chômage en Europe", *Economie et Prévision*, n° 92-93.

Diamond, P. (1982) "Wage determination and efficiency in search equilibrium", *Review of Economic Studies*, vol. 49, 217-27.

Dixit, A. et Stiglitz, J.E. (1977) "Monopolistic competition and optimum product diversity," *American Economic Review*, vol. 67, 297-308.

Dixon, H. (1988), "Unions, oligopoly and the natural range of unemployment," *Economic Journal*, vol. 98, 1227-47.

Drèze, J.H. et Bean, C. (1990) "European unemployment : lessons from a multicountry econometric study", *Scandinavian Journal of Economics*, vol. 92, 135-67.

— Modigliani, F. (1981) "The trade-off between real wage and employment in an open Economy," *European Economic Review*, vol. 15, 1-40.

Espinosa, M.P. et Rhee, C. (1989) "Efficient wage bargaining as a repeated game", *Quarterly Journal of Economics*, vol. 104, 565-88.

Farber, H.S. (1978) "Individual preferences and union wage determination : the case of the united mine workers," *Journal of Policical Economy*, vol. 86, 923-42.

— (1986) "The analysis of Union behaviour", dans O. Ashenfelter et R. Layard, *The Handbook of labor economics*, Amsterdam : North Holland.

Franz, W. (1987) "Hysteresis, persistence and the NAIRU : an empirical analysis for the Federal Republic of Germany," dans R. Layard et L. Calmfors (eds), The *fight Against Unemployment, Macroeconomic Papers from the centre for ecuropean policy studies.*

Freeman, R.B et Medoff (1984) *What do Unions do* ? New York, Basic Book.

Friedman, M. (1968) "The role of monetary policy", *American Economic Review*, vol. 58, 1-17

Grout, P.A. (1984) "Investment and wage in the absence of binding contracts: a Nash bargaining approach", *Econometrica*, vol. 52, 449-60.

Guesnerie, R. (1989) "Modern Economic theory and the mulitplicity issue", Document de travail 89-09, DELTA.

Hargreaves Heap, S.P. (1980) "Choosing the wrong natural rate : accelerating inflation or decelerating employment and growth", *Economic Journal*, vol. 90,611-620.

Hart, 0. (1982) "A model of imperfect cometition with keynesian features", *Quarterly Journal of Economics*, vol. 97, 109-38.

Henin, P.Y. (ed.) (1987) *L'indexation des salaires, fondements et implications macroéconomiques*, Economica, Paris.

— (1989a). "Sur la non stationnarité des séries macroéconomiques, tendances, cycles et persistance," *Revue d'Economie Politique*, vol. 99, 661-92.

— (1989b) "Une macroéconomie sans monnaie pour les années 1990 ?", *Revue d'Economie Politique*, vol. 99, 531-96.

Hirschman, A.O. (1970) *Exit, Voice and loyalty*, Cambridge, M.A Harvard University Press.

Hoel, M. (1989). "Income taxes and non-market clearing wages," Memorandum from Department of Economics, University of Oslo, n° 9.

Holmlund, B. et Zetterberg, J. (1989), "Insider effects in wage determination : evidence from five countries," Uppsala University, Sweeden, Mimeo.

—, Lofgren, K.G. et Engstrom, L. (1989) *Trade unions, employment and unemployment duration*, Clarendon Press, Oxford.

Holt, C. (1970) "How can the Phillips curve be moved to reduce both inflation and unemployment ?" dans E. Phelps (ed.), *Microeconomic foundations of employment and inflation theory*, New York : Norton.

— (1980), "Wage and Job Availability in Segmented labour markets", dans E. Malinvaud et J.P. Fitoussi (eds) *Unemployment in western countries*, McMillan.

Howitt, P.(1988) "Business cycles with costly search and recruiting", *Quarterly Journal of Economics*, vol. 103, 147-64.

— et McAfee, R.P. (1985) "Costly search and recuiting", *International Economic Review*, vol. 75, 88-100.

Jackman, R., Layard, R., Nickell, S. et Wadhwani, S. (1989) *Unemployment* Basil Blackwell, Oxford (à paraître).

— et Pissarides, C. (1989) "On vacancies", *Oxford bulletin of Economic and Statistiques*, vol. 51, 377-95.

Jacobsen, U.J. et Schultz, C. (1987) "Unemployment and economic policy in a general equilibrium model", Institute of Economics, University of Copenhagen, Mimeo.

Johnson, G. et Layard, R. (1986). "The natural rate of unemployment: explanation and policy", dans O.Ashenfelter.

— et Langot, F. et Lebon, I. (1992) "Le chômage comme équilibre de flux: les modèles d'appariements", *Economie et Prévision, à* paraître.

— R. Layard (eds) *The Handbood of Labor Economics*, Amsterdam : North -Holland.

Jullien, B. et Picard, P. (1989) "Efficiency wage and macroeconomic policy : a dynamic model with rational expectations", CEPREMAP, Paris, mimeo.

Kahn, G. et Moodherjee, D. (1988) "A competitive efficiency wage model with keynesian features," *Quarterly Journal of Economics*, vol. 103, 609-45.

Keynes, J.M. (1936) *Théorie générale de l'emploi de l'intérêt* et *de la monnaie*, Traduction francaise, 1979, Payot.

Kiyotaki, N. (1988) "Multiple expectational equilibria under monopolistic competition", *Quarterly Journal of Economics*, vol. 103, 695-713.

Knoester, A. et Van der Windt, N. (1987) "Real wage and taxation in ten OECD countries", *Oxford Bulletin of Economics and Statistics*, vol. 49, 151-69.

Layard, R. et Bean. C. (1989) "Why does unemployment persist ? *Scandinavian Journal of Economics*, vol. 91, 371-95.

Layard, R. and Nickell, S. (1990) "Is unemployment lower if unions bargain over employment ?", *Quarterly Journal of Economics*, vol. 105, 773-87.

Lazeard, P.E. (1990) "Job security provisions and employment", *Quarterly Journal of Economics*, vol. 105, 699-725.

— et Nickell, S. (1986) "Unemployment in Britain", *Economica* (Supplement on Unemployment), vol. 87, 121-70.

Lilien, D.M. (1982) "Sectoral shifts and cyclical unemployment", *Journal of Polictical Economy*, vol. 90, 777-93.

Lindbeck, A. et Snower, D.J. (1985) "Explanations of Unemployment," *Oxford Review of Economic Policy*, vol. 1, 34-59

— (1987) "Union activity, unemployment persistence and wage-employment ratchets", *European Economic Review*, vol. 31, 157-67.

— (1987a) "Transmission mecanism from the product market to the labor market", Institute for International Economic Studies, Stockholm, Seminar Paper, n° 403.

— (1989) *The insider outsider theory of employment and unemployment,* The M.I.T Press, Cambridge.

Lockwood, B. (1990) "Tax incidence, market power, and bargaining structure", *Oxford Economic Paper,* vol. 40.

Lucas, R.E. (1972) "Expectations and the non neutrality of money," *Journal of Economic Theory,* vol. 4, 103-124.

McLeod, W.B. et Malcomson, J. (1989) "Wage premiums and profit maximisation in efficiency wage models", London School of Economics, D.P n° 337.

McDonald, I.M. et Solow, R.M. (1981) "Wage Bargaining and employment", *American Economic Review,* vol. 71, 896-908.

Mankiw, N.G. (1985) "Small menu costs and large business cycles : a macroeconomic model of monopoly", *Quarterly Journal of Economics,* vol. 100, 225-52.

— (1990) "A quick refresher course in macroeconomics", *Journal of Economic Literature* , vol. 28, 1645-60.

Manning, A. (1987) "An integration of trade union models in a sequential bargaining framework", *Economic Journal,* vol. 97, 121-41.

— (1989) "Multiple equilibria in the British Labour market : some empirical evidence", London School of Economics, mimeo.

— (1990) "Imperfect competition, multiple equilibria and unemployment policy", *Economic Journal,* vol. 100, 151-62 .

Morin, P. (1987) "Une analyse du processus de désinflation", *Economie et Prévision,* n° 82.

Mortensen, D.T. (1989) "The persistence and Indeterminacy of unemployment in search equilibrium", *Scandinavian Journal of Economics,* vol. 91, 347-71.

Murphy, K.M. et Topel, R. (1987) "The evolution of unemployment in the United States : 1968-85", *NBER Macroeconomics Annual,* vol. 2, 11-57.

Nash, J.F. (1953) "Two person cooperatives games", *Econometrica,* vol. 21, 128-140.

Newell, A. et Symons, J. (1987) "Corporatism, laisser-faire and the rise in unemployment", *European Economic Review,* vol. 31, 567-601 .

Nickell, S. (1979) "Estimating the probability of leaving unemployment", *Econometrica,* vol. 47, 1249-66.

— (1990) "Unemployment : a survey", *Economic Journal,* vol. 100, 391-440.

— et Andrews, M. (1983) "Unions, real wages and employment in Britain, 1951-79", *Oxford Economic Paper,* vol. 35 (supplement), 183-206.

— et Wadhwani, S. (1990) "Insider forces and wage determination", *Economic Journal*, vol. 100, 496-510.

Oswald A.J. (1985) "The Economic theory of trade unions; an introductory survey", *Scandinavian Journal of Economics*, vol. 87, 160-93.

Padoa Schoppia, F. (1990) "Union wage setting and taxation", *Oxford Bulletin of Economics and Statistics*, vol. 52, 143-67.

Pagano, M. (1990) "Imperfect competition, underemployment equilibria and fiscal policy", *Economic Journal*, vol. 100, 440-64 .

Pencavel, J. (1985) "Wage and Employment under trade unionism, microeconomic models and macroeconomic applications", *Scandinavian Journal of Economics*, vol. 87, 197-225.

Phaneuf, L. (1988) "Hystérésis du chômage : faits et politiques", *L'actualité Economique*, vol. 64, 509-31.

Phelps, E. (1970) *Microeconomic foundations of employment and inflation theory*, Norton, New York.

Phelps, E. (1972) . *Inflation policy and unemployment theory*, New York : Norton.

Pissarides, C. (1986) "Unemployment and vacancies in Britain", *Economic Policy*, vol. 3, 499-59.

— (1989). *Equilibrium unemployment theory*. Oxford, Basil Backwell.

Rama, M. (1990) "Wage bargaining and economic performance in the open economy", Centro de Investigaciones Economicas, mimeo.

Roberts, J. (1987) "An equilibrium model with involuntary unemployment at flexible, competitive prices and wages", *American Economic Review*, vol. 77, 865-74.

Rotemberg, J. et Saloner, G. (1986) "A game theoretic model of prices wars during booms", *American Economic Review*, vol. 76, 390-407.

Sachs, J.D. et Wiplosz, C. (1986) "The Economic consequences of President Mitterand", *Economic Policy*, vol. 2.

Saint-Paul, G. (1990) "Efficiency wage, duality and the dynamic of labor demand", DELTA, document n° 90-29.

Salop, S. (1979), "A model of the natural rate of unemployment", *American Economic Review*, vol. 69, 117-25.

Sampson, A.A. (1983) "Employment policy in a model with a rational trade union", *Economic Journal*, vol. 93, 297-311.

Shah, A. (1985) "A macro model with trades unions", *Journal of Macroeconomics*, vol. 7, 175-94.

Shapiro, C. et Stiglitz, J.E. (1984), "Equilibrium unemployment as a worker discipline device", *American Economic Review*, vol. 74, 433-44.

Solow, R. (1979) "Another possible source of wage stickiness", *Journal of Macroeconomics*, vol. 1, 79-82.

— (1980) "On theories of Unemployment", *American Economic Review*, vol. 70, 1-12.

— (1986) "Monopolistic competition and the multiplier", dans Heller, Starr et Starret (eds), *Essays in honor of K.Arrow*, vol. 2, Cambridge University Press, Cambridge.

Stiglitz, J.E. (1974) "Wage determination and unemployment in L.D.C's : the labor turn over model", *Quarterly Journal of Economics*, vol. 88, 194-227.

Strand, J. (1989) "Monopoly unions versus efficient bargaining : a repeated game approach", *European Journal of Political Economy*, vol. 5, 473-87.

Summers, L.H. (1986) "Why is unemployment rate so very high near full employment?", *Brooking Papers on Economic Activity*, (2), 3 9-83.

— (1988) "Should Keynesian economics dispense with the Phillips curve ?", dans R.Cross (ed), *Unemployment hysterisis and the natural rate hypothesis*, Basil blackwell, Oxford, 12-25.

Taylor, J.B. (1980) "Aggregate dynamics and staggered contracts", *Journal of Political Economy*, vol. 88, 1-23.

Weiss, A. (1980) "Job queues and layoffs in labor markets with flexible wages", *American Economic* Review, vol. 56, 96-117 .

Weitzman, M.L. (1982) "Increasing returns and the fondations of unemployment theory", *Economic Journal*, vol. 92, 787-804.

— (1985) "The simple macroeconomics of profit sharing", *American Economic Review*, vol. 75, 938-53.

Zajdela, H. (1990) "Le dualisme du marché du travail : enjeux et fondements théoriques", *Economie et Prévision*, vol. 92-93, 31-42.

Zylberberg, A.(1989), *L'économie de partage : une solution pour l'emploi* ? Monographies d'Econométrie, Editions du C.N.R.S, Paris.

CHAPITRE II

CARACTÉRISATION ET MESURE

Pierre-Yves Hénin et Thomas Jobert

La persistance du chômage est l'objet de nombreux travaux, d'ordre tant théorique qu'économétrique, visant à tester la validité de schémas alternatifs d'explication du phénomène. Paradoxalement, il ne semble pas que ce phénomène soit mesuré, ni même défini, avec une rigueur égale à l'attention qu'il polarise. Par chômage persistant, caractéristique majeure d'un mal français sinon d'une eurosclérose, entend-on un niveau durablement élevé du taux de chômage ? une augmentation tendancielle ? une rigidité à la baisse ?

L'opportunité de rouvrir cette question tient aux possibilités nouvelles de conceptualisation qu'apporte l'économétrie des séries non stationnaires : la distinction de phénomènes ou d'effets permanents et transitoires s'en trouve profondément renouvelée et avec elle la définition d'indicateurs rigoureux de persistance. Cette présentation méthodologique fait l'objet de la première section. L'étude empirique menée sur cinq grandes économies de l'OCDE conduit d'abord à un constat : la non stationnarité du taux de chômage est une caractéristique commune de ces économies depuis trente ans. Cependant, la considération de diverses mesures de persistance permet de distinguer des degrés : selon les indicateurs envisagés, la France ou le Royaume-Uni présentent la persistance maximale, tandis que c'est aux Etats-Unis que le phénomène est le moins marqué.

Compte-tenu de cet objet spécifique, la présente contribution n'aborde pas les problèmes d'explication du chômage dont pourrait traiter une dynamique multivariée, elle n'entreprend pas non plus la recherche de critères — institutionnels ou autres — qui explique ces degrés de persistance en coupe internationale. Elle n'en dégage pas moins une caractérisation du chômage qui, pour n'être que descriptive, interpelle les multiples schémas explicatifs du chômage contemporain.

1. CONCEPTS DE PERSISTANCE ET ÉLÉMENTS DE MÉTHODE

La notion de persistance renvoie d'abord à l'idée d'un lent rééquilibrage de l'économie soumise à des chocs affectant les coûts salariaux ou la demande globale. Elle se caractérise alors par un degré élevé d'inertie dans la dynamique propre du taux de chômage. A la limite cependant, l'existence même d'un mécanisme de retour à l'équilibre est mise en cause et la persistance doit être redéfinie dans un contexte où le chômage suit un processus non stationnaire. Diverses complications peuvent intervenir, comme l'occurence de ruptures déterministes, de mécanismes de mémoire longue ou de réponses asymétriques. Il convient d'expliciter ces points, avant d'aborder l'étude empirique de la persistance des séries du taux de chômage.

1. Des délais d'ajustement à l'hystérèse du chômage

Une représentation minimale pour l'analyse de la persistance du chômage est fournie par l'équation suivante :

$$(1) \qquad u_t = a + \rho\, u_{t-1} + e_t$$

où e_t est un aléa d'espérance nulle et de variance constante et ρ un scalaire compris entre 0 et 1. Barro (1988) montre par exemple comment une telle équation peut être associée à un modèle de rotation où les séparations interviennent au taux constant s, en pourcentage des emplois occupés, et les recrutements au taux constant f, en pourcentage des chômeurs. L'équation (1) décrit alors un ajustement à un taux de chômage naturel $\overline{u} = s/(s+f)$ avec un coefficient d'inertie $\rho = (1 - s - f)$.

Plus généralement, quel que soit le processus d'ajustement sous-jacent dont l'équation (1) décrit une forme réduite[1], il est naturel de lui associer comme mesure de la persistance des chocs le délai moyen d'ajustement θ qui dans ce cas revêt l'expression simple :

1. Voir par exemple Alogoskoufis et Manning (1988) sur ce point.

(2) $$\theta = \frac{\rho}{1-\rho}$$

L'estimation de l'équation (1) conduit généralement à des valeurs élevées du coefficient ρ et donc de la persistance. Un ρ estimé de 0.9 implique un délai moyen d'ajustement de 9 ans, qui passe à 19 ans pour $\rho = 0.95$. Plus fondamentalement de telles estimations suggèrent que l'hypothèse d'une valeur unitaire de ρ ne peut sans doute pas être rejetée. Une telle hypothèse change profondément la nature du processus considéré et donc la nature même du phénomène de persistance.

En intégrant l'équation (1) depuis l'origine $t = 0$ avec u_0 donné, on obtient :

(3) $$u_t = \rho^t u_0 + a\,\frac{1-\rho^t}{1-\rho} + \sum_{j=0}^{t} \rho^j e_{t-j}$$

Pour $\rho = 1$ cette expression devient :

(4) $$u_t = u_0 + a\,t + \sum_{j=0}^{t} e_{t-j}$$

Les équations (3) et (4) impliquent des dynamiques très différentes.

a) l'influence du chômage initial u_0 s'estompe en (3) mais persiste en (4) ;
b) l'influence des chocs aléatoires e_t disparaît progressivement en (3), alors que ces chocs s'accumulent en (4) ;
c) la partie déterministe du chômage tend vers une limite finie $a/(1-\rho)$ en (3), vers une tendance déterministe at en (4) ;
d) en conséquence le chômage suit un processus stationnaire pour $\rho < 1$, mais n'est plus stationnaire pour $\rho = 1$.

La non stationnarité du chômage sous l'hypothèse nulle $\rho = 1$ implique que les statistiques de test sont alors non standard.

Pour étudier la persistance du chômage il faut donc d'abord tester l'hypothèse d'une racine unitaire dans le processus autorégressif dont l'équation (1) est une forme simple et que l'on approximera plus généralement, à la suite des travaux de Dickey et Fuller[2] par l'équation :

$$\Delta u_t = \alpha + \beta t + (\rho - 1)\, u_{t-1} + \sum_{j=1}^{k} \gamma_j\, \Delta u_{t-j} + \varepsilon_t \qquad (5)$$

les termes autorégressifs en différence étant introduits pour *"blanchir"* l'aléa e_t en un résidu ε_t *iid* (de valeurs distribuées identiquement et indépendamment).

Si l'hypothèse nulle $\rho = 1$ peut être rejetée, le chômage est stationnaire, éventuellement autour d'une tendance déterministe βt, mais sa persistance est mesurée avec pertinence par le délai moyen $\theta = \rho/(1-\rho)$. Si l'hypothèse $\rho = 1$ n'est pas rejeté, la persistance mesurée par θ est infinie, ce qui signifie qu'un choc influençant le chômage l'affecte pour toujours.

1.2. Mesures de la persistance dans le cas non stationnaire

Pour évaluer les implications d'un chômage non stationnaire, il est pratique de considérer l'équation (1) qui s'écrit alors en différence sous la forme moyenne mobile dite représentation de Wold :

$$\Delta u_t = a + \sum_{j=0}^{k} a_j\, \varepsilon_{t-j} \qquad \text{avec } a_0 = 1 \qquad (6)$$

où ε_t est maintenant l'innovation du processus. Soit avec la notation usuelle des opérateurs de retard :

$$(1 - L)\, u_t = a + A\,(L)\, \varepsilon_t \qquad (6')$$

La somme des coefficients $\sum_{j=0}^{k} a_j$ notée $A(1)$ mesure l'impact cumulé ou à long terme d'un choc ε_t sur le chômage. On peut décomposer $A(L)$ en $A(1) + A^{-}(L)$. Par construction $A^{-}(1) = 0$, donc 1 est racine du polynôme $A^{-}(L)$ qui peut de ce fait se factoriser en $(1-L)\, A_1\,(L)$ où $A_1(L)$ est stationnaire. En portant cette dé-

2. Voir sur ce point Diebold et Nerlove (1990) ou Perron (1991) pour une étude complète, Hénin (1989) pour une introduction.

composition dans (6') et en intégrant, on obtient l'expression suivante du chômage en niveau

$$(7)\quad u_t = a\,t + A\,(1)\,(1-L)^{-1}\,\varepsilon_t + A_1\,(L)\,\varepsilon_t$$
$$= u_0 + \overline{u}_t + \widehat{u}_t$$

où $\overline{u}_t$ est la composante permanente du chômage, au sens de Beveridge et Nelson (1981), constituée d'une tendance déterministe at et d'une tendance stochastique $A(1)\ \sum_j \varepsilon_{t-j}$, tandis que $\widehat{u}_t$ est une composante transitoire, stationnaire par construction de $A_1(L)$, mesurant des écarts temporaires du chômage à cette composante permanente.

La composante permanente s'identifie à la part prévisible du chômage à long terme. Il en vient immédiatement l'interprétation suivante de $A(1)$:

$$(8)\qquad A\,(1) = \frac{\partial \overline{u}_t}{\partial \varepsilon_t} \approx \frac{\partial E_t\, u_{t+T}}{\partial \varepsilon_t} \qquad \text{pour } T \text{ assez grand.}$$

$A(1)$ est donc une mesure pertinente de la persistance si le chômage est non stationnaire : il indique de combien un choc contemporain affecte la prévision à long terme du chômage. Pour des applications empiriques, lorsque le polynome moyenne mobile $A(L)$ est de degré k élevé ou infini, on pourra l'approximer par une somme tronquée des coefficients a_j, notée $A(h)$ pour $h \leq k$.

On peut également mesurer la persistance du chômage, dans le cas non stationnaire, comme le rapport de la variance de la composante permanente à la variance de la série (en taux de croissance), soit :

$$(9)\qquad V = \frac{\mathrm{Var}\,(\Delta\,\overline{u}_t\,)}{\mathrm{Var}\,(\Delta\,u_t\,)} = \frac{A\,(1)^2\,\sigma_\varepsilon^2}{\sigma_{\Delta\,u}^2} = A\,(1)^2\,(1-R^2\,)$$

Le rapport $\sigma_\varepsilon^2 / \sigma_{\Delta\,u}^2$ de la variance résiduelle à la variance totale du taux de croissance est en effet $(1 - R^2)$ où R^2 est le coefficient de détermination Δu_t dans l'équation (6) ou un modèle équivalent, ARIMA par exemple.

Le rapport V est connu comme ratio de Cochrane (1988), qui en a proposé une estimation non paramétrique. En effet, si la série suit une marche aléatoire, la variance des différences longues

Var ($\Delta_k u_t$), où $\Delta_k u_t = u_t - u_{t-k-1}$, vaut k Var (Δu_t), d'où l'estimateur

(10) $$V(k) = \frac{\text{Var}(\Delta_k u_t)}{k \text{ Var}(\Delta u_t)}$$

Ce ratio se calcule directement en fonction des autocorrélations

(11) $$V(k) = 1 + 2 \sum_{j=1}^{k-1} (1 - j/k)\, \rho_j$$

où les ρ_j sont les autocorrélations d'ordre j de Δu_t.

Alternativement à l'estimation non paramétrique de Cochrane, le ratio V peut être dérivé d'une estimation du polynome moyenne mobile $A(L)$. Des équations (6) et (9) il vient, en effet :

(12) $$V = \frac{A(1)^2 \sigma_\varepsilon^2}{\sigma_{\Delta u}^2} = \frac{(\Sigma_j a_j)^2 \sigma_\varepsilon^2}{\Sigma_j (a_j^2 \sigma_\varepsilon^2)} = \frac{(\Sigma_j a_j)^2}{\Sigma_j a_j^2}$$

Ce qui signifie que, dans le cas présent où les chocs permanents et temporaires sont parfaitement corrélés, le ratio V sera supérieur à 1 si les termes croisés ($a_i a_j$) sont en moyenne positifs, donc si les autocorrélations positives dominent dans le corrélogramme de Δu_t.

Il convient de remarquer que les indicateurs de persistance applicables aux séries non stationnaires sont étalonnés par une marche aléatoire où $A(1) = V = 1$. Ainsi des valeurs de $A(1)$ ou de V supérieures à l'unité signifient que le chômage serait plus persistant qu'une marche aléatoire, comme dans l'exemple suivant où Δu_t admet la représentation moyenne mobile.

(13) $$\Delta u_t = \varepsilon_t + 0.3\, \varepsilon_{t-1}$$

d'où $A(1) = 1.3$ et, par (12), $V = \frac{1.3^2}{1^2 + 0.3^2} = \frac{1.69}{1.09} \approx 1.56$

La persistance supplémentaire, par rapport à une marche aléatoire vient ici du fait que les accroissements du chômage présentent une autocorrélation positive.

1.3. Changements structurels et mémoires longues

Par rapport à ce nouveau modèle de référence d'un chômage non stationnaire trois développements doivent être pris en considération pour rendre compte de caractéristiques potentielles des évolutions récentes du chômage.

Un premier facteur alternatif — ou complémentaire — réside dans la possibilité d'un changement déterministe intervenu au cours de la période couverte par l'échantillon, par exemple un saut dans le niveau de la constante de référence, ou l'apparition d'une tendance déterministe. Dans le cas des données américaines par exemple, Evans (1989) concluait à la possibilité de rejeter l'hypothèse de non stationnarité du chômage contre celle d'un niveau de référence plus élevé depuis 1973. De tels tests sont lourds à effectuer, car les valeurs critiques des statistiques associées sont spécifiques non seulement à l'existence et à la forme d'un tel changement mais aussi à sa date d'occurence (Perron, 1990). De plus, le test est plus conservateur si la date de rupture est a priori inconnue que si elle peut être considérée comme connue : peut-on alors considérer la rupture de 1973 comme suffisamment établie en dehors de l'examen même des séries de chômage pour appliquer les tests pertinents en cas de date de rupture connue ? De plus, l'hypothèse de rupture conduit à travailler sur des échantillons plus courts, alors que les tests de stationnarité sont particulièrement fragiles sur petits échantillons.

Négliger un changement déterministe se traduirait par un biais dans le calcul des indicateurs de persistance. La valeur d'un tel biais est ainsi calculée par J.S. Pischke (1991) sur l'exemple de la rupture de tendance intervenue dans la croissance de la population américaine : il montre que les valeurs des ratios de Cochrane estimées pour le PNB par tête en sont significativement affectées.

Les tests de changements structurels dans la partie déterministe menés plus loin se sont révélés systématiquement négatifs. Pourtant, pour explorer une possible influence des sous périodes et évaluer la robustesse des mesures de persistance du chômage qui sont présentées, le calcul des indicateurs $A(1)$ et V est également effectué par sous périodes.

Les tests de stationnarité reviennent à inférer des propriétés à long terme — en termes d'analyse spectrale, à la fréquence 0 — à partir de modèles estimés pour reproduire les propriétés cycliques des séries. Gagnon (1988) a fait remarquer qu'il convient d'exploiter les propriétés des autocorrélations longues ainsi un phénomène de retour à l'équilibre peut être révélé par de nombreuses autocorrélations faiblement négatives à un retard élevé, qui n'apparaîtraient pas significatives au regard des tests usuels. Le calcul non paramétrique des *V* de Cochrane, pour *k* élevé, exploite cette information et il est apparu que le chômage présentait typiquement un tel phénomène de mémoire longue.

Une méthode d'analyse des séries à mémoire longue s'est imposée dans les travaux récents : les modèles à différenciation fractionnaire ou ARFIMA (Diebold et Rudebusch, 1988). Ces modèles généralisent l'équation (6') ci-dessus en considérant

$$(14) \qquad (1-L)^d\, u_t = a + A(L)\,\varepsilon_t$$

où le coefficient de différenciation *d* (degré d'intégration dans la terminologie des modèles ARIMA) peut prendre des valeurs fractionnaires et non plus seulement entières comme dans l'approche traditionnelle. Pour les applications pratiques[3] , on recourt à l'approximation suivante de l'opérateur $(1-L)^d$ par une expansion binomiale tronquée à l'ordre *k*

$$(15) \quad (1-L)^d \approx 1 - d\,L + \frac{d\,(d-1)}{2\,!}L^2 - \frac{d\,(d-1)\,(d-2)}{3\,!}L^3 + \ldots$$

L'opérateur $(1-L)^d$ apparaît ainsi comme un filtre linéaire dont les pondérations décroissent régulièrement mais lentement, ce qui lui permet de rendre compte de propriétés de mémoire longue présentées par des séries.

La mise en oeuvre empirique des modèles ARFIMA s'opère en général en 2 étapes : estimer d'abord le coefficient *d*, puis modéliser les séries filtrées par l'opérateur présenté à l'équation (15). Un estimateur convergent de *d*, proposé par Geweke et Porter-Hudak (1983) est obtenu par une régression simple sur les coordonnées du périodogramme aux fréquences voisines de 0[4].

Sachant que pour toute valeur de *d* comprise entre 0.5 et 1.5, le chômage est stationnaire en différence, au sens usuel, l'estimation du degré *d* de différenciation fournit une mesure supplémentaire d'un degré de persistance différencié entre pays. Une valeur de *d* supérieure à l'unité signifie une persistance supérieure à celle d'une série *I*(1), en ce sens qu'elle implique des fonctions de réponse à long terme qui s'annulent lentement et donc un effet cu-

3. Voir P. Fève (1991) pour une présentation et la mise en œuvre des modèles ARFIMA.
4. Voir pour des précisions P. Fève (1991).

mulé qui continue à croître. On pourra ainsi parler d'une série *"DS à mémoire longue"* pour $1 < d < 1.5$ et *"DS à mémoire courte"* pour $0.5 < d < 1$.

L'examen visuel des séries de chômage conduit aussi à s'interroger sur une éventuelle asymétrie du processus, réprésentable par un modèle non linéaire générant des phases d'accroissement plus fortes et plus longues que les phases de réduction. Brock, Dechert et Scheinkman (1990) ont proposé un test général de non linéarité (BDS) : l'intérêt de ce test est limité car le rejet plausible de la non linéarité serait effectué au profit d'une hypothèse alternative non spécifiée[5]. Un test plus spécifique, car reposant sur une alternative explicite de symétrie cyclique a été présenté par Luukkonen et Teräsvirta (1991). Ces auteurs retiennent une stratégie de test du multiplicateur de Lagrange (LM), qui comporte les deux étapes suivantes :

a) Estimer un modèle autorégressif

$$\Delta u_t = a + \sum_{j=1}^{k} \gamma_j \ \Delta u_{t-j} + \varepsilon_t \tag{16}$$

d'où l'on tire les résidus estimés $\hat{\varepsilon}_t$ dont la somme des carrés est $SSE = \sum_{t=1}^{T} \hat{\varepsilon}_t^2$.

b) régresser ces résidus sur les régresseurs initiaux et des termes croisés, non linéaires, tels que $(\Delta u_{t-i} \cdot \Delta u_{t-j})$ ou $(\Delta u_{t-i})^3$. La somme des carrés résiduels est alors notée SSE_1 si on prend comme régresseurs supplémentaires $(\Delta u_{t-i} \ \Delta u_{t-j})$, ou SSE_3 si on prend comme régresseurs supplémentaires $(\Delta u_{t-i} \cdot \Delta u_{t-j})$ et $(\Delta u_{t-i})^3$.

c) Calculer les statistiques de test.

$$S_1 = T\,(SSE - SSE_1)/SSE \qquad S_3 = T(SSE - SSE_3)/SSE$$

5. On peut penser à un modèle non linéaire présentant des équilibres multiples dont l'un est une "trappe" de chômage élevé, voir Manning (1990) et la synthèse de P. Cahuc (chapitre premier).

qui suivent alors un χ^2 dont le nombre de degrés de liberté est égal au nombre de régresseurs supplémentaires dans l'étape *b* soient $(k + 1)\ k/2$ pour S_1, et $(k + 1)\ k/2 + k$ pour S_3. Le choix des régresseurs supplémentaires s'effectue en fonction du type d'asymétrie que l'on veut inclure dans l'hypothèse alternative. Luukkonen et Teräsvirta (1991) obtiennent avec ces tests des résultats incertains sur des séries internationales de chômage : la France représentant un cas exceptionnel où la linéarité et donc la symétrie sont clairement rejetées.

L'exploitation d'un constat d'asymétrie suppose la spécification d'un modèle alternatif explicite. On a ainsi exploré une spécification où l'asymétrie, déterministe, provient d'une influence persistante du plus haut niveau de chômage atteint dans le passé. Les résultats très décevants obtenus conduisent à penser qu'une formalisation plus élaborée, par exemple dans la ligne des travaux de Hamilton (1989) serait nécessaire.

2. UNE CARACTERISTIQUE COMMUNE : LA NON-STATIONNARITE DU CHÔMAGE

L'étude empirique de la persistance du chômage, a été menée en termes comparatifs, sur cinq grandes économies de l'OCDE, trois européennes : France, Royaume-Uni, Allemagne Fédérale et deux nord américaines : USA et Canada. Il est en effet nécessaire de resituer l'expérience française non seulement par rapport à celle de ses grands partenaires européens mais aussi dans le cadre du contraste apparent entre les performances décevantes de la CEE en la matière et les résultats plus nuancés obtenus outre Atlantique. Par ailleurs, l'horizon considéré couvre la période 1960-1989. Il est en effet essentiel d'intégrer les années 60 pour couvrir une expérience historique suffisamment contrastée, qui donne la possibilité d'estimer des caractéristiques à long terme du processus du chômage. En fait, certaines des conclusions obtenues suggèrent que cette période d'observation n'est peut être pas suffisante pour révéler un régime asymptotiquement soutenable, mais les possibilités de travailler, en particulier en France, sur des séries longues du chômage restent incertaines.

L'option pour un travail comparatif sur trente ans, avec le souhait de disposer de données infra-annuelles, a conduit à retenir comme variables de base les taux de chômage publiés par l'OCDE dans les Principaux Indicateurs Economiques, plutôt que des indicateurs plus élaborés, comme les taux de chômage standardisés qui ne sont disponibles que sur une période plus courte.

Graphique I

A — Comparaison des taux de chômage France/Europe

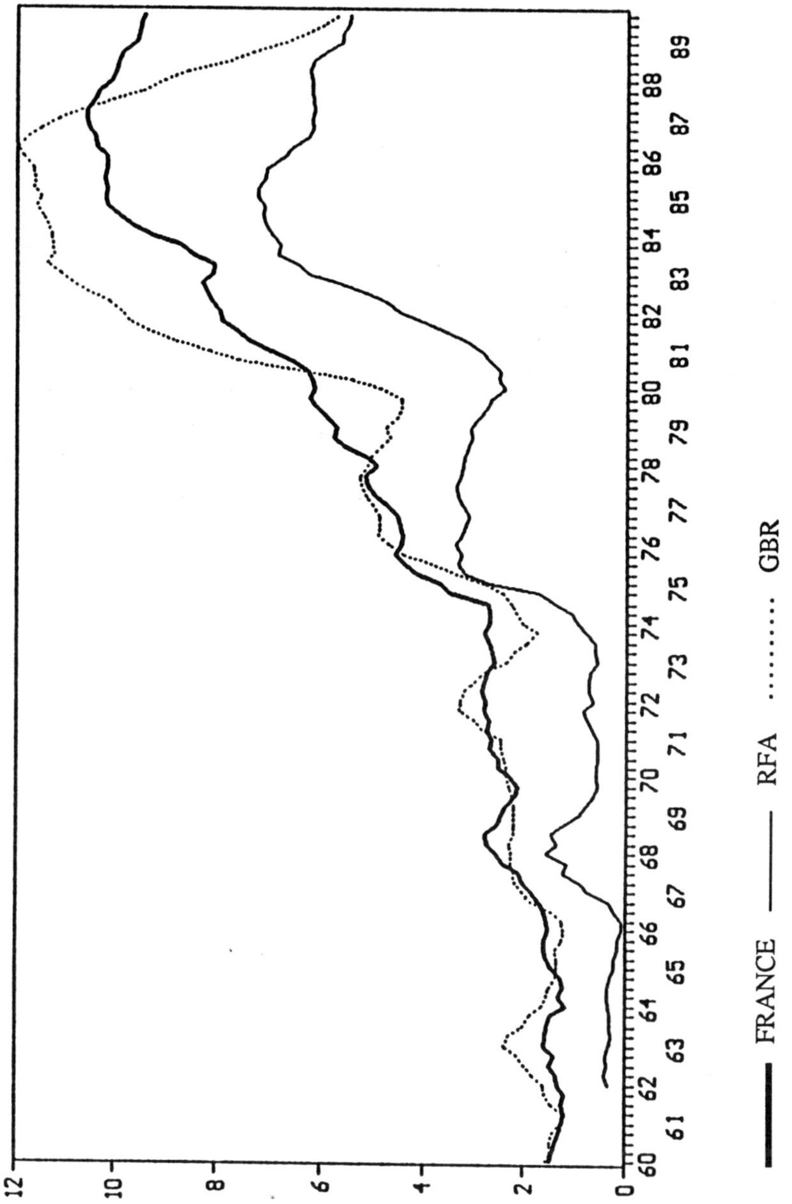

B — *Comparaison des taux de chômage France/Amérique*

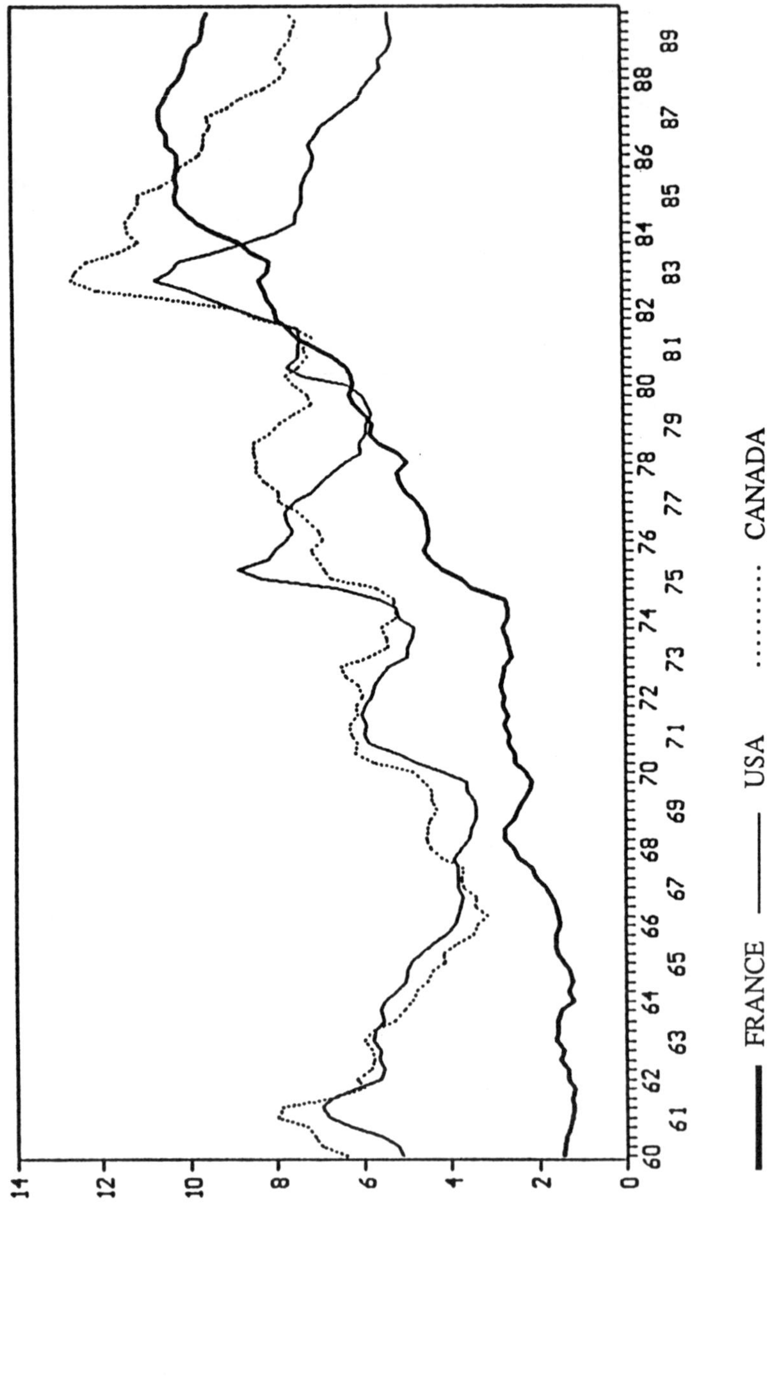

La non stationnarité apparente du taux de chômage que les tests confirment soulève un problème théorique préalable. En tant que ratio, compris par construction entre 0 et 1 et, on peut l'espérer, limité dans sa distribution possible à une partie de cet intervalle, le chômage ne peut comporter les moments non bornés qu'implique la non stationnarité. De même que par exemple la validité d'une tendance déterministe d'élévation des taux de participation féminine à la population active ne peut être admise que pour un horizon limité, de même la non stationnarité du taux de chômage ne peut traduire qu'une propriété locale, à la fois en champ de variation possible et en horizon temporel considéré.

Techniquement, une caractérisation plus correcte de l'éventuelle non stationnarité du chômage suppose de raisonner sur une variable transformée, définie sur un intervalle non borné. Le choix naturel pour une telle variable est la transformée logistique

(18) $$z_t = \log \{u_t / (1 - u_t)\}$$

Comme l'a montré Wallis (1987) cette variable, dans la classe des transformations admissibles, présente une intéressante propriété de symétrie puisqu'elle implique les mêmes propriétés pour la série du taux de chômage u_t et du taux d'emploi $(1 - u_t)$. Wallis en préconise l'emploi dans la perspective d'obtenir des aléas gaussiens du processus d'innovation de la série. Il nous semble que l'argument d'une représentation compatible avec la non stationnarité est une raison encore plus forte de considérer cette variable. En dehors de son intérêt pour une représentation du processus univarié du chômage, cette transformation peut se justifier théoriquement dans certains modèles structurels, tel que le modèle d'appariement qui sous tend la courbe de Beveridge (Jacques et Langot, chapitre IV).

Dans la majorité des cas, l'évolution de z_t reste cependant moins interprétable, aussi présenterons nous parallèlement les résultats relatifs au taux de chômage u_t et à sa transformée logistique z_t.

Les graphiques I - A et I - B présentent les séries brutes[6] du taux de chômage en resituant la situation française respectivement par rapport à ses partenaires européens puis par rapport à l'expérience nord américaine.

L'évolution du chômage français est comparable à la situation anglaise et durablement au dessus du chômage allemand (avant

6. *"brutes"* se réfère ici à l'absence de transformations supplémentaires ; les séries trimestrielles ont été désaisonnalisées par l'OCDE ou les organismes nationaux d'origine. Les résultats relatifs aux transformées logistiques, qui ne conduisent pas à des résultats systématiquement différents, ont été reportés en annexe.

réunification, bien sûr). Pourtant, une différence importante réside dans la progression plus régulière de u_t en France, tandis que le Royaume-Uni — comme la RFA — voit s'opposer la progression rapide de 1980 à 84 à la récupération remarquable au Royaume-Uni de 1986 à 90. Le cas allemand est remarquable par la succession de périodes de montée rapide avec des paliers de décroissance lente.

Le graphique I - B rappelle d'abord que sur deux décennies le chômage américain était supérieur aux niveaux européens. La performance française s'inverse en 84 face aux USA, en 86 face au Canada dont le chômage excède de 2 points celui des Etats-Unis. L'examen graphique révèle une composante cyclique très nette dans le chômage nord américain, alors qu'elle n'est que peu perceptible en France et faible en Europe.

Ainsi, par rapport aux évolutions américaines mais aussi chez ses partenaires européens la France présente une trajectoire du chômage qui apparaît plus persistante. Le graphique donne l'impression d'une progression inexorable, que les périodes de pic conjoncturel ne contiennent qu'à peine.

Le chômage français apparaît ainsi non stationnaire : son espérance, et sa variance dans les années 80 excèdent clairement leur valeur des années 60. Ce diagnostic visuel demande à être confronté statistiquement et précisé sur deux points : en premier lieu, la non stationnarité, c'est-à-dire la nature tendancielle du chômage français relève t-elle d'une tendance déterministe, à taux constant, ou d'une tendance stochastique, à accroissements aléatoires ? en second lieu, cette non stationnarité est elle une spécificité française ? ou européenne ? ou une caractéristique commune des grandes économies industrialisées considérées ici ?

Le tableau I, des tests de racine unitaire, apporte à ces questions une réponse plus claire que ne le suggérait l'inspection visuelle :

a) les taux de chômage présentent une tendance stochastique dans tous les pays considérés. Ils suivent en effet dans l'ensemble un processus $I(1)$ intégré d'ordre 1 ou stationnaire en différence première ;
b) leur composante d'accroissement déterministe est en général significativement nulle, le cas français excepté ;
c) ces résultats doivent être nuancés dans le cas de distinction de deux sous périodes 1960-1974 et 1974-1989, et sont en partie sensibles au nombre k de retards introduits dans l'équation (5).

Tableau I

Tests de racine unitaire

Pays/Critère		Taux de chômage Box-*P*	*k*-max	BIC	Hannan	Transformée logistique Box-*P*	*k*-max	BIC	Hannan
France	60-89	*IT*	*I*	*IT*	*IT*	*IT,ST?*	*IT*	*IT*	*IT*
	60-74	*I*	*I,ST?*	*I,ST?*	*I,ST?*	*I*	*I,ST?*	*I,ST?*	*I,ST?*
	74-89	*I,IT?*	*I,IT?*	*I,IT?*	*I,IT*	IT^2	IT^2	IT^2	IT^2
RFA	60-89	*I,ST?*	*I,ST?*	*I,ST?*	*I,ST?*	*I*	*IT*	*IT*	*IT*
	60-74	*ST*	*ST*	*ST*	*ST*	*I*	*I*	*I*	*I*
	74-89	*I*	*I*	*I*	*I*	*I*	*I*	*I*	*I*
GBR	60-69	*I*	*I*	*I*	*I*	*I*	*I*	*I*	*I*
	60-74	*I*	*ST*	*ST*	*I*	*I*	*I*	*I*	*I*
	74-89	*I*	*I*	*I*	*I*	*I*	*I*	*I*	*I*
U.S.A.	60-89	I,S^2	I,S^2	I,S^2	I,S^2	*I*	*I*	*I*	*I*
	60-74	*I*	*I*	*I*	*I*	*I*	*I*	*I*	*I*
	74-89	*I*	*I*	*I*	*I*	*I*	*I*	*I*	*I*
Canada	60-89	*I*	*I*	*I*	*I*	*I*	*I,ST?*	*I*	*I*
	60-74	*I*	*I*	*S*	*I*	*I*	*I*	*I*	*I*
	74-89	*I*	*I*	*I*	*I*	*I*	*I*	*I*	*I*

Notations :

I = processus *I* (1)
IT = $I(1)+T$
IT^2 = $I(1)+T^2$
S = $I(0)$
ST = $I(0)+T$
? = résultat alternatif au seuil de 10 %

Les critères de sélection de l'ordre des retards sont détaillés en annexe méthodologique.

La stratégie des tests dont les résultats sont résumés au tableau I est explicitée dans l'annexe méthodologique. Les résultats présentant une certaine sensibilité au nombre de retards, on fait figurer au tableau I l'identification retenue sur la base de chacun des quatre critères de sélection de l'ordre k de l'équation de *"Dickey Fuller augmentée"*. L'ensemble des statistiques intervenant aux diverses étapes de cette stratégie de test est présentée en annexe pour deux des critères (Box-Pierce et *k*-max). Cinq caractérisations apparaissent au moins une fois dans ce tableau, dont trois décrivent le chômage comme suivant une tendance stochastique (processus $I(1)$, noté *I*) à laquelle s'ajoute éventuellement une tendance déterministe linéaire (cas $I(1) + T$, noté *IT*) ou quadratique (cas $I(1) + T^2$, noté IT^2). Dans les deux autres caractérisations , le chômage est stationnaire avec une tendance déterministe (cas $I(0) + T$, noté *ST*) ou sans tendance (cas $I(0)$, noté *S*).

Graphique II

Autocorrélations des séries en niveau

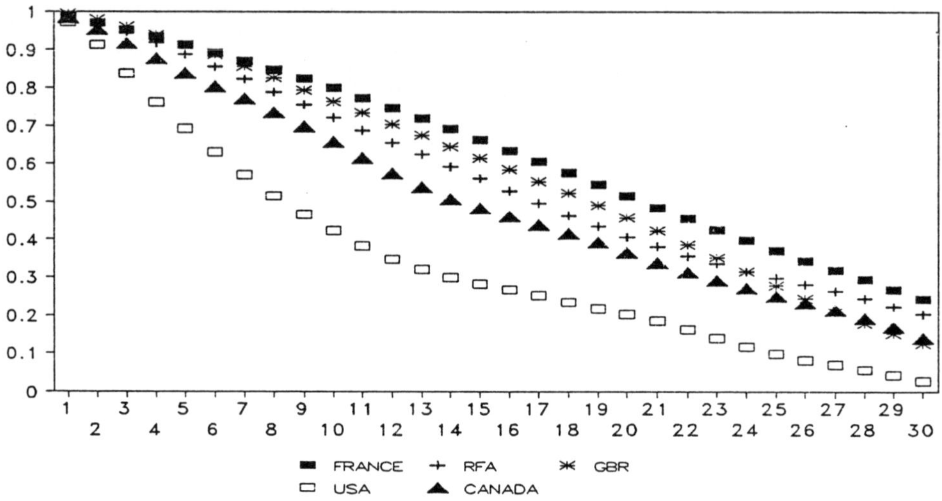

Autocorrélations des séries en différence

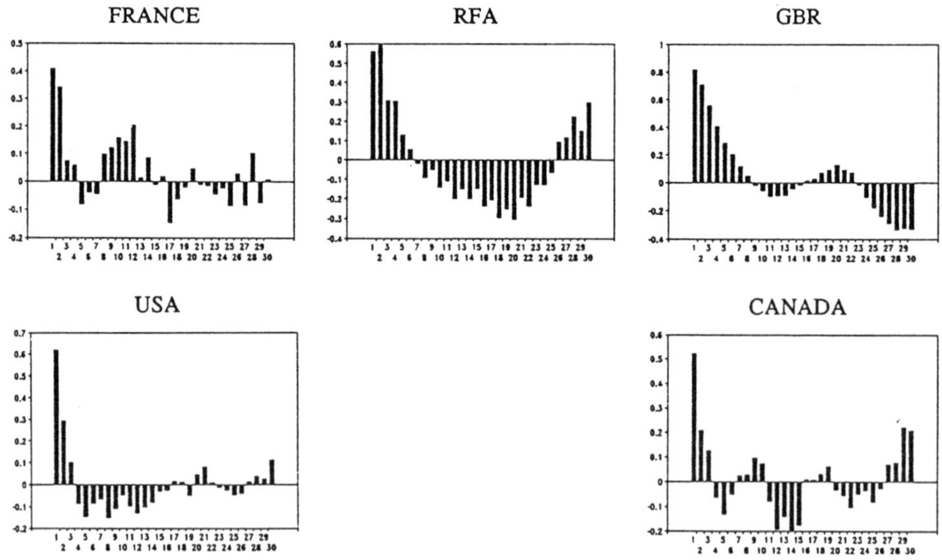

Sur l'ensemble de la période, la non stationnarité stochastique n'est jamais rejetée au seuil usuel de 5 %. On remarque cependant que l'hypothèse de stationnarité *S* serait acceptée pour les USA au seuil de 10 % , ce qui confirme le résultat de moindre persistance pour ce pays. Sur données allemandes et à ce seuil, c'est l'hypothèse *ST* d'une tendance seulement déterministe du chômage qui serait acceptée. La France apparaît pour sa part comme le seul pays où le taux de chômage connaît à la fois une tendance stochastique et, selon la majorité des critères, aussi une tendance déterministe.

La contribution des sous périodes à cette caractérisation ne paraît se différencier que sur les données françaises et allemandes. De 60 à 74, la progression du chômage allemand est déterministe (à un taux d'un niveau d'ailleurs très faible). Certains critères ne rejettent pas, à 10 %, la même description de l'évolution du chômage français sur la période.

Le diagnostic d'une forte domination de la non stationnarité est nettement confirmé par la caractérisation du processus suivi par le taux de chômage en transformée logistisque. Même au seuil de 10 % et aux Etats-Unis, la dérive du chômage suit une tendance stochastique. En projetant le taux de chômage sur un support non borné, la transformée logistique conduit normalement à une représentation moins stationnaire : on le vérifie en France où l'expérience des années 74-89 est décrite comme l'adjonction à un processus intégré d'une tendance quadratique (IT^2).

3. DES DEGRÉS DIFFÉRENCIÉS DE PERSISTANCE ET D'ASYMÉTRIE

L'homogénéité du résultat qualitatif, d'une non stationnarité du chômage commune aux pays considérés, n'est pas exclusive de différences significatives du degré de persistance. Le calcul des indicateurs présentés plus haut permet de préciser ce point.

3.1. Evaluations comparées de la persistance

Le Graphique II présente quelques données statistiques qui, au delà de l'inspection visuelle, confortent l'idée d'un degré de persistance différencié.

Graphique III

V de Cochrane
Comparaison France/Amérique

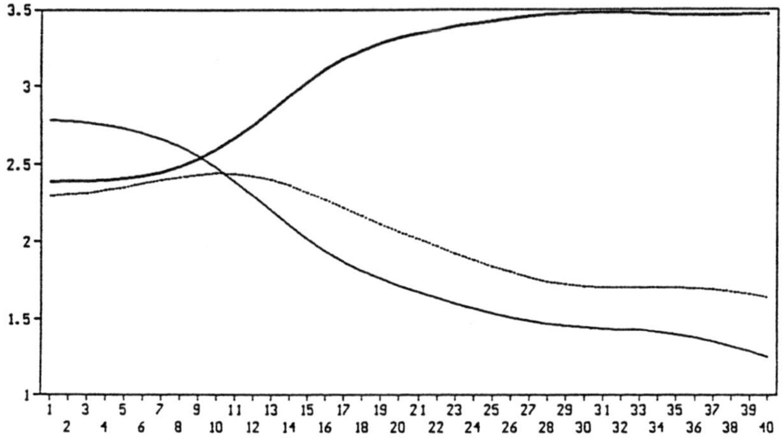

FRANCE —— USA ·········· CANADA

V de Cochrane
Comparaison France/Europe

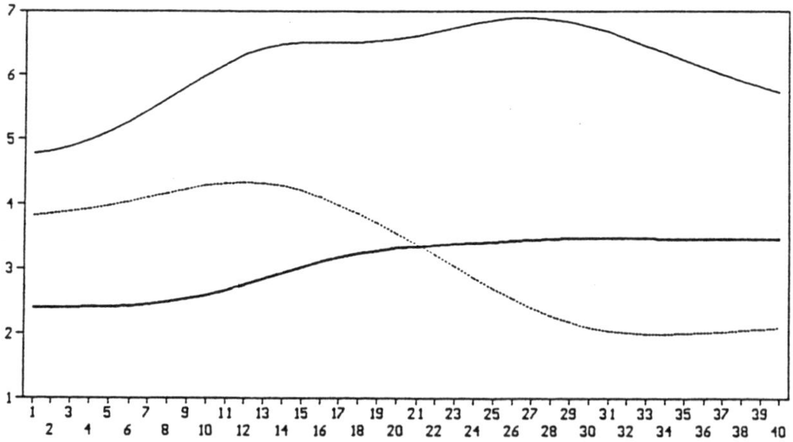

FRANCE —— GBR ·········· RFA

Le graphique des autocorrélations en niveau confirme nettement la hiérarchie des degrés de persistance, où la France et les Etats-Unis représentent les cas extrêmes. A un retard de 5 ans, (20 trimestres) l'autocorrélation empirique du chômage américain est de 0.2, mais elle est proche de 0.6 en France. Grande-Bretagne, Allemagne et Canada, dans cet ordre, occupent les positions intermédiaires.

Les graphiques des autocorrélations des séries différenciées Δu_t sont également illustratifs. La série américaine comporte au delà de 3 retards des autocorrélations négatives, venant compenser ou amortir un choc initial. Avec un retard plus long la RFA présente le même profil. En revanche, sur données françaises n'apparaissent pas d'autocorrélations durablement négatives, ce qui traduit l'absence ou du moins la faiblesse de mécanismes de retour à la normale.

Le Graphique III présente comme indicateur de persistance les ratios V de Cochrane calculés à partir des autocorrélations. En ordonnée, k est la longueur de la fenêtre utilisée (nombre d'autocorrélations prises en compte pour le calcul). D'après cet indicateur, la persistance maximale apparaît au Royaume-Uni, tandis que l'opposition Europe-Amérique est nettement confirmée. La forte persistance du chômage français se traduit par le profil des courbes figurées donnant l'évolution de $V(k)$ en fonction de la longueur k de la fenêtre utilisée pour l'estimation, soit encore du nombre d'autocorrélations entrant dans le calcul indiqué à l'équation (11). Il faut en France une fenêtre d'observation de l'ordre de 6 ans pour que la persistance estimée se stabilise. Les données américaines, canadiennes, allemandes, ou après un retard plus long, anglaises, présentent la propriété plus usuelle d'une décroissance de V avec k.

Les tableaux II récapitulent la valeur de différents indicateurs de persistance, à la fois sur l'échantillon complet et par sous période. Les $A(1)$ et V non paramétriques sont calculés à partir de l'estimateur de la densité spectrale à l'origine. Les valeurs paramétriques sont calculées à partir de l'équation autorégressive sélectionnée dans le cadre de la stratégie des tests ADF (Dickey Fuller augmentée). Le $\tilde{d}$ est enfin le degré de différenciation fractionnaire estimé par la méthode de Porter-Hudak (1983).

Tableau II

Estimateurs de persistance paramétriques et non paramétriques du taux de chômage

Période : 1960:1 - 1989:4

	Non paramétrique			Paramétrique	
	$\tilde{d}$	$A(1)$	V	$A(1)$	V
France	**0.31** (0.14)	2.16 (1.25)	3.48 (0.93)	2.76	5.45
GBR	**0.66** (0.26)	4.66 (5.76)	6.75 (1.81)	5.71	9.75
RFA	0.72 (0.65)	1.97 (1.04)	2.09 (0.56)	2.72	4
USA	–.13 (0.44)	1.61 (0.69)	1.44 (0.39)	1.86	2.07
Canada	0.38 (0.28)	1.60 (0.69)	1.71 (0.46)	1.50	1.17

Période : 1960:1 - 1974:2

	Non paramétrique			Paramétrique	
	$\tilde{d}$	$A(1)$	V	$A(1)$	V
France	.009 (0.5)	0.92 (0.23)	0.63 (0.17)	1.16	1.03
GBR	0.58 (0.70)	1.02 (0.28)	0.63 (0.17)	1.09	0.63
RFA	0.54 (0.81)	0.70 (0.13)	0.29 (0.08)	1.71	1.81
USA	0.12 (0.31)	1.66 (0.74)	1.21 (0.33)	2.66	2.98
Canada	0.10 (0.61)	1.29 (0.45)	1.28 (0.34)	1.50	1.17

Période : 1974:3 - 1989:4

	Non paramétrique			Paramétrique	
	$\tilde{d}$	$A(1)$	V	$A(1)$	V
France	0.10 (0.38)	2.06 (1.14)	3.14 (0.84)	2.01	2.90
GBR	1.14 (0.66	5.70 (8.74)	7.75 (2.08)	8.79	19.08
RFA	0.13 (0.35)	2.10 (1.19)	2.27 (0.61)	3.11	4.79
USA	0.36 (0.52)	1.36 (0.50)	1.11 (0.30)	2.24	2.96
Canada	0.09 (0.31)	1.88 (0.95)	1.84 (0.49)	1.54	1.57

. En gras : les $\tilde{d}$ qui ont un t de Student > 1,96
. $A(1)$ et V non paramétrique pour $k = 30$
. ( ) écart-type des estimateurs

Le Royaume-Uni est le pays où la persistance du chômage est maximale, quel que soit l'indicateur considéré. Un $A(1)$ de l'ordre 4.66 signifie qu'une innovation, c'est-à-dire un accroissement non anticipé, du taux de chômage de 1 point élève de 4.66 points le niveau attendu à long terme[7]. Cette réponse est plus proche de 2 en France et en RFA, et plus faible en Amérique du Nord.

Plus nettement que les tests de racine unitaire, les indicateurs de persistance contrastent nettement les 2 sous périodes pour les pays européens. En France par exemple, l'impact à long terme d'une innovation double pratiquement, avec cependant une imprécision telle que cette augmentation n'est pas significative.

Les $\tilde{d}$ qui figurent ici représentent le degré de différenciation estimé des Δu_t : le degré d'intégration du taux de chômage est donc $(1 + \tilde{d})$. Sauf aux Etats-Unis, il excède l'unité, impliquant une persistance plus forte qu'un processus $I(1)$, et cet écart est significatif en France et en Grande-Bretagne[8]. Le chômage suit donc un processus *DS* à mémoire longue.

Les différences entre sous-périodes ne sont pas significatives, même au Royaume-Uni où le taux de chômage apparaîtrait non stationnaire en variation.

On a regroupé en annexe B les indicateurs associés à la transformée logistique z_t. On remarque que cette série qui présente des propriétés de non stationarité comparables à celles de u_t apparaît comme moins persistante avec des valeurs calculées des indicateurs $A(1)$ et V nettement plus faibles, qui pour la France semblent même contredire les tests de racine unitaire.

3.2. Une exploration de l'hypothèse d'asymétrie

L'observation suggère que la dérive des taux de chômage depuis 30 ans, qui relève clairement d'un processus non stationnaire si l'on adopte une représentation non linéaire, peut éventuellement résulter d'un processus alternatif, de réponse asymétrique. Comme on l'a vu plus haut, un test général de non linéarité, du type BDS par exemple, ne présente ici qu'un intérêt limité car il ne repose pas sur une formulation explicite de l'hypothèse alternative, non linéaire. Au contraire, la stratégie de test du multiplicateur de Lagrange adoptée par Luukkonen et Teräsvirta (1991) permet, par le choix des régresseurs supplémentaires introduits à la seconde étape, de préciser le type d'asymétrie envisagée. Un

7. Il est vrai que cette estimation du $A(1)$ pour le Royaume-Uni est très imprécise.

8. Le $\tilde{d}$ estimé s'interprète comme un coefficient de régression, et sa distribution est asymptotiquement normale.

test plus élémentaire même, proposé par Neftci (1984) consiste à comparer la fréquence relative des périodes d'augmentation et de diminution.

Neftci applique sa méthode à l'évaluation de l'asymétrie du cycle américain. Dans le cas des séries de taux de chômage considérées ici, le décompte des périodes d'accroissement et de réduction apporte un éclairage intéressant. En Europe s'observe une nette asymétrie : seulement 39.5 % des taux de croissance du chômage sont négatifs en France, 41.2 au Royaume-Uni, 46 % en RFA alors que l'on a trouvé 51.3 % au Canada et 59.7 % aux Etats-Unis.

Delong et Summers (1986) regardent le Skewness, moment d'ordre 3 mesurant la symétrie de la fonction de densité. Comme il ressort du tableau III ci-joint, le test de Skewness mené sur la variation des taux de chômage rejette la symétrie pour tous les pays, sauf au Royaume-Uni où elle peut être acceptée avec une probabilité (*P* value) de 2.4 %.

Les tests S_1 et S_3 de Luukkonen et Terasvirta conduisent à des résultats plus nuancés. Comme le soulignent les auteurs précités, un des principaux problèmes de ces tests concerne le choix du nombre k de variables retardées dans l'équation (16). Si l'on prend k trop petit, les résidus peuvent présenter une autocorrélation ; si k est grand, le nombre des régresseurs dans l'étape b) étant de l'ordre de $2p + 1 + p(p + 1)/2$ ne laisse que peu de degrés de liberté. Ainsi, avec 120 points, une valeur $k = 12$ présente-t-elle le maximum envisageable.

Pour le Royaume-Uni et le Canada, le nombre k retenu pour l'identification du processus dans la procédure ADF (k-max) excède cette limite. A l'opposé, le test BIC, très conservateur, suggère de ne retenir qu'un retard ou 2 retards. Les tests S1 et S3 sont donc présentés au tableau III pour des retards variant de 1 à 4, ainsi que pour la valeur k-max de la procédure ADF lorsque cette valeur est supérieure à 4 (12 pour la France et 8 pour le Canada).

Les résultats, lisibles par la probabilité de non rejet de l'hypothèse nulle de symétrie (*P*. Value) dans chaque cas, s'avèrent sensibles à la valeur de k. En France et au Royaume-Uni la symétrie est acceptée de manière robuste. A l'opposé, l'hypothèse d'asymétrie peut être acceptée pour les USA et la RFA, et pour le Canada lorsqu'un nombre de retards suffisant pour le *"blanchiement"* du résidu est introduit.

Tableau III — TESTS D'ASYMÉTRIE

A. *Indicateurs S_1 et S_3 de Luukkonen et Teräsvirta (1991)*

	1 RETARD		2 RETARDS		3 RETARDS		4 RETARDS		k_{ADF}	
	S_1	S_3	S_1	S_3	S_1	S_3	S_1	S_3	S_1	S_3
France	0.85	0.21	0.35	0.23	0.53	0.23	0.77	0.49	0.88	0.32
GBR	0.80	0.64	0.12	0.22	0.36	0.44	0.21	0.23	—	—
RFA	0.54	0.37	0.11	0.02	0.36	0.37	0.19	0.18		
USA	0.20	0.29	0.005	0.001	0.01	0.005	0.02	0.006		
Canada	0.45	0.61	0.74	0.29	0.16	0.14	0.15	0.28	0.088	0.054

B. *Skewness et tests de pourcentage de Neftci (1984)*

	Skewness	% de points < 0
France	0.0001	39.49
GBR	0.024	41.17
RFA	0.0000	45.94
USA	0.0000	59.66
Canada	0.0000	51.23

CONCLUSION

En préliminaire à une série d'études sur les mécanismes susceptibles de rendre compte de la persistance du chômage et de ses évolutions tendancielles, il convenait de préciser et d'évaluer sur le plan statistique les phénomènes en question. L'évolution récente des méthodes de traitement des séries chronologiques permettent en effet de caractériser conceptuellement et d'évaluer empiriquement la persistance et la tendance du chômage.

Le résultat est clair et confirme le défi que soulèvent trente années d'évolution du marché du travail dans les principaux pays de l'0CDE : le chômage, loin d'obéir à une force suffisante de retour à une valeur normale, apparaît dans sa caractérisation statistique univariée, suivre une dérive stochastique, un processus non stationnaire dans lequel l'effet de chocs successifs se cumule. Diverses mesures de la persistance, comme les coefficients de réponse à long terme, les ratios de variance de Cochrane ou le degré estimé de différenciation fractionnaire délivrent le même message : le chômage suit un processus plus persistant qu'une marche aléatoire.

La dimension comparative revêt dans cet exercice un intérêt particulier. Contrairement à des résultats antérieurs, les Etats-Unis connaissent le même phénomène de dérive stochastique du chômage depuis 1960. Il demeure cependant vrai que la persistance du chômage y est moindre qu'en Europe. La France se révèle présenter régulièrement l'un des degrés de persistance les plus élevés parmi les pays considérés, en cumulant dérives stochastique et déterministe du taux de chômage.

Par ailleurs, la distinction de deux sous périodes, fragile pour la mise en oeuvre des méthodes utilisées ici, n'affecte que très partiellement les résultats. Ce résultat, comme les diagnostics précédemment portés, est bien sûr important à prendre en compte pour des spécifications économétriques où cette variable intervient, aussi bien à titre endogène qu'exogène.

ANNEXE

TESTS DE STATIONNARITÉ

A. *Taux de chômage*

Critere Box-Pierce

PAYS	Période	k_{ADF}	$\tau_\tau^{(1)}$	$t_\beta^{(1)}$	$t_\alpha^{(1)}$	$t_t^{(4)}$	$\tau_\mu^{(2)}$	$t_\alpha^{(2)}$	$t_c^{(5)}$	$\tau^{(3)}$	Φ_1	Φ_2	Φ_3	CARACTERISATION
FRANCE	60-89	2	-2.14			.266	-.36		1.98		2.06	2.95	2.3	I(1)+T
	60-74	0	-2.07			.14	-.65		1.36	1.11	1.02	2.18	2.36	I(1)
	74-89	1	.008			-1.58	-1.53		1.90	1.34	3.07	2.08	1.26	I(1) I(1)+T à 10%
GBR	60-89	1	-1.95			-.82	-1.6		.29	-.74	1.44	1.55	2.28	I(1)
	60-74	1	-2.93			-.34	-2.29		.39	-.19	2.77	3.03	4.45	I(1)
	74-89	1	-1.06			-1.56	-1.98		.007	-.68	2.00	1.33	1.99	I(1)
RFA	60-89	2	-3.21	2.96	-1.29	-.2	-1.43		.72	-.40	1.32	3.93	5.50	I(1) I(0)+T+C à 10%
	60-74	2	-3.64	2.18	1.15						4.41	4.86	7.11	I(0)+T+C
	74-89	1	-1.57			-.84	-1.60		.66	.07	1.55	1.25	1.64	I(1)
USA	60-89	1	-2.84			-.31	-2.59	2.50	-.007	-.65	3.39	2.76	4.14	I(1) I(0)+C à 10%
	60-74	3	-2.16			1.35	-2.39		-.59	-1.01	3.52	2.49	3.53	I(1)
	74-89	1	-2.40			-.31	-2.25		-.41	-.79	2.67	2.06	2.99	I(1)
CANADA	60-89	1	-2.80			.31	-1.65		.03	-.47	1.38	2.68	4.03	I(1)
	60-74	0	-1.40			1.20	-1.56		-.72	-1.04	.93	.71	.95	I(1)
	74-89	1	-2.09			-.87	-2.29		0.23	-.19	2.70	1.77	2.63	I(1)
Valeurs Critiques (n=100)		à 5%	-3.45	1.96	1.96	1.96	-2.89	1.96	1.96	-1.95	4.71	4.88	6.49	
		à 10%	-3.15	1.65	1.65	1.65	-2.58	1.65	1.65	-1.61	3.86	4.16	5.47	

Critère du kmax

PAYS	Période	k_{ADF}	τ_{τ} (1)	t_{β} (1)	t_{α} (1)	t_{t} (4)	τ_{μ} (2)	t_{α} (2)	t_{c} (5)	τ (3)	Φ_1	Φ_2	Φ_3	CARACTERISATION
FRANCE	60-89	12	-2.40			-.73	-1.41		.68	-.61	1.40	2.58	3.60	I(1)
	60-74	2	-3.30	3.10	3.53	-.23	-1.40		.81	.37	1.38	4.41	6.20	I(1) I(0)+T+C à 10%
	74-89	1	.008			-1.58	-1.53		1.90	1.34	3.07	2.08	1.26	I(1) I(1)+T à 10%
GBR	60-89	18	-2.61			-1.40	-2.33		-.07	-1.52	3.32	3.65	5.40	I(1)
	60-74	9	-2.55			.05	-1.14		.67	.41	1.09	2.92	4.06	I(1)
	74-89	1	-1.06			-1.56	-1.98		.007	-.68	2.00	1.33	1.99	I(1)
RFA	60-89	2	-3.21	2.96	-1.29	-.2	-1.43		.72	-.40	1.32	3.93	5.60	I(1) I(0)+T+C à 10%
	60-74	2	-3.64	2.18	1.15						4.41	4.86	7.11	I(0)+T+C
	74-89	2	-2.23			.22	-1.03		.03	-.32	.54	1.75	2.62	I(1)
USA	60-89	1	-2.84			-.31	-2.59	2.50	-.007	-.65	3.39	2.76	4.14	I(1) I(0)+C à 10%
	60-74	8	-1.07			.69	-1.22		.21	.02	.93	.67	.99	I(1)
	74-89	6	-2.10			-.26	-2.06		-.52	-.80	2.57	1.80	2.55	I(1)
CANADA	60-89	16	-3.05			-.05	-1.20		.36	.09	.94	3.76	5.36	I(1)
	60-74	7	-1.86			.19	-1.84		-.06	-.39	1.99	1.38	2.07	I(1)
	74-89	6	-2.08			-.78	-2.19		.16	-.18	2.74	1.90	2.83	I(1)
Valeurs Critiques (n=100)		à 5%	-3.45	1.96	1.96	1.96	-2.89	1.96	1.96	-1.95	4.71	4.88	6.49	
		à 10%	-3.15	1.65	1.65	1.65	-2.58	1.65	1.65	-1.61	3.86	4.16	5.47	

TESTS DE STATIONNARITÉ

B. *Transformée logistique*

Critére de Box-Pierce

PAYS	Période	k_{ADF}	$\tau_r^{(1)}$	$t_\beta^{(1)}$	$t_\alpha^{(1)}$	$t_t^{(4)}$	$\tau_\mu^{(2)}$	$t_\alpha^{(2)}$	$t_c^{(5)}$	$\tau^{(3)}$	Φ_1	Φ_2	Φ_3	CARACTERISATION
FRANCE	60-89	2	-3.38	3.27	-3.29	-.37	-.90		1.96		2.33	5.26	5.80	I(1)+T I(0)+T+C à 10%
	60-74	0	-2.33			.25	-.67		1.15	-1.20	.88	2.30	2.76	I(1)
	74-89	0	-2.55			-4.16					22.43	15.41	12.79	$I(1)+T^2$
GBR	60-89	1	-2.32			-.82	-1.62		.74	-1.11	1.58	2.22	3.05	I(1)
	60-74	1	-2.89			-.34	-2.28		.44	-.60	2.71	2.91	4.27	I(1)
	74-89	1	-1.65			-1.65	-2.35		-.014	-.38	2.77	1.81	2.78	I(1)
RFA	60-89	1	-3.02			-.12	-1.28		.85	-1.19	1.18	3.31	4.58	I(1)
	60-74	0	-1.78			.27	-1.34		.57	-.75	1.07	1.20	1.63	I(1)
	74-89	1	-2.35			-.66	-1.90		.60	-.85	2.00	2.09	2.94	I(1)
USA	60-89	1	-2.67			-.26	-2.41		-.01	-.22	2.91	2.40	3.60	I(1)
	60-74	3	-2.25			1.32	-2.56		-.48	.33	3.41	2.41	3.49	I(1)
	74-89	1	-2.26			-.29	-2.09		-.53	.38	2.34	1.84	2.61	I(1)
CANADA	60-89	1	2.62			.47	-1.42		.43	-.23	1.02	2.37	3.56	I(1)
	60-74	0	-1.11			.88	-1.22		-.45	.35	.85	.74	1.01	I(1)
	74-89	1	-2.04			-1.04	-2.33		.31	-.50	2.77	1.81	2.67	I(1)
Valeurs Critiques (n=100)		à 5%	-3.45	1.96	1.96	1.96	-2.89	1.96	1.96	-1.95	4.71	4.88	6.49	
		à 10%	-3.15	1.65	1.65	1.65	-2.58	1.65	1.65	-1.61	3.86	4.16	5.47	

Critére du kmax

PAYS	Période	k_{ADF}	$\tau_\tau^{(1)}$	$t_\beta^{(1)}$	$t_\alpha^{(1)}$	$t_t^{(4)}$	$\tau_\mu^{(2)}$	$t_\alpha^{(2)}$	$t_c^{(5)}$	$\tau^{(3)}$	Φ_1	Φ_2	Φ_3	CARACTERISATION
FRANCE	60-89	19	-1.56			-1.54	-1.78		1.95		2.67	2.46	2.60	I(1)+T
	60-74	2	-3.27	2.95	-3.23	-.23	-1.34		.86	-.97	1.29	3.89	5.40	I(1) I(0)+T+C à 10%
	74-89	5	1.39			-2.84					4.74	4.87	5.09	I(1)+T²
GBR	60-89	18	-1.61			-1.35	-1.67		.50	-.93	1.53	1.57	2.23	I(1)
	60-74	1	-2.89			-.34	-2.28		.44	-.60	2.71	2.91	4.27	I(1)
	74-89	3	-.005			-1.45	-1.14		-.18	-.013	.66	.70	1.03	I(1)
RFA	60-89	20	-1.48			-.35	-.55		2.09		2.33	2.24	1.16	I(1)+T
	60-74	2	-3.00			.23	-2.26		.39	-.67	2.65	3.09	4.55	I(1)
	74-89	8	-2.87			-.57	-1.77		.33	-.55	1.63	2.93	4.34	I(1)
USA	60-89	15	-2.44			-.19	-1.61		-.77	-.06	1.30	2.00	3.00	I(1)
	60-74	4	-1.55			1.56	-1.92		-.53	.41	2.00	1.86	2.64	I(1)
	74-89	6	-2.15			-.25	-2.11		-.57	.45	2.40	1.69	2.36	I(1)
CANADA	60-89	16	-3.34	3.07	-3.30	-.51	-1.25		.38	-.53	.86	3.78	5.58	I(1) I(0)+T+C à 10%
	60-74	7	-1.86			.30	-1.85		-.05	-.06	1.71	1.19	1.79	I(1)
	74-89	6	-2.05			-.80	-2.17		.17	-.33	2.38	1.64	2.45	I(1)
Valeurs Critiques (n=100)		à 5%	-3.45	1.96	1.96	1.96	-2.89	1.96	1.96	-1.95	4.71	4.88	6.49	
		à 10%	-3.15	1.65	1.65	1.65	-2.58	1.65	1.65	-1.61	3.86	4.16	5.47	

C. *Indicateurs de persistance*

Pays	Transformée logistique		
	Caractérisation	$A(1)$	V
France	$I(1)+T$	0.89	0.66
GBR	$I(1)$	1.97	1.75
RFA	$I(1)$	1.14	1.11
USA	$I(1)$	1.95	2.21
Canada	$I(1)$	1.60	1.02

BIBLIOGRAPHIE

Alogoskoufis G.S. et Manning A., 1988, "On the persistence of Unemployment", *Economic Policy*, 427-469.

Barro R., 1988, "The persistence of Unemployment", *American Economic Review*, 32-37.

Beveridge S. et Nelson C.R., 1981, "A new approach to the decomposition of Economic time series into permanent and transitory components with particular attention to measurement of the Business cycle", *Journal of Monetary Economics*, 7, 151-174.

Brock W., Dechert W. et Scheinkman J., 1990, "Non linear issues in testing for instability and persistence", présenté au Colloque *Instabilité et Persistance*, Paris.

Campbell J.Y. et G. Mankiw, 1987, "Are output fluctuations transitory ?", *Quarterly Journal of Economics*, 857-880.

Cochrane J.H., 1988, "How big is the random walk in GNP ?", *Journal of Political Economy*, 893-920.

Cogley T., 1990, "International evidence on the size of the random walk in output", *Journal of Political Economy*, 501-518.

Delong J.B. et Summers L.H., 1986, "Are business cycles symmetrical ?", in R.J. Gordon ed., *The American business cycle, continuity and change*, Chicago: University of Chicago press, 166-179.

Diebold F.X. et M. Nerlove, 1990, "Unit roots in economic time series : A selective survey", in : Advances in Econometrics, 8, 3-69 *JAI Press*.

Diebold F.X. et Rudebusch G.D., 1988, "Long memory and persistance in aggregate out-put", *Journal of Monetary Economics*, 189-209.

Evans G., 1989, "Output and Unemployment dynamics in the US 1950-1985", *Journal of applied Econometrics*, 213-237.

Fève P., 1991, "Parité de pouvoir d'achat — Un examen empirique de la stationnarité du taux de change réel", *Doc. MAD* n° 91-33.

Gagnon J.E., 1988, "Short run models and long run forecasts quarterly", *Journal of Economics*, 415-424.

Geweke J. et S. Porter-Hudak (1983), "The estimation and application of long memory time series models", *Journal of Time Series Analysis*, 221-238.

Guillemineau C. et L. Reichlin, 1989, "Chômage et croissance en France et aux Etats-Unis", *Observations et Diagnostics Economiques*, octobre, 161-184.

Hamilton, J.D. 1989, "A new approach to the economic analysis of nonstationary time series and the Business Cycle", *Econometrica*, 357-384.

Hénin P.Y?, 1989, "Sur la non-stationnarité des séries macroéconomiques : tendances, cycles et persistance", *Revue d'Economie Politique*, 661-692.

Hénin P.Y. et Jobert Th., 1990, "Persistance du chômage et hystérèse : une étude économétrique comparative". Proceedings of the Applied Econometrics Association Conference on "The Econometrics of Labour Market", Strasbourg

Layard R., Nickell S. et Jackman R., 1991, "Unemployment : macroeconomic performance and the labour market", *Oxford University Press.*

Luukkonen R. et Teräsvirta, 1991, "Testing linearity of economic time series against cyclical asymmetry", *Annales d'Economie et de Statistique*, n° 20/21, 125-144.

Muet P.A., 1991, "Croissance, emploi et chômage dans les années 80", *Observations et diagnostics économiques*, 35, 21-55.

Neftci S.N., 1984, "Are Economic Time Series Asymmetric over the Business Cycle", *Journal of Political Economy*, 307-328.

Perron P., 1990, "Further evidence on breaking trend functions in macroeconomic variables", *ERP memorandum 350*, Princeton University.

Pischke, J.S., 1991, "Measuring persistence in the presence of trend breaks", *Economic letters*, 379-384.

Wallis K.F., 1987, "Time series analysis of bounded economic variables", *Journal of Time Series Analysis*, 115-123.

CHAPITRE III

CHÔMAGE ET ÉCART CONJONCTUREL : UNE REFORMULATION DE LA LOI D'OKUN

Pierre-Yves HÉNIN et Thomas JOBERT

Dans la perspective keynésienne qui a prévalu pendant trois décennies, le profil du chômage doit restituer l'image inversée du rythme de l'activité macroéconomique, lui-même dicté par les fluctuations de la demande globale. A l'opposé s'est développé un courant, actuellement dominant dans certains milieux anglo-saxons, pour lequel le chômage manifeste les conditions spécifiques d'équilibrage du marché du travail, la confrontation d'une pseudo offre et d'une pseudo demande de travail assimilable respectivement à des conditions de formation des salaires et des prix. Elaborée d'abord à la LSE, cette approche inspire en particulier la synthèse de Layard , Nickell et Jackman (1991). Sans remettre en cause sa capacité d'intégration (Voir P. Cahuc, Chapitre premier), il paraît cependant nécessaire d'explorer plus à fond les relations qui s'instaurent de 1960 à 1989, entre l'évolution du chômage et les variations de l'activité macroéconomique.

La référence sur ce point est constituée par la loi d'Okun (1962), relation stable entre le chômage et l'écart conjoncturel, ou entre variation du chômage et taux de croissance. La portée de cette "loi" est certes limité par son statut de forme réduite incomplètement spécifiée et apportant donc peu d'informations sur la dynamique structurelle sous-jacente. Pourtant, une caractérisation complète de la dynamique jointe entre activité macroéconomique et chômage nous paraît préalable à toute évaluation du chômage contemporain : il suffit de considérer les synthèses d'E. Malinvaud (1987), P.A. Muet (1991), C. Thélot (1985) pour remarquer que l'examen de cette relation demeure une étape incontournable de l'analyse du chômage.

Il convient d'abord de resituer la loi d'Okun dans le cadre méthodologique d'une dynamique non stationnaire (1), avant d'estimer deux modèles d'interaction activité-chômage (2). L'explicitation des propriétés à long terme permet de mesurer le poids du phénomène d'hystérèse (3) et de proposer des décompositions historiques du taux de chômage (4).

1. LA LOI D'OKUN DANS UN CADRE NON STATIONNAIRE : PROBLÈMES DE SPÉCIFICATION ET DE MÉTHODE

Dans l'article pionnier de 1962, A. Okun formulait successivement deux versions de la relation entre chômage et activités macroéconomiques. La première équation d'Okun relie la croissance du chômage au taux de croissance du PNB :

$$(1) \qquad \Delta u_t = -\,0.3\ \Delta y_t + 0.003 + e_{1,t}$$

elle détermine le taux de croissance $\Delta\overline{y}$ requis pour stabiliser le chômage ($\Delta u = 0$), soit 1 % par trimestre avec les paramètres de l'équation (1). La seconde relie l'écart à un taux naturel estimé à 4 %, et l'écart au PNB potentiel ou GNP Gap $\widehat{y}_t = y_t - y_t^* = \text{Log}\ (y_t / y_t^*)$

$$(2) \qquad u_t = 0.04 + 0.3\ \widehat{y}_t + e_{2,t}$$

Ces formulations de la loi d'Okun ont été longtemps considérées comme équivalentes. Il est clair aujourd'hui qu'elles ne sauraient être toutes deux simultanément valides. L'équation (1) en taux de croissance est appropriée si le chômage et le PNB sont tous deux stationnaires en différence (*DS*), c'est-à-dire s'ils suivent un processus intégré d'ordre 1 ; l'équation (2) implique que le chômage soit stationnaire autour du taux de référence de 4 % et sa mise en oeuvre usuelle suppose l'écart conjoncturel $\widehat{y}_t$ stationnaire autour d'un PNB potentiel y_t^* suivant lui-même une tendance déterministe, linéaire, polynomiale (Perloff et Wachter, 1979) ou segmentée (J. Artus, 1978)[1]. A défaut de spécifier correctement la loi d'Okun, son estimation serait soumise au

1. Les problèmes posés par la présence d'une tendance stochastique dans le PNB sont passés en revue dans Hénin (1992).

phénomène de corrélation fallacieuse analysé par Nelson et Kang (1981).

1.1. Une première approche de la loi d'Okun

Une spécification de l'équation (2), robuste à l'égard de la nature — déterministe ou stochastique — de la tendance suivie par le chômage et le PNB consiste à régresser le taux de chômage sur le PNB, ces deux variables étant prises en écart à leur tendance estimée par le filtre d'Hodrick et Prescott. Le résultat des régressions correspondantes et présenté au tableau I, pour les cinq pays considérés dans la présente étude. Pour respecter le caractère statique des équations (1) et (2), on raisonne sur données annuelles pour appréhender par agrégation temporelle une partie de l'influence retardée de la conjoncture sur le chômage. L'autocorrélation des résidus est corrigée par la méthode de Cochrane-Orcutt, le coefficient Rho de quasi différenciation étant indiqué.

Tableau I
Estimation directe de la loi d'Okun
(données annuelles 1961-1989)

(1) Relation en différences premières

DUR	DLY	C^{ste}	SEE/100	DW ou RHO
France	−0.173 (4.48)	0.914 (5.8)	0.40	1.65
GBR	−0.206 (3.2)	0.51 (1.1)	0.709	0.705 (3.6)
RFA	−0.168 (3.8)	0.674 (3.3)	0.479	0.42 (2.1)
USA	−0.406 (10.7)	1.26 (8.7)	0.451	1.62
Canada	−0.367 (8.4)	1.55 (4.4)	0.543	0.665 (4.05)

(2) Composantes d'écart à la tendance (filtre d'Hodrick-Prescott, $\lambda = 400$)

UR	LY	C^{ste}	SEE/100	RHO
France	−0.284 (5.4)	−0.07 (0.3)	0.306	0.71 (3.7)
GBR	−0.362 (4.2)	−0.397 (0.6)	0.798	0.78 (3.7)
RFA	−0.227 (4.6)	−0.08 (0.3)	0.454	0.64 (3.8)
USA	−0.435 (14.4)	0.023 (0.2)	0.320	0.42 (2.2)
Canada	−0.393 (6.8)	−0.663 (1.0)	0.548	0.85 (6.9)

La spécification en différences premières conduit à des valeurs plus dispersées et en moyenne plus faibles du coefficient d'Okun. Dans les deux cas, la relation apparaît plus forte aux USA et au Canada, où la valeur traditionnelle de 0.3 est dépassée, qu'en Europe. C'est en France et en RFA que la sensibilité du chômage à la variation et à l'écart conjoncturel du PNB est le plus faible.

Ces résultats sont intéressants comme premier défrichage de la relation d'Okun. Ils reposent cependant sur une double approximation : d'une part, ils ne prennent pas en considération la nature explicite de la tendance suivie par les variables considérées ; d'autre part, ils font l'impasse sur la spécification dynamique du processus joint du chômage et de l'activité macroéconomique. Il s'agit maintenant de lever cette double approximation.

1.2. La modélisation du processus joint activité-chômage

Les deux références principales récentes sur la dynamique jointe du PNB et du chômage, par Blanchard et Quah (1989) et G. Evans (1989a), sur données américaines, retiennent une caractérisation du taux de chômage comme stationnaire, le PNB devant donc seul être différencié dans le modèle bivarié. Cependant, la caractérisation du chômage comme stationnaire doit être rejetée en Europe et, sur les données considérées, aux USA également. Ainsi l'inspection visuelle des figures I.a et I.b (en annexe) illustre clairement une non stationnarité du taux de chômage dans le plan(u_t, Δy_t), qui ne paraît pas réductible à une fonction déterministe du temps, comme les tests formels l'attestent.

De ce fait, il n'y a pas de loi d'Okun stationnaire reliant le taux de chômage à un indicateur stationnaire de l'activité macroéconomique, comme le taux de croissance du PNB, Δy_t ou l'écart conjoncturel $\widehat{y}_t$, ou encore un indicateur θ_t du taux d'utilisation des capacités de production. Si l'on introduit une décomposition du taux de chômage en une composante cyclique (stationnaire) $\widehat{u}_t$ et une composante tendancielle (persistante) $\overline{u}_t$ et que l'on note x_t un indicateur stationnaire d'activité macroéconomique, la loi d'Okun théorique peut s'écrire :

$$\widehat{u}_t = \omega(L)x_t + \varepsilon_t \qquad (3)$$

ou $\omega(L)$ rend compte de la désynchronisation possible entre l'écart conjoncturel et le taux de chômage. Sans doute serait-il possible de construire séparément $\widehat{u}_t$ (et éventuellement $\widehat{y}_t$) sur la base de l'estimation de leurs processus univariés spécifiques, mais comme le remarque G. Evans (1989a), une information complémentaire peut être attendue de l'estimation du processus dynamique bivarié.

On considèrera le système autorégressif :

(4) $$B(L)\begin{pmatrix} x_t \\ \Delta u_t \end{pmatrix} = \begin{pmatrix} v_{x,t} \\ v_{u,t} \end{pmatrix}$$

où l'indicateur stationnaire d'activité x_t peut aussi bien représenter le taux de croissance Δy_t que le taux d'utilisation des capacités de production $\theta_t \cdot v_t$ est un vecteur d'innovation, de matrice de variance covariance Σ. Si $B(L)$ a ses racines extérieures au cercle unité, le processus admet une représentation moyenne mobile VMA, ou représentation de Wold :

(5) $$\begin{pmatrix} x_t \\ \Delta u_t \end{pmatrix} = C(L)\begin{pmatrix} v_{x,t} \\ v_{u,t} \end{pmatrix}$$

Comme il est usuel dans la méthodologie des modèles VAR, on considère le vecteur d'innovations normalisées et orthogonales $e_t' = (e_{x,t}, e_{u,t})'$ satisfaisant :

(6) $$V_t = Se_t \; ; \; E(ee') = I$$

ce qui implique que $SS' = \Sigma$ et que la connaissance d'une matrice d'orthogonalisation S permet d'écrire la représentation VMA en termes de chocs indépendants dits structurels :

(7) $$\begin{pmatrix} x_t \\ \Delta u_t \end{pmatrix} = A(L)\begin{pmatrix} e_{x,t} \\ e_{u,t} \end{pmatrix} \quad \text{avec } A(L) = C(L)S$$

Comme le système considéré ici est de dimension deux, une seule restriction est requise pour identifier la matrice d'orthogonalisation S. Dans la tradition initiée par Sims (1980), cette restriction est posée de manière à rendre récursif le modèle en termes de chocs structurels. Deux solutions sont alors possibles. Ou bien, on impose à court terme la restriction (notée STR) :

(8) $$(STR) \qquad s_{uy} = 0$$

le choc structurel de chômage $e_{u,t}$ n'affecte pas l'innovation de l'activité $v_{x,t}$, une restriction semblable est retenue par Evans (1989a) ou bien on impose la contrainte à long terme (notée LTR) :

$$(9) \qquad (LTR) \qquad A_{uy}(1) = C_{uy}(1)\, S = 0$$

soit :

$$a_{uy}(1) = c_{uy}(1)\, s_{yu} + c_{uu}(1)\, s_{uu} = 0$$

Ce qui implique que l'activité macroéconomique soit à long terme indépendante des chocs de chômage.

La restriction à court terme (8) identifie le choc spécifique sur le chômage $e_{u,t}$ comme la part de l'innovation $v_{u,t}$ qui n'est pas expliquée par l'innovation conjoncturelle $e_{x,t}$. Alternativement, la restriction à long terme (9) définit $e_{u,t}$ comme l'innovation de tendance stochastique du taux de chômage qui est irréductible à l'impact permanent des chocs d'activité $e_{x,t}$.

1.3. Caractérisation de la persistance et décomposition du chômage

La représentation structurelle en moyenne mobile (7) est la base de plusieurs concepts et méthodes permettant de caractériser la dynamique à long terme des séries considérées.

En premier lieu, deux résultats standards permettent d'éclairer la dynamique jointe du chômage et de l'activité macroéconomique. Les fonctions de réponse aux impulsions sont décrites par les composantes $a_{ij}(L)$, $i, j \in (x, u)$ de la matrice $A(L)$ et les $a_{ij}(1) = \sum_{k=0}^{\infty} a_{ij,k}$ donnent l'impact cumulé des chocs sur les variables, c'est-à-dire la réponse à long terme des niveaux (dans le cas de variables différenciées). La décomposition des erreurs de prévisions se fonde sur les ratios suivants, qui mesurent la part de la variance de l'erreur de prévision de la variable j à l'horizon k due à l'innovation de la variable i :

$$(10) \qquad h_{i,j,k} = \sum_{p=0}^{k-1} a_{ij,p}^2 \Big/ \sum_{m=x,u} \sum_{p=0}^{k-1} a_{im,p}^2$$

Ces ratios sont utilisés pour l'analyse dite de "comptabilité des innovations" qui permet d'évaluer la contribution de chaque source de choc à la dynamique de chaque série.

Deux applications moins courantes du modèle structurel (7) sont effectuées, en vue de dériver des indicateurs de persistance et une décomposition des séries en composantes de cycle et de tendance.

Les ratios *V* de Cochrane sont reconnus comme des mesures robustes de persistance, et appliqués par ailleurs (Hénin et Jobert, Chapitre II) à la mesure de la persistance du chômage dans un cadre univarié. Dans un cadre multivarié, on a proposé (Hénin et Jobert, 1990) de définir une mesure spécifique de persistance du choc *j* sur la variable i par les ratios V_{ij} suivants. La définition d'indicateurs multivariés de persistance est opérée dans une voie semblable par Cochrane (1990) ainsi que Pesaran, Lee et Pierse (1992) :

$$(11) \qquad V_{i,j} = \frac{a_{ij}(1)^2}{\sum_{p=0}^{\infty} a_{ij,p}^2} = \frac{\left(\sum_{p=0}^{\infty} a_{ij,p}\right)^2}{\sum_{p=0}^{\infty} a_{ij,p}^2}$$

Ainsi définis les indicateurs V_{ux} et V_{uu} mesurent la contribution à la variance de Δu_t des composantes tendancielles, au sens de Beveridge et Nelson, respectivement d'innovation $e_{x,t}$ et $e_{u,t}$.

En développant (7), on obtient en effet :

$$(12) \qquad \Delta u_t = a_{ux}(L)\, e_{ut} + a_{uu}(L)\, e_{yt} \equiv \Delta u_{xt} + \Delta u_{ut}$$

La décomposition de Beveridge-Nelson s'applique à cette expression, en introduisant les définitions suivantes :

$$(13') \qquad \hat{a}_{ux}(L) = [a_{ux}(L) - a_{ux}(1)]\,[1 - L]^{-1}$$

$$(13'') \qquad \bar{a}_{ux}(1) = a_{ux}(1)\,(1 - L)^{-1}$$

La composante permanente ou tendancielle du taux de chômage s'écrit, étant donnée la valeur initiale u_o :

$$(14) \qquad \bar{u}_t = \bar{a}_{ux}(1)\, e_{x,t} + \bar{a}_{uu}(1)\, e_{u,t} + u_o$$

tandis que la composante cyclique ou transitoire devient :

(15) $$\widehat{u}_t = \hat{a}_{ux}(L)\, e_{xt} + \hat{a}_{uu}(L)\, e_{ut}$$

Les expressions (14) et (15) identifient la contribution des chocs d'activité e_{xt} et des chocs spécifiques e_{ut} à la fois à la composante tendancielle $\overline{u}_t$ et à la composante transitoire $\widehat{u}_t$ du taux de chômage. Conformément à la définition de Beveridge et Nelson, comme les e_t sont des bruits blancs et que les termes $\bar{a}_{ui}$ (1) contiennent l'opérateur d'accumulation $(1 - L)^{-1}$, la composante permanente est la somme pondérée de deux marches aléatoires.

L'équation (14) fournit un cadre approprié pour évaluer l'hystérèse du chômage. Pour que le chômage soit non stationnaire, comme semblent l'indiquer les tests appropriés sur tous les principaux pays de l'OCDE considérés depuis 1960 (Hénin et Jobert, 1990, et chapitre II), il suffit qu'il comporte une tendance stochastique, et donc que a_{ux} (1) ou a_{uu} (1) soient non nuls. Cependant, la notion d'hystérèse, avec les enjeux spécifiques qui s'y attachent, traduit l'existence d'une dérive stochastique du chômage en réponse à des fluctuations de l'activité, elle correspond alors à l'hypothèse $a_{ux}(1) \neq 0$, d'un impact à long terme des chocs conjoncturels e_{xt} sur le taux de chômage.

Quand l'indicateur x_t d'activité est le taux de croissance Δy_t, le même raisonnement s'applique et la décomposition du PNB, $y_t = \overline{y}_t + \widehat{y}_t$ s'explicite en :

(16) $$\overline{y}_t = \bar{a}_{yx}(1)\, e_{xt} + a_{yu}(1)\, e_{ut}$$

et

(17) $$\widehat{y}_t = \hat{a}_{yx}(L)\, e_{xt} + \hat{a}_{yu}(L)\, e_{ut}$$

La décomposition de Beveridge-Nelson permet de préciser l'interprétation des mesures de persistance multivariée V_{ij} définies plus haut.

Ainsi V_{ux}, la persistance du chômage en réponse à un choc d'activité est simplement :

(18) $$V_{ux} = \frac{\mathrm{Var}\,(\Delta\, \overline{u}_{xt})}{\mathrm{Var}\,(\Delta\, u_{xt})} = \frac{a^2_{ux}(1)\ \mathrm{Var}\,(e_{xt})}{\mathrm{Var}\,[a_{ux}(L)\, e_{xt}]}$$

Une valeur de V_{ux} supérieure à l'unité signifie que la variance de la composante persistante est supérieure à celle de la série, ce qui implique que la contribution imputée à la composante transitoire $\Delta \widehat{u}_{x\,t}$ est négative. Ce cas se rencontrera quand les réponses successives à un choc sont correlées positivement. La composante permanente intègre immédiatement l'impact total du choc à long terme et se trouve donc plus volatile que la série effective comme dans le cas d'un phénomène de surréaction.

1.4. Liens avec une représentation UC et test d'hystérèse

L'exploitation de l'information croisée tirée de l'estimation du processus joint a été opérée dans certains travaux récents. Ainsi G. Evans (1989b) utilise-t-il l'information apportée par le taux de chômage pour évaluer l'écart conjoncturel du PNB américain (GNP Gap). Symétriquement, Jaeger et Parkinson (1990) recourent à l'information conjoncturelle apportée par le taux d'utilisation des capacités de production pour identifier un taux naturel de chômage, par opposition à un chômage conjoncturel. Ces auteurs retiennent une spécification à composantes inobservées (*UC*) en termes de modèle état-mesure, comme le fait par ailleurs Clark (1989).

Comme l'a montré Breitung (1991), un modèle UC peut être rapproché d'un modèle VAR et le test d'hysterese de Jaeger et Parkinson (1990) peut être reformulé dans le présent cadre méthodologique.

Partant du modèle VAR (4) ci-dessus en termes d'innovations estimées, on passe à une forme récursive en prémultipliant le système par une matrice S^{-1} de la forme $\begin{pmatrix} 1 & 0 \\ \rho & 1 \end{pmatrix}$, la matrice de la forme autorégressive $B\,(L)$ devient :

$$(19) \quad \begin{pmatrix} B_{xx}(L) & B_{xu}(L) \\ \rho B_{xx}(L) + B_{ux}(L) & \rho B_{x_u}(L) + B_{uu}(L) \end{pmatrix}$$

de la forme $\begin{pmatrix} H\,(L) & J\,(L) \\ K\,(L) & M\,(L) \end{pmatrix}$

L'équation (12) du chômage en forme moyenne mobile devient :

(20) $$\Delta u_t = [K\,(L)\, e_{xt} - H\,(L)\, e_{ut}\,] \,/\, D\,(L)$$

avec : $$D\,(L) = K(L)\, J\,(L) - H(L)\, M(L)$$

et donc : $$a_{ux}\,(L) = K(L) \,/\, D(L)$$

$$a_{uu}\,(L) = - H(L) \,/\, D(L)$$

Pour identifier une décomposition en termes persistants et transitoires dans un modèle UC, Jaeger et Parkinson (1990) introduisent les restrictions suivantes :

(21) $$J\,(L) \equiv B_{xu}\,(L) = 0$$

(22) $$M\,(L) \equiv B_{uu}\,(L) = -\,1$$

ce qui implique :

(23) $$a_{ux}\,(L) = - K\,(L) \,/\, H\,(L) = \rho + B_{ux}\,(L) \,/\, B_{xx}\,(L\,)$$

(24) $$a_{uu}\,(L) = + H\,(L) \,/\, H\,(L) = 1$$

En reportant ces termes dans les équations (14) et (15), il vient :

(25) $$\overline{u}_t = [\rho + B_{ux}\,(1) \,/\, B_{xx}\,(1)]\,(1 - L)^{-1}\, e_{xt} + (1 - L)^{-1}\, e_{ut}$$

(26) $$\widehat{u}_t = [B_{ux}\,(L) \,/\, B_{xx}\,(L) - B_{ux}\,(1) \,/\, B_{xx}\,(1)]\,(1 - L)^{-1}\, e_{xt}$$

La restriction (21) impose que l'activité n'est pas causée au sens de Granger par le chômage. L'hypothèse (22), spécifiant que le choc propre e_{ut} n'exerce pas d'effet transitoire, permet d'identifier l'activité x_t comme seule source de la composante transitoire du chômage.

Les équations (25) et (26) décrivent le modèle de Jaeger et Parkinson (1990) en identifiant respectivement $\overline{u}_t$ au taux naturel u_t^n, $\widehat{u}_t$ au chômage cyclique u_t^c, $e_{u\,t}$ au choc spécifique de chômage naturel e_t^n et $e_{x\,t}$ au choc conjoncturel et en approximant $\hat{a}_{u\,x}\,(L)$ par un polynome autorégressif d'ordre deux, il vient en effet :

(27) $$u_t^n = u_{t-1}^n + e_t^n + \theta\, e_t^c$$

(28) $$u_t^c = \varphi_1 u_{t-1}^c + \varphi_2 u_{t-2}^c + e_t^c$$

La variable d'activité x_t est, dans leur modèle UC le taux d'utilisation des capacités, expliqué en fonction de la composante inobservable $\widehat{u}_t \equiv u_t^c$, par [2] :

(29) $$x_t = (a_0 + a_A L)\,\widehat{u}_t$$

Comme $\widehat{u}_t$ est lui-même par (26) fonction des seuls e_{xt}, l'équation (29) admet une forme MA en e_{xt}, ou, si cette forme est inversible, une expression réduite autorégressive que représente le polynome $B_{xx}(L)$ dans le modèle VAR.

On remarque ainsi que les contraintes d'identification du modèle à composantes inobservées imposent des restrictions beaucoup plus fortes que celle que requiert le modèle VAR "structurel".

Pour Jaeger et Parkinson (1990) une mesure de l'hysterese est fournie par le coefficient θ dans l'équation (27), l'hypothèse d'hystérèse pouvant être rejetée si ce coefficient ne diffère pas significativement de 0. Le test et la mesure correspondante dans l'approche VAR reposent sur l'examen du coefficient $K(1)$ de l'équation (19), ou d'une manière équivalente du coefficient de régression du taux d'utilisation en niveau dans l'estimation du système (19) : les résultats d'un tel test, qui complète l'examen des coefficients $a_{ux}(1)$ de la représentation moyenne mobile, seront présentés dans la section 3.

2. LES INTERACTIONS DYNAMIQUES ACTIVITÉ-CHÔMAGE

L'exploration de la dynamique jointe activité économique-chômage par le modèle bivarié (4) discuté ci-dessus peut s'attacher à deux spécifications empiriques différentes. Dans la première, l'activité x_t est appréhendée par le taux de croissance du PNB, dans la seconde par le taux d'utilisation des capacités. Ces deux modèles sont estimés sur données comparatives relatives à cinq pays : la France, la RFA, le Royaume-Uni, les Etats-Unis et le Canada, et à la période 1960-1989. Ainsi sont couverts divers profils et expériences contrastées entre pays européens et américains d'une part, entre grandes sous-périodes d'autre part.

2. Jaeger et Parkinson introduisent a priori un aléa de mesure e_t supplémentaire, qu'ils éliminent ensuite en raison de sa variance estimée très faible.

Le modèle PNB-chômage est estimé sur données semestrielles de la base des Perspectives Economiques de l'OCDE. Les taux d'utilisation, relatifs en général aux seules industries manufacturières, sont tirés de la base trimestrielle des Principaux Indicateurs Economiques et donc semestrialisés pour permettre une estimation du modèle (θ_t, Δu_t) comparable à celle du modèle PNB-chômage.

Un préalable à l'estimation est de vérifier que les séries considérées vérifient la caractérisation retenue dans le modèle (4). Sur données semestrielles le PNB est intégré d'ordre 1 autour d'une tendance (non significative en France), le taux de chômage est également $I(1)$ mais contrairement aux données trimestrielles, la présence d'une tendance déterministe n'est pas rejetée pour la RFA ni (à 10 %) en France : les résultats des tests de stationarité conduisant à cette identification sont fournis en annexe (tableau IX). Ils établissent également que le taux d'utilisation des capacités est stationnaire autour d'une constante.

2.1. Le modèle PNB-chômage

L'hypothèse nulle d'une absence de cointégration entre PNB et taux de chômage n'est jamais rejetée. De ce fait, le VAR en différence est bien la forme appropriée pour estimer le modèle considéré.

Une phase importante dans l'estimation d'un modèle vectoriel autorégressif est la sélection de l'ordre des retards. Cette sélection s'est avérée difficile en raison d'un conflit entre critères de spécification. Le critère BIC conclut à des retards courts, à un ou deux retards, en considérant les modèles plus longs comme surparamétrisés, mais dans ce cas les statistiques Q de Box-Pierce et LM d'un multiplicateur de Lagrange concluent à une sensible autocorrélation résiduelle. De ce fait le modèle “préféré” est un VAR restreint, avec un nombre de retards inégal entre équations, pour lequel l'estimation par les moindres carrés généralisés se justifie théoriquement et de fait apporte un léger gain d'efficacité ce qui a conduit à la retenir.

Les coefficients estimés pour ce modèle figurent au tableau II. A l'exception de la France, ce modèle explique mieux les variations du taux de chômage que du taux de croissance. En particulier, le PNB allemand paraît évoluer quasiment comme une marche aléatoire. Une certaine autocorrélation résiduelle subsiste dans les équations de taux de chômage pour l'Allemagne et le Royaume-Uni, mais on a vérifié en estimant l'équation de Durbin,

Tableau II

Estimation du modèle PNB-Chômage

Equation Régrésseur	a) FRANCE Δy_t	a) FRANCE Δu_t	b) GBR Δy_t	b) GBR Δu_t	c) RFA Δy_t	c) RFA Δu_t
C	$.361*10^{-2}$ (0.9)	$.364*10^{-2}$ (3.6)	.012 (2.0)	$.349*10^{-2}$(2.5)	.0114 (2.3)	$.174*10^{-2}$ (2.3)
Δy_{t-1}	.387 (2.7)	-.071 (1.9)	.086 (0.5)	-.141 (3.1)	.020 (0.1)	-.058 (2.4)
Δy_{t-2}	.145 (1.0)	-.042 (1.1)	-.229 (1.2)	-.110 (0.2)	.209 (1.3)	-.023 (0.9)
Δy_{t-3}	.217 (1.9)		.337 (1.9)	-.807 (1.9)		
Δy_{t-3}			-.209 (1.5)			
Δu_{t-1}	.379 (0.7)	.323 (2.3)	-1.737 (2.4)	.765 (4.0)	-.096 (0.1)	.517 (3.4)
Δu_{t-2}		-.298 (2.3)	1.549 (1.9)	-.431 (2.0)		-.018 (0.2)
Δu_{t-3}			.112 (.17)	.089 (0.6)		
$\bar{R}^2$ / P(Q)	.268 .92	.267 .95	.189 .99	.68 .18	.005 .68	.496 .35

d) USA Δy_t	d) USA Δu_t	e) CANADA Δy_t	e) CANADA Δu_t
$.629*10^{-2}$ (1.4)	$.523*10^{-2}$ (3.7)	.017 (4.7)	$.168*10^{-2}$ (0.8)
.738 (3.5)	-.344 (4.3)	.203 (1.3)	.161 (2.4)
-.131 (1.1)			.084 (1.4)
.595 (1.1)	-.155 (0.8)	-.658 (2.0)	.312 (2.1)
	-.116 (1.3)	.779 (2.8)	-.150 (1.1)
.225 .95	.41 .98	.169 .999	.275 .95

régression de v_{ut} sur les régresseurs et les résidus retardés, qu'aucun retard particulier n'apporte de contribution significative à ce processus.

Dans chaque pays, l'écart type σ_y de l'innovation de PNB est trois ou quatre fois supérieur à l'écart type σ_u de l'innovation de taux de chômage, comme il apparaît sur le tableau III suivant. Les innovations du taux de chômage sont plus fortes au Canada et aux USA, où elles sont plus corrélées aux innovations du PNB, comme l'a remarqué Evans (1989a). La corrélation ρ_{yu} est négative dans tous les pays ce qui signifie que la relation entre activité économique et chômage est en partie simultanée à l'horizon d'un semestre.

Tableau III

Ecarts types et corrélations résiduelles

	σ_y	σ_u	ρ_{yu}
France	1.2	0.23	-.47
GBR	1.17	0.30	-.68
RFA	1.59	0.24	-.54
USA	1.12	0.46	-.87
Canada	1.25	0.57	-.454

L'examen des termes constants comporte des implications non négligeables en égard à l'enjeu que constitue la présence d'une éventuelle dérive déterministe du taux de chômage dans le long terme. Sur la base des statistiques de Student, ils apparaissent tous positifs, ce qui est contradictoire aux USA et la Grande-Bretagne avec l'identification de u_t comme $I(1)$ sans tendance. Pour vérifier ce point, le VAR a été réestimé en imposant comme restriction jointe que la constante correspondante C_u dans la forme finale soit nulle, soit, en notant b_u et b_y les termes constants dans les équations du VAR :

$$(30) \qquad C_u = b_u - K\, b_y = 0$$

avec :
$$K = \sum_{i=1}^{p} b_{uy,i} \Big/ \left(1 - \sum_{i=1}^{p} b_{yy,i}\right)$$

Cette restriction croisée est rejetée, sauf pour les USA et le Canada avec une probabilité (P. value) associée à la nullité de la statistique du χ^2 (1) de 0.96 pour les USA et 0.94 pour le Canada contre seulement 0.02 pour la RFA et 0.13 pour le Royaume-Uni. L'algorithme d'estimation divergent pour la France au voisinage de $C_u = 0$ conduit à ne pas y retenir non plus cette restriction. Ainsi, le modèle bivarié conduit à maintenir une tendance déterministe dans le taux de chômage tel qu'il est calculé pour les pays européens, alors même qu'une telle tendance n'apparaît pas significative dans l'analyse univariée, du moins sur données trimestrielles.

2.2. Le modèle taux d'utilisation-chômage

Le modèle d'interaction dynamique taux d'utilisation-chômage est estimé sous la forme d'un VAR en (θ_t , Δu_t) écrit sous la forme équivalente d'un VECM "dégénéré", constitué d'un VAR ($\Delta\theta_t$, Δu_t) , avec la valeur retardée θ_{t-1} du taux d'utilisation apparaissant dans chaque équation. Dans le cas du Royaume-Uni où la variable disponible se réfère au pourcentage d'entreprises fonctionnant à pleine capacité, variable dont l'écart type est plus important que le taux d'utilisation retenu pour les autres pays, cette série a été divisée par 3.86, pour rendre comparable la volatilité des séries et donc la valeur des différents coefficients estimés.

Il est probable cependant que cette définition de la variable d'utilisation affecte la performance du modèle estimé pour le Royaume-Uni, dont les résultats apparaissent sur plusieurs points atypiques. En particulier, c'est le seul où la formulation récursive discutée plus haut est rejetée au seuil de 5 %. Comme cette formulation n'est pas rejetée par ailleurs, et qu'elle autorise une comparaison directe avec les formulations en termes de composantes inobservées, elle sera privilégiée dans l'examen des résultats, y compris, sauf indication contraire, pour le Royaume-Uni.

Le critère BIC, conforté par des tests de rapport de vraisemblance d'un modèle à retards d'ordre $p - 1$ contre p, conduit à ne retenir qu'un retard, en plus du taux d'utilisation en niveau. Les résultats du modèle récursif estimé par les moindres carrés ordinaires comme le justifient les hypothèses de ce modèle, figurent au tableau IV.

Tableau IV. *Estimation du modèle récursif*
Taux d'utilisation-chômage

Equation / Régrésseur	a) FRANCE $\Delta\theta_t$	a) FRANCE Δu_t	c) RFA $\Delta\theta_t$	c) RFA Δu_t	d) USA $\Delta\theta_t$	d) USA Δu_t	e) CANADA $\Delta\theta_t$	e) CANADA Δu_t
C	27.13 (4.2)	2.472 (2.2)	16.99 (2.8)	1.80 (2.1)	18.47 (3.7)	1.21 (1.7)	19.45 (3.8)	3.062 (2.7)
θ_{t-1}	-.337 (4.2)	-.029 (2.1)	-.202 (2.8)	-.020 (2.0)	-.225 (3.7)	-.0147 (1.6)	-.222 (3.8)	-.0344 (2.7)
$\Delta\theta_t$		-.086 (4.7)		-.060 (4.5)		-.200 (13.0)		-.156 (6.5)
$\Delta\theta_{t-1}$	.528 (4.4)	-.008 (0.4)	.261 (2.2)	-.030 (2.3)	.511 (4.6)	-.017 (.6)	.617 (5.6)	.0036 (0.1)
Δu_{t-1}		.276 (2.0)		.462 (4.0)		.121 (0.9)		.192 (1.4)
R^2 / P(Q)	.325 .99	.468 .57	.115 .49	.640 .84	.309 .64	.830 .44	.399 .32	.601 .48

Sur la base de $\overline{R^2}$, les évolutions du chômage paraissent plus précisément estimées que par le modèle PNB-chômage. Il y a là un effet normal de l'introduction du taux d'utilisation contemporain comme régresseur, puisque l'aléa v_{yt} était fortement corrélé à v_{ut} dans le modèle VAR PNB-chômage. Ainsi le gain de détermination est-il plus fort aux USA (de 0.41 à 0.83) qu'en France (de 0.27 à 0.47) parce que la corrélation ρ_{uy} entre les aléas contemporains y est deux fois plus élevée. En revanche, avec les distributions de retards parcimonieuses dictées par les tests de spécification, des problèmes d'autocorrélation demeurent.

Des caractéristiques communes permettent d'opposer les résultats sur les pays européens et nord-américains. D'un côté, le terme autorégressif du taux de chômage permet de retrouver le fait stylisé d'une plus forte persistance en Europe, de l'autre, le coefficient élevé de $\Delta\theta_t$ contemporain confirme l'idée d'une plus forte logique conjoncturelle du chômage nord-américain.

Comme il a été justifié dans la présentation méthodologique, le coefficient du taux d'utilisation en niveau dans l'équation du taux de chômage permet de tester directement l'hypothèse d'hysterese : l'hypothèse n'apparait pas rejetée, sauf éventuellement aux USA où avec un Student de 1.67 ce coefficient n'est pas significatif au seuil de 5 %. Ainsi, comme chez Jaeger et Parkinson (1991), ce n'est qu'au seuil de 10 % que l'hypothèse d'hysterese peut être acceptée. Ce résultat doit être replacé dans le cadre de l'étude des implications à long terme de la dynamique des modèles considérés.

3. LES DYNAMIQUES A LONG TERME : IMPLICATIONS COMPARÉES

Les propriétés dynamiques des modèles considérés sont complètement décrites par les fonctions de réponse aux impulsions, qui sont données aux figures II pour le cas français. Dans le modèle PNB-chômage, on vérifie que la contrainte d'identification à long terme (9) ne modifie que très peu l'impact du choc de chômage et se trouve satisfaite par une simple translation de la fonction de réponse du PNB par rapport à sa position au cas où seule une contrainte à court terme est imposée (8) : un constat semblable est formulé par Carlson, Gavin et Samolyk (1990) dans le cadre d'un modèle inflation-monnaie.

Tableau V : *Tests de causalité de Granger*

Sens de la causalité	y → u		u → y		θ → u	u → u	u → θ
MODELE	C-VAR	U-VAR	C-VAR	U-VAR			
FRANCE	**5.5**	**2.4**	79	46	**0.9**	16	46
GBR	**0.5**	**1.1**	**4.9**	17	78	33	**0.05**
RFA	**4.9**	11	90	12	**9**	18	**8.3**
USA	**ε**	**0.1**	26	29	**2.2**	78	82
CANADA	**5.4**	**ε**	**2.1**	**0.8**	**0.5**	73	58.9

Les profils de réponse sont assez semblables entre pays et entre modèles. Dans le modèle PNB-chômage, la réponse du PNB américain est plus cyclique, alors que cette différence s'estompe dans le modèle en taux d'utilisation. On rappelle que par construction, les innovations dans le taux d'utilisation sont indépendants du choc de chômage, sauf au Royaume-Uni où les fonctions de réponse se réfèrent au modèle non contraint (et non récursif). Dans tous les cas, la réponse du chômage aux chocs d'activité est faible, mais surtout quand l'activité est mesurée par les taux d'utilisation.

L'asymétrie de dépendances entre activité et chômage que révèlent les fonctions de réponse peut être testée rigoureusement en termes de causalité au sens de Granger. Le résultat des tests de causalité est reporté au tableau V sous la forme des probabilités (p-values), que soit rejetée à tort la non-causalité à la fois pour les modèles contraints et non contraints de PNB et le modèle non contraint en taux d'utilisation.

La France, comme les USA, présente la situation la plus typique d'une causalité unilatérale allant de l'activité macroéconomique, croissance ou taux d'utilisation, vers le taux de chômage. Ce résultat paraît moins robuste en RFA et au Royaume-Uni, et au Canada, dans le modèle en termes de PNB, il laisse place à une causalité mutuelle. Les tests de Granger dans le système (θ_t , Δu_t) permettent d'examiner l'exogénéité du taux d'utilisation, que suppose le modèle récursif à la suite des modèles à composantes inobservées : cette propriété est rejetée pour le Royaume-Uni et, au seuil de 10 % en RFA, ce qui justifie que le modèle récursif ne soit pas pris en considération sur les données anglaises.

Pour évaluer les sources de persistance du chômage, il est particulièrement important de considérer les réponses cumulées à long terme a_{ij} (1). Ces coefficients figurent au tableau VI ; les réponses à long terme de l'activité étant nulles dans le modèle en taux d'utilisation du fait de la stationarité, seuls les indicateurs de persistance du chômage sont fournis dans ce cas.

Dans le cadre du modèle PNB-chômage, sont données les évaluations associées aux restrictions à court et à long terme : l'impact calculé d'un choc conjoncturel sur le PNB à long terme a_{yy} (1) en est peu modifié, et la France présente la plus forte inertie selon ce critère. L'estimation non contrainte a_{yu} (1) des chocs de chômage sur le PNB apparaît faible, sauf aux USA.

L'évaluation des coefficients caractéristiques de l'hysterese, réponse à long terme du chômage aux chocs d'activité, est plus élevée dans le modèle PNB-chômage (coefficients a_{uy} (1)) que dans le modèle en taux d'utilisation (coefficients $a_{u\theta}$ (1)), en particulier pour la France et les Etats-Unis.

Tableau VI : *Coefficients de réponse à long terme*

	A_{yy} (1)		A_{ya} (1)		A_{uy} (1)		A_{uu} (1)		A_{uy} (1)		A_{uu} (1)	
	CT	**LT**	**CT**	**LT**	**CT**	**LT**	**CT**	**LT**	**VAR**	**Récursif**	**VAR**	**Récursif**
FRA	2.2	2.2	.38	0	-.31	-.33	1	1.02	-.064	-.119	1.3	1.02
GBR	1.08	1.05	-.12	0	-.7	-.65	1.85	1.76	-.37		4.62	
RFA	1.33	1.34	-.25	0	-.4	-.4	2.05	1.98	-.16	-.187	2.47	1.86
USA	1.54	1.60	.85	0	-.63	-.64	.55	.79	-.075	-.074	1.17	1.14
CAN	1.2	1.2	.17	0	-.38	-.36	1.15	1.18	-.19	-.19	1.12	1.23

Les présentes estimations du $a_{u\,\theta}$ (1) peuvent être comparées pour les USA et la RFA aux estimations de Jaeger et Parkinson[3] (1990, 1991) et de Breitung (1991). Pour les USA, on a ainsi -0.075 contre respectivement -0.139 et -0.098, pour la RFA -0.187 contre -0.362 et -0.143 : les résultats du modèle récursif sont donc proches de ceux de Breitung.

Les algorithmes permettant de calculer les écarts type de ces réponses à long terme n'étant pas disponibles, on ne peut juger du caractère significatif des coefficients d'hysterese. Cependant, dans le modèle récursif en taux d'utilisation, un test convergent reposant sur le coefficient de θ_{t-1} dans l'équation de chômage concluait à l'acceptation de l'hypothèse d'hysterese pour quatre pays, et aboutissait à un résultat peu concluant aux seuils usuels pour les Etats-Unis. Un résultat identique était obtenu par Jaeger et Parkinson (1991).

Une information complémentaire est apportée par le tableau des décompositions de variance. Au tableau VII, il apparait d'abord que le choc de chômage n'affecte pratiquement pas les erreurs de prévision du PNB. En revanche, le choc conjoncturel domine à long terme la variabilité du taux de chômage, sauf au Canada. Aux USA, cette source d'impulsion domine dès le court terme.

Comme dans le cas des coefficients d'hystérèse, la contribution des chocs d'activité est moins nette dans le modèle en taux d'utilisation. En particulier, en France et au Royaume-Uni il tend à s'estomper dans le long terme.

Une dernière mesure de persistance des chocs a été calculée dans le cadre PNB-chômage : les ratios de Cochrane multivariés (11) figurant au tableau VIII apportent une confirmation du phénomène d'hystérèse ; des quatres composantes, c'est en effet la contribution du choc de PNB au taux de chômage qui présente le degré de persistance le plus élevé, à la seule exception du Canada. Plus généralement, les valeurs du V_{uy} opposent à nouveau les pays européens et nord-américains.

---

3. Ces auteurs travaillent sur données trimestrielles avec un modèle à composantes inobservées.

Tableau VII

Décomposition de la variance de l'erreur de prévision
(contribution du choc de PNB (ou de taux d'utilisation θ))

Pays	Pas	y		u		θ		u	
		CT	LT	CT	LT	VAR	Récursif	VAR	Récursif
F	6 mois	100	99.9	22	20	100	100	24	31
R	2 ans	99.9	99.9	55	48	98.4	100	35	50
A	5 ans	99.9	100	68	65	98.4	100	20	40
	15 ans	99.9	100	76	74	98.4	100	14	34
G	6 mois	100	99.9	45	47	100		43	
B	2 ans	97	97.6	75	73	67.6		32	
R	5 ans	98	98.7	80	82	53.9		22	
	15 ans	99.6	99.7	81	83	54		18	
R	6 mois	100	99.9	29	31	100	100	26	27
F	2 ans	99.9	99.9	58	57	93.1	100	43	54
A	5 ans	99.9	99.9	65	66	87.7	100	38	55
	15 ans	99.9	100	67	69	89.7	100	32	53
U	6 mois	100	98.5	62	50	100	100	75	75
S	2 ans	99.6	99.8	93	85	99.8	100	84	83
A	5 ans	98.5	99.9	95	88	99.8	100	72	70
	15 ans	98.5	99.9	95	90	99.8	100	51	49
C	6 mois	100	99.7	26	21	100	100	45	45
A	2 ans	98.8	99.7	42	37	99.2	100	71	67
N	5 ans	99.2	99.0	42	36	99	100	65	60
	15 ans	99.5	99.7	42	36	99	100	56	50

Tableau VIII - *Ratios de Cochrane multivariés*

Pays	V_{yy}		V_{yu}		V_{uy}		V_{uu}	
	CT	LT	CT	LT	CT	LT	CT	LT
FRA	4.09	4.099	4.26	0	5.61	5.74	.85	.91
GBR	.87	.96	.22	0	3.28	3.43	.98	1.57
RFA	1.72	1.72	4.32	0	5.49	5.47	3.06	2.98
USA	1.82	1.83	1.48	0	2.24	2.26	.27	.59
CAN	1.43	1.25	.05	0	.47	1.29	1.22	1.24

4. DÉCOMPOSITION HISTORIQUE, PRODUIT POTENTIEL ET CHÔMAGE PERSISTANT

Comme il a été indiqué plus haut, il est possible d'associer à la représentation moyenne mobile des différents modèles considérés une décomposition du chômage en termes tendanciels et stationnaires au sens de Beveridge et Nelson, ainsi que par source de chocs (équations 14 et 15).

Les figures III présentent le résultat d'une telle décomposition. A côté du taux de chômage observé u_t y figurent les composantes permanentes $\overline{u}_y$ (respectivement $\overline{u}_\theta$) résultant des chocs d'activité macroéconomique et $\overline{u}_u$ de tendance stochastique propre au chômage. La composante permanente totale ($\overline{u}$ + TT) inclut avec ces deux termes la composante de dérive déterministe. L'écart entre u_t et $\overline{u}_t$ + TT est la composante transitoire ou cyclique $\widehat{u}_t$ qui ne sera pas décomposée elle-même par source d'impulsion.

Les tendances déterministes $\overline{u}_y$, $\overline{u}_\theta$ et $\overline{u}_u$ sont centrés par construction en début et fin de période puisque l'accroissement moyen est identifié à son espérance théorique qui est nulle. De ce fait, la tendance déterministe appréhende l'essentiel du mouvement à long terme du taux de chômage. On retrouve évidemment l'évaluation plus faible de l'impact des chocs d'activité macroéconomique dans le modèle en taux d'utilisation. Il est bien connu qu'une tendance stochastique, même une marche aléatoire comme le sont approximativement ici les composantes permanentes estimées[4], présente un profil pseudo cyclique. On remarque ainsi par exemple que la série $\overline{u}_y$ présente deux creux conjoncturels en 1972-73 et en 77 ainsi que des pics en 64, 75 et 88.

La composante transitoire $\widehat{u}_t$ apparaît très volatile, surtout dans l'estimation en termes de PNB. Ceci est la contrepartie du phénomène de surréaction des composantes permanentes aux impulsions qu'elles subissent. Pour interprèter les pics et creux de cette série, il faut se rappeler que la composante transitoire d'une décomposition de Beveridge Nelson est l'opposé de la somme des variations prévisibles de la série. Ainsi, en France, $\widehat{u}_t$ est minimal en 74.2 (modèle en θ_t) en 75.1 (modèle en PNB), bien après le pic conjoncturel de 1973. C'est en effet au début 1975 que l'accroissement prévisible du chômage est le plus important. Fin

4. Les composantes de $\overline{u}_t$ seraient des marches aléatoires, par construction, si les aléas estimés et donc les chocs structurels qui en découlent étaient des bruits blancs, ce qui n'est pas le cas car l'autocorrélation résiduelle n'était pas complètement éliminée des modèles estimés.

1974, $\widehat{u}_t$ continue à diminuer alors que le taux de chômage effectif s'accroît, parce que l'estimation du chômage “permanent” $\overline{u}_t$ intègre un multiple des chocs e_{yt} et e_{ut} défavorable.

La composante persistante est, dans certains travaux, assimilée au taux naturel. Il en est ainsi chez Jaeger et Parkinson (1991) dont on reproduit, à fin de comparaison, la décomposition pour les séries allemandes et américaines. Les résultats sont semblables à ceux de la présente étude, en particulier pour les USA, bien qu'ils découlent de méthodologies très différentes.

Les composantes transitoires calculées peuvent faire l'objet d'études complémentaires. Ainsi, un test d'hysterese consiste à rechercher si la composante $\widehat{u}_t$, calculée sous $a_{u\theta}(1) = 0$, c'est-à-dire conditionnellement à l'absence d'hysterese, est stationnaire. Cette propriété est rejetée pour tous les pays considérés, USA exceptés, ce qui confirme les autres résultats négatifs obtenus sur le modèle en taux d'utilisation.

CONCLUSION

Face à l'expérience historique d'une évolution non stationnaire du chômage que connaissent depuis trente ans les principaux pays de l'OCDE, la formulation traditionnelle de la loi d'Okun, reliant le taux de chômage à un écart conjoncturel du PNB n'est plus praticable. La formulation en termes de différences premières se trouve certes validée mais elle n'appréhende que très partiellement la dynamique du chômage. L'estimation de modèles explicitant la dynamique bivariée du chômage et d'un indicateur d'activité — PNB ou taux d'utilisation des capacités — permet de dégager la contribution des innovations de l'activité économique à l'évolution du sous-emploi : cette contribution est dominante, du moins après un délai de l'ordre de deux ans, mais la contribution d'aléas spécifiques demeure importante, sauf peut-être aux USA.

L'examen des réponses à long terme permet d'évaluer une composante d'hysterese, d'effet persistant sur le chômage des fluctuations de l'activité : cet effet paraît nettement établi, du moins pour les pays européens.

La décomposition historique du chômage, dans ses composantes tendancielles et stationnaires, fait ressortir le poids important historiquement, bien que statistiquement non significatif, d'une dérive d'accroissement déterministe du chômage, en particulier en France et en RFA. Plus que tout autre, ce résultat contribue à réduire la contribution moyenne à l'accroissement observé du chômage, des ralentissements de la croissance ou des périodes de sous utilisation des capacités que l'on peut observer dans ces pays.

BIBLIOGRAPHIE

Artus J., 1978, "Measures of Potential Output in Manufacturing for eight Industrial Countries 1955-78", *IMF Staff Papers*, 1-35.

Beveridge S. et Nelson C.R., 1981, "A New Approach to Decomposition of Economic Time Series into Permanent and Transitory Components with Particular Attention to Measurement of Business Cycle", *Journal of Monetary Economics*, 151-174.

Blanchard O.J. et Quah D., 1989, "The Dynamic Effects of Aggregate Demand and Supply Disturbances", *American Economic Review*, 655-673.

Breitung J., 1991, *Measuring the Persistence of Cyclical Shocks to the Unemployment Rate*.

Carlson J.B., Gavin W. et Samolyk K., 1990, "The Short Run Dynamics of Long Run Inflation Policy", *FRB of Cleveland Economic Review*, 26-35.

Clark P.K., 1989, "Trend Reversion in Real Output and Unemployment", *Journal of Econometrics*, 40, 15-32.

Cochrane J.H., 1990, "Univariate vs. Multivariate Forecasts of GNP Growth and Stock Returns : Evidence and Implications for the Persistence of Shocks, Detrending Methods and Tests of the Permanent Income Hypothesis", *NBER Working Paper*, 3427, September.

Drèze J. and Bean C., 1990, "Europe's Unemployment Problem", *MIT Press*.

Evans G.W., 1989a, "Output and Unemployment Dynamics in the US 1950-1985", *Journal of Applied Econometrics*, 213-237.

Evans G.W., 1989b, "A Measure of the US Output Gap", *Economic letters*, 285-289.

Hénin P.Y., 1992, "Tendances stochastiques et composante cyclique du PNB", in Archambault E. et Archkipof O., ed., *La Comptabilité Nationale pour quoi faire ?*, Economica, 213-225.

Hénin P.Y. et Jobert Th., 1990, "Persistance du chômage et hysterese : une étude économétrique comparative", *Proceedings of the Applied Econometrics Association Conference on the Econometrics of Labour Market*, Strasbourg, December.

Jaeger A. et Parkinson M., 1990a, "Testing for Hysteresis in Unemployment : An Unobserved Components Approach", *Empirical Economics*, 185-190.

Jaeger A. et Parkinson M., 1990b, "A Measure of Hystereris in Unemployment Rates", *Proceedings of the Applied Econometrics Association Conference on the Econometrics of Labour Market*, Strasbourg, December.

Jaeger A. et Parkinson M., 1991, "Some Evidence on Hysteresis in Unemployment Rates", *Forschungsberfcht / Research Memorandum n° 286.*

Layard R., Nickell S. et Jackman R., 1991, "Unemployment", *Oxford University Press.*

Lee K.C., Pesaran M. et Pierce R.G., 1992, "Persistence of Shocks and their Sources in a Multisectoral Model of the U.K. Output Growth", *Economic Journal*, 342-356.

Malinvaud E., 1987, "La montée du chômage en France", *Revue Française d'Economie.*

Muet P.A., 1991, "Croissance, emploi et chômage dans les années quatre-vingt", *Observations et Diagnostics Economiques*, Janvier, 21-55.

Nelson C.R. et Kang H., 1981, "Spurious Periodicity in Unappropriately Detrented Time Series", *Econometrica*, 741-751.

Okun A., 1962, "Potential GNP : Its Measurement and Significance", *Proceedings of the Business and Economic and Statistic Section*, American Statistical Association, 98-104.

Perloff J.M. et Wachter M., 1979, "A Production Function Non Accelerating Inflation Approach to Potential Output. Is Measured Potential Output too High ?", *Carnegie Rochester Conference Series, 113.*

Perron P., 1989, "The Great Crash, the Oil Price Shock and the Unit Root Hypothesis", *Econometrica*, 1361-1401.

Pesaran M.H., Pierse R.G. et Lee K.C., 1992, "Persistence, Cointegration and Aggregation : A Disaggregated Analysis of Output Fluctuations in the US Economy", *Journal of Econometrics.*

Sims C.A., 1980, "Macroeconomics and Reality", *Econometrica*, 1-45.

Thélot C., 1985, "La croissance du chômage depuis 20 ans : interprétations macroéconomiques", *Economie et Statistiques*, Décembre, 61-77.

Torres R. et Martin J., 1990, "Measuring Potential Output in the Seven Major OECD Countries", *OECD Economic Studies*, n° 14, 127-150.

ANNEXE

Tableau IX : *Tests de Racine Unitaire*

Séries	Pays	k_{ADF}	$\tau_\tau^{(1)}$	$\tau_{\beta\tau}^{(1)}$	$\tau_{\alpha\tau}^{(1)}$	$t_t^{(4)}$	$\tau_\mu^{(2)}$	$\tau_{\alpha\mu}^{(2)}$	$t_\alpha^{(5)}$	$\tau^{(3)}$	Φ_1	Φ_2	Φ_3	Caractérisation
CHOMAGE	FRA	4	-1.76			.173	-.34		2.00				1.73	I(1) + T
	GBR	14	-2.03			.57	-.53		1.01	.36	1.11	3.36		I(1)
	RFA	5	-2.63			.34	-.56		1.27	.46	1.07	3.29		I(1)
	USA	2	-2.34			.048	-1.8		-.27	-.68	1.78	1.93		I(1)
	CAN	8	-2.38			-.66	-1.15		1.15	.73	1.64	3.15		I(1)
PNB	FRA	6	-2.02			-.89	-1.52		1.29	1.21	2.19	2.51		I(1)
	GBR	7	-2.10			-.01	-.026		2.49				2.33	I(1) + T
	RFA	6	-2.79			-1.69	-.28		3.17				6.94	I(1) + T
	USA	7	-2.89			-.91	-1.19		3.16				5.76	I(1) + T
	CAN	5	-1.73			-1.74	-2.01		2.59				1.82	I(1) + T
TUC	FRA	2	-2.50			.55	-2.53		.004	-2.56				I(0)
	GBR	4	-1.15			1.66	-1.66			-1.91				I(0)
	RFA	2	-3.36	-1.38	1.24	.67	-3.11	-.07		-3.14				I(0)
	USA	6	-2.75			.15	-1.91			-1.93				I(0)
	CAN	4	-2.63			.52	-2.30			-2.38				I(0)
Valeurs		à 5%	-3.50	3.18	3.47	1.96	-2.93	2.89	1.96	-1.95	4.86	5.13	7.25	
Critiques		à 10%	-3.18	2.81	3.14	1.65	-2.60	2.56	1.65	-1.61	3.94	4.31	6.35	

Figure I-a — *La non stationnarité de la loi d'Okun*

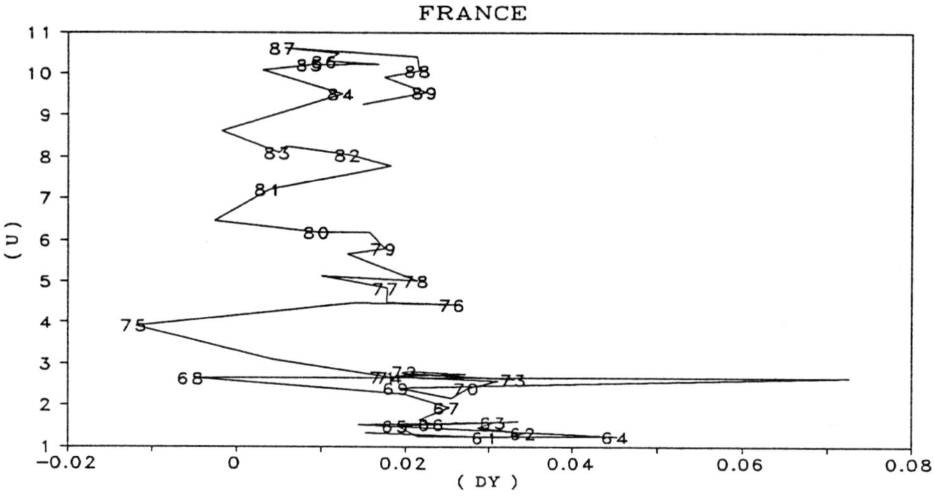

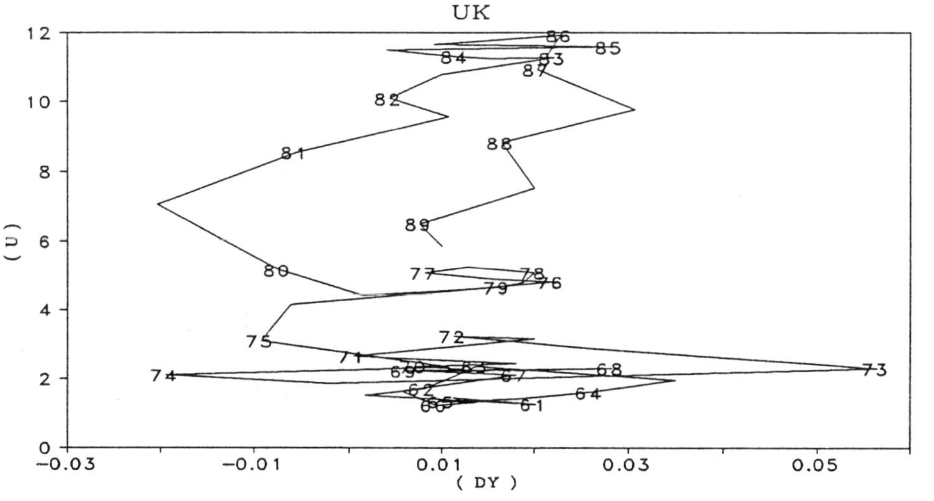

(Suite de la Figure I-a)

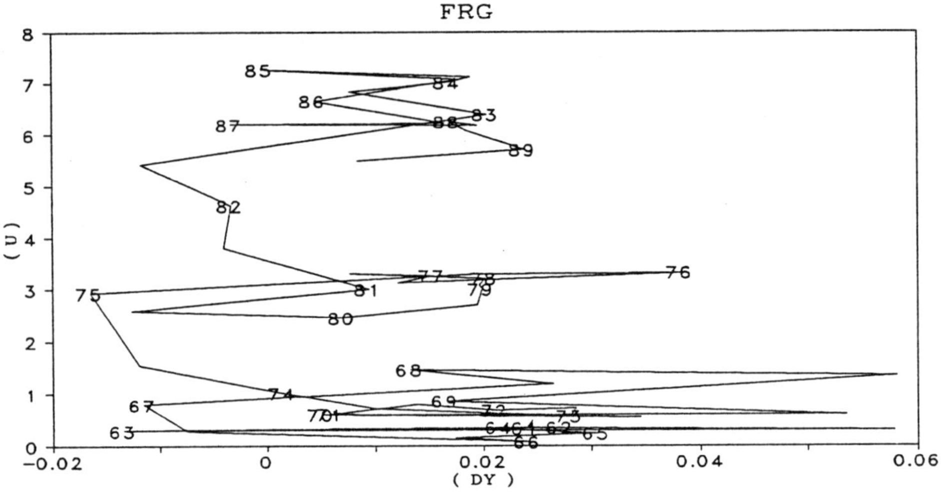

Figure I-b — *La non stationnarité de la loi d'Okun*

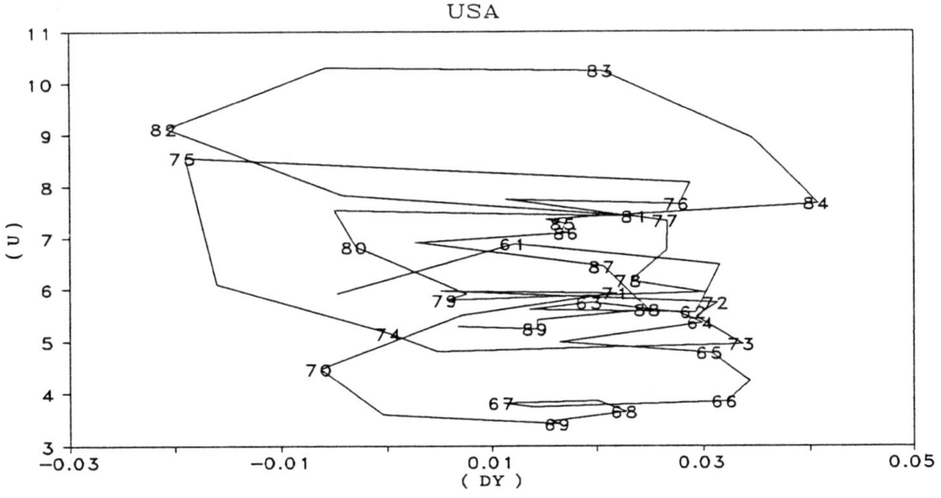

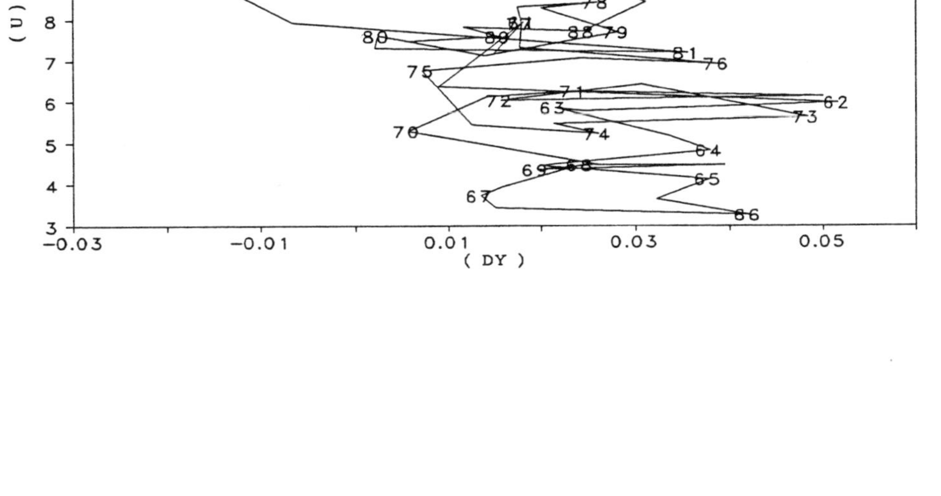

Figure II — *Fonction de réponse aux impulsions*

FRANCE

PNB - CHÔMAGE

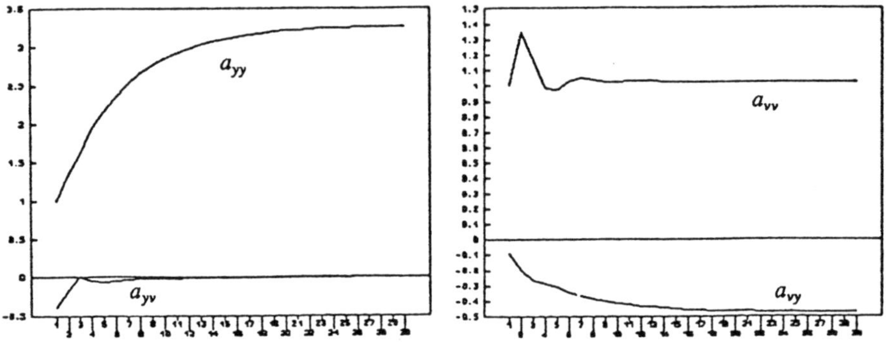

TUC - CHÔMAGE

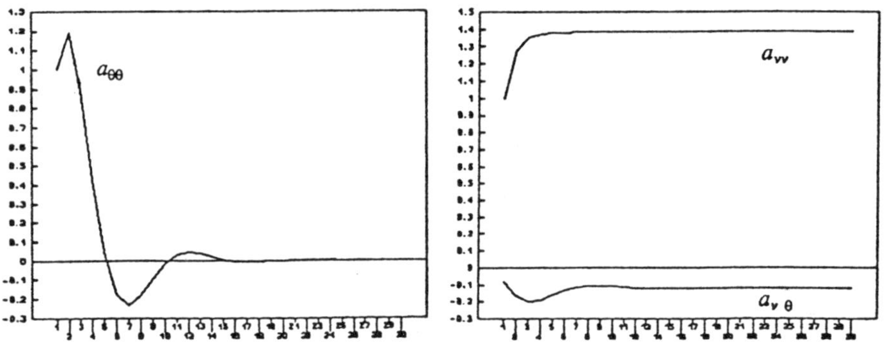

Figure III-a — *Décompositions historiques*

FRANCE

Modèle TUC-CHÔMAGE

composantes permanentes de u

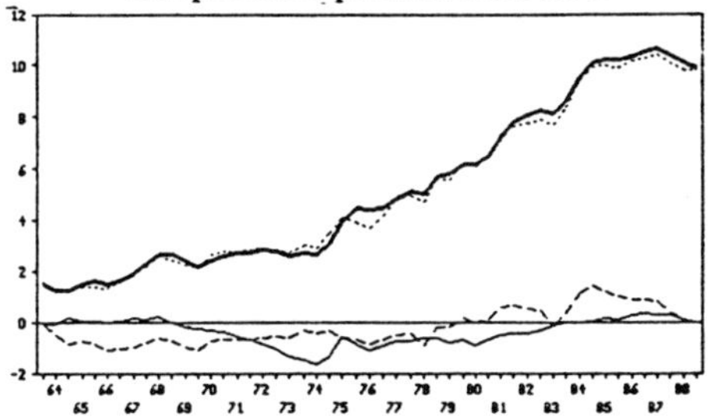

—— u ..... $\bar{u} + TT$ - - - - $\bar{u}_u$ —— $\bar{u}_\theta$

Modèle PNB-CHÔMAGE

composantes permanentes de u

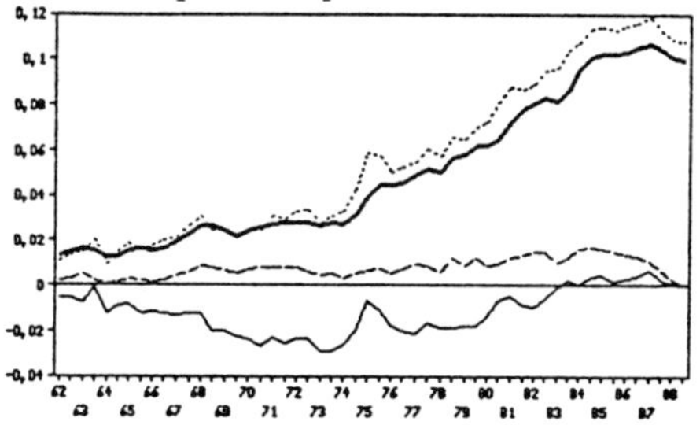

—— u ..... $\bar{u} + TT$ - - - - $\bar{u}_u$ —— u_y

composante cyclique de u

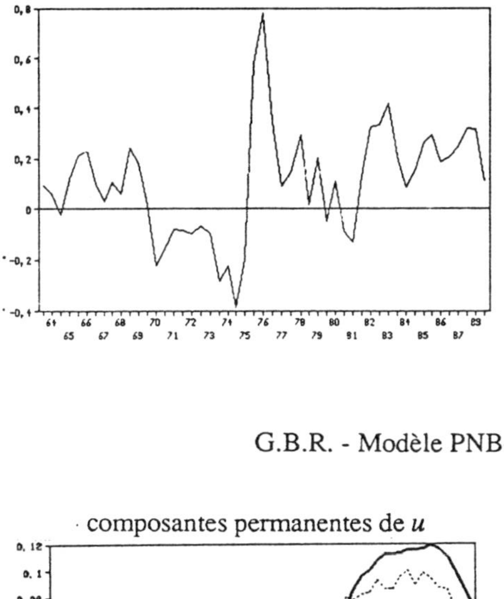

composante cyclique de u

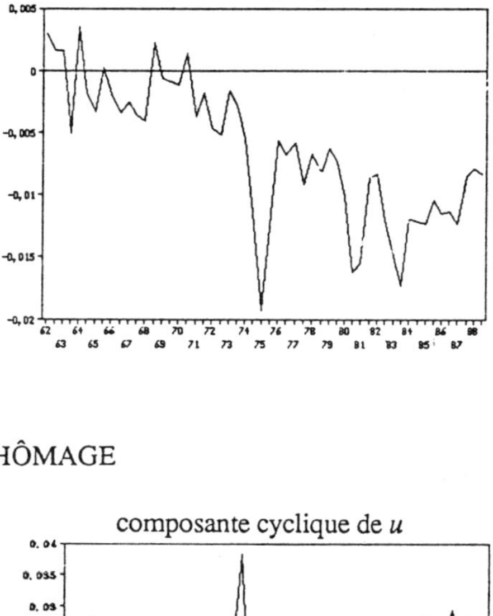

G.B.R. - Modèle PNB-CHÔMAGE

composantes permanentes de u

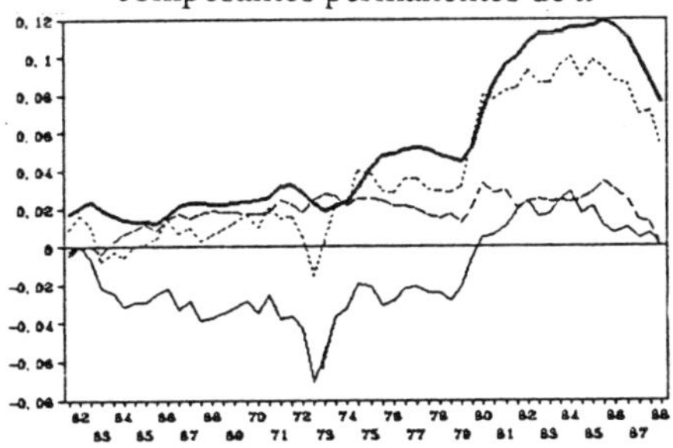

—— u ..... $\bar{u} + TT$ - - - - $\bar{u}_u$ —— $\bar{u}_y$

composante cyclique de u

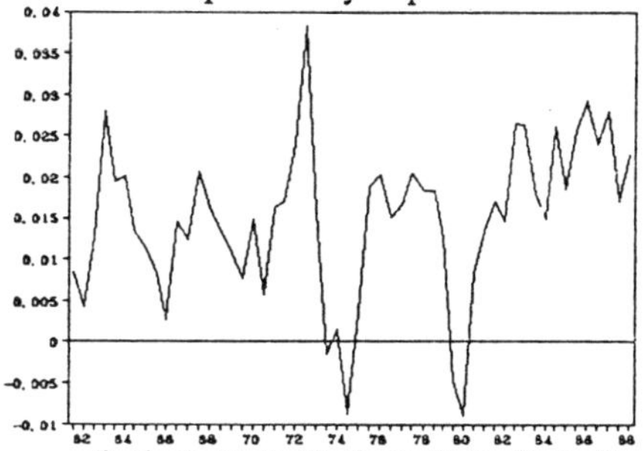

R.F.A.

Modèle TUC-CHÔMAGE

Composantes permanentes de u

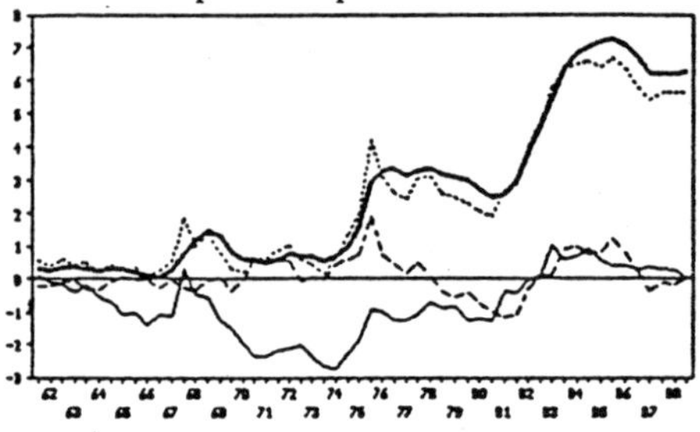

—— u ..... $\bar{u} + TT$ - - - $\bar{u}_u$ —— $\bar{u}_\theta$

Modèle PNB-CHÔMAGE

composantes permanentes de u

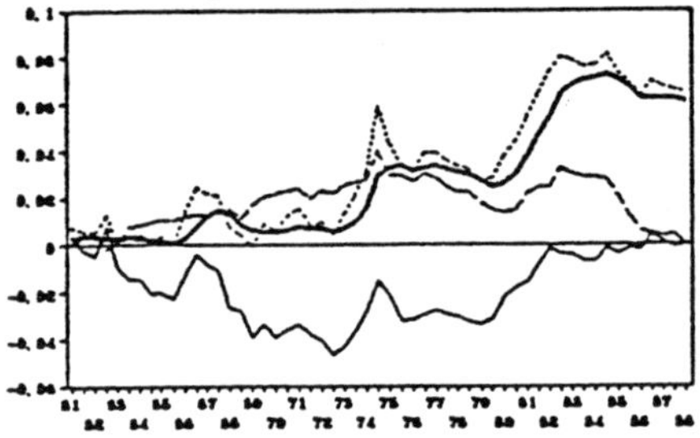

—— u ..... $\bar{u} + TT$ - - - - $\bar{u}_u$ —— $\bar{u}_y$

Décomposition de Jaeger et Parkinson

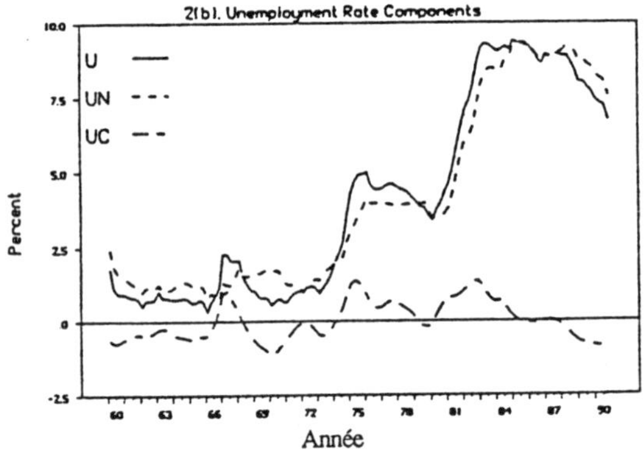

Figure III-b — *Décompositions historiques*

U.S.A.

Modèle TUC-CHÔMAGE

composantes permanentes de *u*

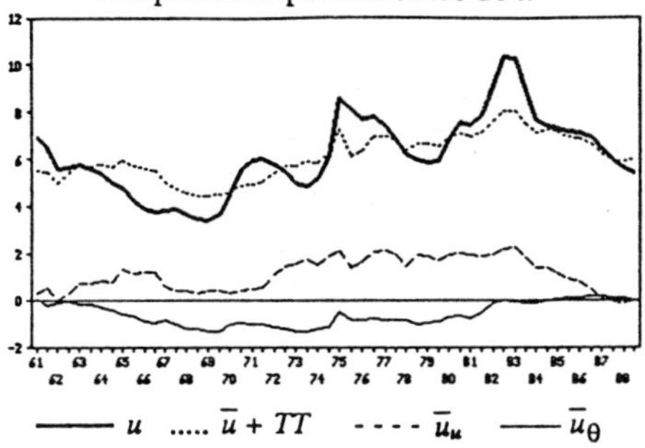

Modèle PNB-CHÔMAGE

composantes permanentes de *u*

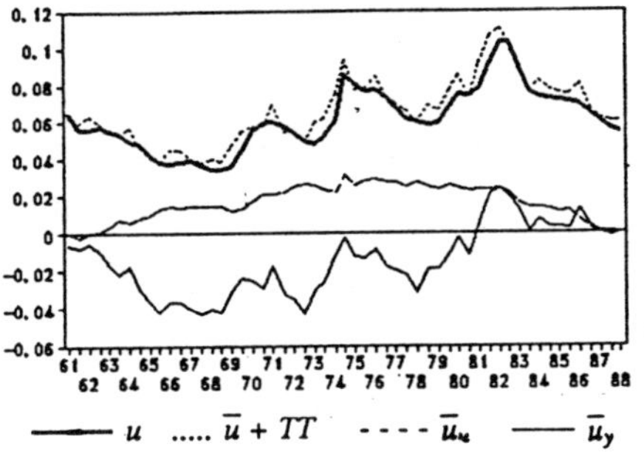

composante cyclique de *u*

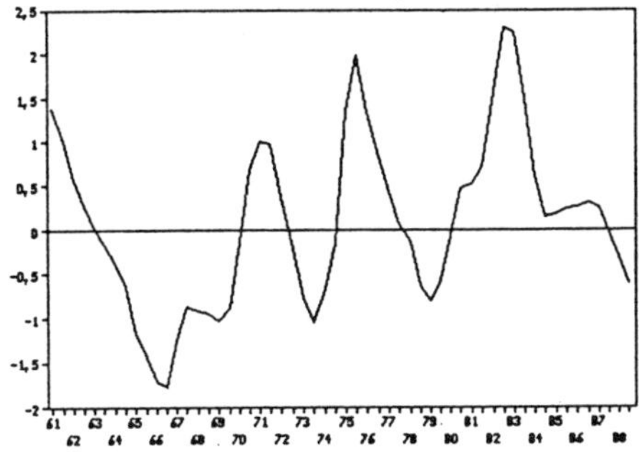

composante cyclique de *u*

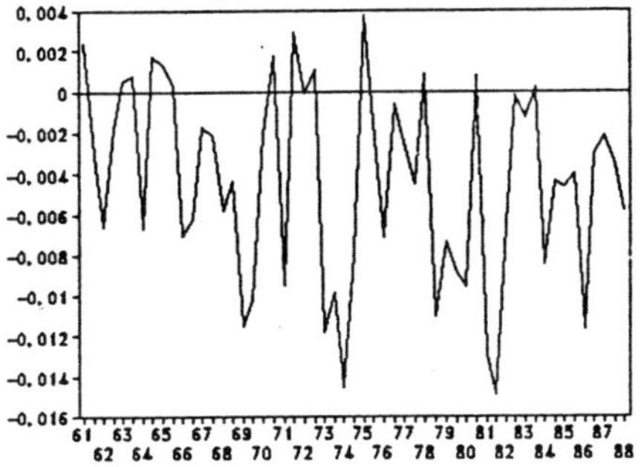

Décomposition de Jaeger et Parkinson

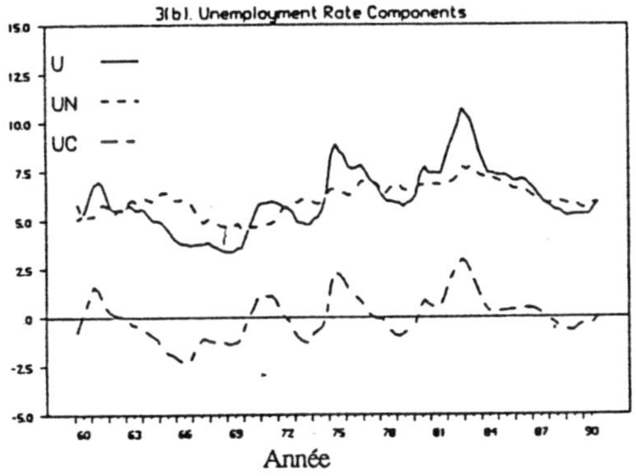

CANADA

Modèle TUC-CHÔMAGE

Composantes permanentes de u

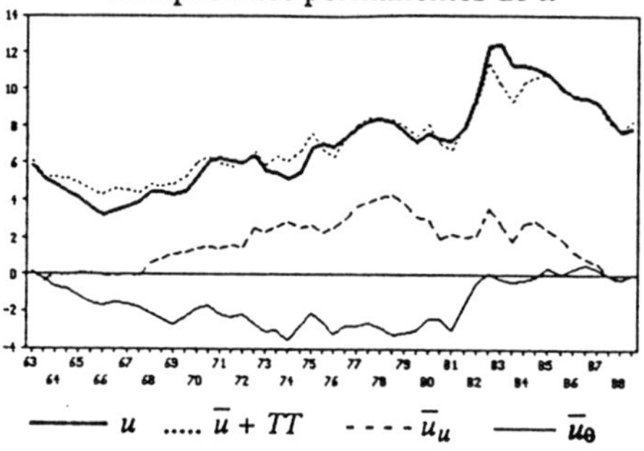

composante cyclique de u

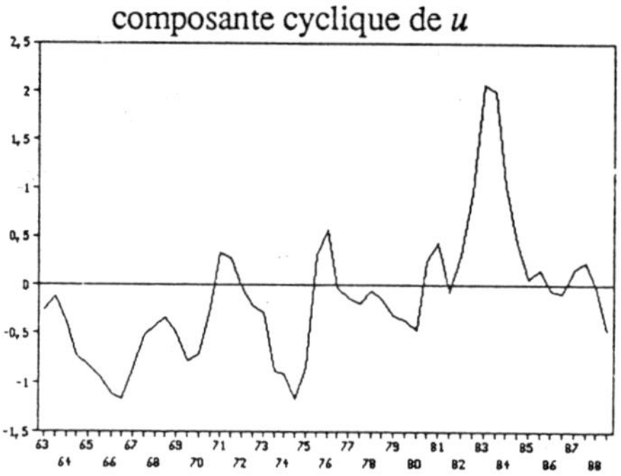

Modèle PNB-CHÔMAGE

composantes permanentes de u

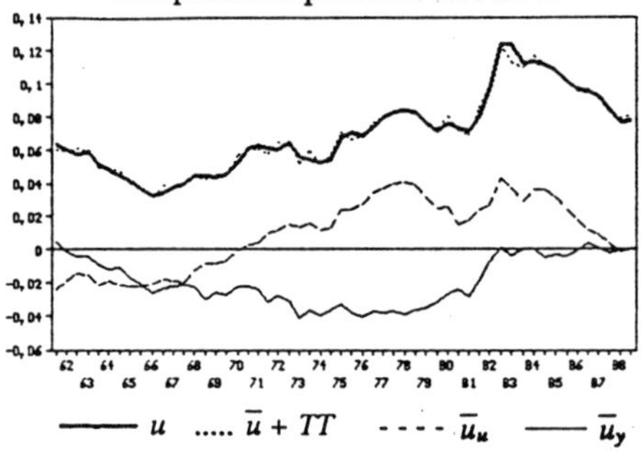

composante cyclique de u

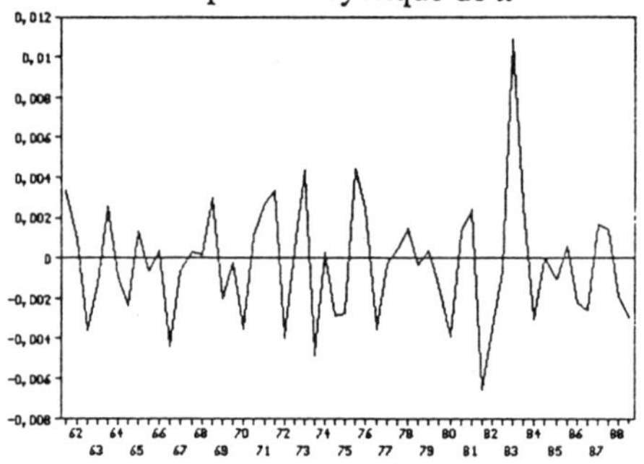

CHAPITRE IV

LA DYNAMIQUE DE LA COURBE DE BEVERIDGE

Jean-François JACQUES
et
François LANGOT

Introduction

Traditionnellement, l'analyse du chômage fait appel à deux relations empiriques : la courbe de Phillips et la courbe de Beveridge[1]. Depuis la contribution de Samuelson et Solow [1960], de nombreux développements ont été apportés à la courbe de Phillips, car celle-ci comporte des implications plus directes en termes de politique économique. Toutefois, la courbe de Beveridge a un contenu informationnel sur les frictions existant sur le marché du travail tout aussi important, comme Holt et David [1966] ou Bitaud et Hénin [1981] l'avaient déjà souligné : elle résume l'interaction des flux de création et de destruction d'emplois et apporte donc une vision complémentaire à l'analyse macroéconomique en terme de stocks. Ainsi, en se référant à l'économie française, E. Malinvaud écrit :

> *"On aimerait pouvoir quantifier l'augmentation [du chômage frictionnel]. L'idée qui vient naturellement à l'esprit est celle de la courbe de Beveridge qui relie taux de chômage et taux de postes vacants."*
>
> (Malinvaud [1986], p. 212)

---

1. Voir Blanchard [1989] pour une synthèse de ces outils d'analyse du chômage.

Mieux que la simple quantification de l'éventuelle augmentation du chômage frictionnel, l'étude statistique des déplacements de la courbe de Beveridge permet de distinguer les fluctuations conjoncturelles du chômage des fluctuations du chômage structurel. Le problème est alors de quantifier, dans les fluctuations du chômage, ce qui est imputable à des modifications de la conjoncture, et ce qui est imputable à des facteurs structurels. Ainsi, l'identification des déplacements de la courbe de Beveridge peut apporter une information précieuse sur l'instabilité qui affecte la courbe de Phillips.

Dans une optique macroéconomique, on peut considérer que la dynamique du marché du travail est guidée par deux sources de chocs :

- un choc de conjoncture ayant pour effet de faire varier en sens opposé créations d'emplois et destructions de postes de travail,
- un choc de réallocation se traduisant par une variation de même signe des créations d'emplois et destructions de postes de travail.

Au niveau théorique, suivant Holt et David [1966] ou plus récemment Blanchard et Diamond [1989], un modèle dynamique stochastique d'appariement peut être proposé, servant de fondement à la courbe de Beveridge. La co-existence d'emplois vacants et de chômage résulte d'un problème de coordination des agents économiques: contrairement à ce que suppose la vision walrasienne des échanges, l'information en termes de prix ne suffit pas à équilibrer à tout instant le marché. Ici, quel que soit le mode de fixation du salaire, il existe un temps de recherche de son partenaire, coûteux en ressources ou en temps. Cette modélisation va décrire un mécanisme de propagation des chocs, caractérisé par des déplacements le long de la courbe de Beveridge lorsque l'impulsion est conjoncturelle, et des déplacements de cette courbe lorsque l'impulsion indique une modification de la structure de la demande de travail entraînant des réallocations.

Les fondements théoriques de la courbe de Beveridge (ou courbe *UV*) seront présentés dans la première partie. Toutefois, l'objectif étant ici de procéder à une analyse empirique comparative de l'impact d'impulsions explicites sur la dynamique du chômage, une formulation théorique dans un cadre dynamique stochastique, illustrant directement nos restrictions du modèle économétrique, va ensuite être présentée. Ainsi, la forme réduite du modèle théorique est un modèle V.A.R., dont les propriétés de la matrice d'identification des chocs structurels sont utilisées lors de l'orthogonalisation des innovations statistiques.

Les résultats sont contrastés entre les pays européens (France, R.F.A. et Royaume-Uni) et les Etats-Unis sur la période 1965-1989. Toutefois, nous mettons en évidence un résultat commun à tous les pays : les fluctuations du chômage semblent être dominées pendant la période du cycle des affaires (cinq ans) par les impulsions de conjoncture. Ce résultat étend les conclusions de l'étude sur données américaines d'Abraham et Katz [1986] aux pays européens. Pour ce qui est de l'explication de l'instabilité de la courbe de Beveridge, il ne se dégage pas d'explication unique. Aux Etats-Unis, les chocs de réallocation deviennent prépondérants après cinq ans, ce qui confirme les résultats de Blanchard et Diamond [1989]. Ce renversement dans la décomposition de variance de l'erreur de prévision ne se produit pas pour les pays européens. Pour ces pays, l'explication des déplacements de la courbe de Beveridge par une composante stochastique de réallocation semble peu satisfaisante. Ces résultats sont confirmés par une seconde orthogonalisation des chocs, basée sur l'hypothèse que les chocs de conjoncture ne peuvent pas avoir d'effet à long terme sur les déplacements de la courbe *UV*.

I. MODÉLISATION DES ÉCHANGES SUR LE MARCHÉ DU TRAVAIL ET LA COURBE DE BEVERIDGE

Deux approches alternatives donnent des fondements à la courbe de Beveridge : d'une part l'agrégation de micro-marchés en déséquilibre (Hansen [1970], Lambert [1986]), d'autre part la formalisation d'un processus de recrutement mettant en oeuvre une recherche entre offreurs et demandeurs de travail (Holt et David [1966]). Ici, nous nous attacherons plus particulièrement aux modèles d'appariements où une courbe de Beveridge est un lieu de régime permanent.

L'objectif étant de décrire les mécanismes de propagation des chocs induits par les interactions des quantités échangées sur le marché du travail, nous allons, dans un second temps, dériver une courbe de Beveridge dans un cadre dynamique stochastique.

1.1. Courbe de Beveridge et recherche d'emploi

Sur le marché du travail, la recherche d'emploi peut être considérée comme une activité économique consommant des ressources. Ainsi, une vision globale du marché du travail est proposée par Holt et David [1966] : les firmes et les chômeurs sont supposés être engagés dans un processus de recherche. La demande de travail est alors endogène[2]. Les développements récents de la théorie des appariements (théorie du "matching")[3] ne permettent pas d'interpréter le chômage comme un phénomène frictionnel ou structurel : ils s'attachent à décrire le chômage d'équilibre comme le résultat d'un problème de coordination entre les agents économiques. Contrairement à la vision walrasienne des échanges, l'information transitant par les prix ne suffit pas à régir les échanges. Ce fonctionnement du marché du travail engendre alors des externalités d'échanges inter et intra-groupe d'agents. L'externalité inter-goupe est positive : pour un demandeur (respectivement un offreur) de travail, le temps de recherche, et donc le coût de détention d'un emploi vacant (resp. le coût en loisir du temps de recherche), est d'autant moins élevé que le nombre d'offreurs (resp. de demandeurs) est important. Par contre, l'externalité intra-groupe est négative : si le nombre de demandeurs (resp. d'offreurs) augmente, la concurrence entre membres du groupe augmente, rendant le recrutement plus difficile.

Au niveau macroéconomique, ces interactions complexes sont formalisées par une fonction d'appariement (ou de "matching") qui, comme la fonction de production néo-classique, exprime au niveau agrégé le résultat de ces comportements individuels. Le nombre de contrats d'embauche est le produit H résultant de l'utilisation des deux inputs que sont les emplois vacants V et le nombre de chômeurs U. Par analogie à la fonction de production néo-classique, nous formalisons cette "production de contrats" par une fonction du type :

$$H = \alpha h\,(U, V) \ \text{ avec } \begin{cases} h_U \geq 0 \ \ h_V \geq 0 \\ h\,(0,V) = h\,(U\,,0) = 0 \end{cases} \qquad (1)$$

Le paramètre α peut être interprété comme une mesure de l'efficience des échanges. Des études économétriques (Jackman, Layard et Pissarides [1989], Blanchard et Diamond [1989]) ont montré que l'on pouvait accepter l'hypothèse de rendements constants que traduit ici l'homogénéité de degré 1 de H en U et V.

2. En effet, à la suite de l'ouvrage dirigé par Phelps [1970], une littérature importante s'est développée autour de l'idée d'un chômage volontaire dont le coût serait moindre que la recherche d'une plus forte opportunité de gain dans une distribution exogène de revenus proposée sur le marché (modèles de "search"). Voir, par exemple, Lucas et Prescott [1974].
3. Voir Pissarides [1990] pour de nombreux développements, ou Langot et Lebon [1992] pour une revue de la littérature.

A un niveau individuel, l'appariement est un processus stochastique suivant une loi de Poisson[4] : la probabilité de trouver un emploi lorsque l'on est chômeur, durant un intervalle de temps infinitésimal δt, est $[\alpha h\ (U,\ V\ )/U\ ]\ \delta t\ = p\ (\theta)\ \delta t$, avec $\theta = V/U$. La probabilité qu'un poste de travail passe de l'état d'un emploi vacant à celui d'emploi occupé est $[\alpha h\ (U,\ V\ )/V\ ]\ \delta t\ = q\ (\theta)\ \delta t$. L'inverse de ces probabilités représente respectivement la durée moyenne du chômage et la durée moyenne de vacance d'un poste de travail.

Cette formalisation de l'appariement permet de rendre compte analytiquement des différentes externalités d'échanges.

- L'accroissement du nombre d'emplois vacants (resp. du chômage) augmente la probabilité pour un chômeur (resp. un emploi vacant) de changer d'état : le nombre d'emplois vacants (resp. de chômeurs) n'étant pas contrôlé par le groupe d'agents économiques que forment les chômeurs (resp. les firmes), ceci rend compte de l'externalité inter-groupe.
- L'externalité intra-groupe est formalisée par la décroissance de la probabilité pour un chômeur (resp. un emploi vacant) de changer d'état lorsque le nombre de chômeurs croît : ceci s'interprète comme un effet de congestion.

Dans cette approche, la courbe de Beveridge est un lieu d'équilibre où le taux de chômage d'équilibre $\bar{\bar{u}}$ est défini comme le produit du taux d'entrée au chômage rapporté à la population employée d, par la durée moyenne du chômage :

$$\bar{\bar{u}} = \frac{d}{p\ (\theta)}$$

Cette relation définit une relation décroissante non-linéaire[5] entre $\bar{\bar{u}}$ et $\bar{\bar{v}}$.

4. Nous ne prenons en considérons que des facteurs macroéconomiques, occultant l'hétérogénéité des travailleurs.

5. Cette équation peut être déduite de l'évolution de l'emploi :

$$\dot{E} = \alpha h\,(U, V) - dE$$

En régime permanent, on a $\dot{E} = 0$, d'où :

$$\alpha h\left(\frac{U}{E}, \frac{V}{E}\right) = d \Leftrightarrow \bar{\bar{u}} = \frac{d}{p\ (\theta)}$$

Graphique 1

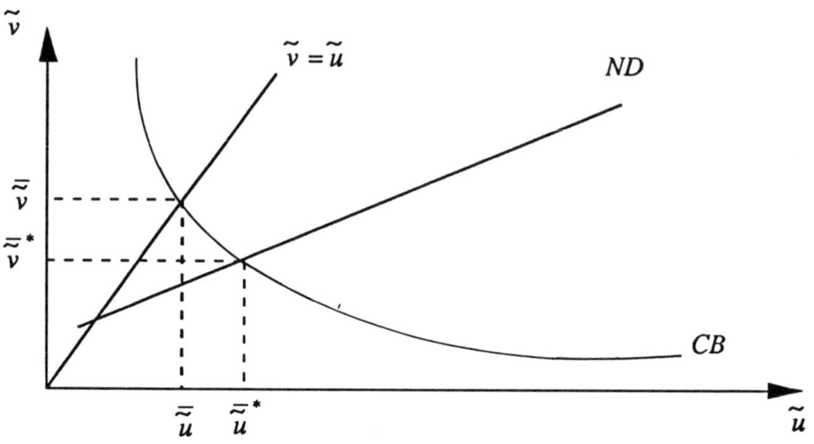

Afin de déterminer un équilibre particulier[6], il convient alors de déterminer une relation entre $\bar{\tilde{u}}$ et $\bar{\tilde{v}}$ issue du comportement de demande de travail. Cette relation peut résumer simplement l'égalité entre productivité marginale et coût marginal du travail. Le coût marginal du travail inclut les coûts liés au recrutement, *i.e.* à la détention d'emplois vacants[7]. On obtient alors le graphique 1, où *CB* représente la courbe de Beveridge alors que *ND* représente la courbe relative à la demande de travail.

Dans ce plan $(\tilde{u},\tilde{v})$, on voit que les déplacements de *ND* consécutifs à des modifications des conditions d'offre (progrès technique, coût de détention d'un emploi vacant,...) ou de demande de biens, vont entraîner des déplacements de l'équilibre $(\bar{\tilde{u}}^*,\bar{\tilde{v}}^*)$ le long de la courbe de Beveridge. A contrario, des modifications relatives au fonctionnement du marché du travail vont entraîner des déplacements de la courbe de Beveridge. En effet, la courbe de Beveridge est ici définie comme le lieu d'équilibre de flux entre recrutements et sorties de l'emploi. Le fonctionnement du marché du travail peut être altéré soit par une augmentation des séparations *s* (accroissement de la main d'oeuvre à fort taux de rotation, ou accroissement des destructions

6. Mortensen [1989] a montré, dans le cadre d'un modèle où la détermination du salaire est endogène, que sous l'hypothèse de rendements constants il existait un équilibre unique $(\bar{\tilde{u}},\bar{\tilde{v}})$, contrairement au cas de rendements croissants.
7. Voir Pissarides [1990] p. 15 pour une dérivation de cette relation dans un cadre intertemporel ou Henin [1990] p. 14 dans un cadre statique.

de postes dans certains secteurs vieillissants), soit par une détérioration de l'efficience du processus d'appariement α (accroissement de l'écart entre la formation des chômeurs et celle demandée par les firmes, accroissement des indemnités chômages). Ainsi, l'équilibre $(\bar{\bar{u}}^*, \bar{\bar{v}}^*)$ se déplace le long de *ND* et l'accroissement du chômage traduit l'augmentation de l'inefficacité du marché du travail.

1.2. Fluctuations macroéconomiques et déplacements de la courbe de Beveridge

Les analyses précédentes ne permettant que des exercices de statique comparative, il convient maintenant de modéliser la dynamique jointe chômage/emplois vacants, à partir d'un processus stochastique de création et de destruction d'emplois. Dans un but de simplification, nous n'allons pas expliciter les comportements intertemporels des agents économiques comme le font Pissarides [1990] ou Langot et Lebon [1992], mais seulement rendre compte des fluctuations qu'engendre, sur le marché du travail, le processus stochastique reflétant la profitabilité d'un poste de travail. Afin d'analyser les mouvements de la courbe de Beveridge, les fluctuations du chômage et des emplois vacants seront le résultat des chocs exogènes se propageant par l'intermédiaire du processus d'appariement.

1.2.1. *Chocs macroéconomiques et flux sur le marché du travail*

On suppose qu'il existe sur le marché du travail deux sources d'impulsions : un choc conjoncturel (c) affectant la demande nette de travail, soit directement, soit par le jeu d'un report sur le marché du travail des fluctuations sur le marché des biens, et un choc de réallocation (s) reflétant les effets sur l'emploi du rythme des réallocations de la main d'œuvre, à demande nette inchangée. Ainsi, se retrouvent les principales sources d'explication macroéconomique des fluctuations du chômage (Lilien [1982] et Abraham et Katz [1986]).

Au niveau de la firme, la profitabilité de chaque poste de travail est une variable aléatoire suivant un processus de Markov en temps continu. La probabilité, durant un intervalle de temps infinitésimal δt, qu'un poste occupé devienne improductif est p_0 δt et celle qu'un poste oisif devienne profitable est p_1 δt.

Le nombre de postes de travail dans chaque firme i supposé constant, est noté K_i. Celui-ci se divise entre les emplois E_i, les emplois vacants V_i et les postes de travail oisifs O_i. Les postes de travail oisifs ne sont utilisés ni dans l'activité de production, ni dans celle de l'échange, car ils ne sont pas rentables. On a pour chaque firme :

$$K_i = E_i + V_i + O_i \tag{2}$$

A chaque instant, il y a des créations et des destructions de postes générées par les changements d'état de la variable aléatoire décrivant la profitabilité d'un poste de travail. La loi de cette variable aléatoire étant la même quel que soit le poste de travail, au niveau agrégé le flux de nouveaux postes d'emplois et le flux de destructions d'emplois suivent le même processus. A l'équilibre stationnaire, il y aura autant de postes détruits que de postes qui seront créés. Ainsi, on peut écrire :

$$(E + V)\, p_0\, \delta t = O p_1\, \delta t \;\Leftrightarrow\; (L - U + V)\, p_0\, \delta t = O_{p1}\, \delta t \tag{3}$$

avec :

$$L = E + U \tag{4}$$

où L représente la population active, supposée constante, et U le nombre de chômeurs. Comme toutes les firmes sont identiques, alors $K = E + V + O$ et on obtient une relation d'équilibre entre le nombre d'emplois potentiels dans l'économie et le stock d'emplois disponibles :

$$L - U + V = \frac{p_1}{p_0 + p_1} K \tag{5}$$

Le nombre d'emplois potentiels est celui qui est nécessaire à la production et au fonctionnement du marché du travail pour qu'il y ait des échanges. Ainsi, $\frac{p_1}{p_0 + p_1}$ peut être interprété comme un taux d'utilisation des capacités, et sera notre indicateur conjoncturel.

De même, le flux d'emplois potentiels devenant improductifs à l'équilibre est défini par :

$$p_0\,(L - U + V) = \frac{p_0\, p_1}{p_0 + p_1} K \tag{6}$$

Cette part des capacités devenant improductives est une mesure des restructurations continues des firmes et traduit donc, au niveau macroéconomique, le montant des réallocations à effectuer pour maintenir constant le niveau de l'emploi.

Ainsi, les deux chocs "fondamentaux" sont des combinaisons des deux paramètres p_0 et p_1 [8] décrivant la profitabilité d'un emploi. On note :

$$c = \frac{p_1}{p_0 + p_1} \tag{7}$$

$$s = \frac{p_0 p_1}{p_0 + p_1} \tag{8}$$

d'où :

$$p_0 = \frac{s}{c} \tag{9}$$

$$p_1 = \frac{s}{1 - c} \tag{10}$$

Il est à remarquer que la dynamique du salaire n'est pas introduite explicitement dans ce modèle : les impulsions salariales ne seront donc pas distinguées des chocs qui affectent la disponibilité d'emploi ou la réallocation de la main d'oeuvre.

1.2.2. *Etude dynamique de la courbe de Beveridge*

Sur le marché du travail, l'emploi est une variable de stock pour les agents économiques. Les employés "contrôlent" l'évolution de l'emploi par leur décision, à chaque période, de quitter leur emploi. Ceci est appréhendé dans le modèle par un taux de sortie de l'emploi q exogène. A chaque départ volontaire correspond la mise sur le marché d'un emploi vacant. Ce flux d'emplois vacants vient grossir celui résultant des capacités devenant profitables. Il y a donc deux sources de renouvellement du flux d'emplois vacants : d'une part un taux de séparation exogène, et d'autre part, la création d'emplois.

Ainsi, l'évolution de l'emploi résulte des possibilités d'embauches sur le marché du travail, du taux de séparation et du pro-

---

8. c et s doivent être des éléments de $\mathbb{R}^+$. Cette restriction est toujours vérifiée pour les deux paramètres p_0 et p_1 qui sont des éléments de $\mathbb{R}^+$. Ceci nous assure l'indépendance entre c et s : ce sont des combinaisons indépendantes des paramètres p_0 et p_1 .

cessus de destruction d'emplois. On a alors la dynamique de l'emploi :

$$\dot{E} = \alpha\, h\,(U, V) - qE - p_0\, E$$

De même, l'évolution du nombre d'emplois vacants est le résultat de l'appariement, du taux de séparation, de la création de nouveaux postes de travail et de la destruction des postes non-pourvus devenant improductifs :

$$\dot{V} = -\, \alpha\, h\,(U, V) + qE + p_1\, O \; - p_0\, V \tag{12}$$

Comme la population active est supposée constante, on a $\dot{E} = -\,\dot{U}$, d'où, avec les équations (2) et (4), le système dynamique reflétant les interactions entre le nombre de chômeurs et le nombre d'emplois vacants :

$$\dot{U} = -\, \alpha h\,(U, V) + q\,(L - U) + p_0\,(L - U) \tag{13}$$

$$\dot{V} = -\, \alpha h\,(U, V) + (q - p_1)\,(L - U) + p_1\, K - (p_0 + p_1)\, V \tag{14}$$

En utilisant les relations (9) et (10), on peut remplacer p_0 et p_1 par leurs expressions en fonction des impulsions économiques, et en déduire, à partir des équations (13) et (14), un système donnant l'équilibre instantané $(\overline{U}, \overline{V})$.

Définition

La courbe de Beveridge est le lieu géométrique des différents stocks d'équilibre $(\overline{U}, \overline{V})$ *relatifs à un état de la conjoncture, conditionnellement à une structure donnée de l'économie.*

Son équation est alors donnée par les équations (13) pour $\dot{U} = 0$ dans laquelle on remplace c par son expression tirée de (14) pour $\dot{V} = 0$:

$$\alpha h\,(\overline{U}, \overline{V}) - q\,(L - \overline{U}) = s\, \frac{K\,(L - \overline{U})}{(L - \overline{U} + \overline{V})} \tag{15}$$

Suivant Holt [1981], nous allons exprimer cette dynamique jointe en fonction de $\frac{U}{E} = \tilde{u}$ et $\frac{V}{E} = \tilde{v}$. Cette normalisation par la population employée est la plus usuelle car elle permet, comme nous l'avons vu plus haut, d'avoir un taux d'embauche exprimé dans la même dimension que le taux d'entrée au chômage (voir équation (11)).

Ainsi, avec les équations (13), (14) et en notant $\gamma = \frac{K}{L}$, on obtient le système dynamique décrivant le mécanisme de propagation des chocs affectant le marché du travail.

Proposition

Le système défini de $\mathbb{R}^2 \rightarrow \mathbb{R}^2$ *par :*

$$\dot{\tilde{u}} = \left(-\alpha h(\tilde{u}, \tilde{v}) + q + \frac{s}{c}\right)(1 + \tilde{u}) \tag{16}$$

$$\dot{\tilde{v}} = (-\alpha h(\tilde{u}, \tilde{v}) + q)(1 + \tilde{v}) + \frac{s}{1-c}(\gamma - 1 + \gamma \tilde{u} - \tilde{v}) \tag{17}$$

où α, q et γ *sont des constantes strictement positives et* $h(\tilde{u}, \tilde{v})$ *une fonction continûment différenciable sur* $\mathbb{R}^{2+}$ *et vérifiant les propriétés :*

$$h_{\tilde{u}} > 0 \; ; \; h_{\tilde{v}} > 0 \; ; \; h(0, \tilde{v}) = h(\tilde{u}, 0) = 0$$

admet un unique équilibre stable $(\bar{\tilde{u}}, \bar{\tilde{v}})$, *pour une conjoncture c et une structure s données de l'économie, qui satisfait la contrainte,* $0 \leq O$, *i.e.* :

$$\tilde{v} \leq (\gamma - 1) + \gamma \tilde{u}$$

Cet équilibre est donc toujours dans l'ensemble des valeurs admissibles pour $\tilde{u}$ et $\tilde{v}$ [9].

Les équations (16) et (17) permettent de caractériser deux lieux typiques de réalisation de l'équilibre. D'une part, les lieux d'équilibre à conjoncture donnée et paramétrés par le choc de réallocation, indiquent comment se déplace le système lorsqu'il est affecté par un choc de réallocation. D'autre part, les lieux d'équilibre relatifs aux différents niveaux du choc de réallocation et pa-

9. Voir Jacques et Langot [1992] pour la démonstration de la proposition 1.

Graphique 2

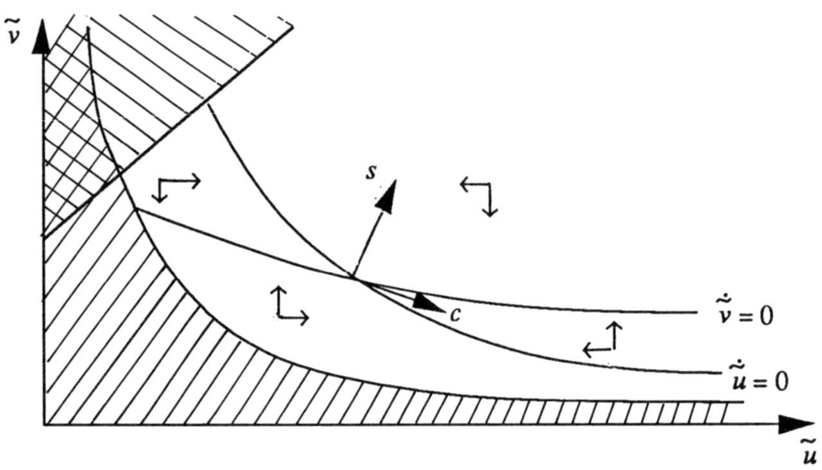

Graphique 3

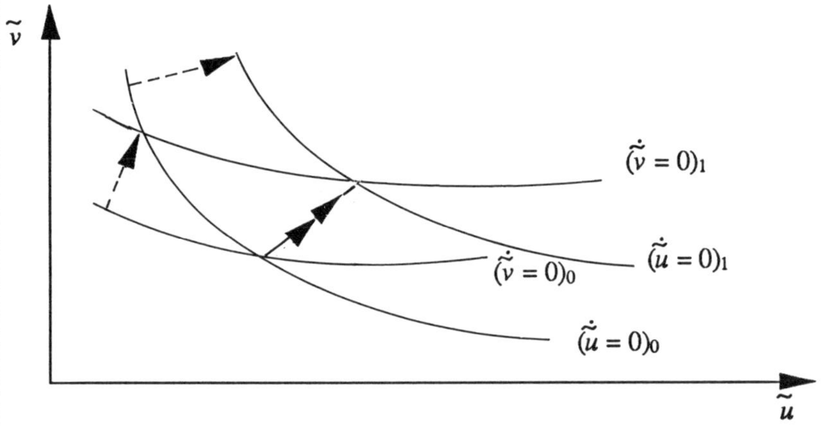

ramétrés par le choc de conjoncture, indiquent comment se déplace le système lorsqu'il est affecté par un choc de conjoncture. Ces deux lieux d'équilibre, décrivant des courbes, sont caractérisés par[10] :

Proposition 2

La courbe de réallocation est de pente positive.

La courbe de conjoncture est de pente négative si et seulement si :

$$\tilde{v} \leq \frac{\alpha h_{\tilde{u}} + q}{\alpha h_{\tilde{v}}}$$

Ainsi, on montre que le choc de réallocation a pour effet d'accroître le chômage et les emplois vacants : la pente de ces lieux d'équilibre est croissante. Nous donnons ainsi la direction des déplacements de la courbe de Beveridge.

Le choc de conjoncture a pour effet d'accroître les emplois vacants et diminuer le chômage. Ceci permet de définir une courbe de Beveridge comme étant l'équation décrivant l'ensemble de ces lieux d'équilibre conditionnels à une réalisation du choc de réallocation.

Ces deux types de chocs sont suffisants pour appréhender théoriquement les déplacements ou l'instabilité de la relation entre $\tilde{u}$ et $\tilde{v}$. On peut résumer cette dynamique par un diagramme des phases (graphique 2).

Les trajectoires d'ajustement à la suite d'un choc de réallocation sont décrites sur le graphique 3. Contrairement à Blanchard et Diamond [1989], la pente de cette trajectoire d'ajustement n'est pas égale à un mais à $c\gamma$.

Les lieux d'équilibre représentés par l'ensemble des points d'intersection de $\dot{\tilde{u}} = 0$ et $\dot{\tilde{v}} = 0$, relatifs à leurs déplacements causés par des chocs de conjoncture, nous permettent de définir la courbe de Beveridge (graphique 4).

10. Voir Jacques et Langot [1992] pour la démonstration de la proposition 2.

Graphique 4

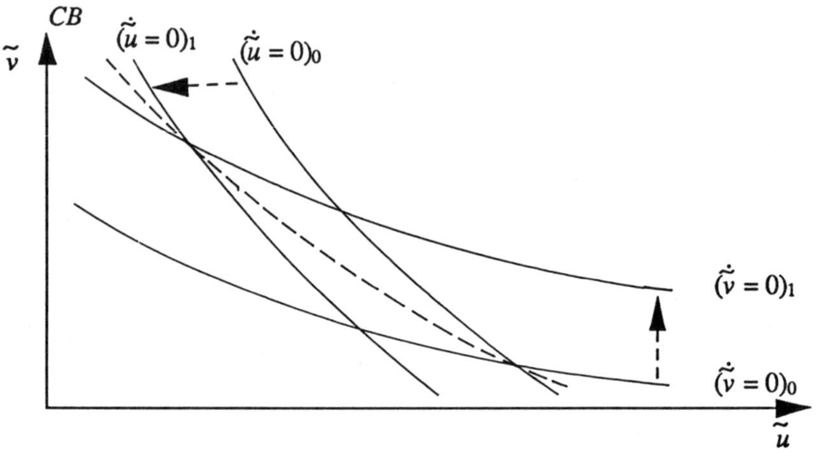

Depuis les travaux de Hansen [1970], il est généralement admis[11] que la trajectoire conduisant à un des équilibres représentés par la courbe de Beveridge, décrit une boucle en sens inverse des aiguilles d'une montre (sens trigonométrique). Au niveau théorique, Pissarides [1990] explique que ce type de trajectoire reflète le caractère "forward" des emplois vacants qui sautent initialement et se surajustent dans un premier temps avant que la variable d'ajustement, le chômage, ne ramène le système à l'équilibre initial. Dans notre modélisation du marché du travail, les emplois vacants, comme le chômage, sont des variables s'ajustant progressivement vers l'équilibre. Le type de scénario envisagé ci-dessus semble donc improbable. Toutefois, dans le modèle de Blanchard et Diamond [1989], des boucles dans le sens inverse des aiguilles d'une montre se produisent sans que les emplois vacants reflètent une anticipation. La condition nécessaire pour obtenir ce résultat dans notre modélisation en $(\tilde{u}, \tilde{v})$ peut être en contradiction avec l'hypothèse nécessaire pour avoir une courbe de Beveridge de pente négative. Ainsi[12] :

11. Voir, par exemple, Pissarides [1990], Blanchard et Diamond [1989], Jackman, Layard et Pissarides [1989] pour des études récentes.
12. Voir Jacques et Langot [1992] pour la démonstration de la proposition 3.

Proposition 3

La dynamique transitoire pour passer d'un point d'équilibre à un autre, suite à un choc conjoncturel, ne forme pas nécessairement des boucles en sens inverse des aiguilles d'une montre, notamment pour de faibles conjonctures.

Dans le cadre de la représentation adoptée ici, la hausse du chômage résulte de deux sources : une mauvaise conjoncture ou des réallocations faisant suite à une restructuration de l'appareil productif. Comme l'ont suggéré Abraham et Katz [1986], les fluctuations des emplois vacants vont nous servir à décomposer les variations du chômage entre ces deux sources.

En effet, on a une dynamique jointe emplois vacants chômage qui permet d'identifier les deux principales sources de fluctuation du chômage :

- Pour des structures données de l'économie, *i.e.* sans restructuration impliquant des réallocations, les variations du taux de chômage reflètent l'inverse des fluctuations de l'activité, contrairement aux emplois vacants qui sont pro-cycliques : nous décrivons ainsi les déplacements de l'équilibre du marché du travail sur la courbe de Beveridge.
- Pour un état donné de la conjoncture, des changements dans les structures de production induisent une instabilité de la courbe de Beveridge : ces déplacements traduisent une évolution de l'efficience du marché du travail à gérer des disparités de qualification, géographiques... Les réponses du chômage et des emplois vacants à ce type de perturbations sont pro-cycliques.

Blanchard et Diamond [1989] ajoutent à l'information contenue dans les emplois vacants, celle provenant des fluctuations de la force de travail pour expliquer les fluctuations du chômage. Il faut toutefois noter qu'endogénéiser la force de travail n'apporte pas d'information supplémentaire : sa dynamique est parfaitement liée à celle de l'emploi et n'est donc introduite qu'à des fins statistiques[13]. De plus, il semble important de rappeler que les décisions de participation, *i.e.* d'offre de travail, semblent forte-

13. Ceci permet d'avoir un choc supplémentaire dans le modèle et d'avoir un degré de liberté en plus lors de l'identification. Toutefois, nous avons vérifié que les innovations du VAR bivarié étaient bien indépendantes des fluctuations de la force de travail (population active) et de sa structure (part des femmes dans la population active et part des moins de 25 ans dans la population active).

ment liées aux processus de formation des salaires, mais ceci n'est pas discuté ici.

1.3. Du modèle théorique à la forme estimable

La finalité de cette étude étant une comparaison statistique internationale, le modèle théorique guide nos restrictions économétriques. Un autre intérêt de ce modèle est d'obtenir une dynamique en $\frac{U}{E}$ et $\frac{V}{E}$ qui justifie théoriquement, après log-linéarisation du modèle, l'utilisation de la transformation logistique du taux de chômage.

En effet, de nombreuses études économétriques ont montré que le taux de chômage était le plus souvent non-stationnaire (Voir Hénin et Jobert, chapitre II de cet ouvrage). Ceci est conceptuellement incompatible avec la définition d'un taux qui doit être borné entre zéro et un. Afin de nous affranchir de cette difficulté, on peut utiliser la transformation logistique[14] du taux de chômage $\log\left(\frac{u}{1-u}\right)$ égale ici à $\log\left(\frac{U}{E}\right)$. La transformée du taux d'emplois vacants en $\log\left(\frac{V}{E}\right)$ découle logiquement de l'homogénéité de la fonction d'appariement.

Ainsi, le modèle théorique présenté ci-dessus permet de justifier les contraintes "structurelles" d'identification nécessaires pour interpréter les innovations statistiques comme des impulsions économiques, *i.e.* comme des chocs de conjoncture et de réallocation.

1.3.1. *Discrétisation et log-linéarisation*

Le système dynamique que nous avons étudié, est exprimé en temps continu : ce choix formel, nous a permis de représenter les diagrammes des phases, illustrant ainsi l'exposé. Néanmoins, il n'est pas difficile de dériver de ce modèle les mêmes propriétés en temps discret.

Ainsi, on approxime notre dynamique en temps continu par :

$$\Delta\tilde{u}_t = \left(-\alpha h\left(\tilde{u}_{t-1}, \tilde{v}_{t-1}\right) + q + \frac{s_t}{c_t}\right)\left(1 + \tilde{u}_{t-1}\right) \qquad (18)$$

14. Voir Wallis [1987] pour les propriétés des transformées logistiques de taux.

$$\Delta\widetilde{v}_t = \left(-\alpha h\,(\widetilde{u}_{t-1}, \widetilde{v}_{t-1}) + q\right)(1 + \widetilde{v}_{t-1}) \\ + \frac{s_t}{1 - c_t}(\gamma - 1 + \gamma\widetilde{u}_{t-1} - \widetilde{v}_{t-1}) \tag{19}$$

La relation entre taux de chômage et emplois vacants n'est pas linéaire. Afin de pouvoir en estimer la dynamique, nous allons log-linéariser ce système autour de l'équilibre stationnaire $(\bar{\widetilde{u}}, \bar{\widetilde{v}})$, conditionnellement à la valeur moyenne des chocs sur la période $(\bar{c}, \bar{s})$. L'intérêt de la log-linéarisation est crucial. En effet, la plupart des profils temporels des variables étudiées s'apparente à une marche aléatoire. Aussi, les transformées logarithmiques de $\frac{U}{E}$ et $\frac{V}{E}$ justifient l'emploi de tests de racine unitaire car elles sont égales à des transformées logistiques du taux de chômage et d'emplois vacants. Les innovations ainsi définies sont relatives à des variables exprimées en termes d'écart à l'équilibre stationnaire : les fonctions de réponse aux chocs estimées, comme nous le verrons plus loin, sont aussi interprétables en ces termes. Ainsi, on obtient[15] :

$$\begin{bmatrix} (1 - a_1 L) & a_2 L \\ a_3 L & (1 - a_4 L) \end{bmatrix} \begin{bmatrix} \hat{\widetilde{v}}_t \\ \hat{\widetilde{u}}_t \end{bmatrix} + \begin{bmatrix} cst_1 \\ cst_2 \end{bmatrix} = \begin{bmatrix} s_1 & s_2 \\ s_3 & s_4 \end{bmatrix} \begin{bmatrix} \hat{s}_t \\ \hat{c}_t \end{bmatrix}$$

$$\Leftrightarrow A(L) \begin{bmatrix} \hat{\widetilde{v}}_t \\ \hat{\widetilde{u}}_t \end{bmatrix} + Cst = S \begin{bmatrix} \hat{s}_t \\ \hat{c}_t \end{bmatrix}$$

où l'on note $\hat{\widetilde{x}}_t$ l'écart en pourcentage de la réalisation de la variable par rapport à l'état stationnaire, *i.e.* $\hat{\widetilde{x}}_t = log\left(\frac{\widetilde{x}_t}{\bar{x}}\right)$. Tous les coefficients, a_i et s_i pour $i = 1, \ldots, 4$, sont fonctions des paramètres du modèle et des valeurs d'équilibre de $\widetilde{u}_t$, $\widetilde{v}_t$, c_t et s_t.

La matrice S est remarquable puisqu'elle vérifie les conditions de signe :

$$\begin{pmatrix} + & + \\ + & - \end{pmatrix}$$

15. L'introduction de la constante ($Cst = [cst_1 ; cst_2]'$) provient de l'inégalité de Jensen appliquée au choc c_t.

Cette matrice décrit l'impact instantané des innovations structurelles sur les variables, *i.e* l'effet des chocs stochastiques sur la dynamique de $\widehat{\widetilde{u}}_t$ et $\widehat{\widetilde{v}}_t$:

Le choc conjoncturel est donc celui qui diminue le chômage et accroît les emplois vacants (déplacements sur la courbe de Beveridge), alors que le choc de réallocation influence de la même façon chômage et emplois vacants (déplacements de la courbe de Beveridge).

A ce stade, il est intéressant de remarquer que notre modélisation englobe les exercices de statique comparative que l'on aurait pu effectuer à partir des analyses présentées dans la section 1.1. Cette matrice d'identification des chocs rend compte d'un choc sur d (variations de sens identique du chômage et des emplois vacants), tout comme un choc sur ND (déplacements sur CB). L'extension stochastique des créations et destructions d'emplois de notre modèle ne conduit donc pas à des restrictions nous éloignant des interprétations traditionnelles des mouvements de la courbe de Beveridge.

Les chocs structurels c_t et s_t sont indépendants et suivent respectivement un processus de la forme :

$$\begin{cases} \log(s_t) = \log(\overline{s}) + \varepsilon_{r\,t} \\ \log(c_t) = \log(\overline{c}) + \varepsilon_{c\,t} \end{cases} \rightarrow \begin{cases} \hat{s}_t = \varepsilon_{r\,t} \\ \hat{c}_t = \varepsilon_{c\,t} \end{cases}$$

$$\text{avec} \begin{cases} E(\varepsilon_{r\,t}) = 0 \,;\, E(\varepsilon_{r\,t}, \varepsilon_{r\,t'}) = 0 \,;\, \forall\, t, t' \\ E(\varepsilon_{c\,t}) = 0 \,;\, E(\varepsilon_{c\,t}, \varepsilon_{c\,t'}) = 0 \,;\, \forall\, t, t' \end{cases}$$

Le modèle théorique peut donc s'écrire sous la forme d'un V.A.R., ce qui qui assure que notre forme finale est bien une forme fondamentale (Hansen et Sargent [1990]), et donc que les chocs "structurels" ε_{ct} et ε_{rt} sont bien les innovations statistiques.

Ce modèle théorique est stationnaire, il a une structure de retard d'ordre 1 (V.A.R. (1)) et une matrice d'orthogonalisation S. Au niveau empirique, rien n'exclut l'hypothèse que les séries soient intégrées d'ordre un ($I(1)$), de même qu'un seul retard suffise à caractériser la dynamique jointe des séries. Ainsi, toutes les variables seront introduites en différence dans le V.A.R.. Si les séries sont stationnaires, on réintroduit le niveau retardé comme terme de rappel. De même, le choix du nombre de retards sera effectué de telle sorte que l'estimation définisse bien des innovations. On voit ainsi que notre estimation n'a pas pour objectif d'estimer les paramètres du modèle théorique, mais de rendre compte de l'importance relative des différentes perturbations envisagées pour expliquer les fluctuations du chômage.

1.3.2. *L'identification des chocs : deux types d'orthogonalisation*

A. *Contraintes de court terme*

L'intérêt du modèle théorique présenté dans la première partie, est d'offrir la possibilité de distinguer les déplacements de l'équilibre sur le marché du travail le long de la courbe de Beveridge de ceux déplaçant cette courbe.

Ainsi, un premier choix d'identification est d'imposer les contraintes de signe sur les chocs instantanés, données par la matrice S du modèle théorique. Toutefois, ces contraintes ne suffisent pas à déterminer la matrice d'orthogonalisation. Comme nous l'avons vu, le modèle théorique en $\widetilde{u}$, $\widetilde{v}$ ne permet pas d'exhiber des dynamiques transitoires décrivant des boucles en sens inverse des aiguilles d'une montre : on ne peut donc pas dire si la réponse à une innovation conjoncturelle a une pente supérieure ou inférieure à celle de la relation entre $\widetilde{u}$ et $\widetilde{v}$. Il nous a donc paru raisonnable d'imposer une solution intermédiaire, *i.e.* de prendre comme pente de cette dynamique transitoire celle de la relation entre log $(\widetilde{u})$ et log $(\widetilde{v})$, fournie par la régression linéaire de log $(\widetilde{v})$ sur log $(\widetilde{u})$, si ces séries sont intégrées du même ordre, ou par la régression linéaire de Δlog $(\widetilde{v})$ sur Δlog $(\widetilde{u})$, si les séries ont un ordre d'intégration différent.

On estime le modèle V.A.R. suivant :

$$A(L)\begin{bmatrix}\Delta \log(\widetilde{v}_t)\\ \Delta \log(\widetilde{u}_t)\end{bmatrix} + Cst = u_t \quad \text{avec} \quad E(u_t\, u_t') = \Sigma \qquad (20)$$

Le passage aux innovations structurelles $(\varepsilon_{ct}, \varepsilon_{rt})$ se fait par transformation linéaire des aléas initiaux de telle sorte que $\Sigma = SS'$ et $E(\varepsilon\, \varepsilon') = Id$, S étant la matrice de transformation. On obtient le système de contraintes d'identification suivant :

$$\begin{cases} \widehat{\sigma_1^2} = \hat{s}_1^2 + \hat{s}_2^2 \\ \widehat{\sigma_2^2} = \hat{s}_3^2 + \hat{s}_4^2 \\ \widehat{\sigma}_{12} = \hat{s}_1 \hat{s}_3 + \hat{s}_2 \hat{s}_4 \\ \dfrac{\hat{s}_2}{\hat{s}_4} = \hat{a} \end{cases} \quad \text{avec} \quad \begin{cases} \log (\widetilde{v}_t) = \hat{a} \,.\, \log \widetilde{u}_t) + \widehat{b} \\ \Delta \log (\widetilde{v}_t) = \hat{a} \,.\, \Delta \log (\widetilde{u}_t) \end{cases}$$

où $\widehat{\sigma_1^2}$, $\widehat{\sigma_2^2}$ et $\widehat{\sigma}_{12}$ sont les variances, covariances estimées du système, d'où :

$$\begin{cases} \hat{s}_1 = -\left(\dfrac{\hat{a}\widehat{\sigma}_{12} - \widehat{\sigma}_{12}}{\widehat{\sigma}_{12} - \hat{a}\widehat{\sigma_2^2}}\right)\hat{s}_3 \\ \hat{s}_2 = \hat{a}\,\hat{s}_4 \\ \hat{s}_3 = \sqrt{\dfrac{-(\widehat{\sigma}_{12} - \hat{a}\widehat{\sigma_2^2})^2}{\hat{a}(\widehat{\sigma}_{12} - \hat{a}\widehat{\sigma_2^2}) + (\hat{a}\widehat{\sigma}_{12} - \widehat{\sigma_1^2})}} \\ \hat{s}_4 = \sqrt{\widehat{\sigma_2^2} - \hat{s}_3^2} \end{cases}$$

Les conditions nécessaires et suffisantes pour que cette orthogonalisation soit possible sont :

$$\begin{cases} \widehat{\sigma}_{12} \in \mathrm{IR}^{+*} \\ \hat{a} \in \mathrm{IR}^- / \left[\dfrac{\widehat{\sigma_2^2}}{\widehat{\sigma}_{12}} ; \dfrac{\widehat{\sigma}_{12}}{\widehat{\sigma_1^2}}\right] \end{cases} \quad \text{ou} \quad \begin{cases} \widehat{\sigma}_{12} \in \mathrm{IR}^{-*} \\ \hat{a} \in \mathrm{IR}^- \end{cases}$$

On a donc ici une première orthogonalisation qui s'attache à vérifier les contraintes théoriques de court terme imposées par le modèle théorique.

B. *Contraintes de long terme*

Une deuxième orthogonalisation est proposée. Afin de retrouver la composante de réallocation de la courbe de Beveridge, nous supposons que les chocs conjoncturels n'ont qu'un effet transitoire sur la dérive de la courbe de Beveridge. La démarche consiste à étudier la dynamique jointe d'un système bivarié constituée de la dérive de la courbe de Beveridge Δr_t , et de la transformé logistique du taux de chômage en différence $\Delta \log(\widetilde{u}_t)$.

Ainsi, on impose a priori que les déplacements de la courbe de Beveridge, s'ils persistent, sont des mouvements de basses fréquences interprétables comme une inefficience persistante due aux chocs de réallocation. La méthode d'orthogonalisation est celle proposée par Blanchard et Quah [1989]. Ceci nous donne une identification devant vérifier :

$$A(L)\begin{bmatrix}\Delta r_t \\ \Delta \log(\widetilde{u}_t)\end{bmatrix} + Cst = G\begin{bmatrix}\varepsilon_{r\,t} \\ \varepsilon_{c\,t}\end{bmatrix}$$

$$\text{avec} \begin{cases} A^{-1}(L)\,G = B(L) \quad t.q. \quad B_{12}(1) = 0 \\ \Sigma = G\,G' \\ \Delta r_t = \Delta \log(\widetilde{v}_t) - \hat{a}\,\Delta \log(\widetilde{u}_t) \end{cases}$$

Ce type de restrictions est "efficace" si la série $\{r_t\}_{t=1}^n$ est intégrée d'ordre un, *i.e.* si les déplacements de la courbe de Beveridge ont une tendance stochastique. Notre choix d'identification revient à imposer que les sources d'impulsions formant cette tendance stochastique de la dérive de la courbe de Beveridge sont des chocs de réallocation. Toutefois, nous avons été confrontés à un cas particulier : en R.F.A., les séries $\{\log(\widetilde{u}_t)\}_{t=1}^n$ et $\{\log(\widetilde{v}_t)\}_{t=1}^n$ sont $CI(1,1)$, *i.e.* que $\{r_t)\}_{t=1}^n$ est $I(0)$. On peut alors conclure que les déplacements de la relation UV ne sont pas dus à une tendance stochastique : au contraire, cette relation joue le rôle de force de rappel dans le système $\{\log(\widetilde{u}_t), \log(\widetilde{v}_t)\}_{t=1}^n$. Dans ce cas, une deuxième identification de "long terme" sera effectuée et discutée lors de la présentation des résultats.

Cette méthode d'identification contraint différemment la dynamique des séries de chômage et d'emplois vacants : nous faisons ici des restrictions de long terme contrairement à l'orthogonalisation issue du modèle théorique. Toutefois l'interprétation économique des chocs est identique quel que soit le schéma d'orthogonalisation : ceci nous permettra de juger de la cohérence de ces différentes méthodes d'identification des chocs avec ce que nous enseigne la théorie économique.

1.4. Conclusion d'étape

Le mécanisme de propagation des différents chocs (réallocation, conjoncture) qui affectent le marché du travail a pour origine un défaut de coordination des agents. Ce mécanisme est aussi celui envisagé par Blanchard et Diamond [1989]. La modélisation proposée ici diffère car elle a pour objectif d'obtenir un modèle V.A.R. structurel permettant de décomposer les fluctuations du chômage à l'aide de deux chocs interprétables économiquement. Au niveau de la politique économique, l'information tirée d'une telle estimation, permet de savoir si les politiques de stabilisation conjoncturelle sont ou non les principales sources de fluctuations du chômage.

2. RÉSULTATS EMPIRIQUES

Les résultats des estimations effectuées sur quatre pays, les Etats-Unis, la France, la R.F.A. et le Royaume-Uni, seront successivement présentés[16]. L'orthogonalisation de court terme (resp. de long terme) sera notée *RCT* (resp. *RLT*) . Les décompositions historiques des séries brutes en une tendance déterministe et en deux composantes stochastiques (réallocation et conjoncture), les réponses des variables endogènes aux chocs, et enfin les décompositions de l'erreur de prévision seront discutées tour à tour[17]. Deux remarques préliminaires concernent la décomposition historique. Premièrement, ce type de présentation des résultats n'est pas habituelle : nous n'avons pas greffé à la prévision déterministe les fluctuations dues aux chocs car la présence d'une forte dérive déterministe déforme, dans la plupart des pays, les courbes de réallocation et de conjoncture. Cet exercice est effectué afin de vérifier que les orthogonalisations conduisent bien à la décomposition "déplacements sur la courbe / déplacements de la courbe de Beveridge". D'autre part la décomposition historique porte sur les taux de chômage et d'emplois vacants et non sur les transformées de ces variables, contrairement aux autres exercices. Nous ne discuterons pas de la décomposition de l'erreur de prévision des emplois vacants qui nous semble secondaire. En revanche, les profils des réponses aux chocs des deux variables seront discutées.

16. Toutes les données sont issues de la base "Main Economic Indicators" de l'O.C.D.E.
17. Tous les résultats sont donnés avec un intervalle de confiance calculé en utilisant une technique du "bootstrap" qui nous évite de poser une hypothèse sur la loi suivie par les résidus. Voir Bertrail [1992] pour une revue de la littérature sur ces méthodes statistiques.

2.1. Etats-Unis

Les tests de racine unitaire[18] conduisent à accepter l'hypothèse d'une tendance stochastique pour le chômage ($I(1)$) comme dans les études de Hénin et Jobert de cet ouvrage et contrairement à de nombreuses études américaines (Blanchard et Quah [1989], par exemple). La série des emplois vacants est stationnaire. Un V.A.R. en différence d'ordre 12 a été estimé[19]. Néanmoins, afin d'éviter une surdifférentiation de la série stationnaire, nous avons introduit son niveau retardé comme régresseur.

Réponse à un choc de conjoncture. Quel que soit l'orthogonalisation (*RCT* ou *RLT*), la réponse instantanée du chômage est de signe opposé à celle des emplois vacants suite à un choc de conjoncture. Le pic de la réponse des emplois vacants est légèrement en avance sur celui du chômage. Empiriquement, on obtient des boucles autour de la courbe de Beveridge dans le sens trigonométrique suite à un choc conjoncturel.

A long terme, l'influence du choc conjoncturel est non significative, pour l'orthogonalisation *RCT* (ceci est imposé pour *RLT*). En effet, les intervalles de confiance incluent la valeur nulle entre 2 et 3 ans.

Réponse à un choc de réallocation. Instantanément, la réponse du chômage est de même signe que celle des emplois vacants suite à un choc de réallocation. Ce résultat est remarquable car ce n'est pas imposé par l'orthogonalisation *RLT*.

Après un mois, la réponse du chômage à ce choc n'est plus significative : les intervalles de confiance montrent que la période reflétant le sous-ajustement avant d'atteindre l'équilibre est statistiquement nulle. Toutefois, on voit clairement que la source de non-stationnarité du chômage est imputable à la réallocation. Le multiplicateur de long terme de ce choc sur le chômage est statistiquement différent de zéro (après 3 ans).

---

18. Les tests sont menés suivant la stratégie décrite dans l'annexe méthodologique de cet ouvrage. Les résultats de ces tests sont reportés dans l'annexe A.

19. Trois tests de retard ont été effectués. Le premier est basé sur le critère BIC, le second repose sur la stratégie de la procédure emboîtée (Gouriéroux et Monfort [1990]) et le troisième sur une validation a posteriori de l'absence d'autocorrélation des résidus (Godfrey [1988]).
Pour les Etats-Unis, les résultats de ces trois tests sont respectivement de 2 retards et 12 retards avec une probabilité de 90 %. Ce dernier résultat a été retenu grâce à la vérification de l'hypothèse nulle du troisième test.

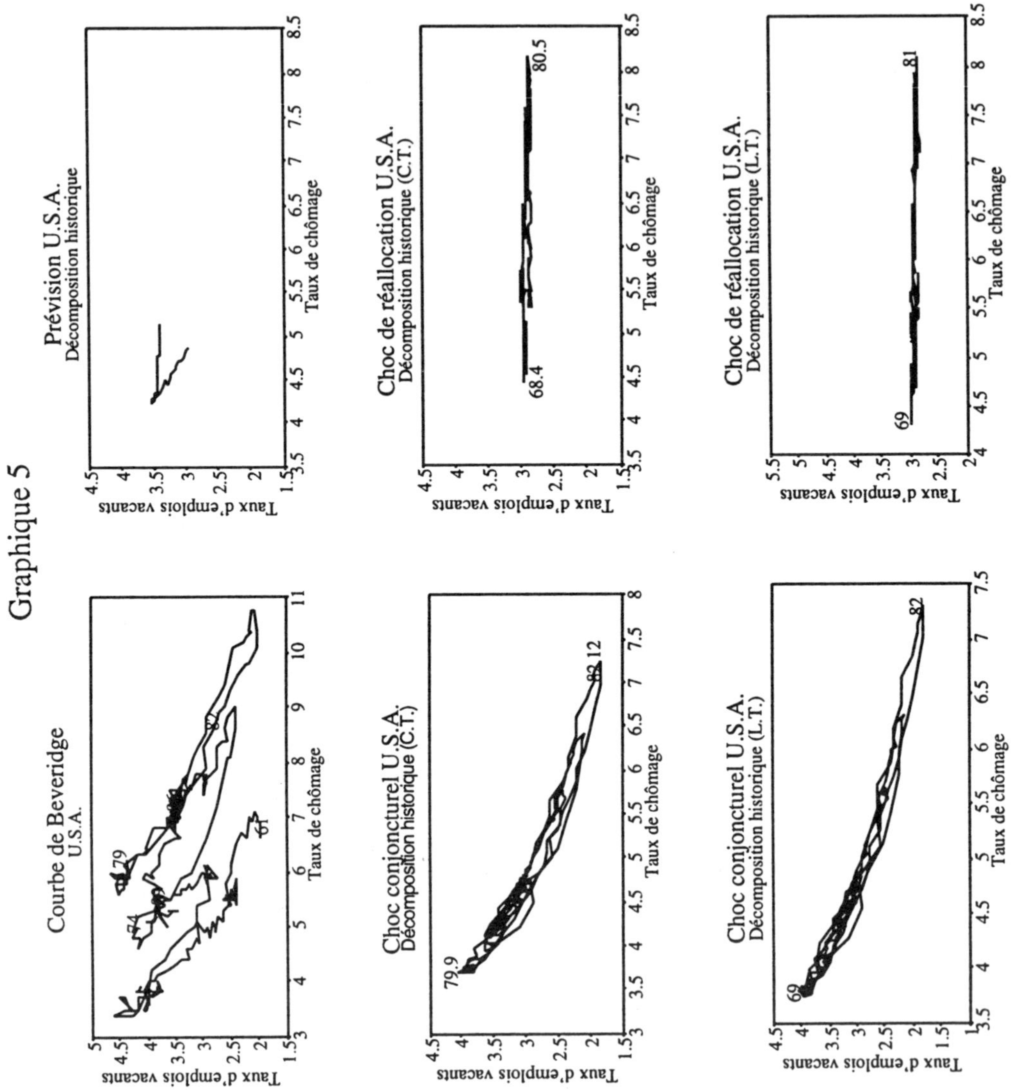
Courbe de Beveridge
U.S.A.
Taux d'emplois vacants
Taux de chômage
Prévision U.S.A.
Décomposition historique
Taux d'emplois vacants
Taux de chômage
Choc conjoncturel U.S.A.
Décomposition historique (C.T.)
Taux d'emplois vacants
Taux de chômage
Choc de réallocation U.S.A.
Décomposition historique (C.T.)
Taux d'emplois vacants
Taux de chômage
Choc conjoncturel U.S.A.
Décomposition historique (L.T.)
Taux d'emplois vacants
Taux de chômage
Choc de réallocation U.S.A.
Décomposition historique (L.T.)
Taux d'emplois vacants
Taux de chômage

Graphique 5

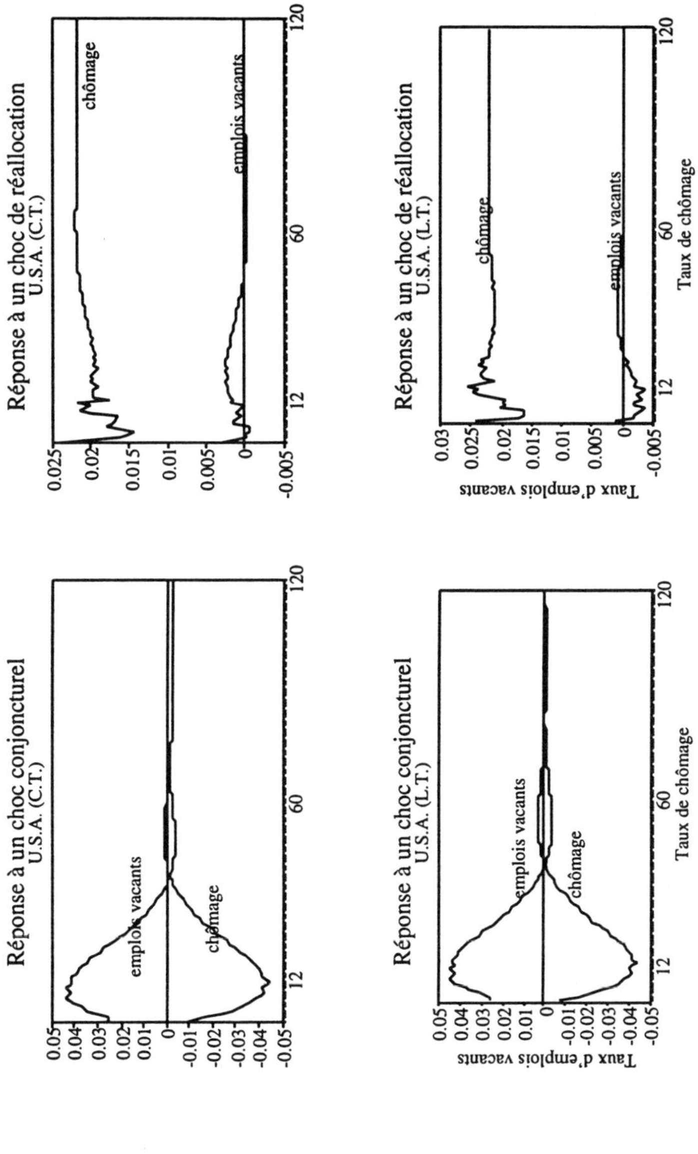

Réponse à un choc conjoncturel
U.S.A. (C.T.)
emplois vacants
chômage
Réponse à un choc de réallocation
U.S.A. (C.T.)
chômage
emplois vacants
Réponse à un choc conjoncturel
U.S.A. (L.T.)
emplois vacants
chômage
Taux de chômage
Taux d'emplois vacants
Réponse à un choc de réallocation
U.S.A. (L.T.)
chômage
emplois vacants
Taux de chômage
Taux d'emplois vacants

Décomposition de variance. L'exercice des décompositions des erreurs de prévision nous permet de distinguer ce qui du choc conjoncturel ou structurel, domine les mouvements du chômage pour un cycle de trois ans. Hormis le premier mois, le chômage de type conjoncturel prédomine tout au long du cycle : après cinq ans, la composante de réallocation a une part prépondérante dans l'explication des fluctuations du chômage. Ceci est cohérent avec les fonctions de réponses et leurs intervalles de confiance.

Part du choc de conjoncture dans la décomposition de la variance du chômage
Réponse du chômage aux chocs c et s

	$log(\tilde{u})$					
	$\% Var^c_{RCT}$	$\% Var^c_{RLT}$	$Rep^c_{RCT}10^{-1}$	$Rep^s_{RCT}10^{-1}$	$Rep^c_{RLT}10^{-1}$	$Rep^s_{RLT}10^{-1}$
1	12 (2;62)	9 (0;64)	-0,09 (-0,2;-0,035)	0,14 (0,14;0,25)	-0,08 (-0,18;0,08)	0,24 (0,14;0,25)
6	68 (43;94)	63 (15;94)	-0,31 (-0,44;-0,25)	0,08 (-0,08;0,24)	-0,3 (-0,4;-016)	0,19 (-0,05;0,35)
12	78 (47;97)	72 (18;97)	-0,44 (-0,58;-0,25)	0,085 (-0,12;0,33)	-0,42 (-0,53;-0,2)	0,25 (-0,06;0,46)
24	77 (36;98)	71 (18;97)	-0,24 (-0,42;-0,006)	0,09 (-0,07;0,32)	-0,012 (-0,34;-0,01)	0,22 (-0,001;0,4)
36	69 (31;97)	64 (16;93)	-0,05 (-0,29;0,41)	0,12 (0,04;0,3)	-0,02 (-0,16;0,11)	0,22 (0,1;0,32)
60	56 (23;91)	51 (13;80)	0,01 (-0,18;0,12)	0,14 (0,1;0,3)	0,02 (-0,05;0,11)	0,21 (0,12;0,31)
∞	37 (9;79)	34 (7;62)	0,015 (-0,19;0,1)	0,13 (0,1;0,3)	0 (-0,02;0,03)	0,23 (0,13;0,30)

Var^c_{RCT}: part du choc de conjoncture dans la variance, décomposition RCT
Var^c_{RLT}: part du choc de conjoncture dans la variance décomposition RLT
Rep^c_{RCT}: réponse de $log(\tilde{u})$ à un choc de conjoncture pour RCT
Rep^s_{RCT}: réponse de $log(\tilde{u})$ à un choc de réallocation pour RCT
Rep^c_{RLT}: réponse de $log(\tilde{u})$ à un choc de conjoncture pour RLT
Rep^s_{RLT}: réponse de $log(\tilde{u})$ à un choc de réallocation pour RLT

Décomposition des mouvements de la courbe de Beveridge. La tendance déterministe de la prévision est de faible amplitude, ce qui induit d'amples fluctuations du marché du travail dues aux composantes stochastiques. La courbe de Beveridge issue de cette décomposition historique est stationnaire, contrairement à la droite de réallocation qui englobe la tendance stochastique du chômage. Les dates extrêmes de la courbe de Beveridge sont différentes pour *RCT* et *RLT*. Seule la date de meilleure conjoncture, obtenue avec *RCT*, peut paraître surprenante (décembre 1982). Néanmoins cette date correspond approximativement au plus haut niveau de chômage de réallocation. Ceci caractériserait plutôt une économie en restructuration qui achèverait sa mutation vers la fin des années 80.

Conclusion U.S.A. Dans l'étude des mouvements cycliques du chômage, la conjoncture semble être le facteur dominant durant la période du cycle des affaires. Toutefois, la source de non-stationnarité du chômage américain est le choc de réallocation. Aux Etats-Unis, la persistance du chômage ne provient pas des chocs de conjoncture. L'hystérèse du chômage semble plutôt provenir de chocs spécifiques déformant la demande de travail et entrainant une mise à l'écart de certaines catégories de main-d'oeuvre.

2.2. France

Les tests de racine unitaire ont conduit à accepter l'existence de tendances stochastiques dans les séries de chômage et d'emplois vacants[20]. Néanmoins, l'hypothèse d'une relation stable, dite de cointégration, entre les variables est rejetée[21]. Aussi un V.A.R. en différence d'ordre 12 sera estimé[22].

Réponse à un choc de conjoncture. Les orthogonalisations *RCT* et *RLT* fournissent des réponses au choc conjoncturel similaires : instantanément elles sont de signe opposé, ce qui n'est pas imposé par l'orthogonalisation *RLT*. Suite à un choc conjoncturel la réponse maximale du chômage apparaît au bout d'une année et le niveau d'équilibre s'établit après cinq années. Le délai de réponse des emplois vacants est plus court : là aussi les boucles en sens inverse des aiguilles d'une montre sont observées empiriquement.

20. La création et l'implantation progressive de l'A.N.P.E. ont introduit des modifications dans la comptabilité des emplois vacants. Les offres et les demandes d'emplois étant adressées progressivement à cet organisme, on peut supposer que des demandes d'emplois se sont "révélées". Aussi pour corriger la série, nous avons décomposé le taux de croissance des emplois vacants en trois taux distincts : le premier portant sur la période antérieure au choc pétrolier le second sur la période postérieure et enfin le dernier apparaissant sous forme logistique de janvier 1969 à octobre 1973 prenant en compte le phénomène de diffusion de l'A.N.P.E. La nouvelle série a été reconstituée à partir de la série initiale d'où a été extraite la croissance due à l'A.N.P.E. Le niveau a été ajusté sur le mois d'octobre 1973.

21. Voir Annexe A pour les résultats des tests de racine unitaire et de cointégration.

22. Les tests indiquent respectivement 1 retard et 12 retards avec une probabilité d'acceptation de 90 %. Le test d'autocorrélation valide ce dernier résultat.

Graphique 6

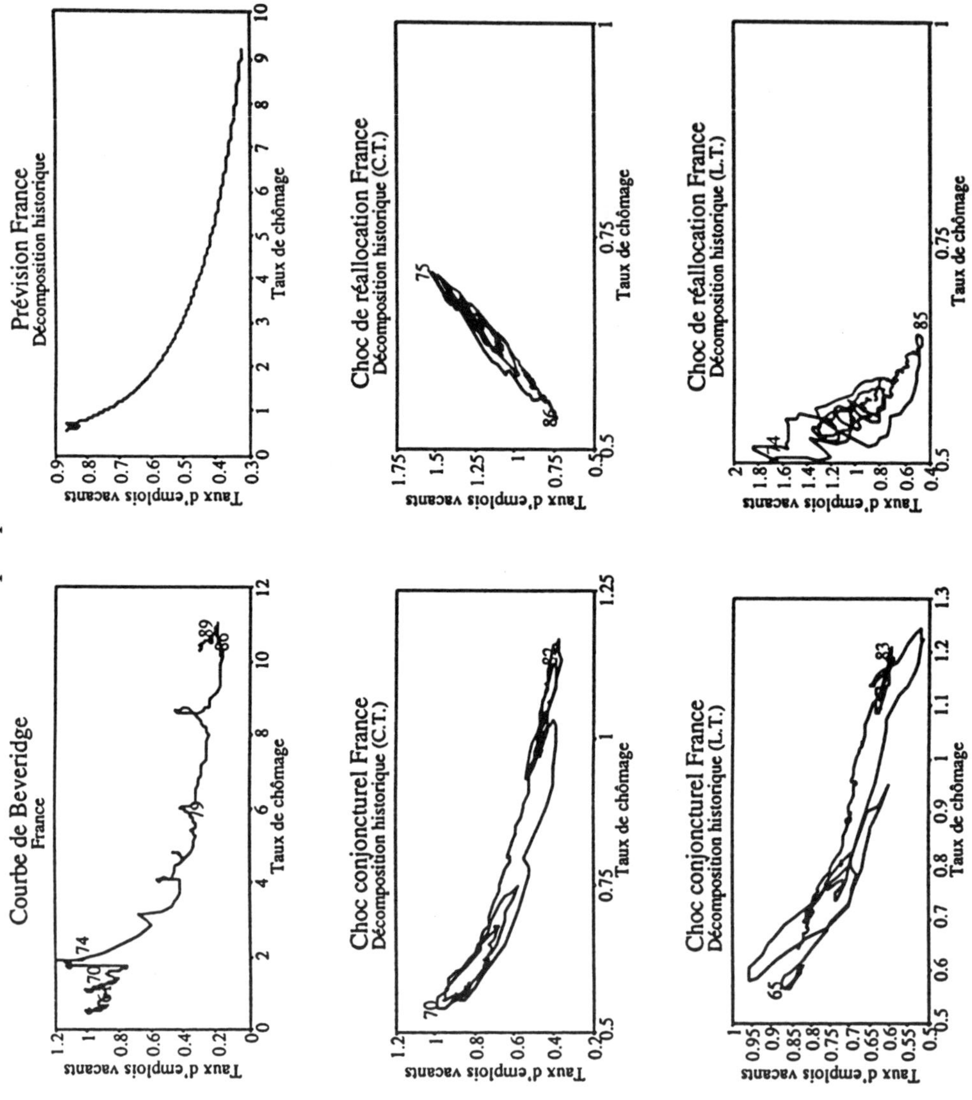
Courbe de Beveridge
France
Taux d'emplois vacants
Taux de chômage
Prévision France
Décomposition historique
Taux d'emplois vacants
Taux de chômage
Choc conjoncturel France
Décomposition historique (C.T.)
Taux d'emplois vacants
Taux de chômage
Choc de réallocation France
Décomposition historique (C.T.)
Taux d'emplois vacants
Taux de chômage
Choc conjoncturel France
Décomposition historique (L.T.)
Taux d'emplois vacants
Taux de chômage
Choc de réallocation France
Décomposition historique (L.T.)
Taux d'emplois vacants
Taux de chômage

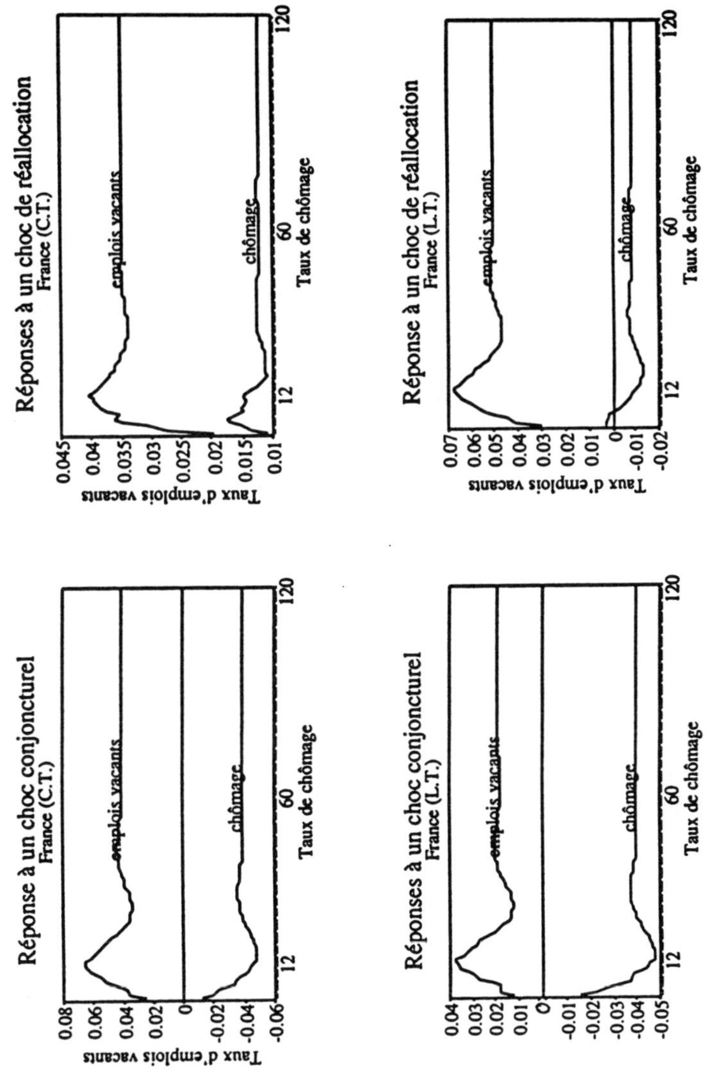

Réponse à un choc conjoncturel
France (C.T.)
Réponses à un choc de réallocation
France (C.T.)
Réponses à un choc conjoncturel
France (L.T.)
Réponse à un choc de réallocation
France (L.T.)
emplois vacants
chômage
Taux d'emplois vacants
Taux de chômage
12
60
120

Néanmoins l'examen des intervalles de confiance à 5 % dévoile une non significativité des multiplicateurs conjoncturels. Mais, la valeur supérieure de cet intervalle de confiance pour RCT, égale ou très proche de zéro, nous a incité à simuler les intervalles à 10%. Les résultats montrent qu'à ce seuil l'impact du choc de conjoncture est toujours significatif, sauf pour le premier mois[23]. L'orthogonalisation RLT ne permet pas d'imputer à la conjoncture la non-stationnarité du chômage (L'intervalle de confiance du multiplicateur de long terme inclut zéro).

Réponse à un choc de réallocation. Instantanément, les réponses du chômage et des emplois vacants sont de mêmes signes. La réponse du chômage à un choc de réallocation n'est significative que le premier mois. Ceci montre clairement que la source de non-stationnarité du chômage ne peut être que le choc que nous avons identifié comme traduisant les aléas conjoncturels.

Décomposition de variance. La décomposition de l'erreur de prévision permet une comparaison de l'influence des chocs sur le marché du travail. La conjoncture semble dominer les mouvements du chômage pour *RCT*. L'analyse des écarts types des multiplicateurs vient confirmer notre propos : seule la conjoncture semble influencer significativement les fluctuations du chômage, quel que soit l'horizon considéré, avec l'orthogonalisation *RCT* : à long terme, le multiplicateur du choc conjoncturel sur le chômage est significativement différent de zéro, ce qui nous permet d'analyser la décomposition de variance jusqu'à l'infini.

Par contre, l'orthogonalisation *RLT* ne fournit pas de résultats interprétables, tous les multiplicateurs étant statistiquement nuls.

Décomposition des mouvements de la courbe de Beveridge. Pour l'orthogonalisation RCT, les résultats sont cohérents avec la théorie : la courbe de Beveridge est effectivement reproduite par l'historique des chocs de conjoncture, alors que l'historique de l'autre choc engendre une droite de réallocation quasiment à 45 degrés. L'ampleur des fluctuations reproduite par notre identification ne rend compte que de 25 % des variations du chômage et des emplois vacants. Ceci est attribuable à la présence d'une forte dérive déterministe qui a la forme d'une courbe de Beveridge. Ce qui semble indiquer une dégradation continue de la

23. Les intervalles de confiance présentés dans le tableau sont calculés pour un seuil de 10 %, exclusivement pour RCT.

disponibilité d'emploi plutôt que de l'efficacité du processus d'appariement.

Part du choc de conjoncture dans la décomposition de la variance du chômage
Réponse du chômage aux chocs *c* et *c*

	$log(\tilde{u})$					
	% Var^{c}_{RCT}	% Var^{c}_{RLT}	$Rep^{c}_{RCT}10^{-1}$	$Rep^{s}_{RCT}10^{-1}$	$Rep^{c}_{RLT}10^{-1}$	$Rep^{s}_{RLT}10^{-1}$
1	56 (0;83)	95 (48;99)	-0,15 (-0,16;0,02)	0,11 (0,06;0,16)	-0,16 (-0,18;0,17)	0,03 (0;0,11)
6	74 (1;95)	99 (56;99)	-0,37 (-0,4;-0,02)	0,15 (-0,006;0,36)	-0,37 (-0,44;0,37)	-0,03 (-0,12;0,22)
12	84 (3;97)	97 (52;99)	-0,47 (-0,55;-0,1)	0,15 (-0,01;0,48)	-0,48 (-0,6;0,48)	-0,1 (-0,27;0,38)
24	90 (4;98)	95 (40;99)	-0,40 (-0,47;-0,06)	0,12 (-0,01;0,44)	-0,39 (-0,52;0,45)	-0,1 (-0,3;0,4)
36	90 (3;98)	96 (39;99)	-0,37 (-0,47;-0,06)	0,13 (-0,08;0,41)	-0,37 (-0,49;0,43)	-0,07 (-0,24;0,11)
60	90 (3;98)	95 (38;99)	-0,39 (-0,48;-0,06)	0,13 (-0,08;0,42)	-0,39 (-0,5;0,49)	-0,08 (-0,27;0,35)
∞	90 (2;99)	95 (37;99)	-0,39 (-0,49;-0,06)	0,13 (-0,08;0,42)	-0,4 (-0,5;0,43)	-0,08 (-0,27;0,34)

Var^{c}_{RCT}: part du choc de conjoncture dans la variance, décomposition RCT
Var^{c}_{RLT}: part du choc de conjoncture dans la variance décomposition RLT
Rep^{c}_{RCT}: réponse de $log(\tilde{u})$ à un choc de conjoncture pour RCT
Rep^{s}_{RCT}: réponse de $log(\tilde{u})$ à un choc de réallocation pour RCT
Rep^{c}_{RLT}: réponse de $log(\tilde{u})$ à un choc de conjoncture pour RLT
Rep^{s}_{RLT}: réponse de $log(\tilde{u})$ à un choc de réallocation pour RLT

L'orthogonalisation *RLT* conduit à des résultats contraires à la spécification issue du modèle théorique : la droite de réallocation est de pente négative. Cependant, il convient de noter que les intervalles de confiance des réponses aux chocs ne permettent pas d'exclure une valeur nulle, ce qui nuance ce résultat contre-intuitif.

Conclusion France. L'orthogonalisation issue du modèle théorique semble bien identifier les deux sources de chocs affectant le marché du travail français, contrairement à l'orthogonalisation *RLT*.

Les deux séries $\{\tilde{u}_t\}_{t=1}^{n}$ et $\{\tilde{v}_t\}_{t=1}^{n}$ étant $I(1)$ et non-cointégrées, leur dynamique résulte de deux tendances stochastiques, parmi lesquelles seule la tendance dont les innovations s'interprètent comme des impulsions conjoncturelles contribue significativement à la dérive cumulative du chômage ce qui est compatible par exemple avec un important pouvoir des "insiders", bloquant l'entrée de nouveaux employés lors des négociations salariales[24]. Le processus d'appariement et la disponibilité d'emploi sont non-stationnaires. Néanmoins, les déplacements de la courbe de Beveridge sont fortement expliqués par une dérive déterministe, ce qui peut s'expliquer par une dégradation de la disponibilité d'emploi[25]. Toutefois, en ce qui concerne la composante de diminution régulière des emplois vacants, on doit rappeler le côté institutionnel de cette variable. Seule une fraction des recrutements passe par les bureaux de l'A.N.P.E., et celle-ci a pu se réduire ou fluctuer dans le temps pour des raisons indépendantes de la disponibilité d'emploi.

2.3. R.F.A.

Les deux séries $\{\tilde{u}_t\}_{t=1}^{n}$ et $\{\tilde{v}_t\}_{t=1}^{n}$ peuvent être caractérisées comme des processus non stationnaires ($I(1)$). La R.F.A. présente la particularité, d'avoir une relation de cointégration entre les emplois vacants et le chômage. Il en résulte que les déplacements de la courbe de Beveridge ne peuvent qu'être transitoires, *i.e.* qu'il n'existe pas de tendance stochastique dans les déplacements de cette relation.

Ainsi, on estime un V.E.C.M. d'ordre 3 où le terme de rappel est le résidu de la relation de cointégration[26]. Pour l'orthogonalisation *RLT,* on identifie les sources de fluctuation en imposant au choc de réallocation d'avoir un effet nul à long terme sur le chômage. Ainsi, la réallocation est un phénomène transitoire : la tendance commune à $\{\tilde{u}_t\}_{t=1}^{n}$ et $\{\tilde{v}_t\}_{t=1}^{n}$ est *a priori* posée comme résultant de l'innovation conjoncturelle.

Réponse au choc de conjoncture. Les réponses instantanées du chômage et des emplois vacants sont de signe opposé quelle que soit l'orthogonalisation, alors que ce n'est pas imposé pour *RLT*. Contrairement aux U.S.A. et en France, le pic de la réponse des emplois vacants est en phase avec celui du chômage : empiriquement, l'ajustement des emplois vacants et du chômage ne décrit pas des boucles suivant le sens trigonométrique.

---

24. On peut se référer dans cet ouvrage à Cahuc ou à Chambin et Pucci.
25. Voir, dans cet ouvrage, Hénin et Jobert pour une explication de l'hystérèse *via* l'insuffisance d'investissement.
26. Les tests indiquent respectivement 1 retard et 3 retards avec une probabilité d'acceptation de 70 %. Le test d'autocorrélation valide ce dernier résultat.

Graphique 7

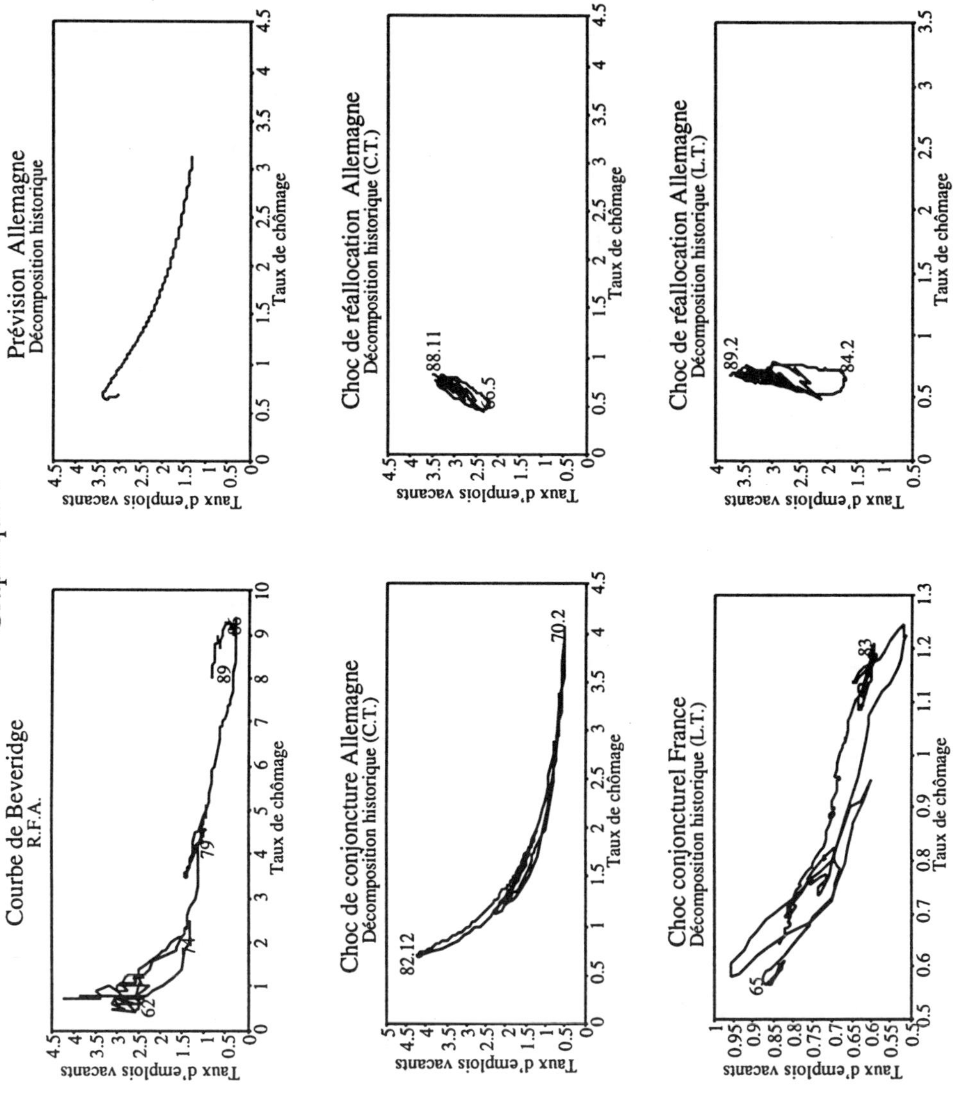

Courbe de Beveridge
R.F.A.
Taux d'emplois vacants
Taux de chômage
Prévision Allemagne
Décomposition historique
Taux d'emplois vacants
Taux de chômage
Choc de conjoncture Allemagne
Décomposition historique (C.T.)
Taux d'emplois vacants
Taux de chômage
Choc de réallocation Allemagne
Décomposition historique (C.T.)
Taux d'emplois vacants
Taux de chômage
Choc conjoncturel France
Décomposition historique (L.T.)
Taux d'emplois vacants
Taux de chômage
Choc de réallocation Allemagne
Décomposition historique (L.T.)
Taux d'emplois vacants
Taux de chômage

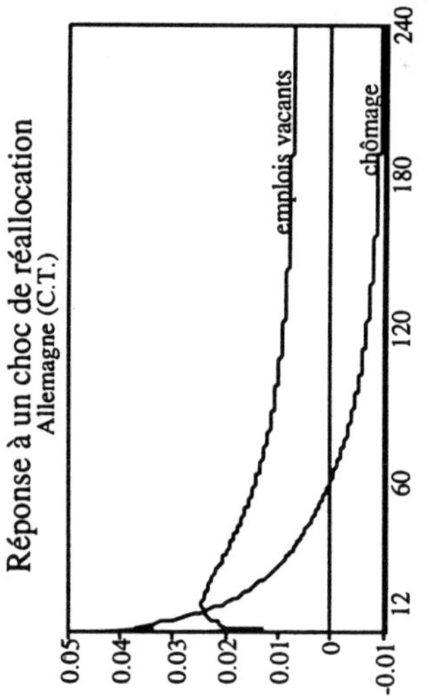
Réponse à un choc de réallocation
Allemagne (C.T.)
emplois vacants
chômage
0.05
0.04
0.03
0.02
0.01
0
-0.01
12
60
120
180
240

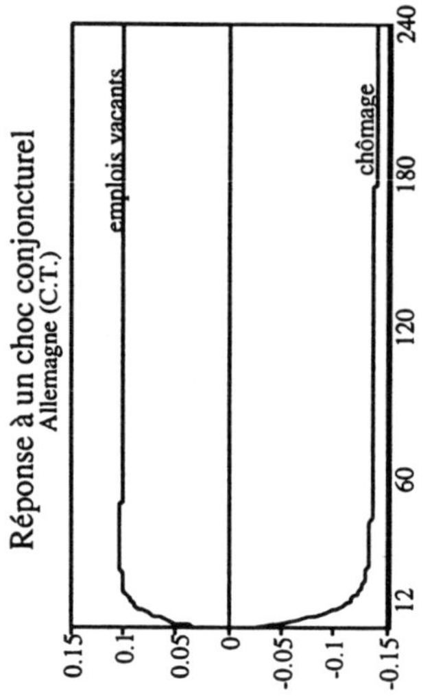
Réponse à un choc conjoncturel
Allemagne (C.T.)
emplois vacants
chômage
0.15
0.1
0.05
0
-0.05
-0.1
-0.15
12
60
120
180
240

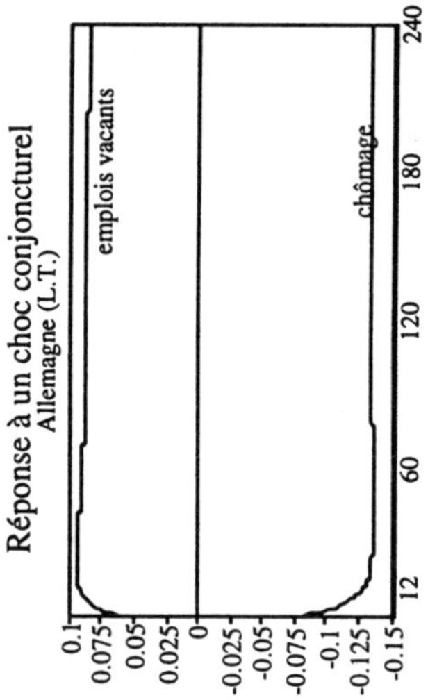
Réponse à un choc conjoncturel
Allemagne (L.T.)
emplois vacants
chômage
0.1
0.075
0.05
0.025
0
-0.025
-0.05
-0.075
-0.1
-0.125
-0.15
12
60
120
180
240

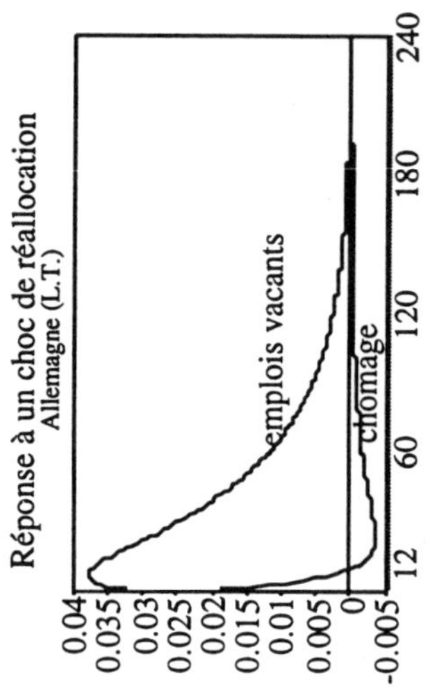
Réponse à un choc de réallocation
Allemagne (L.T.)
emplois vacants
chômage
0.04
0.035
0.03
0.025
0.02
0.015
0.01
0.005
0
-0.005
12
60
120
180
240

Part du choc de conjoncture dans la décomposition de la variance du chômage
Réponse du chômage aux chocs *e* et *s*

	$log(\tilde{u})$					
	$\% \; Var^c_{RCT}$	$\% \; Var^c_{RLT}$	$Rep^c_{RCT} 10^{-1}$	$Rep^s_{RCT} 10^{-1}$	$Rep^c_{RLT} 10^{-1}$	$Rep^s_{RLT} 10^{-1}$
1	19 (9;34)	49 (0;100)	-0,22 (-0,28;-0,15)	0,45 (0,33;0,54)	-0,3 (-0,5;0,5)	0,38 (0,23;0,53)
6	70 (43;87)	75 (25;96)	-0,82 (-0,96;-0,58)	0,35 (0,07;0,64)	-0,85 (-1;0,67)	0,15 (-0,4;0,6)
12	85 (55;96)	81 (41;98)	-1,2 (-1,4;-0,72)	0,29 (-0,12;0,76)	-1 (-1,4;0,86)	0,03 (-0,66;0,7)
24	92 (52;98)	87 (57;99)	-1,3 (-1,7;-0,65)	0,28 (-0,34;1)	-1,2 (-0,17;1)	-0,02 (-0,6;0,55)
36	93 (43;98)	90 (68;99)	-1,3 (-1,7;-0,55)	0,28 (-0,47;1,1)	-1,3 (-0,18;1,1)	-0,02 (-0,4;0,4)
60	94 (33;99)	94 (80;99)	-1,3 (-1,8;-0,44)	0,29 (-0,6;1,3)	-1,3 (-0,2;1,2)	0,16 (-0,21;0,22)
∞	94 (22;99)	99 (95;99)	-1,3 (-1,8;-0,41)	0,31 (-0,83;1,4)	-1,3 (-0,21;1,2)	0 (0;0)

Var^c_{RCT}: part du choc de conjoncture dans la variance, décomposition RCT
Var^c_{RLT}: part du choc de conjoncture dans la variance décomposition RLT
Rep^c_{RCT}: réponse de $log(\tilde{u})$ à un choc de conjoncture pour RCT
Rep^s_{RCT}: réponse de $log(\tilde{u})$ à un choc de réallocation pour RCT
Rep^c_{RLT}: réponse de $log(\tilde{u})$ à un choc de conjoncture pour RLT
Rep^s_{RLT}: réponse de $log(\tilde{u})$ à un choc de réallocation pour RLT

A long terme, l'influence de la conjoncture persiste : la source de l'hystérèse du chômage est le choc de conjoncture. On peut noter que l'orthogonalisation *RLT* est de mauvaise qualité en termes de prévision : les intervalles de confiance des multiplicateurs incluent toujours zéro.

Comme $\{\tilde{u}_t\}_{t=1}^n$ et $\{\tilde{v}_t\}_{t=1}^n$ sont cointégrés, leur tendance commune ne peut être que la tendance stochastique résultant de l'accumulation des chocs de conjoncture : la non-stationnarité des emplois vacants a aussi pour origine les chocs de conjoncture.

Réponse à un choc de réallocation. Comme $\{\tilde{u}_t\}_{t=1}^n$ et $\{\tilde{v}_t\}_{t=1}^n$ sont cointégrés, le choc de réallocation ne peut avoir qu'un effet transitoire. Ceci est vérifié par les fonctions de réponse aux chocs. Les intervalles de confiance des multiplicateurs de moyen et long termes (plus d'un an) d'un choc de réallocation pour *RCT* incluent la valeur nulle. Par conséquent, bien que les allures des courbes soient différentes pour *RCT* et *RLT*, elles sont statistiquement équivalentes.

Décomposition de variance. Sauf à très court terme, la variance du chômage est fortement expliquée par le choc de conjoncture. Ce résultat est cohérent avec les réponses aux chocs : les chocs conjoncturels dominent nettement les fluctuations du chômage pendant la période du cycle des affaires et à long terme.

Décomposition des mouvements de la courbe de Beveridge. Les résultats obtenus lors des trois premiers exercices sont quasiment identiques : les orthogonalisations identifient de manière identique les chocs. Ce résultat est encore vérifié ici. Les déplacements dans le plan (u, v) sont décomposés de façon similaire : les points de retournement sont pratiquement aux mêmes dates. L'historique des chocs de réallocation montre une très faible dérive du chômage, comme nous l'attendions, ce qui est révélateur d'une efficacité dans le processus de réallocation de la main d'oeuvre.

L'amplitude des fluctuations, associée à nos identifications des chocs, rend compte de la moitié des variations des taux de chômage et d'emplois vacants.

La dérive déterministe possède la même caractéristique que pour la France : cette dérive s'apparente à une courbe de Beveridge. Comme en France, il faudrait plutôt rechercher la source de cette dérive dans les facteurs institutionnels tenant à l'enregistrement partiel des flux sur le marché du travail par des organismes officiels de placements.

Conclusion R.F.A. Comme en France et contrairement aux U.S.A., la source d'hystérèse du chômage est le choc de conjoncture.

Les déplacements de la courbe de Beveridge sont transitoires, assurant ainsi au marché du travail allemand un accroissement des frictions non-irréversible : le processus d'appariement est stationnaire. Toutefois, la disponibilité d'emploi subit une dérive stochastique. Ces résultats sont compatibles, comme en France, avec un important pouvoir des "insiders".

2.4. Royaume-Uni

Les tests de racine unitaire conduisent à une situation similaire à celle des Etats-Unis : le chômage est non stationnaire et les emplois vacants sont stationnaires[27]. Le V.A.R. aura une structure

27. Voir annexe C pour les tests.

identique à celle des Etats-Unis avec seulement 6 retards. L'orthogonalisation *RLT* fournit des résultats non conformes à la théorie : nous expliquerons ce résultat d'après ceux obtenus avec l'orthogonalisation *RCT*.

Réponse à un choc de conjoncture. Comme pour les autre pays, les réponses du chômage et des emplois vacants sont de signe opposé. La réponse du chômage à un choc de conjoncture suggère l'apparition de deux boucles en sens inverse des aiguilles d'une montre. L'équilibre n'est atteint qu'après une dizaine d'années et avec un niveau du chômage significativement réduit.

A long terme, l'impact d'un choc de conjoncture persiste dans la série de chômage : la conjoncture est donc une source d'hystérèse du chômage britannique.

Réponse à un choc de réallocation. Avant un an, le chômage réagit significativement à un choc de réallocation. Les effets de ce choc se dissipent à moyen terme (de deux à cinq ans). A partir de cinq ans, le multiplicateur associé à ces chocs est maximal et significatif. L'effet de court terme peut s'interpréter comme une rotation naturelle de la main d'oeuvre, alors que l'effet de long terme semble traduire une marginalisation d'une partie de l'offre de travail, comme aux U.S.A..

Le chômage britannique a donc la particularité d'avoir deux sources de non stationnarité, les multiplicateurs de long terme des deux chocs sur la série de chômage étant statistiquement différents de zéro. La série $\{\tilde{v}_t\}_{t=1}^{n}$ étant stationnaire, la dérive de la courbe de Beveridge Δr_t, combinaison linéaire de $\{\tilde{u}_t\}_{t=1}^{n}$ et $\{\tilde{v}_t\}_{t=1}^{n}$ a donc, par construction, deux sources de non-stationnarité : les chocs de réallocation et de conjoncture. Or, l'orthogonalisation *RLT* propose d'identifier le choc de réallocation comme le seul choc ayant une influence à long terme sur Δr_t. Cette orthogonalisation implique qu'il n'y ait qu'une seule source de non stationnarité si une seule série est $I(1)$, ce qui n'est pas vérifié statistiquement lorsque l'on ne contraint pas à long terme. Aussi, l'orthogonalisation *RLT* ne sera pas effectuée[28].

28. Les propriétés univariées des séries étaient les mêmes aux U.S.A. Toutefois, on a montré que le chômage américain avait pour unique source d'hystérèse le choc de réallocation : ceci est compatible avec l'identification *RLT*, ce qui nous a permis de présenter les deux orthogonalisations.

Graphique 8

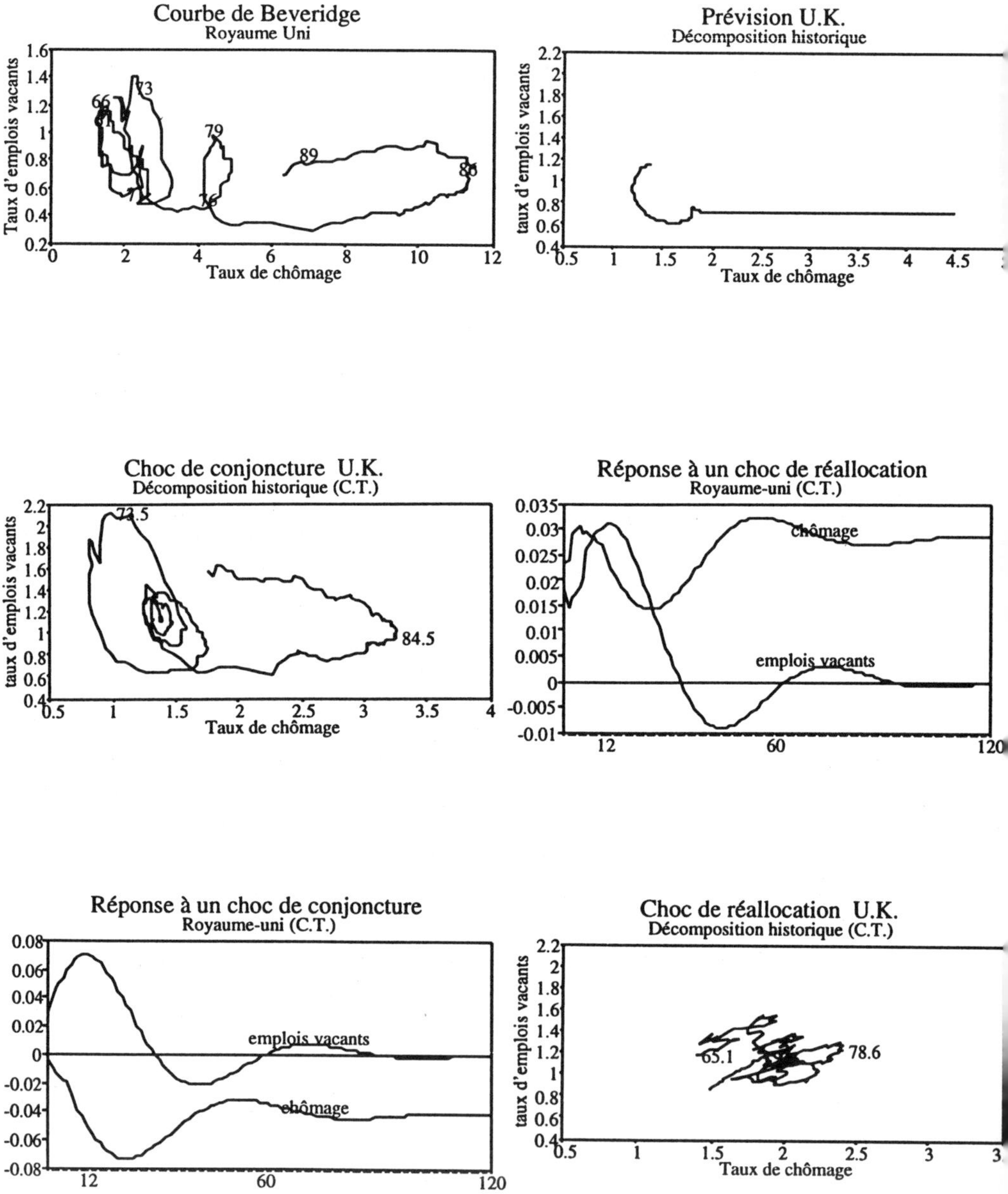

Courbe de Beveridge
Royaume Uni
Taux d'emplois vacants
Taux de chômage
Prévision U.K.
Décomposition historique
taux d'emplois vacants
Taux de chômage
Choc de conjoncture U.K.
Décomposition historique (C.T.)
taux d'emplois vacants
Taux de chômage
Réponse à un choc de réallocation
Royaume-uni (C.T.)
chômage
emplois vacants
Réponse à un choc de conjoncture
Royaume-uni (C.T.)
emplois vacants
chômage
Choc de réallocation U.K.
Décomposition historique (C.T.)
taux d'emplois vacants
Taux de chômage

Part du choc de conjoncture
dans la décomposition de la variance du chômage
Réponse du chômage aux chocs *c* et *s*

	$log(\tilde{u})$		
	% Var^c_{RCT}	$Rep^c_{RCT}10^{-1}$	$Rep^s_{RCT}10^{-1}$
1	3 (0;40)	-0,04 (-0,14;0,1)	0,23 (0,16;0,27)
6	21 (0;70)	-0,18 (-0,3;0,04)	0,29 (0,1;0,41)
12	54 (3;84)	-0,50 (-0,4;-0,08)	0,26 (0,01;0,41)
24	83 (13;92)	-0,72 (-0,63;-0,21)	0,13 (-0,14;0,44)
36	87 (12;95)	-0,52 (-0,73;-0,24)	0,2 (-0,16;0,47)
60	80 (10;96)	-0,35 (-0,51;-0,05)	0,31 (0,03;0,4)
∞	72 (5;97)	-0,42 (-0,5;-0,16)	0,27 (0,001;0,44)

Var^c_{RCT}: part du choc de c dans la Var., décomp. RCT
Rep^c_{RCT}: réponse de $log(\tilde{u})$ à un choc de c pour RCT
Rep^s_{RCT}: réponse de $log(\tilde{u})$ à un choc de s pour RCT

Décomposition de variance. Cette décomposition de l'erreur de prévision va nous permettre de déterminer l'importance relative des deux sources de non stationnarité du chômage britannique. Il apparaît que les fluctuations de long terme sont dominées par la conjoncture, alors qu'avant deux ans, l'influence des chocs de réallocation semble dominer la dynamique du chômage.

Décomposition des mouvements de la courbe de Beveridge. L'historique de la courbe *UV* présente une illustration assez significative de la présence de boucles qui s'opèrent dans le sens contraire des aiguilles d'une montre. Comme nous l'avons rappelé dans la première partie, ce mouvement cyclique est théoriquement attribuable aux perturbations conjoncturelles. L'orthogonalisation *RCT* semble tenir compte de cette caractérisation. L'historique des chocs de réallocation fait apparaître une importante réallocation de la main d'oeuvre qui s'est achevée progressivement à la fin des années quatre-vingt. Les fluctuations décrites par ces deux sources d'impulsion représentent 2/3 des fluctuations totales du chômage et des emplois vacants.

Le dernier tiers est imputable à une dérive déterministe différente de celles rencontrées précédemment et plus proche d'un effet "outsiders". En effet, la dérive porte uniquement sur le chômage : on peut rapprocher ce résultat des études britanniques réalisées sur l'incidence du système d'assurance chômage sur la durée de recherche d'un emploi (Narendranathan, Nickell et Stern [1985]).

Conclusion Royaume-Uni. Le cas britannique se caractérise par une double source d'hystérèse du chômage. Celle-ci peut être le produit d'une part d'un fort pouvoir des "Insiders"[29], et d'autre part, d'une dépréciation du capital humain des employés des secteurs ''obsolètes''[30].

Cette conclusion est à relativiser au regard de la décomposition de l'erreur de prévision : la conjoncture est prépondérante dans l'explication des fluctuations de long terme. Ce pays se caractérise aussi par la longueur de sa dynamique d'ajustement vers l'équilibre de long terme.

3. Conclusion

A l'aide des outils fournis par l'analyse des modèles V.A.R., les chocs affectant le marché du travail ont été quantifiés et leur persistance dans la dynamique du chômage testée. L'utilisation des transformées logistiques issues du modèle théorique, nous assure des résultats statistiques cohérents.

Le modèle, inspiré de celui de Blanchard et Diamond [1989], permet d'appréhender les effets des chocs structurels comme des déviations par rapport à l'équilibre stationnaire. Une orthogonalisation a été déduite de ce modèle et identifie les chocs de conjoncture comme étant ceux qui font varier instantanément chômage et emplois vacants en sens opposés. On retrouve ainsi la courbe de Beveridge de chacun des pays. Les chocs de réallocation engendrent des variations des emplois vacants et du chômage de même signe, donnant la direction et l'amplitude des déplacements de la courbe de Beveridge. Une seconde orthogonalisation, reposant sur une hypothèse de long terme, a été testée et confirme les résultats obtenus avec la première.

---

29. Voir, dans cet ouvrage, Chambin et Pucci pour une analyse théorique et quantitative de ce mécanisme.
30. Voir, dans cet ouvrage, Cahuc pour une analyse théorique de ce mécanisme.

Au regard des résultats concernant les différents pays étudiés, il ressort que la persistance du chômage peut être attribuée uniquement aux chocs de conjoncture en France et en R.F.A. Ainsi, pour ces deux pays, l'hypothèse d'une hystérèse du chômage de type "structurelle", *i.e.* principalement due à une inadéquation croissante entre la demande et l'offre de travail impliquant une dérive stochastique persistante de la courbe de Beveridge, n'est pas étayée par les résultats de nos estimations. Ainsi nous faisons nôtres les propos de E. Malinvaud lorsqu'il écrit au sujet du chômage français que

> *"L'idée d'un décalage structurel croissant ne peut être guère soutenue sauf peut-être comme conséquence d'un manque de flexibilité des salaires relatifs"*
>
> (Malinvaud [1986], a, p. 210)

Au contraire, aux Etats-Unis, les chocs de réallocation expliquent, à long terme, les fluctuations du chômage donc sa persistance. Le cas du Royaume-Uni se distingue par la persistance, dans sa série de chômage, des deux sources d'impulsion envisagées.

On montre également que les chocs attribués à la conjoncture semblent dominer les fluctuations de court terme du chômage. Une nuance doit être apportée au regard des résultats concernant le très court terme (un mois) dans tous les pays sauf la France.

Néanmoins les limites de notre étude apparaissent naturellement et nous obligent à nuancer notre conclusion.

La première limite est l'utilisation de séries d'emplois vacants de mauvaise qualité statistique. De plus, tous les pays n'utilisent pas la même méthode pour construire les séries d'emplois vacants : des précautions doivent alors être prises dans la comparaison internationale.

La deuxième limite réside dans le manque d'explication de la dégradation déterministe du chômage. Afin d'expliquer cette insuffisance croissante de la disponibilité d'emploi, une investigation plus approfondie devient nécessaire, notamment sur le lien entre l'investissement en capital physique et la persistance du chômage[31].

La dernière remarque porte sur l'information contenue dans le modèle qui ne comporte que deux variables. Une première extension serait d'intégrer les effets dynamiques de la production par

31. Voir, dans cet ouvrage, Hénin et Jobert pour un exposé de cette problématique et son analyse empirique.

l'intermédiaire de la loi d'Okun (voir Hénin et Jobert dans cet ouvrage). Toutefois, comme le notent Blanchard et Diamond [1990] ou Langot et Lebon [1992] un objectif plus centré sur les mécanismes du marché du travail serait d'étudier les fluctuations du chômage par l'intégration de la courbe de Beveridge et de la courbe de Phillips afin de tenir compte de l'information transitant par les salaires et les prix.

Bibliographie

Abraham K. et Katz L.F., "Cyclical unemployment : sectoral shifts or aggregate disturbances ?", *Journal of Political Economy*, 94 : 507-522, 1986.

Bertail P., *Le bootstrap : une revue de la littérature.* Discussion Paper 9201, I.N.S.E.E., Janvier 1992.

Bitaud H. et Hénin P., *La relation chômage-emploi vacant : une étude économétrique et comparative de le courbe de Beveridge.* Document de travail 40, M.A.D., Université de Paris I, mai 1981.

Blanchard O.J. et Diamond P., "The Beveridge curve", *Brookings Papers on Economic Activity*, 1 : 1-76, 1989.

Blanchard O.J. et Diamond P., "The aggregate matching function", In P. Diamond, éditeur, *Growth, Productivity and Unemployment*, chapitre 9, M.I.T. Press, Cambridge Mass., 1990.

Blanchard O.J. et Diamond P., "The dynamic effects of aggregate demand and supply disturbances", *American Economic Review*, 79(4) : 655-673, septembre 1989.

Blanchard O.J., "Les courbes de Beveridge et de Phillips comme outils d'analyse du chômage", *L'Actualité économique*, 65 : 396-422, septembre 1989.

Godfrey L.G. *Misspecification Tests in Econometrics*, The Cambridge University Press, Cambridge, 1988.

Gouriéroux C. et Monfort A., *Séries temporelles et modèles dynamiques*, Economica, Paris, 1990.

Hansen L. et Sargent T., "Two difficulties in interpreting vector autoregressions", in éditeur, *Rational Expectations Econometrics*, chapitre 4, Westview Press, 1990.

Hansen B., "Excess demand, unemployment, vacancies, and wages", *Quaterly Journal of Economics*, 1-23, février 1970.

Hénin P.Y., *Caractérisation et analyse théorique de la persistance du chômage*, miméo, M.A.D..Université de Paris I, 1990.

Holt C.C. et David M.H., "The concept of jobs vacancies in a dynamic theory of the labor market", in NBER éditeur, *The Mesurement and Interpretation of Job Vacancies*, Colombia University Press, New York, 1966.

Holt C.C., "Wages and job availability in segmented labour markets", in Malinvaud E. et Fitoussi J. P. éditeurs, *Unemployment in Western Countries today*, McMillan, London, 1981.

Jackman R., Layard R. et Pissarides C., "On vacancies", *Oxford Bulletin of Economics Statistics*, 51 : 3 77-394, novembre 1989.

Jacques J.F. et Langot F., *Persistance du chômage et marché du travail : la dynamique de la courbe de Beveridge*. Cahiers Ecomath 92-34, M.A.D. Université de Paris I, 1992.

Lambert J.P., *Disequilibrium Macromodels Based on Business Survey Data : Theory and Estimation for the Belgian Manufacturing Sector*. Cambridge University Press, 1986.

Langot F. et Lebon I., "Le chômage comme équilibre de flux : les modèles d'appariement", *Economie et Prévision*, 1993, à paraître.

Lilien D., "Sectoral shifts and cyclical unemployment", *Journal of Political Economy*, 90 : 777-793, 1982.

Lucas R. et Prescott C., "Equilibrium search and unemployment", *Journal of Economic Theory*, 188-209, février 1974.

Malinvaud E., "La courbe de beveridge", in A.F.S.E., éditeur, *Flexibilité, Mobilité et Stimulants Economiques*, Nathan, 1986.

Malinvaud E., The rise of unemployment in France. *Economica*, 53 : 197-217, 1986.

Mortensen D., "Persistence and indeterminacy of unemployment in search equilibrium", *The Scandinavian Journal of Economics*, 91 : 347-370, 1989.

Narendranathan W., Nickell S. et Stern J., "Unemployment benefits revisited", *Economic Journal*, 95 : 307-329, juin 1985.

Phelps E., *Microeconomic Foundation of Employment and Inflation Theory*, New York : Norton, 1970.

Pissarides C., *Equilibrium Unemployment Theory*. Basil Blackwell, 1990.

Samuelson P. et Solow R., "Analytical aspects of anti-inflation policy", *American Economic Review*, 50 : 177-194, 1960.

Wallis K., "Time series analysis of bounded economic variables", *Journal of Time Series Analysis.*, 8 : 115-123, 1987.

ANNEXE A
Test de racine unitaire et de cointégration

$log(\tilde{u})$					
	Pays / Seuils critiques				
	Etats-Unis	France	R.F.A.	Roy.-Uni	Seuils Crit.
A.D.F.	19	19	15	30	5% / 10%
$\tau_t^{(1)}$	-2,56	-0,11	-2,75	-1,72	-3,45 / -3,15
$t_{\beta t}^{(2)}$	-0,1	-1,36	-0,89	-0,77	1,96 / 1,65
$t_{\mu t}^{(2)}$			1,41	1,17	1,96 / 1,65
$\tau_\mu^{(3)}$	-1,99	-1,36	-1,75	-1,54	-2,89 / -2,59
$t_\mu^{(4)}$	-0,14	3,6	1,52	1,26	1,96 / 1,65
$\tau^{(5)}$	0,04		-1,83	-1,33	-1,95 / -1,61
ϕ_1	2	7,44	2,53	1,36	4,51 / 3,86
ϕ_2	2,2	4,95	3,48	1,9	4,88 / 4,16
ϕ_3	3,3	0,95	4,2	2,27	6,49 / 5,47
RESULT.	I(1)	I(1)+T	I(1)	I(1)	

$log(\tilde{v})$					
	Pays / Seuils critiques				
	Etats-Unis	France	R.F.A.	Roy.-Uni	Seuils Crit.
A.D.F.	19	12	34	20	5% / 10%
$\tau_t^{(1)}$	-3,48	-2,18	-2,45	-1,5	-3,45 / -3,15
$t_{\beta t}^{(2)}$	-0,61	-0,64	0,51	0,77	1,96 / 1,65
$t_{\mu t}^{(2)}$		0,21	1,41		1,96 / 1,65
$\tau_\mu^{(3)}$	-3,33	-1,02	1,39	-3,13	-2,89 / -2,59
$t_\mu^{(4)}$	0,47	-0,97	-0,66	2,01	1,96 / 1,65
$\tau^{(5)}$	-0,53	0,84	0,44		-1,95 / -1,61
ϕ_1	5,69	1,14	1,19	4,92	4,51 / 3,86
ϕ_2	3,81	1,57	2,25	4,05	4,88 / 4,16
ϕ_3	5,6	1,54	3,15	6,07	6,49 / 5,47
RESULT.	I(0)+C	I(1)	I(1)	I(0)+C	

Résultat des tests de cointégration :

France : La statistique de Student est de –2,36, ce qui nous conduit à refuser (au seuil de 5 %) l'hypothèse de cointégration.

R.F.A. : La statistique de Student est de –3,35, ce qui nous conduit à accepter (au seuil de 5 %) l'hypothèse de cointégration.

CHAPITRE V

AU-DELÀ DE LA COURBE DE PHILLIPS : UNE ÉVALUATION DE LA DYNAMIQUE SALARIALE

Fabrice COLLARD
et
Pierre-Yves HÉNIN

Dans la macroéconomie standard, la persistance du chômage renvoie principalement à la rigidité des salaires réels. Le concept même de chômage Keynésien perd de sa force de contre-exemple lorsqu'on remarque que les dépenses considérées comme autonomes (investissement des entreprises, dépenses publiques ou exportations) sont elles-mêmes dans le moyen terme, affectées par le niveau de compétitivité salariale d'une économie. Les définitions courantes (Grubb, Jackman, Layard, 1983) opposent directement la rigidité salariale réelle, qui décroît avec l'importance de l'"effet Phillips", du taux de chômage dans l'équation de salaire, aux rigidités nominales, qui prennent en compte les délais d'indexation des salaires et des prix. La courbe de Phillips peut ainsi contribuer, pour peu qu'elle révèle une rigidité salariale réelle, à l'explication de la persistance du chômage. En retour, la persistance, dans la mesure où elle affecte le chômage de référence, taux naturel ou NAIRU (Taux de chômage n'accélèrant pas l'inflation), remet en cause les formulations usuelles des équations de salaires. Pour introduire à cette remise en cause , il suffit de remarquer que la non stationnarité du taux de chômage ne permet plus en général de le faire figurer en niveau dans une équation de régression présentant les propriétés économétriques usuelles.

L'exploration qui suit part donc d'un rappel des évolutions qui ont affecté la spécification d'équations de salaires depuis la courbe de Phillips et dont toutes les implications ne sont pas couramment prises en considération. Dans un second temps, on présente les résultats d'estimations comparatives portant tant sur des équations de salaires traditionnelles que sur des formulations à correction d'erreurs qui permettent de satisfaire des critères formels de stationnarité, mais aussi d'identification.

1. LA SPÉCIFICATION DES ÉQUATIONS DE SALAIRES : LES MUTATIONS DE LA COURBE DE PHILLIPS

Si le modèle historique de la courbe de Phillips constitue toujours la référence privilégiée, la spécification des équations de salaires a profondément évolué, compte tenu du développement des analyses théoriques mais aussi et peut-être surtout du fait d'une attention accrue portée aux propriétés à long terme d'une telle équation. Deux enjeux complémentaires sont étroitement associés au choix d'une spécification, d'une part l'existence et les propriétés d'un taux de chômage de référence, taux naturel ou NAIRU, d'autre part la définition et la valeur d'éventuels indicateurs de rigidité salariale, réelle ou nominale. Techniquement, il est possible de distinguer deux grandes étapes, l'une d'extension de l'équation de Phillips, l'autre introduisant dans la spécification des termes de rappel selon le principe des modèles à correction d'erreur.

1. L'extension des équations de Phillips

La principale extension apportée à l'équation de Phillips a été l'introduction, par Friedman (1968) en particulier, d'un terme d'indexation sur l'inflation anticipée. La pratique a conduit à introduire symétriquement un terme de gain de productivité. L'équation de Phillips s'écrit alors :

$$\Delta w_t = a_0 + a_1 \Delta \tilde{p}_t + a_2 \Delta q_t - a_3 U_t + a_4 z_t + e_t \qquad (1)$$

où Δw_t, $\Delta \tilde{p}_t$, Δq_t dénotent les différences premières des logarithmes respectifs du salaire nominal, des prix anticipés et de la productivité, U_t le taux de chômage et z_t d'autres variables pertinentes.

Le long d'une trajectoire régulière, l'inflation est parfaitement anticipée $\Delta\tilde{p} = \Delta p$ et le salaire réel évolue comme la productivité.

$$\Delta \overline{w} = \Delta \tilde{p} + \Delta \tilde{q}$$

Le taux de chômage compatible avec cette inflation régulière est alors :

$$U^* = (a_0 + (a_1 - 1)\,\Delta\overline{p} + (a_2 - 1)\,\Delta\widetilde{q} + a_4\,\overline{z}\,)\,/\,a_3 \qquad (2)$$

En cas d'indexation parfaite sur les prix ($a_1 = 1$) et la productivité ($a_2 = 1$) le taux naturel, ou chômage qui n'accélère pas l'inflation (NAIRU), ne dépend que des variables supplémentaires $\overline{z}$. Ces variables peuvent être relatives au comportement d'offre de travail mais elles intègrent en particulier deux termes d'écart : un "coin de charges salariales" τ_w (wage wedge), log du rapport entre salaire coût et salaire revenu, et un facteur de prix relatif τ_π (price wedge), log du rapport des prix à la production aux prix de consommation p_c. La condition de croissance régulière devient

$$\Delta\overline{w} - \Delta\overline{p}_c = \Delta\overline{q} - \Delta\,\tau_w + \Delta\,\tau_\pi \qquad (3)$$

tandis que la courbe de Phillips s'écrit

$$\Delta w_t - \Delta p_{c\,,\,t} = a_0 + a_1\,\Delta\overline{p}_{c\,,\,t} + a_2\,\Delta\,q_t - a_3\;\Delta\,\tau_w$$

$$+\,a_4\;\Delta\,\tau_{\pi\,,\,t} - a_5\,U_t + a_6\,z_t + e_t \qquad (4)$$

l'expression (2) du chômage "d'équilibre" U^* est alors majorée des deux termes $(1 - a_3)\,\Delta\,\overline{\tau}_w + (a_4 - 1)\,\Delta\,\overline{\tau}_\pi$: Il convient de remarquer que U^* dépend de l'accroissement tendanciel des "coins" de charges salariales et de prix relatif et non de leur niveau, et que ces accroissements ne peuvent être indéfiniment positifs. On ne saurait donc y voir à ce stade un facteur persistant d'élévation du chômage "d'équilibre".

En revanche, il est possible de définir des indicateurs de rigidité salariale associés à ces termes, en s'inspirant de Grubb, Jackman et Layard (1983) (voir aussi Hénin et Laurent, 1987).

Supposons une augmentation relative des charges sociales de $\overline{\tau}_w$ le salaire net d'équilibre en est réduit d'autant, mais l'ajustement spontané selon l'équation (3) n'est que de $a_3\,\overline{\tau}_w$.

En négligeant le jeu de la boucle salaire prix, cet ajustement exigera un surcroît de chômage cumulé dans le temps, la date en étant ici indifférente, tel que

$$-\,\overline{\tau}_w = -\,a_3\,\overline{\tau}_w - a_5\,\widehat{U}_\pi \qquad (5)$$

et donc

$$\hat{U}_t = ((1 - a_3) / a_5)\, \bar{\tau}_w \qquad (6)$$

de tels indicateurs de rigidité réelle peuvent être définis ainsi pour tout choc affectant le salaire en niveau, y compris une surprise inflationniste. S'il s'agit au contraire d'une perturbation affectant durablement le taux de croissance des salaires, la structure dynamique du modèle intervient nécessairement. Il est alors nécessaire d'établir une référence au niveau du salaire d'équilibre et de s'écarter plus sensiblement de la logique des équations de Phillips.[1]

Pour prendre en compte une dynamique transitoire du chômage sur les salaires, par exemple un impact spécifique de l'accroissement du taux de chômage, l'équation de Phillips peut inclure un polynôme de retard $A_5\,(L)\, U_t$ des valeurs courantes et retardées de U_t. L'équation du NAIRU (2) devient alors en cas d'indexation complète

$$A_5\,(1)\, U^* = (\alpha_0 + \alpha_4\, \bar{z}\,) / a_3 \qquad (7)$$

Si la somme des coefficients du polynôme $A_5\,(L)$ soit $A_5\,(1)$ est nulle, l'équation (7) n'a plus de solution déterminée et finie.

Dans sa contrepartie dynamique, le processus du taux de chômage comporte une représentation autorégressive à racine unitaire ; il engendre une dérive stochastique, caractéristique de l'hystérèse. Empiriquement, le cas $A_5\,(1) = 0$ est celui où le chômage n'intervient plus qu'en variation, et non en niveau, dans la courbe de Phillips.

Un cas particulier de l'équation (7) est obtenu dans le cas où l'effet du chômage s'écrit $a_5\,(U_t - U_t^L\,)$ où U_t^L est le taux de chômage de longue durée, pratiquement de plus d'un an, et

$$U_t^L = \sum_{i-1}^{k} \alpha_i\, U_{t-i} \quad \text{avec} \quad \sum_{i-1}^{k} \alpha_i = 1 \qquad (8)$$

1. Grubb, Jackman et Layard déterminent une rigidité nominale en réponse à un changement de la trajectoire d'inflation. Ils sont ainsi amenés à raisonner sur l'intégrale des variations déterminées par l'équation de Phillips, ce qui revient, dans le cas général, à considérer des propriétés en niveau.

le polynôme $A_5(L) = a_5 \left| 1 - \sum_{i-1}^{k} \alpha_1 L^i \right|$ a bien la somme de ses coefficients nulle et le chômage de longue durée introduit alors une hystérèse du taux de chômage. Plus généralement, on testera la restriction que le coefficient du taux de chômage de longue durée est l'opposé de celui du taux de chômage total ou, de manière équivalente, que seul le taux de chômage court exerce un rôle de modération salariale.

1.2. Les spécifications en niveau : problèmes d'identification et de cointégration

Le mérite d'avoir intégré le niveau du salaire réel retardé comme régresseur dans une équation de Phillips revient à Sargan (1964), qui formula ainsi l'un des premiers modèles à correction d'erreur (E.C.M.). Cette spécification a été progressivement adaptée et enrichie, mais on ne saurait considérer que tous les problèmes qu'elle pose sont aujourd'hui résolus. Soit une équation de salaires "à la Sargan" qui s'écrit, en négligeant pour le moment les termes d'écart ou de Wedge τ_w et τ_π,

$$\Delta w_t - \Delta p_t = a_0 + a_1 \Delta \widetilde{p}_t + a_2 \Delta q_t + a_3 (w_{t-1} - p_{t-1})$$

$$- a_4 U_t + a_5 x_t + e_t \qquad (9)$$

Pour Sargan (1964) la variable x_t était simplement le temps : on sait que cette spécification requiert que le salaire réel lui-même soit stationnaire autour d'une tendance déterministe. Alternativement en imposant la restriction supplémentaire.

$$a_5 x_t = - a_3 q_{t-1}$$

l'équation (9) introduit la part des salaires retardés W_{t-1} comme force de rappel dans l'équation de Phillips : cette spécification est ainsi largement adoptée dans le cadre du Programme Européen sur le chômage (Drèze et Bean, 1991).

Lorsque le salaire réel figure en écart à une norme de productivité de plein emploi, le terme obtenu s'interprète en écart de salaire réel (wage gap), noté w_t^g ; (J. Sachs, 1987 ; J. Artus, 1984), qui peut être également défini en part salariale. Une courbe de Phillips ainsi complétée s'écrit :

$$\Delta w_t = a_0 + a_1 \, \Delta \widetilde{p}_t \, + a_2 \, \Delta q_t - a_3 \, U_t + a_4 \, w^g_{t-1} \, + e_t \qquad (10)$$

L'évolution régulière en indexation parfaite détermine un taux d'équilibre d'expression

$$U^* = a_0 + a_4 \, w^g \, / a_3 \qquad (11)$$

L'équation [11] engendre une relation entre écart salarial et "chômage d'équilibre"[2].

Si la formation des salaires tend à maintenir l'écart salarial, c'est-à-dire que le coefficient a_4 est positif comme celui qu'obtient J. Sachs (1987) sur la plupart des pays qu'il considère, un wage gap w^g_t positif durable entraîne un accroissement persistant du chômage. Pour la France, au contraire, la valeur estimée de a_4 est négative, dénotant un mécanisme correcteur ne transitant pas par un "trade off" entre taux de chômage d'équilibre et niveau des salaires, mécanisme qui n'existe pas dans une courbe de Phillips standard.

L'incertitude même qui affecte le signe *a priori* du coefficient a_4 dans l'équation (10) suggère une ambiguïté de cette spécification : l'écart salarial w^g et le taux de chômage apparaissent-ils comme des forces de rappel distinctes ou comme deux mesures alternatives d'un même déséquilibre ? *A priori*, la condition de productivité marginale avec une fonction de production CES et offre de travail constante implique

$$U_t = \frac{\sigma}{(1 - S_w)} \, w^g_t = \varphi^{-1} \, w^g_t \qquad (12)$$

où σ est l'élasticité de substitution du travail au capital et S_w la part des salaires dans la valeur ajoutée (M. Bruno, 1987 ; Hénin et Angelo, 1986).

Une équation ECM du salaire *réel* ω_t sur une cible ω^*_t s'écrit simplement

$$\Delta \, \omega_t = a_1 \, \Delta \, \omega^*_t \, + a_2 \, w^g_{t-1} \, + e_{w\,t} \qquad (13)$$

ou, compte tenu de (12)

2. Sachs et Wyplosz (1985) remplacent w^g par la productivité corrigée du seul wedge, ce qui conduit à expliquer, artificiellement dans ce cadre, la hausse du chômage par la baisse de la productivité.

$$\Delta\, \omega_t = a_1\, \Delta\, \omega_t^* \; + a_2\, \varphi\, U_{t-1} + e_{wt} \tag{14}$$

Les équations (13) et (14) constituent des spécifications alternatives, et l'équation (10) ne permet pas d'identifier le coefficient de Phillips. La relation (14) présente par ailleurs l'intérêt de permettre de définir des indicateurs de rigidité que Grubb, Jackman et Layard appliquent à la mesure de la rigidité nominale des salaires. En réponse à un déplacement permanent mais non anticipé de la cible de croissance du salaire d'un montant $\Delta\, \widehat{\omega}^*$, l'ajustement cumulé $\Delta\, \widehat{\omega} = \Delta\, \widehat{\omega}^*$ et le surcroît de chômage $\widehat{U}$ devront satisfaire l'équation

$$\Delta\, \widehat{\omega} = a_1\, \Delta\, \widehat{w}^* + a_2\, \varphi\, \widehat{U} \tag{15}$$

d'où l'on déduit :

$$\frac{\widehat{U}}{\Delta\, \widehat{\omega}^*} = \frac{(1 - a_1)}{a_2\, \varphi} \tag{16}$$

mesure de la rigidité en termes de coût en chômage de l'ajustement égale au quotient du délai moyen d'ajustement par le coefficient du chômage, selon une expression semblable à celle de Grubb, Jackman et Layard (1985). Il est clair que les indicateurs (6) et (16) n'opposent pas des mesures de rigidités respectivement réelles et nominales, comme le disent ces auteurs et les travaux de l'OCDE qui les ont suivis, mais en fait des rigidités face à des chocs permanents affectant respectivement le niveau et le taux de croissance des salaires.

Une condition nécessaire pour que l'équation (14) (ou alternativement (13)) constitue une spécification économétrique acceptable est que le taux de chômage soit stationnaire, ce que ne vérifient pas les données relatives aux principaux pays de l'OCDE depuis la Seconde Guerre Mondiale. Cette difficulté suggère une stratégie caractéristique de travaux récents qui consiste à rechercher d'abord, suivant la méthodologie en deux étapes de Engle et Granger (1987) une relation de cointégration entre taux de chômage, salaire réel, productivité et d'autres variables explicatives pertinentes.

$$w_t - p_t = \alpha_0 + \alpha_1\, U_t + \alpha_2\, q_t + \alpha_3\, z_t + \widehat{w}_t \tag{17}$$

Dans un second temps, est estimée une équation de Phillips augmentée du terme de correction d'erreur stationnaire $\widehat{w}_{t-1}$.

$$\Delta w_t = a_0 + a_1 \Delta \widetilde{p}_t + a_2 \Delta q_t + a_3 \Delta z_t - a_4 \widehat{w}_{t-1} + e_t \qquad (18)$$

Cette procédure soulève cependant elle même des difficultés tant empiriques que théoriques. Empiriquement, il n'est pas toujours possible de trouver des variables z_t pertinentes, telles que salaire réel et chômage soient cointégrés en tenant compte de la productivité. Théoriquement, l'interprétation de l'équation (17) peut être difficile et, plus fondamentalement, cette équation pose un grave problème d'identification.

A priori, la relation (17) est une équation réduite de salaires que l'on souhaite pouvoir associer à un modèle théorique pertinent.

Le modèle théorique candidat, compatible avec une large gamme d'hypothèses de comportement microéconomique ou de négociations salariales est le modèle "*WS – PS*" développé initialement à la LSE (S. Nickell (1988), voir aussi P. Cahuc chapitre premier). Ce modèle détermine le salaire réel et le chômage d'équilibre par intersection d'une quasi-demande de travail, condition de rentabilité ou de fixation des prix *PS* et une quasi-offre, ou condition de fixation des salaires *WS*, soit l'écriture en forme structurelle.

$$w - p = -\gamma_1 U + \gamma_2 z + e_w \text{, équation "}WS\text{"} \qquad (19)$$

$$w - p = \beta_1 U + \beta_2 q + e_p \text{, équation "}PS\text{"} \qquad (20)$$

où z représente les variables d'offre et q les termes de productivité. Ce système implique comme équations réduites de salaire et de chômage

$$w - p = (\beta_1 \gamma_2 z_e + \beta_2 \gamma_1 q) / (\gamma_1 + \beta_1) + e_\omega \qquad (21)$$

$$u = (\gamma_2 z - \beta_2 q) / (\gamma_1 + \beta_1) + e_u \qquad (22)$$

Les exogènes z et q sont non stationnaires, ainsi que le chômage et le salaire réel : le modèle théorique implique que le taux de chômage figure dans 3 relations de cointégration : *WS*, *PS* et l'équation réduite (22). Comme l'a fait remarquer Manning (1991), la construction usuelle des équations de salaires retiendra souvent une expression de la forme

$$u = \alpha_1 (w - p) + \alpha_2 q + \alpha_3 z + e_x \quad (23)$$

qui ne permet l'identification d'aucun paramètre structurel. Ce raisonnement nous paraît très important pour la construction d'équations de salaires : Il conduit à chercher à identifier deux relations de cointégration interprétables respectivement comme équations *WS* et *PS* et à spécifier une équation empirique de salaires comme un processus à correction d'erreur dont les forces de rappel sont les aléas stationnaires e_w et e_p .[3]

On doit au contraire être réservé à l'égard d'équations *ECM* dont le terme de rappel s'apparente à l'aléa e_x de l'équation (23).

Cette stratégie en principe appropriée se heurte à plusieurs difficultés importantes. L'équation "*PS*" est *a priori* la plus facile à identifier, mais le coefficient positif β_1 du chômage repose sur un effet de rendement décroissant de l'emploi qui peut être masqué par des variations de l'effort fourni ou de l'intensité de travail non observable. La spécification de *WS* est plus délicate, car elle dérive d'une condition théorique fortement non linéaire, solution d'un problème de négociation. Par ailleurs, les variables d'offre z_t ne sont pas définies ni mesurées aussi clairement : il s'agit du salaire alternatif, du ratio de substitution de ressources, du pouvoir syndical, de caractéristiques démographiques, de variables de "mismatch" ou d'inadéquation, mesurant des difficultés d'appariement. Le chômage long, ou le taux de syndicalisation interne peuvent également intervenir. Faute de disposer de toutes ces données pertinentes, l'application de la stratégie définie ci-dessus ne peut être qu'exploratoire.

2. L'ESTIMATION D'ÉQUATIONS DE SALAIRES

Conformément à la démarche méthodologique précédemment exposée, l'évaluation économétrique de la dynamique salariale dans les 5 économies considérées : France, RFA et Grande-Bretagne, USA et Canada, s'est opérée en considérant d'abord diverses versions d'une courbe de Phillips "augmentée", puis en estimant des spécifications à correction d'erreur, qui puissent se rapprocher d'une dynamique induite par un modèle "*WS – PS*". On sera ainsi conduit à présenter en premier lieu les équations de

3. S. Nickell (1988) relève que le modèle *WS-PS* implique que le taux de chômage soit cointégré d'une part avec des variables de demande, d'autre part avec des variables d'offre, sans en tirer les conséquences en termes d'identification d'une équation de salaires.

Phillips généralisées, puis la recherche de relations de cointégration et finalement les résultats obtenus sur des équations *ECM*.

2.1. Des équations de Phillips généralisées

Les enjeux attachés à une équation de Phillips sont de deux ordres : d'une part, il s'agit d'évaluer dans quelle mesure le taux de salaire nominal est directement indexé sur ses différents déterminants à l'équilibre : le niveau des prix bien sûr, mais aussi la productivité, tendancielle et effective, ainsi que les termes d'écart ("wedge"), "coin" de charges salariales ou terme de prix relatif. D'autre part, l'équation de Phillips mesure l'effet correcteur du niveau du chômage sur la formation des salaires. Trois interrogations interviennent ici : le chômage intervient-il en niveau, ou seulement en différence, comme l'implique l'hypothèse d'hystérèse ? Le chômage des hommes adultes est-il un meilleur indicateur de la "détente" du marché du travail ? Le chômage de longue durée cesse-t-il de peser dans le sens d'une modération salariale ?

La variable expliquée est le taux de croissance trimestriel du taux de salaire par tête déflaté par les prix à la consommation, noté *DLRW*. La contribution tendancielle de la productivité globale des facteurs[4] notée *DLPDT* est habituellement contrainte à l'unité, la marge estimée de sur ou sous-indexation du salaire est faible et peu significative. La composante transitoire, *DLRSE*, de la productivité globale intervient régulièrement. *DLWW* est la variation du log du rapport coût salarial/salaire et mesure donc l'accroissement des charges. *DLWP* est le taux de variation des "termes de l'échange intérieur" rapport des prix à la production aux prix à la consommation. L'inflation non anticipée est approchée par l'accélération des prix à la consommation *D2LP*. Un terme d'accélération à l'horizon annuel *ACPL* a été introduit alternativement mais s'est révélé moins approprié. Le taux de chômage *UR* est introduit en niveau, une formulation en logarithme n'apportant en général pas d'amélioration. Sa variation *DUR* permet de repérer d'éventuels effets d'hystérèse. Le taux de chômage des hommes adultes *UHA* et sa variation *DUHA* sont introduits alternativement. De même, *UC* et *UL* dénotent les taux de chômage respectivement "court" et "long", c'est-à-dire de moins ou plus d'un an d'ancienneté.

4. La tendance de la productivité apparente du travail aurait pu être alternativement retenue, mais son rôle nous semble plus ambigu si le capital ne suit pas un processus exogène. La scène tendancielle *LPDT* est construite par application du filtre de Hodrick et Prescott. La composante transitoire *LRSE* est obtenue par différence entre la série observée et cette tendance.

Différents problèmes d'auto-corrélation des erreurs ont été rencontrés, en particulier sur données françaises. L'auto-corrélation peut être corrigée par une meilleure explicitation de la dynamique ou par une correction de Cochrane-Orcutt. Cette dernière solution impose au modèle une restriction particulière dite de "racine commune" qui n'est que rarement vérifiée. Elle présente cependant l'avantage de permettre de conserver la même spécification pour les différents pays et pour cette raison, a été ici retenue. Dans le cas français, l'ampleur de l'autocorrélation soulève cependant une interrogation particulière.

Six équations sont reportées systématiquement : d'abord une équation de "base", contraignant à l'unité la croissance à long terme de la productivité globale, et une équation relaxant cette contrainte ; ensuite une variante où le taux de chômage et sa variation respectivement *UHA* et *DUHA* sont relatifs aux hommes adultes et enfin trois équations explorant l'impact différencié du chômage de longue durée : avec *UC* et *UL*, avec *UC* seul, puis avec le chômage total *UR* seul afin de permettre la comparaison, puisque l'échantillon couvert, plus court (1968-1989) ne permet pas directement une comparaison avec l'équation dite "de base".

On remarque d'abord que, sauf aux USA, l'indexation sur la productivité globale tendancielle apparaît complète. Une indexation partielle sur la productivité cyclique, *DLRSE,* est également présente, sauf en France où elle disparaît dans les corrections pour autocorrélation. L'effet des termes de "wedge" est remarquable. Nos résultats confirment l'étude de Cotis et Mihoubi (1990) en montrant le faible impact en France des charges sur le coût salarial : les salariés supportent l'essentiel de ce coût, ce qui dénoterait une forte substituabilité entre salaire direct et salaire indirect. Le terme de surprise inflationniste est toujours significatif pour le trimestre courant. L'idée d'une rigidité contractuelle par laquelle l'accélération retardée des prix réduirait aussi le salaire réel n'est pas supportée par les données.

La valeur du coefficient du taux de chômage, mesurant l'ampleur de l'"effet Phillips" est assez sensible à la spécification retenue. Les estimations obtenues sont cependant comparables entre pays à l'exception du Canada.

Le terme de variations du chômage est significatif aux USA, au Canada et, de manière plus fragile aux USA. La référence sur chômage des seuls hommes adultes conduit en général, sauf au Royaume-Uni, à un effet Phillips plus fort et plus précis, le coefficient du terme en variation *DUHA* se dégradant cependant, sauf aux USA, tandis que l'autocorrélation est légèrement réduite.

Tableau I. France *

DLWR	*DLPDT*	*DLRSE*	*DLWW*	*DLWP*	*D2LP*	*TCHO*	*DUR*	*D8389*	*CSTE*	*SEE*	*DW /RHO*	*DLWR* (–1)	*DLWR* (–3)
Base	1.000	ε	–0.828 (22.9)	–0.085 (1.1)	–0.58 (7.7)	–3.437 (2.4)	–0.300 (1.2)		4.880 (6.8)	0.404	0.550 (6.2)		
DLPDT libre	0.844 (7.0)	ε ε	–0.831 (23.0)	–0.095 (1.2)	–0.521 (7.5)	–0.187 (1.0)	0.250 (1.0)		4.630 (6.9)	0.403	0.550 (5.7)		
UHA	1.000	0.120 (2.0)	–0.818 (21.0)	–0.191 (2.1)	–0.489 (6.4)	–6.108 (2.8)	0.011 (0.02)		2.550 (2.1)	0.397	0.460 (4.1)		
Base avec rupture	1.000		–0.828 (22.6)	–0.122 (1.6)	–0.504 (7.2)	–2.270 (1.1)		–0.217 (0.9)	4.750 (8.4)	0.404	0.508 (5.6)		
Base avec rupture et *DLPDT* libre	0.737 (6.9)		–0.828 (22.7)	–0.163 (2.1)	–0.472 (6.6)	2.568 (1.0)		–0.522 (2.1)	4.690 (8.4)	0.395	0.420 (4.2)		
UC/UL	1.000	0.233 (21.1)	–0.784 (3.3	–0.279 (5.8)	0.453 (0.9)	–1.138 (2.3)	–2.475 (2.3)		–0.022 (ε)	0.396	0.385 (3.5)		
UC seul	1.000	0.227 (7.8)	–0.779 (21.1)	– .252 (2.9)	–0.469 (6.1)	–14.990 (1.8)			0.449 (1.8)	0.405	0.468 (4.4)		
UR seul	1.000	0.229 (7.8)	–0.780 (7.8)	–0.258 (3.0)	–0.466 (6.1)	–8.119 (3.1)			0.365 (2.0)	0.399	0.430 (3.9)		
	DLPDT	*DLWW*	*DLWW* (–1)	*DLWW* (–4)	*DLWP* (–1)	*D2LP*	*D2LP* (–4)	*TCHO*	*D6803*	*SEE*	*DW. RHO*	*DLWR* (–1)	*DLWR* (–3)
Base avec retards	1.000	–0.572 (13.7)	0.484 (7.3)	–0.084 (3.5)	–0.118 (1.7)	–0.934 (13.0)	0.170 (2.7)	–1.591 (2.8)	3.720 (8.6)	0.327	2.000	0.640 (8.2)	0.090 (3.1)

* La variable *TCHO* est le taux de chômage *UR*, sauf indication contraire en colonne 1 (*UHA, UC*). De même le coefficient du chômage long *UL* figure dans la colonne *DUR* pour le modèle dans lequel il apparaît. La statistique *DW* est indiquée en cas d'estimation par les *MCO*, coefficient d'autocorrélation estimé *RHO* et son *T* de Student figurent en cas d'estimation par la méthode de Cochrane-Orcutt.

Tableau I. *RFA*

DLWR	*DLPDT*	*DLRSE*	*DLWW*	*DLWP*	*D2LP*	*TCHO*	*DUR*	*CSTE*	*SEE*	*DW/RHO*
Base	1.000	0.245 (3.6)	−0.546 (8.0)	−0.694 (6.0)	−0.116 (1.0)	−2.688 (1.5)	−0.697 (2.0)		0.827	−0.287 (2.8)
DLPDT libre	0.968 (10.9)	0.246 (3.6)	−0.547 (8.0)	−0.705 (5.9)	−0.112 (1.0)	−2.366 (1.2)	−0.671 (1.9)		0.830	−0.289 (2.8)
UHA	1.000	0.286 (3.3	−0.589 (7.3)	−0.761 (5.8)	−0.036 (0.3)	−5.275 (1.9)	0.223 (0.4)		0.897	−0.222 (1.8)
UC/UL avec *ACPL*	1.000	0.265 (3.2)	−0.571 (7.6)	−0.579 (3.7)	−0.096 (0.8)	−29.575 (2.8)	11.756 (0.9)	0.688 (2.2)	0.829	−0.282 (2.4)
UC seul	1.000	0.243 (3.1)	−0.565 (7.5)	−0.550 (3.6)	−1.161 (1.8)	−22.484 (3.3)		0.782 (2.6)	0.823	−0.269 (2.3)
UR seul	1.000	0.226 (2.8)	−0.559 (7.3)	−0.553 (3.5)	0.201 (1.9)	−11.637 (2.8)		0/737 (2.2)	0.843	−0.247 (2.1)

Tableau I. *Royaume-Uni*

DLWR	*DLPDT*	*DLRSE*	*DLWW*	*DLWP*	*D2LP*	*TCHO*	*DUR*	*CSTE*	*SEE*	*DW/RHO*
Base 1	1.000	0.189 (2.3)	−0.551 (9.3)	−0.604 (5.0)	−0.285 (3.6)	−2.246 (1.6)	−0.697 (2.0)		1.011	1.720
Base 2	1.000	0.184 (2.2)	−0.558 (9.2)	−0.600 (5.0)	−0.289 (3.6)	−2.349 (1.5)	−0.204 (0.6)		1.013	1.730
DLPDT libre	0.952 (4.3)	0.185 (2.2)	−0.557 (9.1)	−0.602 (5.0)	−0.287 (3.6)	−2.006 (0.9)	−0.178 (0.5)		1.018	1.740
UHA	1.000	0.195 (2.1)	−0.550 (8.5)	−0.642 (5.0)	−0.276 (3.2)	−2.311 (1.4)	−0.142 (0.4)		1.054	1.740
UC/UL 68.1/89.4	1.000	0.144 (1.4)	−0.480 (6.2)	−0.648 (5.0)	−0.242 (3.5)	2.736 (1.7)	−3.965 (2.3)	0.709	1.081	1.890
UC seul	1.000	0.226 (2.4)	−0.569 (8.2)	−0.756 (6.0)	−0.128 (2.6)	−7.359 (1.1)		0.799	1.111	2.080
UR seul	1.000	0.204 (2.1)	−0.565 (8.3)	−0.753 (6.1)	−0.141 (2.7)	−4.986 (1.4)		0.800	1.100	2.090

Tableau I. *USA*

DLWR	*DLPDT*	*DLRSE*	*DLWW*	*DLWP*	*D2LP*	*TCHO*	*DUR*	*SEE*	*DW/RHO*
Base	1.000	0.166 (4.2)	–0.780 (12.4)	–0.527 (6.4)	–0.307 (4.3)	–1.738 (2.3)	–0.591 (4.9)	0.354	0.300 (3.2)
DLPDT libre	0.616 (5.6)	0.185 (4.3)	–0.750 (11.4)	–0.699 (8.8)	–0.264 (3.3)	–0.231 (0.3)	–0.477 (4.3)	0.356	1.710
UHA	1.000	0.193 (4.6)	–0.699 (9.3)	–0.677 (7.6)	–0.200 (2.6)	–2.600 (2.5)	–0.611 (3.3)	0.367	0.190 (1.85)
UC/UL	1.000	0.244 (5.5)	–0.645 (7.4)	–0.776 (7.8)	–0.209 (2.8)	–4.792 (2.0)	4.215 (1.5)	0.374	0.350 (3.1)
UC seul	1.000	0.247 (5.7)	–0.657 (7.6)	–0.775 (7.7)	–0.206 (2.7)	–1.729 (1.6)		0.377	0.372 (3.4)
UR seul	1.000	0.247 (5.7)	–0.657 (7.6)	–0.775 (7.7)	–0.206 (2.7)	–1.558 (1.6)		0.377	0.374 (3.4)

Tableau I. *Canada*

DLWR	*DLPDT*	*DLRSE*	*DLWW*	*DLWP*	*D2LP*	*TCHO*	*DUR*	*CSTE*	*SEE*	*DW/RHO*
Base	1.000	0.285 (4.5)	–0.580 (10.8)	–0.300 (2.6)	–0.498 (5.0)	–9.525 (2.2)	–0.499 (2.8)	0.659 (2.8)	0.567	0.373 (3.8)
DLPDT libre	1.210 (4.9)	0.276 (4.3)	–0.586 (10.7)	–0.286 (2.4)	–0.509 (5.0)	–8.891 (2.1)	–0.603 (2.7)	0.517 (1.4)	0.568	0.365 (3.7)
UHA	1.000	0.293 (4.2)	–0.539 (9.3)	–0.321 (2.6)	–0.435 (4.0)	–10.629 (2.0)	0.233 (0.7)	0.521 (1.7)	0.585	0.284 (2.6)

L'hypothèse d'une hystérèse transitant par l'inefficacité du chômage long n'est guère confortée qu'en RFA. En Grande Bretagne et surtout en France, le taux de chômage long est un indicateur dominant de la "détente" sur le marché du travail. Aux Etats-Unis, au contraire, il pèserait, dans le sens d'une dérive du NAIRU, plus fortement que le chômage court auquel il tend à s'opposer.

Une rapide synthèse des résultats conduit à relever deux particularités. D'une part, les Etats-Unis et la RFA présentent seuls des résultats conformes à — ou proches de certaines variantes du modèle d'hystérèse salariale, en termes de salaire en variation ou d'influence exclusive du chômage court. D'autre part, l'expérience française est très typée en ce qu'elle répercute sur les salariés la hausse des charges et fait supporter aux entreprises la variation du prix relatif de la consommation et du PIB, qui traduit les chocs de termes de l'échange ou de fiscalité indirecte. L'idée parfois évoquée d'une équivalence entre cotisations sociales et TVA ne trouve pas ici de vérification.

Le niveau élevé d'autocorrélation obtenu en France a conduit à rechercher une solution plus élaborée. D'une part, l'adoption d'une structure de retard adéquate sur les variables explicatives permet d'obtenir de bonnes propriétés statistiques, dans le modèle dit "de base avec retards". Cette structure paraît cependant peu interprétable et l'indexation apparente, tant sur les prix que sur le "coin salarial" en est fortement réduite. L'hypothèse selon laquelle l'autocorrélation sanctionne la non considération d'une éventuelle rupture du processus salarial depuis 1983 doit bien sûr être examinée avec soin (Ralle et Toujas-Bernate, 1990 ; Poret, 1990). Deux équations sont présentées ici qui conduisent à plutôt rejeter cette hypothèse. Un terme de rupture sur le taux moyen de croissance salariale en 1983 (D 8389) n'est pas significatif lorsqu'il est introduit dans le modèle de base, où il ne réduit pas l'autocorrélation résiduelle. Un tel terme est cependant significatif lorsque le coefficient de la productivité tendancielle n'est pas contraint, mais c'est alors l'effet Phillips qui disparaît ou change de signe.

Les problèmes d'autocorrélation rencontrés dans les équations de salaires ne doivent pas étonner : ces équations sont en effet *a priori* mal spécifiées puisqu'elles incluent avec le taux de chômage un régresseur non stationnaire, ce qui interdit en particulier une interprétation standard des "*t*" de Student associés à cette variable. La recherche de termes de correction d'erreur est le moyen *a priori* de répondre cette objection.

Tableaux II. *Relations de cointégration*

PS1 : SR	*LKSN*	*LWW*	*EWP*	*UR*	*RS*	*TUC*	*HH*	*CSTE*	*R2*	*DF*	*ADF(k)*
U.S.A.	–0.076		–0.062	–0.509		–0.268		1.780	0.798	–4.190	–4.4 (4)
Canada											
France	–0.073		–0.327	–1.394			–0.019	2.600	0.577	–4.490	
R.F.A.	–0.039		0.191	–0.663		–0.349		1.410	0.852	-6.260	
R.U.	0.089	0.119		–0.195	–0.186			0.866	0.409	-3.500	–4.3(6)

P S 2 : LSR	*EWR*	*LWW*	*EWP*	*LWP*	*UR*	*TUC*	*TPS/100*	*CSTE*	*R2*	*DF*	*ADF(k)*
U.S.A.	0.244		–0.411		–0.765	–0.387		0.498	0.826	–4.060	-5.07(1)
Canada	0.934	0.809		0.809	–0.797		–0.155	1.280	0.937	-3.690	
France	0.308		–0.301		-1.530			0.297	0.707	–4.690	
R.F.A.	0.215		0.134		–0.601	–0.286	–0.138	0.244	0.875	-5.510	
R.U.	0.261		0.212		–0.602			0.217	0.439	-0.990	-5.60(9)

PS3 : LGSR	*LCWK*	*LWW*	*EWP*	*LWP*	*UR*	*HH*	*TUC*	*TPS/100*	*CSTE*	*R2*	*DF*	*ADF(k)*
U.S.A.	0.113		–1.750		–2.560		–1.170		0.736	0.737	–4.060	–4.36(8)
Canada	0.053		1.438	1.570	–0.063	–0.063		–0.399	2.700	0.749	–3.470	–4.60(8)
France												
R.F.A.	0.068	0.688			–3.910		–1.400	–0.067	1.010	0.838	–5.800	
R.U.	0.026		0.423		–0.756					0.273	–3.600	–5.60(7)

WS : UR	*LRW*	*PRF*	*TS*	*LSR*	*RS*	*CSTE*	*R2*	*DF*	*ADF(k)*
U.S.A.	–0.170	0.703	0.283			0.550	0.528		–2.5(10)
Canada			0.478	–0.215		–0.185	0.746		–2.8(9)
France	–0.165	3.270	0.459			–0.275	0.984	–2.800	
R.F.A.	–0.098	2.230	0.260		0.193	–1.600	0.896	–2.600	
R.U.	0.040					–0.162	0.832		

SR Part des salaires
LSR Log de la part des salaires
LGSR Transformée logistique de la part des salaires
TUC Taux d'utilisation des capacités
HH Heures travaillées
RS Log du résidu de Solow
EWP LWW-LWP Différence des "wedges" salaires et prix
EWR LWR–RS Log salaires en écart au résidu Solow
LCWK Log du rapport du salaire au coût d'usage
PRF Part des femmes dans la population active
TS Taux de syndicalisation

Tableaux III. *Equations à correction d'erreur*

France

DLWR	*DLPDT*	*DLWW*	*DLWP*	*D2LP*	*UR*	*PS*	*WS*	*D68/100*	SEE	*DW*	*DLWR* (–1)	*DLWR* (3)
PS2	0.699 (11.0)	–0.852 (24.8)	–0.227 (2.9)	–0.539 (6.6)	–1.717 (2.1)	–0.010 (4.6)	–0.203 (1.9)	5.017 (10.4)	0.373	1.960	0.137 (3.5)	0.056 (1.7)
PS1 sans *UR*	0.598 (10.7)	–0.843 (23.4)	–0.237 (29.0)	–0.524 (6.1)		–0.102 (3.6)	–0.303 (2.9)	4.940 (9.8)	0.391	1.760	0.126 (3.1)	0.085 (2.5)
PS2 sans *UR*	0.614 (11.5)	–0.855 (24.4)	–0.237 (3.0)	–0.526 (6.4)		–0.112 (4.5)	–0.208 (1.8)	4.910 (9.1)	0.418	1.670	0.173 (4.1)	0.078 (2.1)
PS3 sans *UR*	0.606 (11.0)	–0.844 (23.5)	–0.226 (2.7)	–0.523 (6.2)		–0.023 (3.9)	–0.386 (3.9)	4.930 (9.8)	0.389	1.820	1.115 (2.9	0.082 (2.4)

R.F.A.

DLWR	*DLRSE*	*DLWW*	*DLWP*	*D2LP*	*PS*	*WS*	*SEE*	*DW*
PS1	0.290 (4.3)	–0.457 (6.9)	–0.607 (5.2)	–0.191 (1.65)	–0.213 (2.5)	–0.265 (2.4)	0.817	2.060
PS2	0.284 (4.2)	–0.465 (6.9)	–0.607 (5.2)	–0.189 (1.62)	–0.142 (2.2)	–0.261 (2.4)	0.822	2.050
PS3	0.288 (4.3)	–0.461 (6.9)	–0.590 (5.1)	–0.180 (1.56)	–0.042 (2.3)	–0.246 (2.3)	0.820	2.070

R.U.

DLWR	*DLRSE*	*DLWW*	*DLWP*	*D2LP*	*UR*	*PS*	*SEE*	*DW*
*PS*1	0.202 (2.5)	−0.546 (9.6)	−0.608 (5.3)	−0.277 (3.6)	−2.483 (1.7)	0.235 (3.2)	0.967	1.600
*PS*2	0.240 (3.0)	−0.591 (10.3)	−0.640 (5.6)	−0.312 (4.1)	−2.381 (1.7)	−0.195 (3.6)	0.956	1.670
*PS*3	0.248 (3.0)	−0.567 (10.0)	−0.623 (5.4)	−0.287 (3.8)	−2.297 (1.6)	−0.044 (3.2)	0.967	1.660

U.S.A.

DLWR	*DLRSE*	*DLWW*	*DLWP*	*D2LP*	*UR*	*DUR*	*PS*	*CSTE*	*SEE*	*RHO*
*PS*1	0.213 (5.4)	−0.816 (13.7)	0.526 (6.7)	0.276 (4.1)	−1.605 (2.2)	−0.443 (3.7)	−0.250 (3.9)	−0.419 (1.85)	0.334	0.320 (2.9)
*PS*2	0.199 (5.1)	−0.587 (13.5)	−0.523 (6.6)	−0.285 (4.2)	−1.526 (2.2)	−0.487 (4.1)	−0.170 (3.7)	−0.387 (1.7)	0.336	0.280 (2.6)
*PS*3	0.119 (4.8)	−0.817 (13.1)	−0.500 (6.2)	−0.283 (4.1)	−1.172 (2.3)	−0.513 (4.2)	−0.032 (2.6)		0.345	0.330 (3.0)

Canada

DLWR	*DLRSE*	*DLWW*	*DLWP*	*D2LP*	*UR*	*DUR*	*PS*	*WS*	*CSTE*	*SEE*	*RHO*
*PS*3	0.299 (2.6)	−0.611 (11.2)	−0.309 (2.7)	−0.491 (4.9)	−1.150 (1.0)	−0.583 (3.1)	−0.023 (1.3)	−0.196 (2.6)		0.548	0.316 (2.8)
*PS*3 *LPDT* libre	0.286 (4.3)	−0.619 (11.2)	−0.261 (2.2)	−0.522 (5.0)	−2.987 (2.0)	−0.735 (2.0)	−0.026 (1.6)	−0.185 (2.6)	1.338 (6.5)	0.543	0.255 (2.2)
*PS*3 *LPDT* libre	0.305 (4.4)	−0.599 (10.2)	−0.637 (3.1)	−0.449 (4.2)			−0.033 (2.0)	−0.127 (1.9)	0.844 (6.5)	0.576	0.246 (2.3)

2.2. La recherche d'équations de cointégration

Le taux de chômage n'étant pas stationnaire, une spécification correcte cherchant à dégager un impact en niveau sur la dynamique salariale doit reposer sur la mise en évidence de relations de cointégration. De telles relations peuvent être obtenues par une procédure systématique selon la méthode de Johansen[5] ou par "essai et erreur" à partir de formulations *a priori*. On a souligné plus haut cependant le risque d'obtenir des relations de cointégration non identifiables si elles intègrent en même temps le salaire, le taux de chômage et des termes affectant l'offre *et* la demande de travail, comme l'équation (23) ci-dessus. A ce titre, il peut être ambigu, par exemple, d'interpréter comme salaire d'aspiration (ou d'offre) une productivité normale (variable de demande) comme le proposent Cotis et Loufir (1990). Ce critère nous a conduit à rechercher, d'une part, des spécifications clairement interprétables comme équations "*PS*" et, d'autre part, des équations "*WS*" évitant autant que possible d'introduire des variables de demande. Le succès empirique de cette démarche est limité faute d'indicateurs satisfaisant des variables d'offre les plus pertinentes, en particulier le salaire alternatif dont le rôle est déterminant dans le cadre des modèles de négociation.

Trois spécifications ont été retenues pour la courbe *PS*, toutes trois en termes de part salariale.

*PS*1 : La part salariale regressée sur le log du rapport capital travail, le taux de chômage, de termes de "wedge", de productivité globale et d'utilisation. Une telle relation s'obtient par dérivation de l'approximation de Kmenta d'une CES.

*PS*2 : Le log de la part salariale sur le log du salaire réel les "wedges", le temps et des termes d'utilisation. Cette relation dérive de la condition d'emploi optimal pour une CES.

*PS*3 : la transformée logistique de la part salariale (ou log ratio des parts de facteur) en fonction du log ratio des coûts de facteur, ce qui résulte du rapprochement des conditions du premier ordre pour l'emploi et le capital optimal. Comme il ressort du tableau II, des relations "*PS*" relativement satisfaisantes peuvent en général être obtenues (sauf *PS*1 au Canada et *PS*3 en France).

---

5. Comme dans Cléments et Mizon (1991) ou Hénin et Jobert, chapitre VII.

Les équations obtenues pour "*WS*" sont moins satisfaisantes, à peine stationnaires à 10 %. Le rôle de la part de la main d'oeuvre féminine (*PRF*) et du taux de syndicalisation (*TS*) semble cependant bien établi. On a regretté de ne pas disposer de mesures assez longues et fiables du ratio de substitution de ressources.

2.3. Des équations à correction d'erreur

Les équations de type "ECM" obtenues en intégrant dans les courbes de Phillips augmentées des écarts aux relations de cointégration *PS* et *WS* présentent de meilleures qualités statistiques : précision accrue et autocorrélation réduite. Les résultats sont cependant inégaux entre pays.

La RFA présente la meilleure caractérisation *WS* – *PS*, dans la mesure où aucune dynamique additionnelle n'est requise et où le chômage en niveau n'intervient plus.

Pour la Grande Bretagne et les USA, où aucune relation *WS* satisfaisante n'était dégagée ou significative, l'introduction des termes d'écarts à "*PS*" interprétables comme des "wage gap" améliore légèrement le pouvoir explicatif du taux de chômage. En France et au Canada, l'introduction des termes *PS* et *WS* ne réduit pas sensiblement la contribution du chômage.[6]

La propriété importante de ces équations d'*ECM* est que l'impact global du taux de chômage sur la croissance du salaire réel se trouve sensiblement accrue par l'intervention de la force de rappel en écart à "*WS*".

Le tableau suivant donne ainsi les valeurs du coefficient de Phillips total impliqué respectivement par l'équation de base et l'équation *ECM* en *PS*1.

	Equation de base	*Equation E.C.M.*			
		UR	*PS*1	*WS*	*Total*
USA	−1.738	−1.605			−1.605
Canada	−9.52			−24.7	−24.7
France	−3.44	−1.54		−29.7	−31.24
R.F.A.	−2.69		−2.65	−26.5	−29.15
R.U.	−2.25	−2.48			−2.48

Alternativement au modèle mixte, intégrant à la fois *WS*, *PS* et le chômage en niveau, donc un régresseur non stationnaire, il semble préférable d'éliminer U_t pour ne retenir que les termes de

6. On se réfère ici au niveau du coefficient estimé, et non au Student qui ne suit pas une loi standard.

rappel stationnaires, comme dans l'équation obtenue pour la RFA. Une telle équation ne peut être présentée pour les USA ou le Royaume Uni où *WS* n'intervient pas ou n'est pas lui-même stationnaire. Les résultats obtenus pour la France et le Canada (en *PS*3 – *WS*) ne font apparaître de gain sensible ni sur la valeur ni sur la précision d'estimation des termes de rappel.

CONCLUSION

L'étude comparative fait apparaître en premier lieu la pertinence d'une équation décrivant l'ajustement des salaires à une norme caractérisée par une indexation complète à long terme sur les prix et la productivité globale des facteurs. De manière robuste, très peu sensible à la variété des spécifications considérées, l'incidence du "coin" de charges salariales (wage wedge) et de l'écart de prix à la consommation et à la production est différenciée selon les pays. La situation française se singularise en faisant supporter plus qu'ailleurs aux salaires le prélèvement social et aux entreprises l'écart de prix relatifs.

Comme les études comparables (Coe, 1988 ; Cotis et Mihoubi, 1990), nos résultats ne confortent en général l'hypothèse d'hystérèse ni par un rôle exclusif du chômage différencié au détriment de son niveau, ni par une influence nulle du chômage de longue durée sur la formation des salaires. Le raisonnement en termes de chômage des seuls hommes adultes est particulièrement défavorable à l'hypothèse. Pourtant, à la différence des études précitées, pour laquelle le Royaume-Uni présente des résultats les plus proches de l'hystérèse, c'est sur les données allemandes qu'une telle hypothèse pourrait être acceptée, ce qui se rapproche des conclusions obtenues par Franz (1987).

Il convient cependant de rappeler la fragilité de tests reposant sur les statistiques de Student du taux de chômage en niveau, et de considérer des formulations alternatives où interviennent des forces de rappel stationnaires. Comme le montre notre argumentation théorique, un modèle satisfaisant aux contraintes de stationnarité et d'identification doit introduire deux termes de cointégrations interprétables en écart à des conditions "*WS*" et "*PS*". La difficulté d'observer les variables d'offre expliquant la dérive de "*WS*" explique que cette approche n'obtient empiriquement qu'un succès inégal selon les pays. Elle conduit cependant à un message très robuste : la force de rappel exercée par le chômage sur la formation des salaires est fortement accrue quand le taux de chômage intervient dans un tel modèle, en écart à des variables permettant l'identification des relations théoriques de "Price setting" et "Wage setting". La non stationnarité du chômage renvoie alors plus à la dérive stochastique de ces facteurs qu'à un mécanisme d'hystérèse.

Dans l'ensemble, cet examen de la formation des salaires dans les grandes économies de l'OCDE débouche sur un paradoxe et soulève une nouvelle interrogation. Paradoxalement, l'hystérèse que repère la présence d'une tendance stochastique du chômage ne se retrouve pas dans les équations de salaires comme le suggèrent les modèles explicatifs habituellement considérés. De ce fait, la recherche de canaux d'une persistance extrême qui ne transite pas essentiellement par la rigidité salariale s'impose avec plus d'acuité.

Références bibliographiques

Artus J., 1984, "The Disequilibrium Real Wage Rate Hypothesis", *IMF Staff Papers*, 249-302.

Bruno M., 1987, "Aggregate Supply and Demand Factors in OECD Unemployment : An Update", in Ch. Bean, *The Rise in Unemployment*, Basil Blackwell, 35-52.

Clements M.P. et Mizon G., 1991, "Empirical Analysis of Macroeconomic time Series ; VAR and Structural Models", *European Economic Review*, 887-932.

Coe D.T., 1985, "Salaires nominaux, taux de chômage non inflationniste et flexibilité des salaires", *Revue Economique de l'OCDE.*

Coe D.T., 1988, "Hysteresis effects in aggregate wage equations" in R. Cross ed., *Unemplovment Hysteresis and the Natural Rate Hypothesis*, B. Blackwell, 284.

Cotis J.Ph. et Mihoubi F., 1990, "L'hystérésis du taux de chômage en Europe", *Economie et Prévision*, 144-164.

Cotis J.Ph et Loufir A., 1990, "Formation des salaires, chômage d'équilibre et incidence des cotisations sur le coût de travail", *Economie et Prévision.*

Drèze J. et Bean C., 1990, "Europe's Unemployment problem", *MIT Press.*

Engle R. et Granger C.W., 1987, *Cointegration and error correction representation, estimation and testing*, Econometrica, 55 : 251-276.

Franz W., 1990, "Hysteresis in economic relationship : an overview", *Empirical Economics*, pp. 109-125.

Franz W., 1987, "Hysteresis, Persistence and the NAIRU : An Empirical Analysis for the FRG", in R. Layard et L. Calmfors, edit, *The Fight Against Unemployment*, MIT Press, pp. 91-138.

Friedman M., 1968, "The Role of Monetary Policy", *American Economic Review*, pp. 1-17.

Grubb D., Jackman R. et Layard R., (1983), "Wage Rigidities and Unemployment in OECD Countries", *European Economic Review*, pp. 11-39.

Hénin P.Y. et Angelo J., 1985, "L'écart de salaire réel : Présentation, implicationg et évaluations", *Document MAD n° 109.*

Hénin P.Y. et Laurent L., 1987, "Indexation et rigidités salariales dans quatre pays de l'OCDE", in P.Y. Hénin, *L'indexation des salaires,* Economica pp. 161-192.

Holmund B., 1991, "Unemployment persistence and insider-outsider forces in wage determination", *OECD Working Paper*, n° 92.

Johansen K., 1991, "Hysteresis effects in wage determination", papier présenté au congrès de l'EEA, Cambridge.

Layard R., Nickell S. et Jackman R., 1991, *Unemployment : Macroeconomic performance and the labour market,* Oxford University Press.

Manning A., 1991, "A wage bargaining and the Phillips curve, the identification and specification of aggregate wage equation", *Document LSE.*

Manning A., 1992, "Productivity Growth, Wage Setting and the Equilibrium Rate of Unemployment", *Document de travail LSE.*

Moller J., 1990, "Unemployment and Deterioration of Human Capital ; A Labour Market Model with Hysteresis Implications", *Empirical Economics,* pp. 199-215.

Poret P., 1990, "Les salaires dans les grands pays de l'OCDE au cours des années 80 : les comportements ont-ils changé ?", *Economie et statistique,* (septembre) pp. 3-15.

Nickell S., 1988, "Imperfect competition and the Labour Market", in *Modelling the Labour Market,* Chapman and Holl, pp. 145-167.

Nickell S., 1988, "The NAIRU, Some theory and statistical Facts", in R. Cross, edit, *Unemployment Hysteresis and the Natural Rate Hypothesis,* Basil Blackwell, pp. 378-387.

Ralle P. et Toujas-Bernate J., 1990, "L'indexation des salaires : la rupture de 1983", *Economie et Provision,* 92 : 187-194.

Sachs J., 1987, "High Unemployment in Europe : Diagnosis and Policy Implications", in Siven C.H., edit., *Unemployment in Europe, Analysis and Policy Issues,* Timbro, pp. 7-42.

Sargan J.D., 1964, "Wages and Prices in the United Kindgom : A study in Econometric Methodology", in Hart. edit. *Econometric Analysis for National Planning,* Butterfield

Schultze C., 1987, "Real Wages, Wages Aspirations and Unemployment in Europe", in Lawrence Z. et Schultze C., édit, *Barriers to European Growth : a transatlantic view,* Brookings Institution, 230-302.

CHAPITRE VI

LES DÉTERMINANTS SECTORIELS DANS LA FORMATION DES SALAIRES : A LA RECHERCHE D'UN EFFET "INSIDER" *

Marianne CHAMBIN et Muriel PUCCI

INTRODUCTION

L'objet de ce chapitre est de présenter et de tester l'explication de la persistance du chômage par les modèles "insider-outsider". Ces modèles, tout en conservant l'hypothèse de rationalité individuelle des agents, permettent de rendre compte de deux caractéristiques du marché du travail induisant de la persistance du chômage dans les pays industrialisés. D'une part, les chômeurs ne peuvent (ou ne veulent) pas obtenir un emploi en proposant de travailler à un prix inférieur au salaire en vigueur ; d'autre part, les travailleurs ne peuvent (ou ne veulent) pas éviter un licenciement en acceptant une réduction de leur rémunération. L'hypothèse essentielle de ces modèles est qu'il est coûteux pour la firme d'échanger sa main d'œuvre actuelle (les insiders) contre des chômeurs (les outsiders). La rente associée à ce coût de rotation peut être captée par les insiders dans le processus de négociation salariale. Ainsi, le salaire issu des négociations entre une firme et ses insiders est supérieur au salaire de réservation des outsiders ce qui engendre du chômage involontaire[1]. Une analyse

* Nous remercions particulièrement P. Cahuc, X. Fairise, P.Y. Hénin, H. Kempf, F. Langot et A. Zylberberg pour leurs suggestions et remarques. Nous demeurons seules responsables d'éventuelles erreurs et insuffisances.

1. Pour plus de précisions sur le coût de rotation et le conflit d'intérêt entre insiders et outsiders, voir Lindbeck et Snower [1989].

simple des implications de ce type de modèles en termes de persistance du chômage peut être analysée dans le cas extrême où les insiders déterminent le salaire unilatéralement de façon à préserver leur emploi. Si un choc exogène réduit le nombre total d'insiders dans l'économie, et en contre partie augmente le chômage, le nouveau groupe d'insiders fixera alors le salaire permettant juste de maintenir ce niveau d'emploi inférieur. Il n'existera aucune force de rappel permettant à l'emploi, et donc au chômage, de revenir à leurs valeurs d'équilibre stationnaire antérieures au choc ; il y aura donc persistance du chômage à un niveau plus élevé à la suite d'un choc transitoire défavorable sur l'emploi.

Les modèles "insider" supposent de ce fait une relation décroissante entre le niveau du salaire et le nombre d'insiders. Les tests de leur validité portent généralement sur cette relation dans laquelle, faute de données, le nombre d'insiders est le plus souvent approximé par le niveau retardé de l'emploi. Mais, comme le soulignent Layard, Nickell et Jackman [1991], on peut difficilement envisager que les insiders aient un tel pouvoir si la négociation salariale est complètement centralisée[2]. C'est pourquoi les modèles "insider-outsider" sont plus généralement développés et testés au niveau microéconomique ou sectoriel, même si de nombreux travaux (Holmlund et Zetterberg [1991], Nickell et Wadhwani [1990], Coe [1990], Burda [1990]...) ont montré que même à un niveau désagrégé, la relation entre salaire et emploi retardé n'apparaissait pas d'une façon évidente. Ce constat souligne la nécessité d'envisager un test alternatif des modèles "insider".

La démarche retenue ici consiste à tester le rôle des insiders dans la détermination du salaire et ses conséquences en termes de dynamique du chômage, non seulement par la significativité de l'emploi passé dans l'équation de salaire mais aussi par celle de toute autre variable sectorielle. Le modèle théorique envisagé montre en effet que si la détermination du salaire dans un secteur est influencée par des variables qui lui sont spécifiques, cela indiquera que la négociation salariale est menée par les insiders.

L'étude empirique est effectuée sur données sectorielles pour six pays industrialisés, l'Allemagne, la Belgique, la France, le Royaume-Uni, le Japon et les U.S.A. et sur la période 1970 à 1987 (1988 pour la Belgique et le Japon). Le test du rôle déterminant des insiders via le niveau retardé de l'emploi semble effectivement fragile, ce qui corrobore globalement les conclusions des

2. Il est peu probable qu'un syndicat centralisé, sensé avoir une vocation sociale, néglige les intérêts des chômeurs. De plus, la cohésion forte entre les travailleurs en place, à la base des modèles "insider", peut difficilement être supposée au niveau de l'économie dans son ensemble.

travaux antérieurs. Il apparaît par contre que les tests portant sur l'influence des autres variables sectorielles, suggérés par l'analyse théorique, sont plus favorables à la validation des modèles "insider-outsider" et de leurs implications quant à la dynamique du chômage.

1. LE CADRE THÉORIQUE

L'objet de cette étude étant d'analyser le pouvoir explicatif des modèles insider sur la base d'estimations sectorielles, il convient de développer un modèle[3] faisant apparaître de façon explicite l'influence des variables locales sur le salaire moyen versé dans un secteur.

Pour cela, on suppose que les firmes d'un même secteur produisent un bien unique et sont en concurrence sur le marché de ce bien mais doivent fixer le salaire avant l'observation d'un choc macroéconomique affectant le prix sectoriel. On considérera que les firmes et le syndicat d'insiders du secteur *i* ne font des anticipations rationnelles qu'en ce qui concerne les variables sectorielles[4]. On suppose, en outre, que le mode de détermination du salaire est fixé de façon institutionnelle au niveau du secteur. On considère une fonction de production de type Cobb-Douglas, soit pour la firme *j* du secteur *i* :

$$Y_{ij} = A_i N_{ij}^{\alpha} \qquad (1)$$

où Y_{ij} est le niveau de production, N_{ij} l'emploi et A_i le coefficient de progrès technique supposé spécifique au secteur. A l'équilibre symétrique du secteur, on obtient :

$$Y_i = A_i f_i^{1-\alpha} N_i^{\alpha} \qquad (2)$$

Y_i, N_i et f_i étant respectivement les niveaux de production et d'emploi, et le nombre de firmes dans le secteur *i*.

3. Pour une version plus détaillée du modèle théorique, voir Chambin et Pucci [1992].
4. Il semble, en effet, raisonnable de penser que les firmes et le syndicat sont plus à même de prévoir les variables propres à leur secteur d'activité que les variables extérieures ou macroéconomiques (voir par exemple la "parabole des îles" de Lucas [1972]).

Le salaire est fixé avant l'observation du prix sectoriel P_i. On note $P_i^e = E(P_i)$ et ε l'erreur de prévision (aléatoire, imprévisible et d'espérance unitaire), due par hypothèse à un choc conjoncturel affectant identiquement tous les prix de valeur ajoutée sectoriels. Une fois le prix connu, chaque firme fixera l'emploi et la production de façon à maximiser son profit :

$$\Pi_{ij} = P_i Y_{ij} - W_i N_{ij} - CF_i \tag{3}$$

où CF_i représente les coûts fixes de production.

On en déduit les niveaux totaux de demande de travail et de profit prévalant dans le secteur *i*, à l'équilibre symétrique ex-post :

$$N_i^d = f_i \left(\frac{\alpha A_i P_i}{W_i} \right)^{\frac{1}{1-\alpha}} \tag{4}$$

$$\Pi_i = f_i \frac{1-\alpha}{\alpha} W_i N_i^d - f_i CF_i \tag{5}$$

La demande de travail du secteur anticipée au moment de la négociation salariale est donc :

$$N_i^e = E(N_i^d) = f_i \left(\frac{\alpha A_i P_i^e}{W_i} \right)^{\frac{1}{1-\alpha}} E\left(\varepsilon^{\frac{1}{1-\alpha}}\right) \tag{6}$$

On considère alors que le salaire est déterminé par un syndicat patronal représentant les firmes du secteur et/ou un syndicat représentant les M_i insiders. On suppose que le représentant des firmes et le syndicat d'insiders négligent l'influence de leurs décisions sur le chômage, l'indice général des prix à la consommation et le salaire moyen extérieur. On envisage trois modes alternatifs de détermination du salaire : un modèle insider avec négociation, un modèle insider avec hystérésis de l'emploi et un modèle de concurrence entre les travailleurs.

1.1. Un modèle insider avec négociation

En début de période, le syndicat patronal du secteur et le syndicat d'insiders négocient le salaire nominal de la période, les firmes du secteur décidant de leur niveau d'emploi après observation du choc sur les prix, (hypothèse du droit de gérer). Cette négociation peut être représentée par la maximisation du critère de Nash suivant[5], β_i mesurant le pouvoir de négociation du syndicat d'insiders :

$$\max_{W_i} S(W_i) = (V_i - E_i^e)^{\beta_i} (\Pi_i^e - \overline{\Pi}_i)^{1-\beta_i} \qquad (7)$$

$$\text{avec} \left\{ \begin{array}{l} V_i(W_i, M_i) = (1 - Q_i) \dfrac{W_i}{P^e} + Q_i \left(\dfrac{E_i}{P}\right)^e \\ \left(\dfrac{E_i}{P}\right)^e = (1 - p(u)) \left(\dfrac{\overline{W}_i}{P}\right)^e + p(u) \dfrac{B}{P^e} \\ \Pi_i^e(W_i) = f_i \dfrac{1-\alpha}{\alpha} W_i N_i^e - f_i CF_i \\ \overline{\Pi}_i = -f_i CF_i \end{array} \right.$$

où N_i^e et Π_i^e, représentent l'emploi et le profit anticipés au moment de la négociation salariale, Q_i la probabilité pour un insider d'être licencié, et $\left(\frac{E_i}{P}\right)^e$ l'espérance de revenu réel qu'un insider pourrait obtenir en dehors du secteur. E_i^e représente donc le salaire de réservation des insiders du secteur *i*, salaire au dessous duquel ils préféreraient quitter leur emploi, et *P* l'indice général des prix à la consommation. *B* est le montant de l'allocation chômage, supposé certain, $(1 - p(u))$ est la probabilité pour un insider licencié de retrouver un emploi dans la période, et $\left(\frac{\overline{W}_i}{P}\right)^e$ est le salaire réel moyen anticipé[6] dans les secteurs autres que *i*.

On supposera par la suite que $\Pi_i^e(E_i^e) > 0$, ce qui signifie que si tous les travailleurs sont rémunérés à leur salaire de réservation, les firmes du secteur ont intérêt à avoir des niveaux d'emploi et de production positifs.

La forme de V_i indique la neutralité face au risque de revenu du syndicat dont l'objectif est de maximiser l'espérance de revenu réel d'un insider. Q_i, probabilité pour un insider de perdre son emploi, est calculée sous l'hypothèse que les licenciés sont choisis aléatoirement parmi les travailleurs :

5. On n'étudiera que les solutions intérieures.

6. $\overline{W}_i = \sum_{j \neq i} \frac{N_j}{\overline{N}_i} W_j$ où $\overline{N}_i = \sum_{j \neq i} N_j$, N_j étant l'emploi total dans le secteur *j*.

$$Q_i = P\,(N_i^d < M_i)\left(1 - \frac{E\,(N_i^d / N_i^d < M_i)}{M_i}\right)$$

Supposons que $e_i^e = \log\left[\overline{W}_i^e\,(1 - (1 - b_i)\,p\,(u))\right]$ peut être approximé par $e_i^e \approx \overline{w}_i^e - (1 - b_i)\,p\,(u)$ et que le ratio de remplacement, $b_i = B / \overline{W}_i^e$ est une constante spécifique au secteur, positive et inférieure à l'unité.

L'approximation loglinéaire[7] de la condition d'optimalité du programme (7) permet d'obtenir les équations d'emploi et de salaire suivantes, en supposant que les insiders en t sont les salariés de la période précédente[8] :

$$w_{i,t} = \gamma_{1i} + \lambda_i\,(p_{i,t} + a_{i,t} - (1 - \alpha)n_{i,t-1}) + (1 - \lambda_i)\,((\overline{w}_{i,t}^e - (1 - b_i)\,p_t\,(u)) - \lambda_i\,\eta_t \qquad (8)$$

$$n_{i,t} = \gamma_i' + \frac{1 - \lambda_i}{1 - \alpha}\left[p_{i,t} + a_{i,t} - \overline{w}_{i,t}^e + (1 - b_i)\,p_t\,(u)\right] + \lambda_i\,n_{i,t-1} - \frac{1 - \lambda_i}{1 - \alpha}\,\eta_t \qquad (9)$$

où λ_i, $(0 < \lambda_i < 1)$, est un paramètre croissant avec le pouvoir de négociation des insider et $\eta_t = \log\,(\varepsilon_t)$ est supposé identiquement et indépendamment distribué.

L'équation (8) fait apparaître l'implication essentielle des modèles "insider", à savoir que le salaire d'un secteur décroît avec l'emploi passé et croît avec la productivité et le prix de valeur ajoutée du secteur. Le salaire issu de la négociation est donc, au terme constant près, une combinaison convexe de deux points sur la courbe de demande de travail anticipée : le point préféré de la firme correspondant au salaire de réservation, et le point préféré des insiders qui souhaiteraient préserver leur emploi, correspondant à $n_{i,t} = n_{i,t-1}$.

On voit clairement que ce type de négociation entraîne un certaine persistance de l'emploi sectoriel puisque $n_{i,t}$ dépend positivement de $n_{i,t-1}$ mais qu'elle ne permet pas, *a priori*, de

7. Les lettres minuscules indiquent les logarithmes des variables.
8. C'est l'hypothèse généralement adoptée dans ce type de modèle pour mettre en évidence la persistance du chômage (voir notamment Blanchard et Summers [1986] ou Lindbeck et Snower [1988]).

générer l'hystérésis de l'emploi. En effet, non seulement le coefficient affectant l'emploi retardé est inférieur à l'unité (ce qui serait la condition statistique d'hystérésis), mais de plus, par le biais du salaire de réservation des insiders, un accroissement de la probabilité pour un insider de rester au chômage en cas de licenciement tend à accroître l'emploi, et donc à réduire le chômage (effet Phillips).

Le cas limite de monopole syndical ($\beta_i = 1$) conduit aux mêmes équations sectorielles de salaire et d'emploi, avec $\lambda_i < 1$, dès lors qu'il existe une incertitude sur l'emploi au moment des négociations. Ce type de modèle ne permet donc pas d'engendrer l'hystérésis de l'emploi sectoriel !

1.2. Un modèle insider avec hystérésis

Pour obtenir de l'hystérésis de l'emploi dans un modèle insider-outsider, il faut adopter un cadre d'analyse plus restrictif. On considèrera ici la conjonction de deux hypothèses : il existe un syndicat d'insiders en situation de monopole sur le bassin d'emploi du secteur i ; l'objectif de ce syndicat est de maximiser l'espérance de salaire dans ce secteur, et non plus l'espérance de revenu d'un insider. Dans ce cas, le programme du syndicat représentant les insiders du secteur peut s'écrire :

$$\max_{W_i} (1 - Q_i)\, W_i \qquad (10)$$

$$\text{s.c.} \begin{cases} W_i \geq E_i^e \\ \Pi_i^e(W_i) \geq \overline{\Pi}_i \\ Q_i = Q(W_i, M_i) \end{cases}$$

où $Q(W_i, M_i)$ est définie dans la section (1.1). La condition d'optimalité associée à ce problème permet d'écrire, pour une solution intérieure, les équations de salaire et d'emploi suivantes :

$$w_{i,t} = \gamma_{2i} + p_{i,t} + a_{i,t} - (1 - \alpha)\, n_{i,t-1} - \eta_t \qquad (11)$$

$$n_{i,t} = n_{i,t-1} + c_i + \frac{1}{1-\alpha}\eta_t \qquad (12)$$

ce qui implique que la série d'emploi prise en logarithme suit une marche aléatoire avec dérive, sachant qu'on avait supposé η_t identiquement et indépendamment distribué. Ce modèle insider avec détermination unilatérale du salaire par les travailleurs permet donc bien d'engendrer l'hystérésis de l'emploi, voir du chômage si on suppose que ce mode de détermination du salaire prévaut dans tous les secteurs de l'économie. L'hypothèse d'un syndicat d'insiders en situation de monopole maximisant l'espérance de salaire dans le secteur, implique que le salaire d'un secteur décroît avec l'emploi passé, croît avec la productivité et le prix du secteur et est indépendant des variables extérieures.

1.3. Un modèle "outsider"

Ce modèle analyse une situation de concurrence entre les travailleurs. On ne parlera de modèle "outsider" que pour souligner l'opposition de ce mode de détermination du salaire avec les précédents. Le syndicat patronal fixe unilatéralement le salaire de façon à maximiser son profit anticipé, ce qui correspond au cas particulier $\beta_i = 0$ du modèle de négociation. Le programme s'écrit alors :

$$\max_{W_i} \Pi_i^e (W_i) \tag{13}$$

$$\text{s.c.} \begin{cases} W_i \geq E_i^e \\ \Pi_i^e (W_i) \geq \overline{\Pi}_i \end{cases}$$

où $\Pi_i^e (W_i)$ est décroissante. La solution de ce programme est :

$$W_i = E_i^e \tag{14}$$

d'où l'on déduit :

$$w_{i,t} = \overline{w}_{i,t}^e - (1 - b_i) p_t (u) \tag{15}$$

Le salaire est donc bien, dans ce cas, indépendant des variables spécifiques au secteur. L'équation d'emploi associée est :

$$n_{i,t} = \log (f_i) + \frac{1}{1-\alpha}\left[\log (\alpha) + P_{i,t} + a_{i,t} - \overline{w}_{i,t}^e + (1 - b_i) p_t (u)\right] \tag{16}$$

qui ne fait pas *a priori* apparaître de persistance de l'emploi : non seulement l'emploi en t est indépendant de l'emploi en $t-1$, mais de plus, l'effet de la probabilité d'être au chômage sur l'emploi implique un mécanisme d'autorégulation du chômage (effet Phillips) .

1.4. Forme générale de l'équation de salaire

On remarque que l'équation de salaire (8) issue du modèle insider avec négociation fournit un surmodèle de (11) et (15). Ce sera donc celle-ci qui, sous une forme estimable, sera retenue pour l'analyse empirique. Les valeurs des coefficients estimées indiqueront la vraisemblance de l'une ou l'autre des trois hypothèses quant au mode de détermination du salaire, et permettront d'en inférer la forme de la dynamique de l'emploi au niveau sectoriel. L'obtention d'une forme estimable de (8) a nécessité certaines hypothèses supplémentaires. On déduit de l'équation (2), l'expression de a_{it} en fonction des variables observables. On suppose que les insiders font des anticipations statiques du pouvoir d'achat $(\overline{w}_i - p)$, qu'ils pourraient obtenir en travaillant dans un secteur autre que i (anticipation d'indexation parfaite du salaire moyen extérieur sur le prix de consommation p). La surprise sur les prix de consommation sera supposée dépendre de son accélération et du choc conjoncturel sur les prix de valeur ajoutée : $p_t - p_t^e = \mu \, \Delta^2 p_t + \eta_t$, $0 \leq \mu \leq 1$.

Si μ était nul, cela signifierait que les insiders du secteur i font une anticipation rationnelle du prix de consommation. La probabilité pour un insider licencié de rester au chômage pendant la période, $p_t(u)$ est approximée par l'expression $c_0 + c_1 u_t + c_2 \Delta u_t$ où u_t est le taux de chômage en niveau en t et Δu_t sa variation. La présence du terme constant c_0 permet d'assurer que cette probabilité reste comprise entre zéro et un sur la période. Si seul le terme Δu_t intervenait dans la probabilité $p_t(u)$, cela signifierait que les travailleurs au chômage depuis plus d'une période n'ont aucune influence sur la détermination du salaire, ou autrement dit, ne sont pas compétitifs au regard des autres travailleurs (Blanchard et Summers [1986]).

Ces hypothèses permettent de réécrire (8) :

$$w_{i,t} = \gamma_i + \lambda_i (p_{i,t} + q_{i,t} + (1-\alpha)\, \Delta\, n_{i,t})$$

$$+ (1-\lambda_i)(\overline{w}_{i,t-1} + \Delta p_t - \mu \Delta^2 p_t - c_{i1} u_t - c_{i2} \Delta u_t) - \eta_t \qquad (17)$$

$q_{i,t}$ étant le logarithme de la productivité apparente du travail en t. L'équation finalement estimée est obtenue par l'introduction dans une dynamique d'ajustement partiel de l'expression du salaire déflaté par le prix sectoriel[9], $(w_i - p_i)$ déduite de (17). Elle comprend deux variables macroéconomiques supplémentaires, le taux de croissance du taux de syndicalisation[10] et le taux de croissance de l'écart de charges salariales (ou "wedge-wage"), permettant de capter en partie les éventuelles modifications structurelles du marché du travail dues à l'évolution du pouvoir des syndicats dans les économies considérées d'une part, et celle de la politique de taxation du salaire[11] d'autre part. On obtient :

$$\Delta(w_i - p_i)_t = \gamma_i' + (1 - \sigma)\,\lambda_i\,[\Delta q_{it} + (1 - \alpha)\,\Delta n_{it} - rw_{i,t-1}]$$
$$+ (1 - \sigma)\,(1 - \lambda_i)\,[ec_{i,t-1} - c_{i1}\,u_t - c_{i2}\,\Delta u_t - \Delta wp_{i,t} - \mu\Delta^2 p_t]$$
$$+ a_0\,\Delta ww + a_1\,\Delta ts + \eta_t + v_{it} \qquad (18)$$

où $(1 - \sigma)$ mesure l'inertie du salaire réel et où $\Delta wp_{i,t} = \Delta(p_{i,t} - p_t)$ est la variation du terme de prix relatif, ou "wedge-price" dont le coefficient estimé indiquera l'influence sur le taux de croissance du salaire d'une déformation des termes de l'échange. Les termes retardés d'écart salarial, $ec_i = (\overline{w}_i - w_i)$, et de part salariale, $rw_i = \log\left(\frac{W_i N_i}{P_i Y_i}\right)$, peuvent être interprétés comme les "forces de rappel" du modèle ; le premier indique la tendance du salaire à s'ajuster au salaire extérieur et le second la stabilisation à long terme de la part des salaires dans la valeur ajoutée. Dans cette équation, γ_i' est un effet fixe sectoriel tenant compte notamment du ratio de remplacement, des paramètres de technologie propres aux secteurs... Ainsi sera-t-il difficile d'interpréter la valeur de ce coefficient lors de la présentation des résultats. η_t mesure le choc conjoncturel affectant les prix de valeur ajoutée dans l'ensemble de l'économie et v_{it} est le résidu de l'estimation.

9. Les séries de prix et de salaire étant en général intégrées d'ordre deux, il est habituel d'effectuer les estimations d'équation de salaire en considérant le taux de croissance du salaire réel. Il aurait été équivalent de déflater le salaire nominal par l'indice des prix à la consommation.

10. On notera que Nickell et Wadhwani [1990] montrent que le taux de syndicalisation a un effet positif sur le salaire et que Holmlund et Zetterberg [1991] trouvent une corrélation positive entre l'influence des variables locales et le taux de syndicalisation au niveau industriel.

11. On s'attend pour le "wedge-wage", à estimer un coefficient compris entre zéro et un, mesurant la part des taxes à la charge de l'employeur (Poret [1990]).

2. ANALYSE EMPIRIQUE

L'analyse empirique proposée ici s'inscrit dans un programme de recherche sur la "responsabilité" des insiders dans la persistance du chômage à des niveaux élevés dans les principaux pays industrialisés. La première partie de cette section s'attache à resituer notre étude dans ce contexte, tant au niveau théorique qu'à celui du modèle estimé. La stratégie de tests particulière à cette étude, est présentée dans un deuxième temps. Enfin, une dernière partie est consacrée aux résultats empiriques de notre étude ainsi qu'à leur interprétation qualitative.

2.1. Les développements récents

L'interprétation apportée aux déterminants locaux de long terme du salaire est multiple. Au-delà des différentiels compensateurs associés à des différences de qualification ou autres caractéristiques non pécuniaires des emplois[12], ne suffisant pas à expliquer les différenciations intersectorielles de salaire persistantes, l'existence d'effets à long terme sur le salaire d'un secteur du prix de la valeur ajoutée, de la productivité apparente du salaire, de l'emploi, ou autres variables spécifiques est généralement interprétée comme une relative décentralisation des négociations salariales (Holmlund et Zetterberg [1991]) ou un fort pouvoir de négociation des insiders (Nickell et Kong [1988], Nickell et Wadhwani [1990], Coe [1990], Burda [1990]).

Les résultats sont mitigés et en général ne valident pas l'hypothèse d'hystérésis par la taille du groupe d'insiders. On présentera ici quelques études empiriques récentes, en mettant l'accent sur les modèles estimés et les conclusions relatives aux six pays étudiés ici (l'Allemagne, la France, le Royaume-Uni, la Belgique, les U.S.A, et le Japon).

Nickell et Wadhwani [1990] d'une part et Coe [1990] d'autre part estiment une équation de salaire issue d'un modèle théorique insider avec négociation similaire à celui qui est présenté[13] en section 1, et testent l'existence d'un canal hystérétique "insider" par l'influence sur le salaire du taux de croissance de l'emploi pris comme proxy du taux de croissance du nombre d'insiders (ou membership).

12. Ces différences inter-sectorielles pouvant être supposées invariantes sur l'horizon considéré, on admet en général qu'elles sont captées par les constantes spécifiques.

13. L'analyse théorique proposée par Layard, Nickell et Jackman [1991] conduit à une équation de salaire de même type.

Nickell et Wadhwani [1990] estiment leur modèle sur un échantillon en panel pour 219 firmes anglaises observées entre 1972 et 1982 en supposant qu'il existe seulement un effet fixe individuel, les autres coefficients estimés étant contraints à être identiques entre les firmes. En reprenant les notations définies précédemment, ce modèle peut s'écrire :

$$w_{i,t} = \mu_{i\,0} + (1 - \mu)\, w_{i,\,t-1} + \mu\ \{\lambda\ [(p_i + q_i\ )_t^e$$

$$+ \alpha_1\, Up_{i\,,\,t} + \alpha\, l_{i\,,\,t}\,] + (1 - \lambda)\ [\overline{w}_t - \gamma_1\, \overline{u}\ + \gamma_2\, b\ ]\} + \alpha_3\, \Delta n_{i\,,\,t}$$

où l'indice i représente la firme. $\overline{w}$ est le salaire moyen dans l'économie. $Up_{i,t}$ mesure le pouvoir de négociation des syndicats. l est une variable financière introduite pour tenir compte de l'influence sur le salaire du risque de faillite. Enfin, $\overline{u}$ est le taux de chômage macroéconomique. Pour tenir compte d'un éventuel "effet de composition du chômage"[14], Nickell et Wadhwani [1990] effectuent leur estimation en introduisant dans l'équation la part du chômage de longue durée (plus d'un an) en plus du taux agrégé. Ils proposent de plus d'ajouter un terme de taux de chômage industriel qui s'avèrera être non significatif, contrairement au taux aggrégé[15]. Dans cette estimation, le poids des insiders à long terme dans la négociation est d'environ 10 % mais l'effet hystérétique du nombre d'insiders (mesuré par le coefficient de Δn) est négligeable quoique significatif. L'effet outsider par le chômage est fort au total et il semble qu'il y ait effectivement un effet de composition du chômage tel que les agents sans emploi depuis plus d'un an n'aient que peu d'influence sur le salaire.

Coe [1990] développe sur données sectorielles l'analyse de Nickell et Wadhwani [1990]. Il estime une équation du taux de croissance du salaire coût déflaté par le prix de valeur ajoutée pour quinze pays, dont les six pays faisant l'objet de notre analyse empirique, entre 1971 et le milieu des années 1980. Il présente les résultats d'estimations effectuées indépendamment par secteur et d'estimations en panel par pays avec effet fixe sectoriel. Son modèle peut s'écrire, en conservant nos notations :

---

14. Les auteurs parlent d'"effet de composition du chômage" pour décrire la perte d'influence des chômeurs de longue durée associée à la dépréciation du capital humain.

15. Il faut ici préciser que Nickell et Wadhwani [1990] effectuent leur estimation avec les taux de chômage pris en logarithme.

$$\Delta(w_i - p_i)_t = \alpha_{i\,0} + \alpha_1\,\Delta n_{i,t} + \alpha_2\,\Delta q_{i,t} + \alpha_3 rw_{i,t-1}$$
$$+ \beta_1\,\Delta wp_{i,t} + \beta_2 \ln(u_t)$$

Les estimations sur séries temporelles (secteur par secteur dans chaque pays), indiquent une prépondérance des modèles de type insider avec hystérésis, ou avec négociation (selon la terminologie définie en section 1) avec un effet stabilisant de la part salariale retardée. Cependant, ces résultats doivent être considérés avec précaution, les séries ne comportant que 15-20 points.

Les résultats ne sont communiqués, pour des estimations en panels, que pour deux agrégats de secteurs : le secteur manufacturier d'une part et les services d'autre part. Pour les six pays considérés ici, D. T. Coe conclue en général à un effet positif significatif du taux de croissance de l'emploi du secteur, indiquant la vraisemblance d'une telle cause de l'hystérésis du chômage. Cependant, dans les secteurs manufacturiers, cette influence des insiders est le plus souvent (sauf aux Etats-Unis) contrebalancée par un effet stabilisateur du chômage en niveau. On n'observe dans aucun de ces six pays la dominance du modèle insider avec hystérésis dans le secteur manufacturier. Dans le secteur des services, la force de rappel exercée par le chômage n'apparaît que sur données allemandes, et l'estimation pour les U.S.A. suggère un modèle insider avec hystérésis. Les résultats empiriques obtenus par Coe [1990] semblent incohérents avec un certain nombre d'études macroéconomiques suggérant que le phénomène d'hystérésis est plus important dans les pays Européens qu'aux Etats Unis.

L'étude proposée par Holmlund et Zetterberg [1991] analyse le degré de centralisation des négociations salariales ainsi que l'influence des mécanismes insiders. Holmlund et Zetterberg [1991] analysent une négociation microéconomique (entre une firme et un syndicat) contrainte par des accords salariaux nationaux. Le coût pour le syndicat de la déviation à la norme nationale permet de mesurer le degré de centralisation des négociations. Ils effectuent leurs estimations sur données sectorielles (1965-1985) pour cinq pays, en supposant l'existence d'un effet fixe individuel. L'équation estimée est la suivante :

$$\Delta(w_i - p)_t = \lambda_i + \beta_1 (w_i - p)_{t-1} + \beta_2 ($$

$$+ \beta_3 (\Delta w_i - \Delta \overline{w})_{t-1} + \beta_4 \Delta wp_{i,t} + \beta_5 wp_{i,t-1} + \beta_6 \left(\frac{1+s}{1-\tau}\right)_t$$

$$+ \beta_7 \ln \left(\frac{Q}{H}\right)^T_{i,t} + \beta_8 \Delta^2 p_t + \beta_9 \ln (u_t) + \varepsilon_{i,t}$$

où $\overline{w}$ est le salaire moyen dans l'économie, $\ln\left(\frac{1+s}{1-\tau}\right)$ mesure l'écart de charge salariale[16] (ou wedge-salaire) et $\ln(Q/H)^T$ est la productivité horaire tendantielle du travail. Il ressort de leurs estimations que le salaire industriel aux Etats Unis comme en Allemagne, est sensible aux variables sectorielles aussi bien à court terme qu'à long terme. L'inertie du salaire semble cependant plus forte aux U.S.A., où le salaire moyen anticipé n'a qu'un faible effet sur le salaire sectoriel. Holmlund et Zetterberg [1991] ont tenté de tester un effet insider dans le cadre de leur modèle en ajoutant le logarithme de l'emploi sectoriel retardé et le logarithme des heures par travailleur (comme approximation du taux d'utilisation du travail) de la période précédente parmi leurs variables explicatives. L'emploi retardé n'est en général pas significatif tandis que le taux d'utilisation du travail influence positivement le salaire réel.

Il apparaît donc que si l'influence des variables locales sur le salaire au niveau microéconomique ou sectoriel semble être un fait établi, celle du nombre d'insiders, au contraire, n'est que rarement et faiblement vérifiée empiriquement.

Remarquons que l'hypothèse adoptée quant à la mesure du nombre d'insiders est sans doute excessive. En effet, il paraîtrait raisonnable de penser que des insiders ne perdent pas immédiatement leur pouvoir de négociation ou encore que des nouvelles recrues n'acquièrent ce pouvoir qu'après avoir passé un certain temps dans la même firme (Blanchard et Summers [1986], Lindbeck et Snower [1988]).

Burda [1990] propose une mesure plus précise dans le cadre d'une étude empirique sur données sectorielles allemandes en approximant le nombre d'insiders d'un secteur par le nombre de syndiqués. Il montre, d'une part, que les résultats obtenus avec cette approximation sont plus favorables à la validation des modèles insider-outsider que les estimations basées sur l'approximation par l'emploi retardé et d'autre part que les estimations sur données sectorielles sont plus informatives que les études macro-

16. s est le taux de taxes salariales et τ le taux d'impôt sur le revenu.

économiques. Dans le cas présent, cette mesure plus pertinente du nombre d'insiders est rendue impossible par le caractère multi-pays de l'analyse empirique. Nos résultats auront donc, sans doute, tendance à sous évaluer le rôle des insiders dans la détermination du salaire.

2.2. La stratégie d'emboîtement des tests

Les équations sont estimées sur des données issues des bases EUROSTAT et O.C.D.E. (Statistiques de la population active), pour six pays : l'Allemagne, la Belgique, la France, le Royaume-Uni, les Etats Unis et le Japon, sur la période 1970-1987 à l'exception de la Belgique et du Japon pour lesquels on dispose des données de l'année 1988. Dans chaque pays, nous avons agrégé les données en dix secteurs principaux.[17] Nous disposons donc pour chacun de ces pays d'un échantillon en panel de dimension *F.T* (soit de 153 à 180 points selon les pays) où *F* est le nombre de secteurs et *T* le nombre de périodes considérés. Nous estimons un système d'équations par pays en considérant à priori qu'il y a un effet fixe sectoriel (reflétant des différences de technologie, de pouvoir syndical, ou encore de caractéristiques non pécuniaires des emplois), et un effet aléatoire temporel résumant le choc conjoncturel macroéconomique. La structure de panel implique une forme particulière des résidus, et plus précisément de leur matrice de variances-covariances, que nous prendrons en compte lors des estimations du système (19) en appliquant les moindres carrés quasi-généralisés.

$$\Delta(w_i - p_i)_t = ci + \phi_1^i \, ec_{i,t-1} - \phi_2^i \, u_t - \phi_3^i \, \Delta u_t - \phi_4^i \, \Delta wp_{it} - \phi_5^i \, \Delta^2 p_t + \phi_6^i \, \Delta q_{it} + \phi_7^i \, \Delta n_{it} - \phi_8^i \, rw_{i,t-1} - \phi_9^i \, \Delta ww + \phi_{10}^i \, \Delta ts + \eta_t + v_{it} \quad (19)$$

Cette méthode d'estimation consiste dans le cas présent à appliquer les moindres carrés ordinaires aux données transformées $\tilde{z}_{it} = z_{it} - (1 - \theta)\, z_{.t}$, où $z_{.t}$ est la moyenne

17. La description des secteurs et la construction des différentes variables sont données en annexe. Signalons d'ores et déjà que pour le Royaume-Uni, l'estimation ne pourra être effectuée que pour les neuf premiers secteurs.

temporelle de la série et où $\theta = \sqrt{\sigma_\nu^2 / \left(\sigma_\nu^2 + F\,\sigma_\eta^2\right)}$, σ_x^2 étant la variance de x (voir Dormont [1989]).

L'équation utilisée pour l'analyse empirique englobe trois types de modèle, auxquels nous pouvons associer trois configurations permettant d'apprécier l'influence des facteurs insiders dans la détermination du salaire et d'en inférer les conséquences en termes de persistance du chômage.

— Une configuration insider avec négociation, notée I^N (voir section 1.1).

— Une configuration insider avec hystérésis, que l'on note I^H, correspondant à une détermination du salaire, où seules des variables spécifiques au secteur interviennent (voir section 1.2).

— Une configuration outsider, notée O, dans laquelle le salaire ne dépend que des opportunités extérieures (voir section 1.3).

Idéalement, pour étudier le caractère "insider-outsider" du mode de fixation du salaire dans un pays et sa différenciation par secteur, il faudrait estimer le système d'équations présenté ci-dessus en laissant tous les coefficients libres. Cependant, une telle estimation serait ici peu pertinente, la dimension temporelle de l'échantillon n'étant que de 15 ou 16 points (cette estimation serait équivalente à une estimation équation par équation du système). Il a donc été nécessaire d'imposer des contraintes sur les paramètres, contraintes qui ont été relâchées alternativement selon les besoins de l'analyse. Au niveau empirique, l'étude présentée ici ne s'arrêtera donc pas à une analyse contrainte, contrairement aux études présentées ci-dessus, mais tentera de plus de préciser la répartition au niveau sectoriel des trois configurations envisagées (deuxième et troisième exercices).

Dans un premier temps, on effectuera donc une estimation du système avec effet fixe sectoriel. Cette "équation de référence" (tableau 1, annexe C), indiquera les effets moyens dans le pays considéré des variables internes et externes. Ainsi, ce premier exercice donnera-t-il une idée du mode de fixation du salaire le plus vraisemblable dans l'économie c'est à dire la configuration qui semble prévaloir. Il permettra également de formuler des conclusions globales en termes de persistance de l'emploi et donc du chômage.

Dans un deuxième temps, on précisera les différenciations inter-sectorielles selon une stratégie en deux étapes :

L'objet de cette étude étant de discriminer entre différents effets insiders et outsiders au niveau sectoriel, nous proposons une série d'estimations dans lesquelles les contraintes d'homogénéité des coefficients entre les secteurs ont été relachées alternativement pour deux variables d'intérêt (tableaux 2 et 3, annexe D). Pour chaque pays, les effets sectoriels associés aux couples de variables suivants sont étudiés :

(1)	$\widetilde{\Delta u}$ et $\widetilde{u}$	(4)	$\widetilde{\Delta u}$ et $\widetilde{\Delta q}$
(2)	$\widetilde{\Delta u}$ et $\widetilde{\Delta n}$	(5)	$\widetilde{u}$ et $\widetilde{\Delta q}$
(3)	$\widetilde{u}$ et $\widetilde{\Delta n}$	(6)	$\widetilde{rw}_{-1}$ et $\widetilde{ec}_{-1}$

D'autres combinaisons auraient pu être envisagées, mais l'analyse a été limitée aux oppositions qui semblaient les plus pertinentes.

L'estimation (1) permet de mettre en évidence de manière différenciée selon les secteurs, l'effet propre du chômage sur l'accroissement du salaire réel. Les résultats de cette estimation conduisent à envisager deux cas de figure. Si le chômage en niveau est significatif, cela correspond à un effet Phillips macroéconomique traditionnel qui sera associé ou non à un effet temporaire du chômage sur la dynamique transitoire du salaire par le biais du terme différencié. En l'absence de cet effet Phillips, la dynamique du salaire sera compatible avec l'hypothèse d'hystérésis du chômage, malgré sa dépendance éventuelle aux conditions du marché du travail via l'effet transitoire du chômage en différence. Les estimations (2) à (5) permettent d'opposer des effets insiders en taux de croissance aux effets du chômage. Dès lors que seules des variables insiders seront significatives, on associera au secteur considéré une configuration I^H. Si au contraire, seul le chômage (en niveau ou en différence) est significatif, on identifiera la configuration O. Le cas où les deux types de variables jouent un rôle sera associé à la configuration I^N. Un raisonnement identique s'applique concernant l'estimation (6) qui indique si la détermination du salaire transite par les "forces de rappel" insider (part salariale) et/ou outsider (écart salarial) du modèle.

Ce deuxième exercice permet ainsi de connaître l'importance relative de certaines variables discriminantes, mais pas leurs effets "absolus" au niveau sectoriel.

Le dernier exercice (tableaux 4 et 5, annexe E) donne alors en général le moyen de combler cette insuffisance et permet la plupart du temps de valider les résultats précédemment obtenus. Cet exercice consiste à sélectionner, pour chaque pays, une équation obtenue par élimination successive des variables non significatives à partir du modèle le plus général[18] (méthode descendante de sélection de modèles). Il faut souligner que cette estimation issue du modèle le plus général va faire apparaître certains effets qui étaient anihilés par les contraintes imposées dans les estimations par couples.

2.3. Résultats et commentaires

Avant d'examiner les résultats essentiels permettant de discriminer entre les différentes configurations dans chaque pays, il convient d'étudier les effets des quatre variables non discriminantes, d'une part dans l'équation de référence qui retrace les effets moyens (tableau 1), et d'autre part dans l'équation finalement retenue (tableaux 4 et 5). L'effet moyen dans l'économie du taux de croissance du wedge-prix semble montrer que dans tous les pays considérés le salaire est plutôt indexé sur le prix de la consommation. En ce qui concerne le taux de croissance du wedge-salaire, cet effet moyen suggère que les taxes salariales sont essentiellement supportées par les employés dans tous les pays à l'exception de l'Allemagne où elles semblent plutôt à la charge des employeurs. On ne retrouve donc pas ici la répercussion très nette sur le salaire des cotisations sociales que permet de dégager l'estimation macroéconomique présentée par Hénin et Collard (dans cet ouvrage). Le taux de croissance du taux de syndicalisation quant à lui ne donne pas en général les résultats attendus à un niveau moyen. Mais il faut rappeler que l'indicateur théorique serait un taux de syndicalisation sectoriel, et que la variable introduite ici est macroéconomique. L'effet attendu quant à l'accélération des prix apparaît en Allemagne, en Belgique et aux U.S.A. ce qui reflète dans ces pays une capacité réduite à anticiper correctement le prix de consommation.

Les effets moyens dégagés pour ces quatre variables sont en général confirmés par l'analyse des effets sectoriels.

L'analyse sectorielle par pays

Pour chaque pays, nous présenterons successivement les résultats de l'estimation de l'équation de référence, (tableau 1), des estimations dégageant les "couples de variables d'intérêt", (tableaux 2 et 3), puis de l'estimation de l'équation sectorielle

---

18. Cette méthode étant difficile à mettre en œuvre pour un aussi grand nombre de variables explicatives, il a parfois été nécessaire d'imposer des restrictions *a priori* en se basant sur les résultats précédemment obtenus.

finalement retenue, (tableaux 4 et 5). Cette démarche respectant la stratégie d'emboîtement des tests (section 2.1.2), permet de préciser au niveau sectoriel le diagnostic provisoire porté sur la base des équations contraintes.

Remarquons avant tout qu'à un niveau de référence, (tableau 1), le taux de croissance de l'emploi exerce sur le salaire une influence négative ou non significative, en cela les estimations ne confirment pas la logique d'un effet (extrême) du nombre d'insiders mais confortent plutôt les réserves exprimées par Holmlund et Zetterberg [1991] et Nickell et Wadhwani [1990] quant à la fragilité de ce mécanisme. Symétriquement, l'effet Phillips d'un impact négatif du chômage sur la formation des salaires apparaît moins nettement établi que dans les équations macroéconomiques.

L'Allemagne

Aux résultats de l'équation de référence, (tableau 1), on peut associer pour l'Allemagne une configuration insider avec négociation, comprenant un effet Phillips associé à un effet de dynamique transitoire du chômage.

La différenciation sectorielle de l'impact des variables principales confirme en général la pertinence d'une telle configuration, à l'exception de l'effet Phillips qui n'apparaît plus réellement prépondérant, (tableau 2). En effet, sur l'ensemble des secteurs, il y a dominance de la configuration I^N. Seuls les secteurs de l'agriculture (S1), des I.A.A. (S5) et du commerce (S10) semblent présenter une configuration outsider, la seule variable significative étant alors le chômage en différence. L'influence des variables outsiders dans la configuration I^N transite essentiellement par le taux de croissance du chômage, alors que l'influence du chômage en niveau, dégagée dans l'estimation de référence, n'apparaît que dans les secteurs de l'énergie (S2), du bâtiment/génie civil (S8) et des services marchands (S9). Les équations (4) et (5) (tableau 2) indiquent quant à elles l'influence de la productivité en différence comme mécanisme insider.

L'équation finalement retenue, (tableau 4) semble confirmer la prédominance d'une configuration sectorielle insider avec négociation, (6 cas sur 10). Seul le secteur des I.A.A. (S5) correspond à une détermination du salaire reflètant la concurrence entre travailleurs.

Le dernier exercice montre que l'effet Phillips macroéconomique du chômage n'apparaît que dans le secteur de l'énergie, ce qui permet de confirmer globalement le rôle des insiders dans l'explication de la persistance du chômage. L'existence de trois secteurs correspondant à une configuration du type I^H permet de plus d'envisager que l'hystérésis de l'emploi dans ces secteurs puisse accentuer la persistance du chômage au niveau de l'économie. Notons que la non significativité de l'écart du salaire extérieur au salaire moyen peut indiquer une progression parallèle des rémunérations moyennes dans tous les secteurs.

Le rôle relativement symétrique des facteurs internes et externes et le caractère persistant de l'emploi indiqués par nos estimations semblent réalistes dans le cas de l'Allemagne. En effet, le caractère décentralisé des négociations (au niveau de l'industrie avec harmonisation au sein de chaque secteur) permet une influence des insiders. Par ailleurs, l'existence de coordinations au niveau national entre des organisations d'employeurs et des fédérations de syndicats implique la prise en considération de l'état général du marché du travail.

La Belgique

Les estimations sur données belges et allemandes conduisent globalement aux mêmes conclusions quant au mode de détermination du salaire. En effet, dans les trois exercices proposés, on retrouve une prédominance de la configuration insider avec négociation .

La différence principale entre ces deux pays concerne l'influence de la variation du chômage qui, au vu des résultats du deuxième exercice, semble être moins dominante en Belgique qu'en Allemagne. Cette caractéristique est confirmée par les estimations de l'équation finalement retenue où l'effet Phillips macroéconomique traditionnel semble être plus présent en Belgique (cas de quatre secteurs). L'explication de la persistance du chômage en Belgique comme en Allemagne provient essentiellement de mécanismes insiders. L'effet insider de l'emploi n'est significatif que dans le secteur des industries diverses (S7) et l'effet d'ajustement au salaire extérieur que dans le secteur des I.A.A. (S5).

En Belgique comme en Allemagne, les négociations sont effectuées au niveau des industries avec harmonisation sectorielle. Le rôle stabilisant du chômage, plus fréquent en Belgique, peut sans doute être expliqué par l'implication des syndicats dans la distribution des allocations chômage suggérant la prise en compte des intérêts des outsiders et du chômage.

La France

Dans le cas de la France, l'estimation des effets moyens semble mettre en évidence une configuration insider avec hystérésis de l'emploi (significativité des coefficients de la productivité en différence et de la part salariale retardée). Les estimations par "couples de variables d'intérêt" quant à elles, ont conduit à des résultats décevants ; elles apportent peu d'information sur la configuration des différents secteurs. Il semble cependant qu'il y ait prédominance des mécanismes insiders via l'influence de la part retardée.

Les secteurs de l'agriculture (S1) et des industries manufacturières (S4) sont les seuls à présenter un caractère outsider. On retrouve cette caractéristique dans l'estimation de l'équation finalement retenue, par la significativité de l'écart salarial retardé pour le secteur (S1) et celle du chômage en niveau dans le secteur (S4). Cette dernière estimation semble de plus confirmer la prédominance, au niveau sectoriel, de la configuration insider avec hystérésis à l'exception du secteur (S4) soumis à un effet Phillips. Remarquons que le secteur de l'énergie (S2) correspond au cas typique de l'influence des insiders par l'emploi. Cette prépondérance des variables purement insiders révèle alors que la forte persistance du chômage en France peut sans doute être expliquée par un modèle insider avec hystérésis de l'emploi.

La réticence des employeurs et syndicats français à négocier et à signer la moindre convention collective, dans un contexte de négociations décentralisées (similaire aux cas allemands et belges), peut être vue comme un élément explicatif du faible rôle des variables outsiders suggéré par cette étude empirique. De plus, il semble que les syndicats se préoccupent principalement de la protection de l'emploi, ce qui serait cohérent avec la prédominance de la configuration insider avec hystérésis.

Le Royaume-Uni

L'équation de référence dégage pour le Royaume-Uni une configuration insider avec hystérésis de l'emploi où seule la variation de la productivité apparente du travail est significativement influente. Le deuxième exercice effectué, comme pour la France, apporte peu d'information si ce n'est la mise en évidence d'une influence apparemment dominante des variables outsiders dans les secteurs de l'énergie (S2) et du bâtiment/génie civil (S8) et une certaine confirmation de l'importance de la configuration insider avec hystérésis. Ces caractéristiques sont globalement confirmées par l'estimation de l'équation finalement retenue, à l'exception du secteur (S8) pour lequel l'influence des variables outsiders n'est pas reproduite.

Au Royaume-Uni, il semble donc que dans environ 90 % des cas la persistance du chômage puisse être expliquée par le pouvoir de négociation des insiders dans la détermination du salaire. La pratique, dans de nombreuses branches d'activités, d'ateliers syndicaux, réservant certains emplois aux travailleurs syndiqués, ainsi que la forte décentralisation des négociations (niveau industriel), corroborent ces résultats.

Les U.S.A.

L'estimation de l'équation de référence sur données américaines indique la vraisemblance du modèle insider avec négociation et présente un effet purement transitoire du chômage sur la dynamique du salaire, les variables significatives étant la variation de la productivité apparente du travail et celle du chômage.

Les estimations (1) et (2) effectuées dans le cadre du deuxième exercice indiquent qu'au niveau sectoriel, ces deux variables ne sont plus réellement prédominantes, les deux autres configurations ainsi que la présence d'un effet Phillips pouvant elles aussi être envisagées.

Ce constat semble être conforté par les résultats du troisième exercice. En effet, si le modèle insider avec négociation reste dominant, (5 secteurs sur 10), le salaire dans les autres secteurs semble être plutôt déterminé soit par un modèle insider avec hystérésis, soit par un modèle outsider. De même, la dynamique de l'emploi semble être principalement persistante mais on pourra parler d'hystérésis dans les secteurs des industries manufacturières (S4) et des I.A.A. (S5).

Le caractère peu persistant du chômage américain, relativement au chômage des principaux pays européens, semble à priori incompatible avec la mise en évidence par notre étude d'un fort pouvoir des insiders. Cependant, il faut noter que notre modèle théorique suppose une négociation sectorielle alors que l'on observe aux U.S.A. des négociations au niveau des firmes sans aucune coordination au sein des secteurs. Cette spécification restrictive conduit à considérer les résultats obtenus sur données américaines avec précaution[19]. Remarquons que la pratique dans certains états d'ateliers syndicaux peut, peut être, expliquer que de telles conclusions soient obtenues sur données agrégées.

---

19. Ces résultats quelque peu surprenants sont cependant similaires à ceux des études antérieures (voir par exemple Coe [1990], Holmund et Zetterberg [1991]...).

Le Japon

Pour le Japon, le premier exercice révèle une configuration moyenne insider avec négociation, laquelle suggérera une explication de la persistance à partir de mécanismes insiders. Les résultats des équations (1) et (6) des effets sectoriels permettent de dégager l'influence du chômage en différence, de l'écart salarial retardé, et de la part salariale retardée. Notons que les estimations (4) et (5) révèlent une influence de la productivité apparente du travail pour les secteurs de l'énergie (S2), des I.A.A. (S5) et du bâtiment/génie civil (S8). Finalement, si ces effets sectoriels relatifs indiquent une très nette prédominance de la configuration insider avec négociation, ce n'est pas le cas des effets absolus estimés dans l'équation finalement retenue. Cette configuration n'apparaît que dans la moitié des secteurs, l'autre moitié suggérant plutôt l'existence d'un modèle insider avec hystérésis de l'emploi. De plus, il faut remarquer que l'influence des variables extérieures transite essentiellement par l'écart salarial et non par le chômage en différence, comme on aurait pu le penser initialement. Dans le cas du Japon, la persistance du chômage semble donc être essentiellement expliquée par des mécanismes insiders. Ce résultat est *a priori* cohérent avec la très forte sécurité de l'emploi prévalant dans ce pays où les négociations sont effectuées au niveau de la firme avec dans certains cas une pratique d'ateliers syndicaux. L'harmonisation au niveau du pays des revendications salariales quant à elle, permet sans doute de comprendre l'influence particulièrement forte de l'écart salarial .

ÉLÉMENTS DE SYNTHESE ET CONCLUSION

L'objet de cette étude était de mettre en évidence le rôle des insiders dans la formation des salaires. L'équation de salaire théorique conçue à cet effet indiquait que la non significativité de l'emploi sectoriel (retardé ou en différence), ne suffisait pas à conclure à l'absence de mécanismes insiders et qu'il fallait au contraire considérer toutes les variables sectorielles comme des canaux d'influence des insiders sur le salaire local.

A l'issue du travail empirique, plusieurs résultats ont pu être établis. L'influence des insiders sur le salaire sectoriel est un fait saillant dans les six pays étudiés (86 % des cas), avec cependant une différenciation selon les pays. L'hypothèse de négociation semble principalement être validée dans le cas de l'Allemagne et celle d'un modèle avec hystérésis de l'emploi en France et au Royaume-Uni. L'imputation aux insiders d'une certaine persistance de l'emploi et du chômage peut donc être admise dans la plupart des cas.

Il faut remarquer que la relation décroissante entre l'emploi retardé et le salaire n'apparaît pas en général ; ce résultat est proche de ceux de Nickell et Wadhwani [1990], Burda [1990] et Holmlund et Zetterberg [1991].

Cependant, il convient de nuancer ces conclusions. En effet, l'utilisation de l'emploi de la période précédente comme approximation du nombre d'insiders, même si elle a été rendue nécessaire par le manque de données appropriées, ne nous permet pas de rejetter catégoriquement l'influence du nombre d'insiders sur le salaire (Burda [1990]). De plus, une étude empirique de ce type pourrait sans doute être améliorée par l'introduction de certaines autres variables comme le taux de chômage sectoriel, le ratio de remplacement sectoriel ou macroéconomique ou encore la part de chômage de longue durée dans le chômage total.

Bibliographie

Blanchard O.J. et Summers L., *Hysteresis and the European Unemployment Problem*, NBER Macroeconomics Annual, M.I.T. Press, Cambridge, 1986.

Burda M., "Some evidence on the membership hysteresis hypothesis in Europe", *Empirical Economics*, 15, 143-161, 1990.

Chambin M. et Pucci M., *Mécanismes insiders et déterminants sectoriels dans la formation du salaire*, Document de travail 92-, Ecomath, Université de Paris I,1992.

Coe D., "Insider-outsider influences on industy wages", *Empirical Economics*, 15(2):163-184,1990.

Dormont B., *Introduction à l'économétrie des données de panel. Monographies d'Econométrie*, ADRES-CNRS, Paris, 1988.

Holmund B. et Zetterberg J., "Insider effects in wage determination, evidence from five countries", *European Economic Review*, 35:1009-1034, 1991.

Layard R., Nickell S. et Jackman R., *Unemployment, Macroeconomic Performance and the Labour Market*, Oxford University Press, 1991.

Lindbeck A. et Snower D., *The Insider-Outsider Theory of Employment and Unemployment*, The MIT Press, 1989.

Lucas R., "Expectations and the neutrality of money", *Journal of Economic Theory*, 4(2):103-124, Avril 1972.

Nickell S. et Kong P., *An Investigation into the Power of Insiders in Wage Determination*, Mimeo, Institute of Economics and Statistics, Oxford University, 1988.

Nickell S. et Wadhwani S., "Insider forces and wage determination", *Economic Journal*, 100:496-509, 1990.

Poret P., *Wage Behaviour : Recent Developments and Prospects*. Document de travail, O.C.D.E., 1990.

Annexe A : Définition des variables et sources des données

Les données sectorielles utilisées dans cette étude pour la période 1970-1987, (1988 pour la Belgique et le Japon), sont issues des bases EUROSTAT et O.C.D.E., (Statistiques de la population active). Toutes les variables à l'exception du taux de chômage et du taux de syndicalisation sont prises en logarithme.

Variables	*Définition*
w_i	Logarithme du salaire individuel, égal au rapport entre la rémunération des salariés et l'emploi salarié. Données EUROSTAT.
p_i	Logarithme du prix de la valeur ajoutée égal au rapport entre la valeur ajoutée au prix courant et la valeur ajoutée au prix 1985. Données EUROSTAT.
p	Logarithme de l'indice général des prix à la consommation. Données O.C.D.E.
ww	Logarithme du "wedge-wage" égal au rapport entre la rémunération des salariés et le taux de salaire. Données O.C.D.E.
U	Taux de chômage. Données O.C.D.E.
rw_i	Logarithme de la part salariale corrigée du taux de salarisation, égal au rapport entre la rémunération des salariés et la valeur ajoutée au coût des facteurs par le rapport entre l'emploi salarié et l'emploi. Données EUROSTAT.
n_i	Logarithme de l'emploi. Données EUROSTAT
q_i	Logarithme de la productivité par tête. Données EUROSTAT
TS	Taux de syndicalisation. Données O.C.D.E.

Annexe B : L'agrégation des secteurs

La nomenclature de la base EUROSTAT comportant un nombre élevé de branches, nous avons effectué une agrégation afin de ne travailler que sur dix secteurs représentatifs de l'économie.

Secteurs	*Définition*
S1	Produits de l'agriculture, de la sylviculture et de la pêche
S2	Produits énergétiques
S3	Minerais et métaux ferreux et non ferreux, autres que fertiles et fissiles. Minéraux et produits à base de minéraux non métalliques. Produits chimiques. Produits en métaux à l'exclusion des machines et du matériel de transport.
S4	Machines industrielles et agricoles. Machines de bureau, machines pour le traitement de l'information, instruments de précision, d'optique et similaires. Matériel et fournitures électriques. Moyens de transport.
S5	Produits alimentaires, boissons et produits à base de tabac.
S6	Produits textiles, cuir, chaussures, habillement.
S7	Papier, articles en papier, articles imprimés. produits en caoutchouc et en plastique. Autres produits industriels.
S8	Bâtiments et ouvrages de génie civil.
S9	Services marchands, hors récupération et réparation, services de commerce
S10	Récupération et réparation, services de commerce.

En se référant à la nomenclature INSEE, les secteurs (S3) et (S5) correspondront respectivement au secteur des biens intermédiaires et au secteur des I.A.A. (industries agro-alimentaire). Par simplification, les secteurs (S4) et (S7) seront appelés secteur des industries manufacturières et secteur des industries diverses.

Annexe C

Tableau (1)
EQUATION DE RÉFÉRENCE
variable expliquée : $\Delta(\widetilde{w_i - p_i})$

PAYS / VARIABLES [2]	ALLEMAGNE	FRANCE	ROYAUME-UNI [1]	BELGIQUE	U.S.A.	JAPON
$\widetilde{c1}$	-0.067 (-1.138)	-0.130 (-2.714)	-0.053 (-1.036)	-0.060 (-0.427)	-0.004 (-0.129)	-0.332 (-3.970)
$\widetilde{c2}$	0.0117 (0.395)	-0.057 (-1.726)	0.029 (0.923)	0.039 (2.241)	0.022 (1.253)	-0.049 (-1.669)
$\widetilde{c3}$	0.0204 (1.19)	-0.011 (-0.618)	0.009 (0.451)	0.032 (2.950)	0.024 (2.264)	-0.044 (-1.723)
$\widetilde{c4}$	0.0274 (1.496)	0.028 (1.928)	0.019 (0.928)	0.037 (2.738)	0.027 (2.658)	-0.011 (-0.479)
$\widetilde{c5}$	0.0045 (0.392)	-0.363 (-1.453)	0.005 (0.269)	0.030 (2.655)	0.016 (1.278)	-0.103 (-2.668)
$\widetilde{c6}$	0.0182 (1.715)	0.0035 (0.245)	-0.028 (-1.188)	0.013 (0.652)	0.010 (0.830)	-0.069 (-2.246)
$\widetilde{c7}$	0.0175 (1.585)	0.0049 (0.321)	0.021 (1.089)	0.027 (2.411)	0.016 (1.445)	-0.044 (-1.651)
$\widetilde{c8}$	0.0055 (0.508)	-0.0009 (-0.049)	0.025 (0.558)	0.011 (0.961)	0.007 (0.510)	-0.033 (-1.277)
$\widetilde{c9}$	-0.012 (-0.387)	-0.0201 (-0.776)	0.027 (1.041)	0.038 (1.582)	0.017 (1.099)	-0.033 (-1.204)
$\widetilde{c10}$	0.096 (0.765)	0.003 (0.198)		0.045 (1.922)	0.005 (0.338)	-0.047 (-1.664)
$\widetilde{\Delta n_{i,t}}$	-0.027 (-0.378)	-0.614 (-7.873)	-0.249 (-1.737)	-0.106 (-1.478)	-0.020 (-0.664)	-0.544 (-7.467)

Suite du tableau (1)

$\widetilde{\Delta q_{i,t}}$	0.102 (2.571)	0.094 (2.389)	0.213 (3.093)	0.224 (4.409)	0.085 (3.515)	0.132 (3.629)
$\widetilde{\Delta u_t}$	-0.015 (-4.133)	-0.014 (-1.057)	-0.014 (-1.279)	-0.018 (-3.483)	-0.004 (-2.293)	-0.033 (-1.425)
$\widetilde{u_t}$	-0.0036 (-2.118)	0.0005 (0.187)	-0.001 (-0.220)	-0.005 (-2.884)	-0.003 (-1.365)	0.025 (1.863)
$\widetilde{rw_{i,t-1}}$	-0.0258 (-1.346)	-0.047 (-3.684)	0.005 (0.157)	-0.012 (-0.387)	-0.008 (-0.805)	-0.078 (-4.636)
$\widetilde{ec_{i,t-1}}$	-0.0019 (-0.058)	-0.035 (-1.724)	0.056 (1.611)	0.029 (1.091)	0.010 (0.997)	0.072 (3.606)
$\widetilde{\Delta wp_{i,t}}$	-1.095 (-20.418)	-0.885 (-23.856)	-1.050 (-17.692)	-1.140 (-20.015)	-0.887 (-48.964)	-0.852 (-24.996)
$\widetilde{\Delta ww_t}$	1.226 (2.122)	-1.108 (-1.855)	0.401 (0.268)	-0.682 (-0.915)	0.278 (0.470)	-1.114 (-1.321)
$\widetilde{\Delta ts_t}$	-0.680 (-1.670)	1.047 (0.980)	-0.817 (-0.875)	0.145 (0.377)	0.043 (0.113)	-0.617 (-0.628)
$\widetilde{\Delta^2 p_t}$	-0.702 (-3.314)	-0.297 (-1.564)	0.052 (0.257)	-0.435 (-2.470)	-0.651 (-5.021)	-0.122 (-0.985)
R^2	0.845	0.891	0.832	0.857	0.965	0.892
$\overline{R}^2$	0.824	0.875	0.807	0.838	0.960	0.879
S.C.R.	0.0369	0.0719	0.192	0.0867	0.0141	0.0754
S.E.E.	0.0162	0.0235	0.0392	0.0249	0.0100	0.0224
D.W.	1.925	2.123	2.249	1.934	1.864	1.923

(1) L'estimation ne porte que sur les neuf premiers secteurs.
(2) L'estimation porte sur les variables transformées ($\widetilde{z}_{it} = z_{it} - (1-\theta)z_{.t}$)

Annexe D

Rappelons que la lettre I^N signifie l'influence simultanée de variables insiders et outsiders, tandis que la lettre I^H correspond au cas où il n'y a que des variables insiders. La lettre O indique pour sa part la significativité des variables outsiders.

Tableau (2)
Effets sectoriels des couples de variables d'intérêt
Les colonnes renvoient aux estimations définies dans la section 2.1.2.

ALLEMAGNE

Sect	Equation (1) $\widetilde{\Delta u}/\widetilde{u}$	Equation (2) $\widetilde{\Delta u}/\widetilde{\Delta n}$	Equation (3) $\widetilde{u}/\widetilde{\Delta n}$	Equation (4) $\widetilde{\Delta u}/\widetilde{\Delta q}$	Equation (5) $\widetilde{u}/\widetilde{\Delta q}$	Equation (6 $\widetilde{rw}_{-1}/\widetilde{ec}_{-1}$
S1	O $(\widetilde{\Delta u})$	O		O		
S2	O $(\widetilde{u})$	O	O	O	O	I^H
S3	O $(\widetilde{\Delta u})$	O		I^N	I^H	
S4	O $(\widetilde{\Delta u})$			I^N	I^H	
S5	O $(\widetilde{\Delta u})$	O		O		
S6	O $(\widetilde{\Delta u})$			O		I^H
S7	O $(\widetilde{\Delta u})$	O		I^N	I^H	
S8	O $(\widetilde{\Delta u}, \widetilde{u})$	I^H	O	I^H	I^H	I^H
S9	O $(\widetilde{\Delta u}, \widetilde{u})$	O	O	I^N	I^H	I^H
S10	O $(\widetilde{\Delta u})$	O		O		

FRANCE

Sect	Equation (1) $\widetilde{\Delta u}/\widetilde{u}$	Equation (2) $\widetilde{\Delta u}/\widetilde{\Delta n}$	Equation (3) $\widetilde{u}/\widetilde{\Delta n}$	Equation (4) $\widetilde{\Delta u}/\widetilde{\Delta q}$	Equation (5) $\widetilde{u}/\widetilde{\Delta q}$	Equation (6 $\widetilde{rw}_{-1}/\widetilde{ec}_{-1}$
S1						O
S2						I^H
S3						I^H
S4			O			I^H
S5					I^H	I^H
S6						I^H
S7						I^H
S8				I^H	I^H	I^H
S9						I^H
S10						

ROYAUME-UNI

Sect	Equation (1) $\widetilde{\Delta u}/\widetilde{u}$	Equation (2) $\widetilde{\Delta u}/\widetilde{\Delta n}$	Equation (3) $\widetilde{u}/\widetilde{\Delta n}$	Equation (4) $\widetilde{\Delta u}/\widetilde{\Delta q}$	Equation (5) $\widetilde{u}/\widetilde{\Delta q}$	Equation (6 $\widetilde{rw}_{-1}/\widetilde{ec}_{-1}$
S1					I^H	
S2	O $(\widetilde{u})$		O		I^N	O
S3					I^H	
S4				I^H	I^H	
S5					I^H	
S6					I^H	
S7						
S8	O $(\widetilde{u})$		O	I^N	O	
S9						

Tableau (3)
Effets sectoriels des couples de variables d'intérêt
Les colonnes renvoient aux estimations définies dans la section 2.1.2.

BELGIQUE

Sect	Equation (1) $\widetilde{\Delta u}/\widetilde{u}$	Equation (2) $\widetilde{\Delta u}/\widetilde{\Delta n}$	Equation (3) $\widetilde{u}/\widetilde{\Delta n}$	Equation (4) $\widetilde{\Delta u}/\widetilde{\Delta q}$	Equation (5) $\widetilde{u}/\widetilde{\Delta q}$	Equation (6) $\widetilde{rw_{-1}}/\widetilde{ec_{-1}}$
S1	$O \quad (\widetilde{\Delta u})$	O		I^N	I^H	
S2			O	I^H	I^H	
S3	$O \quad (\widetilde{\Delta u})$	O		I^N	I^H	
S4	$O \quad (\widetilde{\Delta u})$	O	O	O	O	I^H
S5	$O \quad (\widetilde{\Delta u})$	O				
S6	$O \quad (\widetilde{\Delta u})$	I^H		O	I^H	I^H
S7	$O \quad (\widetilde{\Delta u}, \widetilde{u})$	I^H	O	O	O	I^N
S8	$O \quad (\widetilde{\Delta u}, \widetilde{u})$		O		O	
S9	$O \quad (\widetilde{u})$		O	I^H	I^H	
S10	$O \quad (\widetilde{\Delta u})$	O	O	O		O

U.S.A.

Sect	Equation (1) $\widetilde{\Delta u}/\widetilde{u}$	Equation (2) $\widetilde{\Delta u}/\widetilde{\Delta n}$	Equation (3) $\widetilde{u}/\widetilde{\Delta n}$	Equation (4) $\widetilde{\Delta u}/\widetilde{\Delta q}$	Equation (5) $\widetilde{u}/\widetilde{\Delta q}$	Equation (6) $\widetilde{rw_{-1}}/\widetilde{ec_{-1}}$
S1	$O \quad (\widetilde{\Delta u})$	O	O	I^N	I^N	
S2						I^N
S3	$O \quad (\widetilde{u})$	I^H			O	
S4				I^H	I^H	
S5	$O \quad (\widetilde{u})$	I^H				
S6	$O \quad (\widetilde{\Delta u})$	O	I^H	I^N	I^H	
S7	$O \quad (\widetilde{\Delta u})$					
S8	$O \quad (\widetilde{u})$		O			I^N
S9	$O \quad (\widetilde{\Delta u})$			O		
S10	$O \quad (\widetilde{\Delta u}, \widetilde{u})$	O	O	O	O	

JAPON

Sect	Equation (1) $\widetilde{\Delta u}/\widetilde{u}$	Equation (2) $\widetilde{\Delta u}/\widetilde{\Delta n}$	Equation (3) $\widetilde{u}/\widetilde{\Delta n}$	Equation (4) $\widetilde{\Delta u}/\widetilde{\Delta q}$	Equation (5) $\widetilde{u}/\widetilde{\Delta q}$	Equation (6) $\widetilde{rw_{-1}}/\widetilde{ec_{-1}}$
S1	$O \quad (\widetilde{\Delta u})$	O				I^N
S2		I^H			I^H	I^N
S3	$O \quad (\widetilde{\Delta u})$			O		I^H
S4	$O \quad (\widetilde{\Delta u})$			O		I^N
S5				$I^{N\,H}$	I^H	I^N
S6	$O \quad (\widetilde{\Delta u})$	O		O		I^H
S7	$O \quad (\widetilde{\Delta u})$	O				I^H
S8	$O \quad (\widetilde{\Delta u})$			I^H	I^H	I^H
S9						I^H
S10	$O \quad (\widetilde{\Delta u})$	O				I^N

Annexe E

Tableau (4)
Equations finalement retenue
Variable expliquée : $\Delta\widetilde{(w_i - p_i)}$

	ALLEMAGNE			FRANCE			ROYAUME-UNI		
	Var	Coef	T	Var	Coef	T	Var	Coef	T
	$\widetilde{c1}$	-0.097	(-3.041)	$\widetilde{c1}$	-0.029	(-1.592)	$\widetilde{c1}$	0.013	(0.722)
S	$\widetilde{\Delta u_t}$	-0.012	(-2.867)	$\widetilde{ec_{1,t-1}}$	0.052	(2.079)	$\widetilde{\Delta q_{1,t}}$	0.211	(1.778)
1	$\widetilde{rw_{1,t-1}}$	-0.038	(-4.645)	$\widetilde{\Delta wp_{1,t}}$	-0.991	(-6.014)	$\Delta wp_{1,t-1}$	-1.075	(-13.02)
	$\widetilde{\Delta wp_{1,t}}$	-1.164	(-18.811)	Δww_t	1.439	(1.315)			
	$\widetilde{c2}$	-0.156	(-3.567)	$\widetilde{c2}$	-0.078	(-1.568)	$\widetilde{c2}$	0.162	(5.379)
S	$\widetilde{\Delta u_t}$	-0.011	(-2.093)	$\widetilde{\Delta n_{2,t}}$	1.409	(1.680)	$\widetilde{u_t}$	-0.006	(-1.838)
2	$\widetilde{u_t}$	-0.008	(-5.179)	$\widetilde{rw_{2,t-1}}$	-0.046	(-1.772)	$\widetilde{ec_{2,t-1}}$	0.173	(2.617)
	$\widetilde{rw_{2,t-1}}$	-0.331	(-5.463)	$\widetilde{\Delta wp_{2,t}}$	-0.945	(-14.01)	$\Delta wp_{2,t}$	-1.018	(-9.757)
	$\widetilde{\Delta wp_{2,t}}$	-0.765	(-7.754)	Δww_t	1.837	(1.554)			
	$\widetilde{c3}$	0.039	(5.849)	$\widetilde{c3}$	-0.014	(-0.402)	$\widetilde{\Delta q_{3,t}}$	0.254	(2.967)
S	$\widetilde{\Delta q_{3,t}}$	0.308	(3.972)	$\widetilde{rw_{3,t-1}}$	-0.059	(-1.807)	$\widetilde{\Delta wp_{3,t}}$	-1.187	(-4.901)
3	$\widetilde{\Delta u_t}$	-0.019	(-4.207)	$\Delta wp_{3,t}$	-0.862	(-3.434)			
	$\widetilde{\Delta wp_{3,t}}$	-1.275	(-13.58)						
	$\widetilde{c4}$	-0.097	(-2.932)	$\widetilde{c4}$	0.121	(4.937)	$\widetilde{c4}$	-0.168	(-2.413)
S	$\widetilde{\Delta q_{4,t}}$	0.288	(2.979)	$\widetilde{u_t}$	-0.007	(-2.446)	$\widetilde{\Delta q_{4,t}}$	0.761	(2.520)
4	$\widetilde{rw_{4,t-1}}$	-0.496	(-4.267)	$\widetilde{\Delta wp_{4,t}}$	-0.530	(-3.135)	$\widetilde{rw_{4,t-1}}$	-0.547	(-2.256)
	$\widetilde{\Delta wp_{4,t}}$	-0.993	(-7.532)				$\widetilde{\Delta wp_{4,t}}$	-1.006	(-3.970)
	$\widetilde{c5}$	0.043	(6.741)	$\widetilde{c5}$	-0.069	(-1.926)	$\widetilde{\Delta q_{5,t}}$	0.273	(3.202)
S	$\widetilde{\Delta u_t}$	-0.017	(-3.689)	$\widetilde{\Delta q_{5,t}}$	0.553	(5.776)	$\widetilde{\Delta wp_{5,t}}$	-1.171	(-6.956)
5	$\widetilde{\Delta wp_{5,t}}$	-0.975	(-11.78)	$\widetilde{rw_{5,t-1}}$	-0.057	(-2.694)			
	Δww_t	1.827	(2.128)	$\widetilde{\Delta wp_{5,t}}$	-0.485	(-3.883)			

S	$\widetilde{c6}$	-0.059	(-1.862)	$\widetilde{c6}$	0.024	(2.060)	$\widetilde{c6}$	-0.018	(-0.746)
6	$\widetilde{rw_{6,t-1}}$	-0.271	(-3.412)	$\widetilde{\Delta q_{6,t}}$	0.581	(2.628)	$\widetilde{\Delta q_{6,t}}$	0.359	(2.101)
	$\widetilde{\Delta wp_{6,t}}$	-0.955	(-9.817)	$\widetilde{\Delta wp_{6,t}}$	-0.633	(-4.041)	$\widetilde{\Delta wp_{6,t}}$	-1.137	(-4.369)
S	$\widetilde{c7}$	0.012	(1.435)	$\widetilde{c7}$	-0.004	(-0.154)	$\widetilde{\Delta q_{7,t}}$	0.284	(3.046)
7	$\widetilde{\Delta q_{7,t}}$	0.661	(6.594)	$\widetilde{rw_{7,t-1}}$	-0.052	(-1.841)	$\widetilde{\Delta wp_{7,t}}$	-1.243	(-5.394)
	$\widetilde{\Delta u_t}$	-0.014	(-3.091)	$\widetilde{\Delta wp_{7,t}}$	-0.852	(-7.626)			
	$\widetilde{\Delta wp_{7,t}}$	-1.077	(-8.076)						
S	$\widetilde{c8}$	-0.271	(-5.287)	$\widetilde{rw_{8,t-1}}$	-0.036	(-3.216)	$\widetilde{\Delta q_{8,t}}$	0.200	(1.904)
8	$\widetilde{\Delta q_{8,t}}$	0.876	(6.306)	$\widetilde{\Delta wp_{8,t}}$	-0.879	(-2.770)	$\widetilde{\Delta wp_{8,t}}$	-1.021	(-4.267)
	$\widetilde{rw_{8,t-1}}$	-0.524	(-5.043)	Δww_t	-0.492	(-0.574)			
	$\widetilde{\Delta wp_{8,t}}$	-1.256	(-9.171)						
S	$\widetilde{c9}$	0.026	(2.823)	$\widetilde{c9}$	-0.042	(-1.463)	$\widetilde{rw_{9,t-1}}$	-0.028	(-1.990)
9	$\widetilde{\Delta q_{9,t}}$	0.285	(2.438)	$\widetilde{rw_{9,t-1}}$	-0.057	(-2.815)	$\widetilde{\Delta wp_{9,t}}$	-0.933	(-8.593)
	$\widetilde{\Delta u_t}$	-0.019	(-4.416)	$\widetilde{\Delta wp_{9,t}}$	-0.903	(-2.528)			
S	$\widetilde{c10}$	-0.116	(-1.997)	$\widetilde{c10}$	-0.048	(-1.447)			
10	$\widetilde{\Delta q_{10,t}}$	0.302	(1.859)	$\widetilde{rw_{10,t-1}}$	-0.076	(-2.494)			
	$\widetilde{\Delta u_t}$	-0.016	(-3.145)	$\widetilde{\Delta wp_{10,t}}$	-1.075	(-4.271)			
	$\widetilde{rw_{10,t-1}}$	-0.190	(-2.463)						
	$\widetilde{\Delta wp_{10,t}}$	-1.295	(-5.156)						
	$\widetilde{\Delta^2 p_t}$	-0.385	(-3.122)						
R^2		0.928			0.878			0.846	
$\overline{R}^2$		0.903			0.843			0.816	
SCR		0.0172			0.0810			0.176	
SEE		0.0120			0.0264			0.038	
DW		2.430			2.147			2.331	

Tableau (5)
Equation finalement retenue
Variable expliquée : $(\widetilde{w_i - p_i})$

	BELGIQUE			U.S.A.			JAPON		
	Var	Coef	T	Var	Coef	T	Var	Coef	T
	$\widetilde{c1}$	-0.015	(-1.377)	$\widetilde{c1}$	0.005	(1.883)	$\widetilde{c1}$	-0.301	(-2.889)
S	$\widetilde{\Delta q_{1,t}}$	0.497	(6.645)	$\widetilde{\Delta q_{1,t}}$	0.069	(2.558)	$\widetilde{\Delta q_{1,t}}$	0.468	(2.994)
1	$\widetilde{\Delta u_{1,t}}$	-0.026	(-3.380)	$\widetilde{\Delta u_t}$	-0.006	(-2.556)	$\widetilde{rw_{1,t-1}}$	-0.044	(-2.767)
	$\widetilde{\Delta wp_{1,t}}$	-1.315	(-15.60)	$\widetilde{\Delta wp_{1,t}}$	-0.891	(-39.40)	$\widetilde{ec_{1,t-1}}$	0.429	(2.852)
							$\widetilde{\Delta wp_{1,t}}$	-0.725	(-4.069)
	$\widetilde{c2}$	0.02	(0.122)	$\widetilde{rw_{2,t-1}}$	-0.046	(-3.427)	$\widetilde{c2}$	0.069	(1.507)
S	$\widetilde{\Delta q_{2,t}}$	0.247	(2.562)	$\widetilde{ec_{2,t-1}}$	0.086	(2.961)	$\widetilde{rw_{2,t-1}}$	-0.086	(-3.592)
2	$\widetilde{\Delta wp_{2,t}}$	-1.109	(-9.303)	$\widetilde{\Delta wp_{2,t}}$	-1.013	(-28.29)	$\widetilde{ec_{2,t-1}}$	0.183	(2.689)
							$\widetilde{\Delta wp_{2,t}}$	-0.850	(-12.79)
	$\widetilde{\Delta q_{3,t}}$	0.230	(3.931)	$\widetilde{c3}$	0.067	(3.822)	$\widetilde{c3}$	-0.019	(-0.629)
S	$\widetilde{\Delta wp_{3,t}}$	-1.084	(-12.711)	$\widetilde{\Delta n_{3,t}}$	0.136	(2.558)	$\widetilde{\Delta q_{3,t}}$	0.165	(1.814)
3				$\widetilde{ec_{3,t-1}}$	0.122	(3.207)	$\widetilde{rw_{3,t-1}}$	-0.071	(-2.370)
				$\widetilde{\Delta wp_{3,t}}$	-0.912	(-12.42)	$\widetilde{\Delta wp_{3,t}}$	-0.828	(-4.243)
	$\widetilde{rw_{4,t-1}}$	-0.269	(-5.078)	$\widetilde{c4}$	0.003	(0.876)	$\widetilde{\Delta q_{4,t}}$	0.303	(2.083)
S	$\widetilde{u_t}$	-0.005	(-3.528)	$\widetilde{\Delta q_{4,t}}$	0.180	(4.005)	$\widetilde{rw_{4,t-1}}$	-0.119	(-4.949)
4	$\widetilde{\Delta wp_{4,t}}$	-1.221	(-9.083)	$\widetilde{\Delta wp_{4,t}}$	-0.866	(-13.67)	$\widetilde{ec_{4,t-1}}$	0.053	(2.968)
							$\widetilde{\Delta wp_{4,t}}$	-0.527	(-3.077)
	$\widetilde{c5}$	0.002	(0.230)	$\widetilde{c5}$	-0.014	(-1.671)	$\widetilde{c5}$	-0.093	(-2.563)
S	$\widetilde{ec_{5,t-1}}$	0.191	(3.525)	$\widetilde{\Delta n_{5,t}}$	0.303	(1.668)	$\widetilde{\Delta q_{5,t}}$	0.533	(6.145)
5	$\widetilde{\Delta wp_{5,t-1}}$	-1.206	(-5.335)	$\widetilde{rw_{5,t-1}}$	-0.020	(-2.275)	$\widetilde{rw_{5,t-1}}$	-0.083	(-3.708)
				$\widetilde{\Delta wp_{5,t}}$	-0.999	(-22.51)	$\widetilde{ec_{5,t}}$	0.148	(3.148)
							$\widetilde{\Delta wp_{5,t}}$	-0.422	(-3.616)

	$\widetilde{c6}$	-0.133	(-2.562)	$\widetilde{\Delta n_{6,t}}$	0.149	(1.993)	$\widetilde{\Delta u_t}$	-0.082	(-2.225)
S	$\widetilde{\Delta q_{6,t}}$	0.354	(2.430)	$\widetilde{\Delta q_{6,t}}$	0.216	(2.936)	$\widetilde{rw_{6,t-1}}$	-0.070	(-6.964)
6	$\widetilde{rw_{6,t-1}}$	-0.373	(-2.436)	$\widetilde{\Delta u_t}$	-0.006	(-2.148)	$\widetilde{\Delta wp_{6,t}}$	-1.023	(-8.090)
	$\widetilde{\Delta wp_{6,t}}$	-1.160	(-8.112)	$\widetilde{\Delta wp_{6,t}}$	-0.772	(-7.652)			
	$\widetilde{c7}$	0.098	(5.958)	$\widetilde{c7}$	0.002	(0.784)	$\widetilde{\Delta q_{7,t}}$	0.327	(1.868)
S	$\widetilde{\Delta n_{7,t}}$	0.493	(2.093)	$\widetilde{\Delta u_t}$	-0.004	(-2.248)	$\widetilde{rw_{7,t-1}}$	-0.052	(-4.486)
7	$\widetilde{u_t}$	-0.007	(-3.736)	$\widetilde{\Delta wp_{7,t}}$	-0.868	(-5.585)	$\widetilde{\Delta wp_{7,t}}$	-0.680	(-5.503)
	$\widetilde{\Delta wp_{7,t}}$	-0.929	(-3.743)						
	$\widetilde{c8}$	0.052	(2.532)	$\widetilde{c8}$	0.008	(0.950)	$\widetilde{\Delta q_{8,t}}$	0.263	(2.195)
S	$\widetilde{u_t}$	-0.005	(-2.132)	$\widetilde{\Delta q_{8,t}}$	0.245	(2.742)	$\widetilde{rw_{8,t-1}}$	-0.042	(-4.489)
8	$\widetilde{\Delta wp_{8,t}}$	-1.485	(-3.861)	$\widetilde{rw_{8,t-1}}$	-0.122	(-2.761)	$\widetilde{\Delta wp_{8,t}}$	-0.741	(-2.708)
				$\widetilde{ec_{8,t-1}}$	0.323	(3.000)			
				$\widetilde{\Delta wp_{8,t}}$	-0.587	(-3.404)			
	$\widetilde{\Delta q_{9,t}}$	0.467	(4.229)	$\widetilde{\Delta u_t}$	-0.005	(-2.791)	$\widetilde{rw_{9,t-1}}$	-0.040	(-6.375)
S	$\widetilde{u_t}$	-0.002	(-2.295)	$\widetilde{\Delta wp_{9,t}}$	-0.899	(-6.497)	$\widetilde{\Delta wp_{9,t}}$	-0.825	(-2.801)
9	$\widetilde{\Delta wp_{9,t}}$	-0.737	(-1.686)						
	$\widetilde{c10}$	0.029	(1.920)	$\widetilde{c10}$	0.024	(1.717)	$\widetilde{c10}$	-0.018	(-0.664)
S	$\widetilde{\Delta q_{10,t}}$	0.286	(2.009)	$\widetilde{\Delta u_t}$	-0.005	(-2.268)	$\widetilde{rw_{10,t}}$	-0.067	(-2.597)
10	$\widetilde{\Delta u_t}$	-0.017	(-1.867)	$\widetilde{u_t}$	-0.004	(-2.132)	$\widetilde{\Delta wp_{10,t}}$	-0.946	(-4.379)
	$\widetilde{\Delta wp_{10,t}}$	-1.522	(-7.751)	$\widetilde{\Delta wp_{10,t}}$	-1.056	(-4.174)			
	$\Delta^2 p_t$	-0.316	(-2.067)	$\Delta^2 p_t$	-0.502	(-7.630)			
R^2		0.877			0.978			0.891	
$\overline{R}^2$		0.845			0.972			0.862	
SCR		0.0748			0.0086			0.0767	
SEE		0.0244			0.0084			0.0239	
DW		2.112			1.857			2.037	

CHAPITRE VII

PROFITS, INVESTISSEMENT ET CHÔMAGE

Pierre-Yves HÉNIN et Thomas JOBERT

La proposition selon laquelle "les profits d'aujourd'hui sont les investissements de demain et les emplois d'après demain" est généralement attribuée à l'ancien chancelier de l'Allemagne Fédérale, Helmut Schmidt. Il est possible de considérer aujourd'hui, avec quinze années de recul, que cette affirmation d'H. Schmidt a marqué un moment important du débat qui a vu les économies de l'OCDE se détourner des politiques keynésiennes de demande pour tenter de faire régresser le chômage. Plus généralement, et comme l'a montré E. Malinvaud dans différents travaux (1983, 1987) la relation entre salaires et persistance du chômage doit être replacée dans une perspective de long terme où profitabilité et investissement constituent des relais d'importance décisive.

Parallèlement, l'idée qu'un déficit de capacités productive contribue au mécanisme générateur de l'hystérèse du taux de chômage en Europe, déjà évoquée par Hargreaves-Heap (1980), a été développée par C. Bean (1989) et 0. Blanchard (1990) qui concluent, sur le plan théorique, au rejet d'un phénomène d'hystérèse s'exerçant par le stock de capital productif : à leurs yeux, seul un choc persistant peut exercer un effet à long terme sur les capacités de production.

Les enjeux qui s'attachent à ce débat sont importants, tant pour la compréhension de la situation européenne actuelle que pour l'évaluation des politiques économiques. La restauration de la rentabilité des entreprises était ainsi au coeur de la stratégie française de "désinflation compétitive". Les résultats de cette politique en termes de chômage dépendent fortement de la réponse de l'investissement, comme le discute le rapport de T. Atkinson et alii (1992). Les travaux menés, dans le cadre du Programme

Européen sur le chômage (Drèze et Bean, 1990) apportent un éclairage intéressant sur le rôle des contraintes de capacité dans le court et le moyen terme. Il paraît utile de compléter ce type de travaux par une approche qui s'attache à caractériser la dynamique multivariée des variables concernées et à en dégager la compatibilité avec les principaux schémas théoriques intervenant dans l'explication du chômage. L'affirmation de H. Schmidt relève bien de ce type d'analyse puisqu'elle implique directement une proposition testable en termes de causalité au sens de Granger, des profits vers le chômage, par l'intermédiaire de l'investissement. La présente contribution resitue et étend ce type de test dans le cadre d'une modélisation dynamique d'un système où la dynamique du chômage est liée à six autres variables : le PIB, les taux de salaire, d'intérêt, de profit et d'investissement ainsi que l'emploi.

Dans un premier temps, est présenté et discuté un modèle théorique de référence qui illustre, sous des hypothèses particulières, la possibilité d'un mécanisme d'hystérèse des capacités de production. En second lieu est estimé un modèle dynamique multivarié, dans lequel une série de tests de spécification permettent de préciser la contribution qualitative des différentes variables. Enfin, l'identification de sources de perturbations indépendantes permet d'analyser la contribution de chacune d'entre elles à la dynamique du chômage.

1. LE MÉCANISME D'HYSTÉRÈSE PAR DÉFICIT DE CAPITAL : UN MODÈLE THÉORIQUE

La contribution d'un investissement ralenti, générant un déficit de capacités, à un mécanisme d'hystérèse était déjà présent dans l'article fondateur de Hargreaves-Heap (1980). Cependant, il n'existe pas à notre connaissance de modèle théorique complètement satisfaisant pour expliquer une telle contribution. Il est nécessaire en effet de justifier d'une part que le stock de capital est à long terme affecté par des chocs conjoncturels, d'autre part que le taux de chômage d'équilibre dépende du stock de capital, et non le seul salaire.

1.1. Problèmes et références

Le premier point a été établi par d'Autume et Michel (1985) qui ont montré que contrairement à une conjecture de Blanchard et Sachs (1982), le stock de capital asymptotique est affecté par des déséquilibres temporaires dans un modèle d'accumulation optimale. Dans un contexte différent, les modèles de croissance endogène ont depuis banalisé ce type de propriétés.

Le second point se heurte à une propriété constamment imposée aux modèles type "*WS – PS*". S. Nickell (cf. par exemple Nickell, 1990, p. 423 ; C. Bean, 1989, p. 17) considère que comme le taux de chômage ne dépend pas tendanciellement de la productivité, ni donc du capital par tête, ces variables doivent être introduites symétriquement dans les équations de prix *PS* (quasi demande de travail) et de salaire *WS* (quasi offre de travail) de façon à s'éliminer de l'équation réduite de chômage d'équilibre.

Une hystérèse du chômage transitant par le stock de capital requiert cependant une dérive persistante de la courbe *PS*, de même que le chômage long ou le mécanisme d'insider supposent d'abord une dérive de WS. Ch. Bean (1989) commente une telle dynamique sans proposer de formalisation explicite.

La contribution de M. Burda (1988) vise à élaborer une telle formalisation. Burda introduit dans un modèle explicite d'accumulation optimale avec coût d'ajustement, qui conduit à une fonction d'investissement en termes de "*q*" de Tobin, une détermination du salaire par négociation salariale. Ce modèle rend compte d'un accroissement permanent du chômage si et seulement si l'économie est affectée par un choc lui-même permanent par exemple sur les termes de l'échange. Par ailleurs, l'intégration du processus de négociation salariale dans le modèle d'accumulation optimale n'est que partielle et les interactions stratégiques auxquelles donnent lieu la formation des salaires et l'investissement ne sont pas prises en considération.

O. Blanchard (1990) discute de l'interaction entre l'accumulation du capital et le chômage dans un cadre standard "*WS – PS*" en se référant aux conditions d'investissement optimal des entreprises. Il montre que le stock de capital d'équilibre ne peut être affecté qu'en cas de changement permanent des variables d'offre de travail. Il esquisse un argument favorable à une persistance accrue en se situant dans une économie à la Dixit Stiglitz où les entreprises sont soumises à des coûts d'entrée fixes, mais considère que cette analyse ne justifie pas une propriété d'hystérèse car les entreprises peuvent rentrer ultérieurement sur le marché. Pour Blanchard (1990), l'expérience européenne voit probablement la persistance du chômage accrue par un déficit de capacités résultant lui-même d'une chute de la profitabilité, mais il ne s'agit là que d'une conséquence supplémentaire de la rigidité salariale qui explique par exemple que la substitution capital-travail ne soit pas freinée suffisament.

Le modèle proposé par Van de Klundert et Van Schaik (1990) présente une formalisation explicite d'un mécanisme d'hystérèse du capital qui en justifie l'intérêt malgré un certain nombre d'hypothèses "ad hoc". Il est possible d'adapter l'approche de Van de Klundert et Van Schaik pour formaliser plus directement l'hystérèse du chômage : telle est la logique du modèle qui sera présenté ici.

1.2. Un modèle et sa dynamique formelle

On se place dans le cadre d'une économie présentant des caractéristiques keynésiennes, où la production est déterminée par la demande en raison de rigidités nominales affectant la formation des prix. La demande est simplement identifiée à l'encaisse réelle, soit en logarithme :

$$(1) \qquad y = y^d = m - p$$

La capacité de production rentable dépend du capital et du salaire réel. L'égalité de la productivité marginale du travail et du salaire avec une fonction de production Cobb-Douglas d'élasticité α par rapport au travail nous donne :

$$(2) \qquad y^* = k - \alpha' w$$

où $\alpha' = \alpha/(1-\alpha)$, et non α comme l'écrivent de Klundert et Van Schaik. L'équilibre du marché des biens est alors :

$$(3) \qquad m - p = \alpha n + (1-\alpha)\, k$$

qui détermine l'emploi n pour de Klundert et Van Schaik. Leur modèle se boucle en dynamique par trois équations d'ajustement qui deviennent avec notre interprétation :

$$(4) \qquad \dot{k} = \lambda\, (y^d - y^*)$$

$$(5) \qquad \dot{p} = \pi\, (y^d - y^*)$$

$$(6) \qquad \dot{w} = \theta\, (w^* - w) + \gamma\, (n - n^*)$$

La courbe de Phillips (6) fait intervenir un salaire d'aspiration w^* exogène. La dynamique du capital et des prix est dominée par le taux d'utilisation des capacités ($y^d - y^*$). La colinéarité entre (4) et (5) introduit dans le processus d'ajustement la singularité qui donne naissance à l'hystérèse.

Le modèle proposé ici repose sur l'explicitation du processus suivi par chômage. Par l'identité $u = n^* - n$ et l'équation (3) :

$$(7) \qquad u = n^* - (m - p)/\alpha + (1 - \alpha)\, k/\alpha$$

Alternativement, l'équation (7) détermine le niveau des prix p pour une dynamique donnée du chômage. L'ajustement des prix est en effet équivalent à un ajustement de l'emploi (respectivement du chômage) effectif sur l'emploi (respectivement le chômage) de capacité

$$\alpha\,(n^* - u^*) + (1 - \alpha)\, k = k - \alpha' w$$

il vient la valeur de la cible u^* et donc l'équation d'évolution suivante du taux de chômage :

$$(8) \qquad \dot{u} = \mu\,(u^* - u) = \mu[n^* - k - u + w/(1 - \alpha)]$$

Le développement de l'équation (4) d'ajustement du stock de capital nous donne :

$$(9) \qquad \dot{k} = \lambda\,\alpha\,[n^* - u - k + w/(1 - \alpha)]$$

Le système dynamique qui gouverne l'évolution de l'économie s'écrit alors :

(10)

$$\begin{bmatrix} \dot{k} \\ \dot{u} \\ \dot{w} \end{bmatrix} \begin{bmatrix} -\alpha\lambda & -\alpha\lambda & \alpha'\lambda \\ -\mu & -\mu & \mu/(1-\alpha) \\ 0 & -\alpha & -\theta \end{bmatrix} \begin{bmatrix} k \\ u \\ w \end{bmatrix} + \begin{bmatrix} \alpha\lambda & 0 \\ \mu & 0 \\ \gamma & \theta \end{bmatrix} \begin{bmatrix} n^* \\ w^* \end{bmatrix}$$

A considérer ce système, deux remarques s'imposent immédiatement. D'une part, la masse monétaire qui représente l'impulsion de demande dans le modèle n'y figure plus : un choc de demande se traduit par un écart aux trajectoires décrites par (10), c'est-à-dire par un changement des conditions initiales. En fait, parmi les variables d'état du système, seul le chômage est affecté par un tel choc puisque la réalisation de l'équilibre du marché des biens (3) s'effectue par l'emploi en raison des rigidités nominales.

Dans ce modèle, le chômage effectif coïncide avec son niveau keynésien. L'équation dynamique (8) décrit un ajustements de ce niveau — effectif et keynésien — vers le niveau "classique" associé aux capacités rentables. L'équation de salaire (6) intègre une composante d'ajustement au plein emploi, qui serait effectivement atteint en l'absence d'un effet d'aspiration salariale, donc pour $\theta = 0$ ou pour ω^* suffisamment faible

En second lieu, la matrice de transition dans (10) est singulière car l'ajustement du capital et du chômage sont colinéaires. L'équation caractéristique du système dynamique admet une racine nulle, ce qui entraîne la propriété d'hystérèse comme l'ont montré formellement Giavazzi et Wyplosz (1985) et comme Sachs (1987) l'applique à un modèle où le NAIRU dépend du chômage effectif.

De $\dot{k} / \dot{u} = \alpha\lambda/\mu$, il vient que :

(11) $$k_t = \frac{\alpha\lambda}{\mu}\,(u_t - u_0) + k_0$$

Cette équation permet d'éliminer k_t et d'obtenir une dynamique bivariée, d'apparence plus traditionnelle :

(12)

$$\begin{pmatrix} \dot{u} \\ \dot{w} \end{pmatrix} = \begin{pmatrix} -\alpha\lambda & m/(1-\alpha) \\ -\alpha & -\theta \end{pmatrix} \begin{pmatrix} u \\ w \end{pmatrix} + \begin{pmatrix} \mu & 0 & -\mu \\ 0 & \theta & 0 \end{pmatrix} \begin{pmatrix} n^* \\ w^* \\ k_0 - \frac{\alpha\lambda}{\mu} u_0 \end{pmatrix}$$

On vérifie immédiatement que cette dynamique est stable, la matrice de transition du système comportant une trace négative et un déterminant positif.

Les conditions de stationnarité $\dot{u} = 0$ et $\dot{w} = 0$ peuvent dans ce modèle s'interprèter respectivement comme les courbes *PS* et *WS*. Le chômage est en effet stationnaire quand $y^d = y^*$ et donc que les prix prennent leur valeur d'équilibre. Le salaire réel est stationnaire quand l'écart $(w^* - w)$ au salaire d'aspiration est compatible avec la valeur du chômage comme peuvent le justifier des mécanismes de négociation ou de salaire d'efficience. Ces équations s'écrivent :

(13)

$$(PS \text{ ou } \dot{u} = 0) \quad u = \frac{\mu}{(\alpha\lambda + \mu)(1-\alpha)}\, w - \frac{\mu}{(\alpha\lambda + \mu)}\, k + \frac{\alpha\lambda}{(\alpha\lambda + \mu)}\, u_0$$

(14) $$(WS \text{ ou } \dot{w} = 0) \quad u = \frac{\theta}{\alpha}\,(w^* - w)$$

L'hystérèse se manifeste par le fait que la courbe *PS* dépend des conditions initiales k_0 et u_0. Le chômage d'équilibre $\overline{u}$ est donné par l'équation :

(15) $[\alpha\lambda + \mu + \mu\gamma / (1 - \alpha)\,\theta]\,\overline{u} = [\mu / (1 - \alpha)]\, w^* - \mu\, k_0 + \alpha\lambda\, u_0$

Cette équation permet de calculer directement le coefficient d'hystérèse, ou dépendance à long terme du chômage d'équilibre par rapport au chômage initial $\partial\overline{u} / \partial u_0$:

(16) $$\frac{\partial\overline{u}}{\partial u_0} = \frac{\alpha\lambda}{\alpha\lambda + \mu\,[1 + \gamma\,(1 - \alpha)^{-1}\,\theta^{-1}\,]}$$

donc $0 < \dfrac{\partial\overline{u}}{\partial u_0} < 1$

Plutôt que de commenter ici cette propriété essentielle d'hystérèse du chômage, il convient de compléter l'analyse de la dynamique du système. Symétriquement, la dynamique bivariée en $(\dot{k}\,,\,\dot{w}\,)$ s'écrit :

(17)

$$\begin{pmatrix} \dot{k} \\ \dot{w} \end{pmatrix} = \begin{pmatrix} -\,\alpha\lambda - \mu & \alpha'\lambda \\ -\,\gamma\,\mu/\alpha\lambda & -\,\theta \end{pmatrix} \begin{pmatrix} k \\ w \end{pmatrix} + \begin{pmatrix} \alpha\lambda & 0 & -\,\alpha\lambda \\ 0 & \theta & 0 \end{pmatrix} \begin{pmatrix} n^* \\ w^* \\ u_0 - \dfrac{\mu}{\alpha\lambda}\,k_0 \end{pmatrix}$$

On obtient des lieux de stationnarité du capital $\dot{k} = 0$ et du salaire $\dot{w} = 0$ dont le niveau s'élève avec $(\mu/\alpha\lambda)\, k_0 - u_0$. La valeur stationnaire du capital $\overline{k}$ présente bien sûr la propriété de dépendance par rapport à ces conditions initiales :

(18)

$$\left[\alpha\lambda + \mu\,\frac{\gamma\,\mu}{(1 - \alpha)\,\theta}\right]\overline{k} = \alpha'\lambda\, w^* + \alpha\lambda\, n^* - \alpha\lambda\left[1 + \frac{\gamma}{(1 - \alpha)\,\theta}\right]\left[u_0 - \frac{\mu}{\alpha\lambda}\,k_0\right]$$

Un choc de demande réduisant u_0 entraîne une augmentation du stock de capital d'équilibre.

En éliminant le terme de conditions initiales et en intégrant la condition *WS* de stationnarité du salaire, on obtient la condition qui relie à long terme capital et chômage.

(19) $$\bar{k} = n^* + \frac{1}{1-\alpha} w^* - \frac{\theta(1-\alpha)+\gamma}{\theta(1-\alpha)} \bar{u}$$

Cette équation (19) de pente négative en valeur absolue supérieure à l'unité, décrit dans le plan (*k, w*) le lieu de stationnarité commun à *k* et *u*, qui est propre à une dynamique d'hystérèse. L'équation (19) décrit le lieu des équilibres à long terme, comme fonction de la population active n^* et du salaire d'aspiration w^*. Les conditions initiales et donc, dans ce modèle, les chocs de demande commandent la sélection d'un point particulier de cette courbe.

1.3. Illustration de l'hystérèse en réponse à des chocs de demande et d'offre

Ayant achevé la description de la dynamique du système, il est possible d'illustrer la propriété d'hystérèse sur les figures I.a à I.c en se plaçant dans l'hypothèse d'un choc de demande défavorable.

A prix et capital prédéterminés, une réduction de la masse monétaire se traduit par une baisse de la demande et de la production, donc ici de l'emploi. On passe de ce fait immédiatement de l'équilibre initial *A* au point *B*. Le point *B* détermine les nouvelles conditions initiales du système. La phase d'ajustement se traduit d'abord par la réduction parallèle du stock de capital et du chômage selon la trajectoire *BC*. En l'absence d'hystérèse, le choc de demande aurait accru temporairement le chômage, qui serait revenu au niveau initial grâce à une baisse des prix reconstituant l'encaisse réelle. Ici, l'ajustement n'est que partiel car les capacités ayant diminué, les prix baissent moins que requis pour éliminer le chômage supplémentaire.

Alternativement, si l'on considère que l'effet à long terme est un passage de *A* en *C*, il apparaît une surréaction du chômage, qui augmente temporairement plus que ne l'implique l'équilibre à long terme. La figure (b) présente la dynamique dans le diagramme "*WS – PS*". Le nouveau chômage de référence u_0 entraîne un déplacement de *PS* vers la droite. Ce déplacement est inférieur à l'élévation immédiate du chômage de *A* en *B*, car à partir de *B* le chômage décroît régulièrement jusqu'en *C*. Il en va de même du salaire.

Figures I

Dynamique consécutive à un choc de demande défavorable

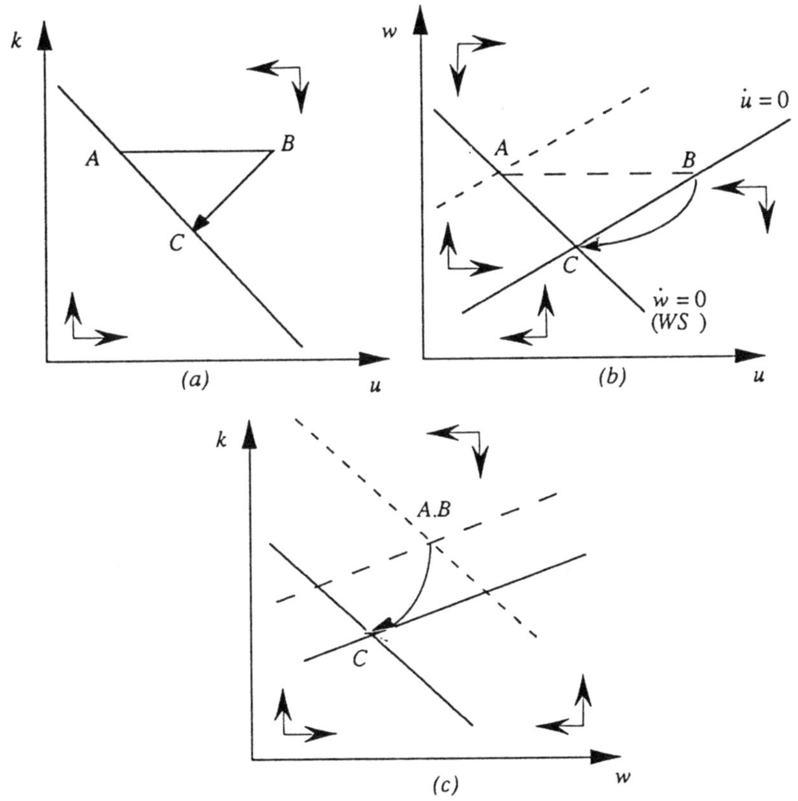

La figure (c) expose les ajustements dans le plan (*k, w*). Ici les deux lieux de stationnarité se déplacent à la suite du choc de demande, qui par contre n'affecte pas le point initial $A = B$. La dynamique transitoire consiste en une réduction simultanée du capital et du salaire.

Les mêmes diagrammes peuvent être utilisés pour analyser les conséquences d'un choc d'offre. On a parfois considéré qu'un choc pétrolier équivalait au déclassement subit d'une partie du capital. Ici, le chômage se réduit immédiatement par substitution du travail au capital. Il en résultera une évolution figurée en 2.a à 2.c, pour le cas $\lambda < \alpha'\mu \# 2 \mu$ où l'impact à long terme est négatif.

Figures II

Choc d'offre : réduction du capital initial

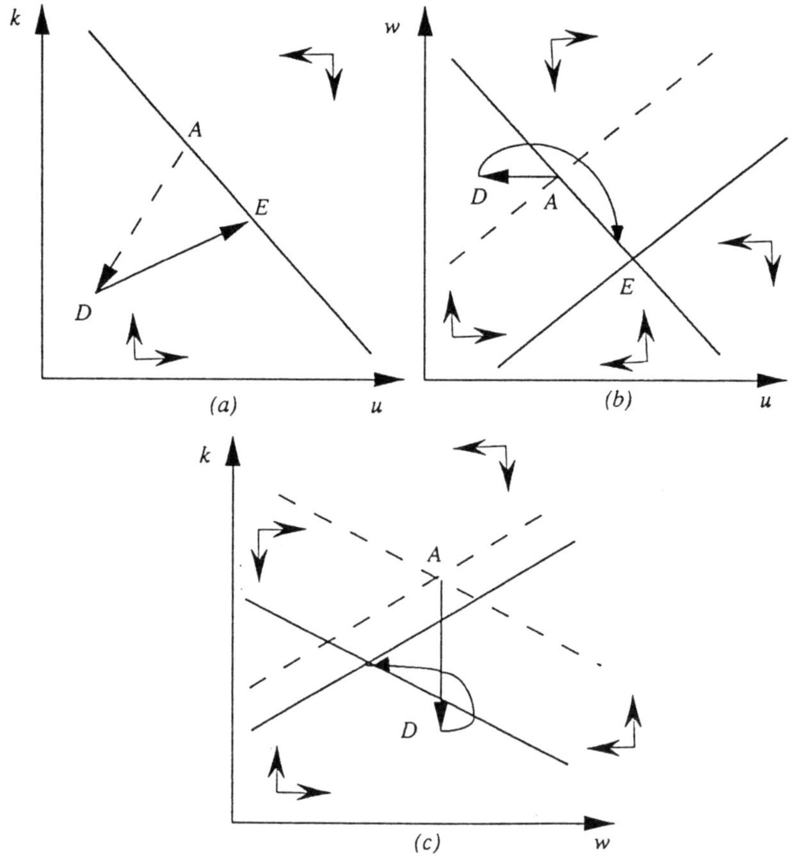

La réduction initiale du capital est en partie comblée. Le chômage augmente régulièrement. L'évolution du taux de salaire connaît deux phases : dans un premier temps, il s'élève en raison de la baisse initiale du chômage, puis baisse régulièrement pour rejoindre sa nouvelle valeur stationnaire en *E*.

Une autre perturbation analysable comme choc d'offre est une hausse du salaire d'aspiration exogène w^* . Contrairement aux précédentes, cette hypothèse entraîne un déplacement du lieu d'équilibre à long terme $(\bar{k}\ , \bar{u}\ )$. Comme on le voit sur les figures 3.a à 3.c, les salaires et le chômage croissent régulièrement ainsi que le capital qui se substitue alors au travail plus coûteux.

Figures III
Ajustement à un choc salarial

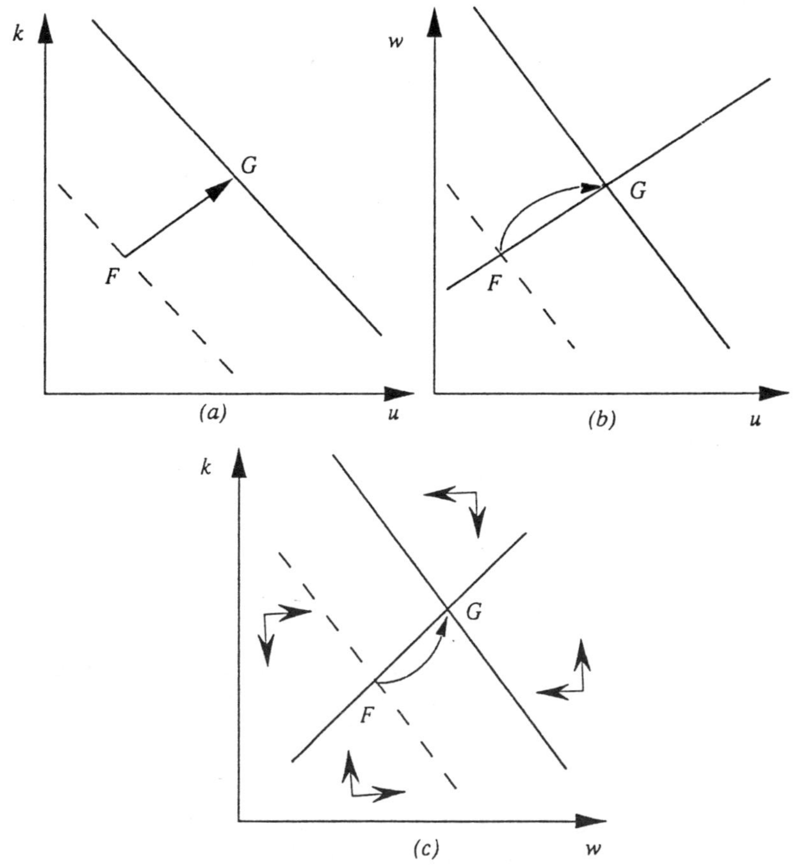

1.4. Limites du modèle et voies d'approfondissement théoriques

Le modèle précédemment exposé a le mérite de formuler explicitement une dynamique d'hystérèse affectant les capacités productives et le chômage, ce qu'on ne trouve pas dans la littérature. La spécification retenue par Van de Klundert et Van Schaik (1990) présente par ailleurs l'avantage de combiner des éléments keynesiens et une problématique de capacité rentable, combinaison dont résulte le rôle moteur du taux d'utilisation. A ce niveau de schématisation, ce modèle rend bien compte de mécanismes importants. On ne peut cependant pas le considérer comme satisfaisant. D'un côté, il suppose un ajustement immédiat de l'emploi et du chômage à la demande globale, la dynamique du chômage ne faisant que traduire l'évolution de la demande globale elle-même. Par ailleurs, il ne repose pas sur une formulation théorique aussi explicite des programmes intertemporels des agents. Deux points essentiels devraient être précisés par une telle dérivation théorique.

En premier lieu, le rôle de la profitabilité comme déterminant est essentiel dans la perspective d'Helmutt Schmidt comme dans l'analyse d'E. Malinvaud (1983, 1987). Une série de travaux a montré comment le modèle en "q" devait être complété pour prendre en compte les taux d'utilisation (Malinvaud, 1987), ou plus généralement les phénomènes de rationnement (de la Croix et Licandro, 1992). Bond et Meghir (1990) dérivent ainsi des modèles d'optimisation intertemporelle où l'investissement dépend du taux de profit réalisé et également, en concurrence monopolistique, du rapport capital produit constaté.

Parallèlement, la littérature relative aux négociations salariales a intégré le cas d'une dérivation endogène de l'investissement (Grout, 1984). Van der Ploeg (1987) introduit l'hypothèse de contrats à long terme dans le marchandage sur le salaire et le capital dans un modèle à horizon infini. Anderson et Devereux (1988) ont adapté le modèle du monopole syndical au cas où l'entreprise s'adapte aussi sur son stock de capital. Dans ce modèle, la clause de droit à gérer appliquée à la firme semble cependant trop restrictive car limitée au choix du niveau d'emploi comme dans le modèle statique alors qu'elle devrait également inclure la décision d'investissement. Cette littérature met en évidence des structures complexes de jeux dynamiques, où les interactions stratégiques entre syndicats et entreprises soulèvent le problème de possibles incohérences temporelles.

Au-delà de la difficulté technique d'un modèle qui intègrerait tous ces développements, il est clair qu'un tel approfondissement de l'analyse confirmerait la grande fragilité du mécanisme strict d'hystérèse, comme propriété de racine nulle. Il n'est ainsi pas assuré que cette propriété puisse être maintenue si le modèle qui précède est complèté par une dynamique propre de l'emploi ou une variable explicite de profitabilité.

Cette fragilité théorique des modèles formels d'hystérèse ne nous paraît cependant pas une objection majeure. De tels modèles ont essentiellement une valeur illustrative. Leur pertinence reste assurée pourvu que le modèle empirique présente, dans sa formulation en niveau, une ou plusieurs racines unitaires, l'équivalent en temps discret de la (ou des) racines nulles du modèle théorique. L'occurence très fréquente de ce cas de figure justifie la considération de modèles théoriques interprétatifs, aussi fragiles et incomplets qu'ils soient.

2. ÉTUDE EMPIRIQUE : UN MODÈLE MULTIVARIÉ

Si l'étude théorique permet de produire un modèle illustratif d'un mécanisme d'hystérèse affectant conjointement le capital et le chômage, elle ne permet pas actuellement de complètement spécifier a priori un modèle structurel explicitant les interactions dynamiques entre profitabilité, investissement et chômage. De ce fait, il reste utile de partir d'un modèle multivarié a priori faiblement contraint qui constitue un cadre adéquat pour le test d'un certain nombre d'hypothèses structurelles.

2.1. Stratégie et méthode : la construction d'un modèle de référence

Pour étudier les interactions profitabilité - investissement - chômage, une première étape est de délimiter un ensemble de variables d'intérêt dont l'introduction est nécessaire à l'identification des principaux mécanismes par lesquels s'opère cette interaction. Ainsi la considération d'un système limité à ces trois variables permettrait certes de repérer des dépendances mais sans donner les moyens de distinguer les canaux directs et indirects d'influence de ces variables. A ce titre, l'introduction explicite d'un indicateur d'activité comme le PIB est nécessaire pour identifier des effets keynésiens de la production au chômage via l'emploi, des effets transitant par l'investissement directement par un effet d'accélération ou indirectement par une amélioration du taux de profit en présence de coûts fixes. Le taux de salaire réel exerce de même un effet direct — négatif sur l'emploi — mais aussi un effet qui transite par la rentabilité. La profitabilité elle-même repose sur la confrontation du taux de profit à un taux d'intérêt à long terme.

Un système de dimension trop élevée étant à l'inverse peu maniable, on a restreint à ces sept variables l'analyse économétrique, soient :

LY	le PIB (en logarithme)
LRW	le salaire réel (en logarithme)
IRL	le taux d'intérêt à long terme
ROR	le taux de profit
ISK	le taux d'investissement, ou rapport de l'investissement au stock de capital
LET	le log de l'emploi total
UR	le taux de chômage

La définition de ces variables est précisée en annexe ainsi que les sources, principalement d'origine OCDE, utilisées. Le champ de l'étude est constitué par cinq des sept "majors" : USA, Canada, France, RFA et Royaume-Uni. L'échantillon court de 1961 à 1989 sur données trimestrielles.

La stratégie d'analyse empirique consiste à considérer un modèle vectoriel autorégressif comme un cadre de référence au sein duquel peut être spécifié un modèle plus contraint par une démarche descendante, dans l'esprit des travaux d'Hendry et Mizon (voir par exemple, Clements et Mizon, 1991). On peut considérer que cette démarche comporte deux étapes :

— La première vise à spécifier un modèle constituant une représentation satisfaisante des données sur le plan statistique, ce que Clements et Mizon (1991) appellent la "distribution de Haavelmo". Un tel modèle comporte le statut de forme réduite non contrainte d'une famille de modèles structurels.
— La seconde étape vise à construire une forme réduite contrainte, représentation minimale sur le plan statistique et au contenu théorique enrichi par l'acceptation d'une série de restrictions qui réduisent la famille des formes structurelles compatibles avec cette représentation.

Une telle approche, qui dépasse la simple utilisation des VAR comme "boîtes noires" sans contenu théorique, recueille un intérêt accru dans la méthodologie économétrique moderne.

La construction d'un modèle de base consiste à sélectionner une représentation du processus multivarié qui satisfasse à des critères statistiques. Dans la méthodologie VAR traditionnelle, cette étape se limitait au choix de l'ordre du système, c'est-à-dire du nombre de retards. En présence de variables non stationnaires, un enjeu essentiel est d'obtenir une spécification correcte de l'interaction entre variables en niveau et en différence dans le cadre général d'un modèle à correction d'erreur.

Les tests de stationnarité sont menés en premier lieu selon une stratégie présentée en annexe méthodologique et utilisant les statistiques de Dickey et Fuller. Les propriétés du modèle multivarié, autorégressif, étant sensibles au nombre de retards, plusieurs critères ont été considérés : BIC, AIC, Hannan concluent à un faible nombre de retards, au contraire un test de rapport de vraisemblance ne rejette souvent pas le caractère significatif de retards jusqu'à l'ordre 8. Il est apparu que quatre retards représentaient en général un compromis satisfaisant entre les indications des différents critères.

La spécification dynamique du système multivarié retient la méthodologie et les tests de Johansen (cf. Johansen et Juselius, 1990) développée à l'annexe méthodologique. Le vecteur des sept variables retenues étant noté x_t, le raisonnement repose sur l'examen de l'équation suivante :

$$\Delta x_t = \Gamma(L)\,\Delta x_t + \Pi x_{t-p} + \mu + \varepsilon_t \qquad (20)$$

où $\Gamma(L)$ est une matrice de coefficients de retards d'ordre $p - 1$, Π une matrice de coefficients, μ un vecteur de constantes et ε_t un vecteur d'aléas normaux et d'espérance nulle. Si toutes les composantes de x_t sont stationnaires, aucune restriction ne pèse sur la matrice Π qui est normalement de plein rang. A l'opposé, si toutes les composantes de x_t sont $I(1)$ et non cointégrées, la stationnarité des aléas ε_t n'est compatible qu'avec une matrice Π identiquement nulle. Dans le cas général, où existent r relations de cointégration ($0 < r < n$, $n = 7$ dans la présente application), le rang de Π doit être égal à r. La matrice Π peut alors se factoriser en $\alpha\beta'$, où α et β sont de format (n, r). La matrice β est formée de vecteurs des coefficients de cointégration et la matrice α regroupe les coefficients qui indiquent la contribution de chaque relation de cointégration à l'équation considérée.

Johansen ainsi que Johansen et Juselius (1990) ont développé des tests permettant de déterminer le rang de Π et donc le nombre de relations de cointégration à retenir. Sont en particulier utilisés dans ce but deux tests du rapport de vraisemblance.

— d'une part le test de la "trace" que le modèle (20) admet r ($r < n$) relations de cointégration contre l'hypothèse que Π est de plein rang. Ce qui correspond au modèle en niveau non contraint ;

— d'autre part, le test dit de la valeur propre maximale que Π est de rang r plutôt que $r + 1$.

A ce stade, on teste si les tendances déterministes sont elles-mêmes cointégrées. Dans ce cas, le vecteur μ des termes constants s'écrit lui-même sous la forme $\alpha\beta'_\mu$ et s'intègre aux relations de cointégration.

Suivant la méthode de Johansen, on cherche ensuite à imposer des restrictions linéaires sur les vecteurs cointégrants afin d'en faciliter l'interprétation théorique. On rappelle que Π se factorisant en $\alpha\beta'$, la spécification des vecteurs de cointégration introduit des restrictions sur les vecteurs de coefficients β. Ces restrictions peuvent porter ou bien sur l'exclusion d'une variable ($\beta_{ij} = 0$), ou sur l'égalité de deux coefficients, par exemple l'hypothèse que le salaire réel n'affecte le chômage que s'il s'écarte de la productivité, s'exprime par une condition du type : $\beta_{uq} - \beta_{uw} = 0$.

Il est possible d'imposer des vecteurs de cointégration connus *a priori*, afin de tester s'ils appartiennent à l'espace de cointégration. Un cas particulier est constitué par le vecteur :

$$\beta = (0, 0, \beta_{ii} = 1, 0, \ldots)$$

qui formule l'hypothèse que la variable x_i est elle-même stationnaire (si l'espace de cointégration considéré est bien minimal).

La stratégie de spécification des modèles dynamiques multivariés intègre et adapte la problématique plus traditionnelle de causalité au sens de Granger. Dans sa formulation habituelle en effet, la causalité au sens de Granger implique que l'on ne peut considérer comme nulle la contribution à un pas d'une variable stationnaire à l'explication d'une autre variable stationnaire. Les méthodes de tests usuelles s'appliquent alors pourvu que les variables soient stationnaires — en niveau ou en différence —. Dans un système vectoriel à correction d'erreur, l'influence causale peut résulter d'une contribution des termes différenciés, les polynômes de $\Gamma(L)$ dans l'équation 20, ou transiter par les relations de cointégration. Dans ce dernier cas, l'influence est exercée solidairement par les variables présentes dans les relations de cointégration et la contribution d'une des variables en niveau ne peut être testée par les méthodes habituelles. Intuitivement, pour qu'une variable j intervienne en niveau dans l'explication de i, ce que l'on qualifiera souvent de causalité à long terme, elle doit figurer dans au moins une relation de cointégration k qui apparaisse significative dans l'équation de i.

L'analyse de causalité dans des systèmes vectoriels à correction d'erreur est toujours l'objet de recherches méthodologiques (voir les références évoquées en annexe). On a ici retenu une stratégie qui, sans exploiter tous les développements méthodologiques récents, soit cohérente avec les implications logiques de la représentation VECM. Cette stratégie est exposée à l'annexe méthodologique.

• Dans une première étape, la causalité dite de court terme, reposant sur les termes différenciés est évaluée au moyen de tests standards de restrictions correspondantes sur les polynômes $\Gamma(L)$.

• Dans une seconde étape, on s'assure que ne prévaut pas l'une des deux conditions suivantes, suffisant à assurer la non causalité à long terme de j vers i.

— x_i est faiblement exogène, c'est-à-dire qu'il n'est influencé par aucune relation de cointégration ($\alpha_{ik} = 0, \forall_k$)

— x_j est exclu des relations de cointégration ($\beta_{kj} = 0, \forall_k$).

• Si ces deux conditions sont rejetées; l'influence à long terme de j sur i peut être évaluée par le coefficient Π_{ij} de l'équation (20). Les estimateurs suivent une loi de Student standard, puisqu'ils satisfont aux conditions énoncées par Sims, Stock et Watson (1990).

La démarche méthodologique ainsi explicitée permet de spécifier la représentation multivariée en spécifiant un modèle VECM et de répondre, en termes de relations causales, à la question, centrale pour notre propos, d'une éventuelle causalité s'exercant des profits sur le chômage via l'investissement.

Les résultats obtenus par cette méthode seront présentés, avant d'aborder une caractérisation plus quantitative de l'explication du chômage à partir d'un certain nombre de perturbations importantes.

2. Les relations de cointégration

Selon la stratégie proposée, il convient d'abord d'examiner les propriétés de stationnarité des variables, puis d'estimer le modèle non contraint et les variantes permettant de tester le nombre de relations de cointégration à retenir. En troisième lieu, intervient l'étape d'interprétation des relations de cointégration.

Tableau I — *Caractérisation des séries*

Pays/Série	*LY*	*LRW*	*IRL*	*ROR*	*ISK*	*LET*	*UR*
France	$I(1)$	$I(1) + T_1 + T_2^{(R)}$	$I(1)$	$I(1)$	$I(1)$	$I(1)$	$I(1) + T$
RFA	$I(1) + T$	$I(1) + T_1 + T_2^{(R)}$	$I(0) + C$	$I(1)$	$I(0) + T + C$	$I(1)$	$I(1)$
GBR	$I(1) + T$	$I(1)$	$\{ I(1)$ $I(0) + C^{(A)}$	$I(1)$	$I(1)$	$I(1)$	$I(1)$
USA	$I(1) + T$	$I(0) + T + C$	$I(1)$	$I(1)$			$I(1)$
Canada	$I(1) + T$	$I(1) + T$	$I(1)$	$\{ I(1)$ $I(0) + C^{(A)}$	$I(1) + T$	$I(1) + T$	$I(1)$

(A) Caractérisation alternative acceptable à 10 %.
(R) Rupture de tendance acceptable respectivement en 81.4 et 74.3.

2.2.1. *Caractérisation des variables et nombre de relations de cointégration*

La première étape du processus de spécification réside dans l'identification de la dynamique des séries pour chacun des cinq pays considérés. Le tableau I résume les résultats obtenus sur la base des tests de Dickey et Fuller.

Le tableau I montre d'abord que la non stationnarité est assez générale dans les séries considérées. Elle est confirmée pour le chômage ainsi que (Etats-Unis exceptés) pour l'emploi, ce qui est une implication parfois retenue comme test de l'hystérèse. Le taux d'investissement est la variable la plus stationnaire, en RFA et aux USA autour d'une tendance déterministe, au Canada à 10 % seulement. L'existence de tendance segmentée ou quadratique, en France et en RFA, dans le processus univarié du taux de salaire n'implique évidemment pas une instabilité des équations de salaire, puisque cette inflexion peut être expliquée par les régresseurs introduits dans cette équation. On vérifie par ailleurs qu'aucune variable n'est intégrée d'ordre 2.

L'étape suivante réside dans la détermination du nombre de relations de cointégration. Le tableau 2 donne les valeurs des statistiques de tests respectifs de la valeur propre maximale (λ max) et de la trace (T. trace) , pour les valeurs de *r* allant de 2 à 5, ainsi que les valeurs critiques à 5 %.

Tableau II

Détermination du nombre des relations de cointégration

Pays	Test	$r=2$	$r=3$	$r=4$	$r=5$
France	λ max	36.9	20.8	16.5	13.8
	T trace	102.2	69.2	44.3	27.8
RFA	λ max	46.3	34.7	23.2	12.4
	T trace	124.7	78.1	43.4	20.2
GBR	λ max	41.9	27.2	17.3	13.9
	T trace	111.6	69.6	42.3	25.0
USA	Λ max	38.9	27.9	23.3	16.8
	T trace	121.6	82.7	54.8	30.5
Canada	λ max	52.0	38.8	23.7	16.6
	T trace	141.5	89.6	50.8	27.0
Valeurs critiques à 5 %	λ max	39.4	33.2	27.3	21.2
	T trace	85.1	69.9	48.4	31.2

Le test du λ max, lorsqu'il permet de conclure, donne en général la même indication que le test de la trace, plus approprié car il compare à chaque fois l'hypothèse rang $(\Pi) = r$ à rang $(\Pi) = r + 1$. Dans tous les pays européens, trois relations de cointégration sont retenues, contre quatre aux Etats-Unis et trois ou quatre au Canada. La comparaison des modèles conduit à retenir pour le Canada la variante n'intégrant que trois relations de cointégration.

Une fois fixé le rang de Π, on teste si les tendances déterministes sont cointégrées. Dans tous les pays, cette hypothèse est rejetée et les termes constants apparaissant dans les équations s'interprètent bien comme des accroissements déterministes spécifiques aux séries considérées.

Un examen plus approfondi des relations de cointégration sera maintenant entrepris, en relation avec les tests de diverses restrictions sur les vecteurs de cointégration β ou de contribution des termes d'écart α.

2.2.2. *Identification et interprétation des relations de cointégration*

Les relations de cointégration décrivent les relations à long terme entre les variables considérées : leur identification est à ce titre essentielle à la spécification et à l'interprétation du modèle dynamique. Cette identification comprend trois étapes :

- Une variable donnée est-elle en elle-même une relation de cointégration ? Ce test est équivalent à un test de stationnarité univarié dont il diffère cependant par deux points : la stationnarité est ici l'hypothèse nulle, et ce test est conditionnel à l'espace de cointégration retenu. La statistique associée suit un $\chi^2 (n - r)$.
- Une variable est-elle exclue de l'espace de cointégration, c'est-à-dire qu'elle ne participe à aucune relation de cointégration ? La statistique associée est un $\chi^2 (r)$ et l'implication, en cas d'acceptation, est que la variable considérée suit une tendance stochastique spécifique, et non une (ou plusieurs) tendances communes.
- Une relation donnée a priori appartient-elle à l'espace de cointégration. Ici, on cherche en particulier si une relation du type $LY - LE + \alpha_1 LRW + \alpha_2 UR$ liant productivité, salaire réel et chômage, est acceptée comme l'une des relations de cointégration.

Tableau III — *Relations de cointégration*

	V.P.	.414	.171	.297	
France	LY	0	0	.19	
	LRW	0	−1	.38	
	IRL	0	0	−.092	
	ROR	0	0	−3.67	
	ISK	1	0	0	
	LET	0	−1	−2.51	
	UR	0	−2.33	1	
	V.P.	.362	.328	.181	
RFA	LY	1	1	1	
	LRW	−.82	−.99	−1.01	
	IRL	−1.99	.07	−.59	
	ROR	−.425	.458	−2.85	
	ISK	.611	.421	−.51	
	LET	−1.49	−1.66	−1.00	
	UR	−.59	−.54	−.96	
	V.P.	.360	.322	.223	
GBR	LY	.16	.11	−.03	
	LRW	−.09	−.33	.08	
	IRL	.32	.92	.03	
	ROR	0	−.45	1	
	ISK	.43	1	−.59	
	LET	−.13	.15	−.26	
	UR	−.19	.66	−.18	
	V.P.	.314	.181	.295	.231
USA	LY	0	1	.13	−.092
	LRW	0	−1	.35	−.15
	IRL	0	0	−.59	−.91
	ROR	0	0	.37	−2.74
	ISK	1	0	0	0
	LET	0	−1	−.22	.062
	UR	0	0	1	1
	V.P.	.462	.431	.344	
Canada	LY	.29	.50	.099	
	LRW	−.17	−.081	−.16	
	IRL	.14	.28	−.68	
	ROR	1	.35	.26	
	ISK	.25	1	1	
	LET	−.49	−.89	−.15	
	UR	−.41	−.12	.92	

V.P. : valeur propre associée au vecteur cointégrant.

Cette procédure d'identification a été menée systématiquement, pour les cinq pays considérés. Les restrictions qui permettraient d'identifier les relations de cointégration comme des relations théoriques a priori sont fréquemment rejetées, mais il s'agit là d'un résultat habituel dans les études retenant ce type de méthodes et, *a contrario*, la possibilité d'interprèter un certain nombre de ces relations peut être considérée comme encourageante, comme on va le voir en comparant les résultats obtenus par pays.

a) *France*

Sur données françaises, deux des trois relations de cointégration peuvent recevoir une interprétation théorique. La première ne comprend que le taux d'investissement, dont la stationnarité n'est ainsi pas rejetée. La seconde est une relation croissante entre part salariale et chômage, conforme à une logique de courbe *PS*. La troisième relation, difficile à interprèter, est dominée par une opposition entre rentabilité et emploi.

b) *RFA*

Sur données allemandes, le test direct ne permet pas de rejeter l'hypothèse de stationnarité du taux d'investissement. Cependant, on ne rejette pas non plus l'exogénéité faible de cette variable quand elle est considérée seule (avec une valeur du $\chi^2(3)$ de 4.91 pour un seuil à 5 % de 7.8), ni comme hypothèse jointe d'exogénéité du bloc *IRL*, *ROR* et *ISK* ($\chi^2(2)$ de 11.63 pour un seuil de 16.9). En fait, aucune restriction qui permettrait d'identifier les *RCI* n'est acceptée. L'interprétation de ces *RCI* est donc délicate. La première oppose le taux d'investissement à la part des salaires, au taux de profit et à l'emploi. La seconde est assez proche d'une relation *PS*, la troisième oppose le taux de profit à la part des salaires, aux taux d'intérêt et de chômage.

c) *Royaume-Uni*

Sur données anglaises, se présente la même impossibilité d'identifier formellement les relations de cointégration. Le taux de profit est proche de la stationnarité, qui est cependant rejetée par un test joint. La première relation de cointégration est dominée par le taux de profit, qui s'oppose aux taux d'investissement et d'intérêt. La seconde *RCI* oppose le taux d'investissement aux taux d'intérêt et de chômage, avec au contraire un rôle positif du taux de profit. La troisième *RCI* semble exprimer à nouveau une relation à long terme positive entre profit et investissement.

d) *USA*

Le modèle de référence retenu pour les Etats-Unis est le seul à comporter quatre relations de cointégration. Deux s'avèrent interprétables : la première comme stationnarité du taux d'investissement, la seconde comme stationnarité de la part salariale ou de manière équivalente du rapport salaire / productivité apparente. La troisième *RCI* rapproche le chômage du taux d'intérêt et l'oppose au taux de profit avec une faible contribution du salaire. La quatrième *RCI*, enfin, oppose le taux de profit au chômage, mais le rapproche du taux d'intérêt.

e) *Canada*

Dans le cadre du modèle obtenu pour le Canada, aucune restriction ne permet d'identifier les relations de cointégration, qui s'avèrent de ce fait difficiles à interpréter. La première en particulier rapproche le taux de profit à la fois de l'emploi et du chômage, sans que la contribution des autres variables soit assez nette pour être éclairante. La seconde *RCI* rapproche le taux d'investissement de l'emploi, tout en l'opposant à la production, aux taux d'intérêt et de profit. La troisième *RCI* oppose essentiellement l'investissement au chômage avec une contribution du taux d'intérêt de signe contre-intuitif. Des cinq pays considérés, le Canada présente, pour l'interprétation des *RCI*, les résultats les plus décevants, puisqu'ailleurs, à défaut même d'identification formelle, des éléments d'interprétation peuvent être proposés qui éclairent les propriétés du modèle dans le long terme.

2.3. Les relations de causalité profit, investissement, chômage

Tout en rappelant les précautions sémantiques et méthodologiques qu'appellent la causalité au sens de Granger et les concepts dérivés, il est intéressant de remarquer que l'affirmation d'H. Schmidt constitue un énoncé directement testable par ces méthodes. Aussi commencerons nous par considérer directement un test standard de causalité au sens de Granger dans des systèmes de dimension réduite, avant d'examiner les propriétés que présente notre système de référence à sept variables.

2.3.1. *Un test direct de l'affirmation d'Helmutt Schmidt*

Si "les profits d'aujourd'hui font les investissements de demain et les emplois d'après demain", une double relation de causalité au sens de Granger doit apparaître. Il est cependant bien connu qu'une inférence erronée peut être tirée de tels tests lorsqu'une variable importante est omise. Aussi considère-t-on successivement un système trivarié, faisant intervenir, en différence première, le taux de profit, *DROR*, le taux d'investissement *DISK* (ou *ISK* si ce ratio est lui-même stationnaire), le taux de chômage (*DUR*) et un système à quatre variables, où figure en plus le PIB (*DLY*) afin de vérifier que l'influence éventuelle du profit et l'investissement subsiste quand sont prises en compte les fluctuations de l'activité macroéconomique.

Dans la majorité des cas, c'est le résultat inverse qui ressort : la causalité de type loi d'Okun entre PIB et taux de chômage (discutée par ailleurs, Hénin et Jobert, Chapitre III) ne subsiste pas, ou du moins se trouve très affaiblie quand les taux de profit et d'investissement sont pris en compte. Ce résultat apparaît clairement dans le tableau 4 qui présente les tests de causalité dans des VAR simples, où n'interviennent pas de relations de cointégration, et qui considèrent à côté du PIB des taux de chômage et de profit différenciés, le taux d'investissement différencié ou en niveau selon le résultat des tests de stationnarité. Dans tous les pays considérés le PIB cause le chômage, au sens de Granger. Cette relation ne subsiste jamais dans un système de dimension 4 où interviennent aussi les taux de profit et d'investissement. L'influence du taux de profit qui est aussi significative dans un modèle bivarié, subsiste par contre dans trois pays sur cinq.

En France, le taux d'investissement, différencié ou non, cause seul le taux de chômage, à un seuil constamment inférieur à 1 %. L'investissement est lui-même causé par le taux de profit, ce qui serait conforme à l'affirmation d'H. Schmidt, le taux de profit est lui-même "exogène". En revanche, le PIB n'influence le chômage ni directement, ni indirectement, mais dépend lui-même du profit et de l'investissement passé, ce qui établit la fragilité d'une explication type loi d'Okun ou plus généralement keynésienne.

Les cas de la RFA, des USA et du Canada sont assez proches, avec cependant une influence directe du taux de profit sur le chômage qui s'ajoute à la relation indirecte, plus fragile, transitant par le taux d'investissement.

L'influence du PIB, quand elle s'exerce, est indirecte et moins significative. Elle transite par le taux de profit en Allemagne et le taux d'investissement au Canada.

Tableau IV — *Causalité au sens de Granger dans des systèmes restreints*

	FRANCE				*RFA*				*GBR*				*USA*				*CANADA*			
	DLY	*DROR*	*(D)IsK*	*DUR*	*DLY*	*DROR*	*DIsK*	*DUR*	*DLY*	*DROR*	*DISK*	*DUR*	*DLY*	*DROR*	*(D)IsK*	*DUR*	*DLY*	*DROR*	*DISK*	*DUR*
DLY	06			07	00			06	25			06	00			00	04			01
DUR	55			00	66			00	15			00	16			00	18			00
DROR		00		06		00		00		00		01		00		00		00		00
DUR		77		00		05		00		00		00		11		00		23		00
DROR		00	00	70		00	01	70		00	00	06		00	00	00		00	02	01
DIsK		65	41	00		58	00	02		31	00	44		05	26	09		00	50	02
DUR		75	25	00		05	00	00		00	02	00		39	46	00		78	79	07
DROR		00	00	69										00	00	00				
IsK		38	00	00										00	00	26				
DUR		84	24	00										42	37	00				
DLY	73	13	48	26	18	04	37	73	08	00	71	11	00	11	31	44	44	81	09	22
DROR	04	00	00	88	00	00	02	00	00	00	00	12	00	00	00	00	00	00	03	02
DIsK	37	99	71	00	63	49	00	04	61	21	00	28	03	07	17	07	75	01	43	11
DUR	38	69	22	00	00	12	00	00	12	00	26	00	02	98	30	00	46	80	74	11
DLY	10	13	47	27									00	40	24	27				
DROR	00	00	00	87									00	00	00	00				
IsK	00	72	00	00									00	01	00	12				
DUR	33	66	19	00									01	90	34	00				

Au Royaume-Uni, bien qu'aucune causalité ne s'exerce sur le chômage au seuil de 10 %, au niveau voisin de 11 % une explication de type Okun apparaît, qui se substitue à l'explication directe du chômage par le taux de profit du modèle trivarié.

Au total, ces tests de causalité au sens de Granger délivrent sur les pays considérés, Royaume-Uni excepté, un message beaucoup plus proche d'une explication type "affirmation de Schmidt" que de la logique plus usuelle de la loi d'Okun ou de la macroéconomie keynésienne. Il reste à voir si cette conclusion se confirme dans le système VECM à sept variables, où interviennent à la fois les dépendances de court et de long terme.

2.3.2. *Dépendances à court et long terme dans le modèle de référence*

Comme il a été expliqué plus haut, dans un système vectoriel à correction d'erreur, la causalité peut résulter d'une dépendance à court terme, s'exerçant par les termes différenciés, ou d'une relation à long terme, transitant par les relations de cointégration.

Les tests de causalité à court terme étendent à un système à sept variables, où interviennent les taux de salaire et d'intérêt ainsi que l'emploi, l'exercice précédent : les résultats obtenus sont semblables, à la seule exception du Canada où intervient une influence du PIB sur le chômage. En France, une contribution du taux d'intérêt apparaît à côté de celle du taux d'investissement, tandis que le salaire réel n'est nulle part déterminant. Il est intéressant de noter que dans quatre cas sur cinq la dépendance au sens de Granger s'exerce du chômage vers l'emploi et non l'inverse, ce qui s'écarte à nouveau des schémas traditionnels. De manière générale, le taux de profit demeure la variable la plus explicative.

Une influence à long terme est retenue si elle n'est pas exclue par la spécification du VECM et que le coefficient Π_{ij} de la forme réduite est significatif : les résultats obtenus sont reportés aux tableaux 5 et 6. En France et aux Etats-Unis, aucune variable ne détermine le taux de chômage à long terme puisque cette variable est caractérisée comme faiblement exogène. En revanche, le taux de salaire affecte *UR* dans les trois autres pays.

Tableau V — *Dépendances causales dans un modèle complet*

On note *CT*** le cas où le vecteur $\Gamma_{ij}(L)$ de la variable en *ligne* est significatif dans l'équation de la variable en *colonne* à 5 % (*CT** à 10 % et *CT* à 15 %).
La notation *LT* se rapporte au test de non nullité des coefficients π_{ij}.

FRANCE

	LY	LRW	IRL	ROR	IsK	LET	UR
LY	—	LT**	CT**				
LRW		—	CT LT**		LT		
IRL	LT**	LT**	—		LT		CT*
ROR	CT* LT**	CT**	CT* LT**	—			
IsK	CT**	LT**	CT**		—		CT**
LET	LT**	LT**	CT**			—	
UR		LT**	CT**			CT**	—

USA

	LY	LRW	IRL	ROR	IsK	LET	UR
LY	—	CT**	LT**	LT**	LT**		
LRW	CT*	—	LT**	LT**	LT**	CT**	
IRL	LT*		—		CT		
ROR	CT*	CT	LT	—			CT
IsK			LT*	CT LT**	—	CT LT**	CT*
LET			LT**	LT**	LT	—	
UR	CT* LT*				LT	CT**	—

GBR

	LY	LRW	IRL	ROR	IsK	LET	UR
LY	—			LT**		LT*	
LRW		—	LT**	LT**		LT**	LT**
IRL	CT**		—	CT**		LT**	LT**
ROR			CT**	—	CT**	LT**	
IsK				LT**	—	LT**	LT**
LET				LT**		—	
UR			CT*	CT* LT**	CT*	CT* LT**	—

RFA

	LY	LRW	IRL	ROR	IsK	LET	UR
LY	—	CT**				LT**	LT**
LRW	CT* LT*	—				LT**	LT**
IRL	LT**		—			LT**	
ROR	CT**	CT* LT		—	CT**		CT**
IsK			CT		—		CT
LET	LT**	CT* LT**				—	LT**
UR	CT**	LT**				CT LT**	—

CANADA

	LY	LRW	IRL	ROR	IsK	LET	UR
LY	—	LT**				LT**	CT**
LRW	CT	—				LT**	LT**
IRL	CT	CT LT**	—	LT**		LT*	LT**
ROR	CT**	LT*		—	CT	LT**	LT**
IsK				CT* LT	—	LT**	LT
LET		LT**		CT	CT	—	CT LT
UR		LT**		CT* LT**		LT*	—

On remarque à nouveau que le taux de profit est faiblement exogène en France et en RFA, mais subit plusieurs influences significatives dans les autres pays. En France, c'est au contraire le taux de salaire qui est très dépendant. Dans tous les pays, le taux de profit influence le PIB, alors que la France est le seul où un effet de l'investissement, conforme au multiplicateur, apparaisse significatif.

Sans doute, l'ampleur même des différences, apparaissant entre pays et que ne justifient pas de différences évidentes dans les Institutions où les expériences historiques, doit inviter à la prudence. Il reste que la convergence des résultats permet de dégager certaines propriétés robustes, au premier lieu desquelles il faut citer la place importante qu'occupe le taux de profit dans les schémas de causalité qui se dégagent pour pratiquement tous les cas que considère cette étude comparative.

3. EXPLICATION DU CHÔMAGE DANS LA DYNAMIQUE MULTIVARIÉE

L'exploration des relations causales a apporté une première description qualitative du schéma de relations entre profit, investissement et chômage, prenant en compte les autres variables pertinentes : les résultats obtenus sont plutôt favorables au "théorème de Schmidt", en particulier quand on considère le faible pouvoir explicatif des fluctuations du PIB. Il reste à préciser cette impression par l'étude plus quantitative des fonctions de réponse à des chocs, indépendants entre eux et identifiés grâce à l'imposition d'un schéma récursif. Il est important de rappeler que le schéma d'identification donne la priorité aux variables traditionnelles de PIB, de salaire réel et de taux d'intérêt, introduites dans cet ordre avant les taux de profit et d'investissement, l'emploi et le chômage.

Les résultats obtenus ne sont reportés que partiellement, sous la forme d'une fiche par pays, donnant les décompositions de variance pour quatre variables privilégiées et les fonctions de réponse du chômage à tous les chocs. On commentera cependant des aspects importants de la dynamique des variables qui ne peuvent être reportées ici.

3.1. France

Pour la lecture des résultats, il est opportun de partir du dernier quadrant, à savoir la décomposition de la variance pour le chômage qui indique globalement quelles sources de chocs contribuent à la dynamique de cette série. On trouve ainsi qu'en France la variabilité du chômage, aussi bien à court terme qu'à long terme, est dominée par des chocs spécifiques. A un horizon d'un ou deux ans, cependant, plus de 50 % de cette variance s'explique par des impulsions identifiables. Dans le cas français, c'est essentiellement le taux d'investissement qui contribue à cette explication, et plus faiblement les chocs propres de PIB et d'emploi. La contribution du PIB à la dynamique de l'emploi, qu'il explique à moyen terme pour près d'un quart, ne se retrouve que très partiellement sur le chômage. Le taux d'investissement est plus expliqué par le PIB (20 %) que par le profit. Le taux de profit pour sa part suit une dynamique très autonome, tandis que le taux d'intérêt, et surtout le taux de salaire, ne comportent que peu de pouvoir explicatif. Le PIB s'explique essentiellement par ses propres innovations : encore à 80 % à un horizon de 20 ans, contre seulement 15 % résultant des innovations du taux d'investissement, qui est la seule autre source de chocs dont l'influence n'est pas négligeable.

Les fonctions de réponse précisent la nature de ces contributions. L'innovation spécifique du chômage est très persistante, avec un effet à long terme de 1.8. L'innovation d'emploi voit par contre son impact se réduire, ce qui est normal car venant en aval de la production et du salaire, elle peut s'interprèter (au signe près) comme un choc de productivité. Les profils de réponse sont tous conformes à l'intuition *a priori*, par exemple aux innovations de l'investissement ou du profit, mais ils sont d'une amplitude très faible pour le PIB et surtout les taux de salaires et d'intérêt.

France — Réponse du taux de chômage à un choc de

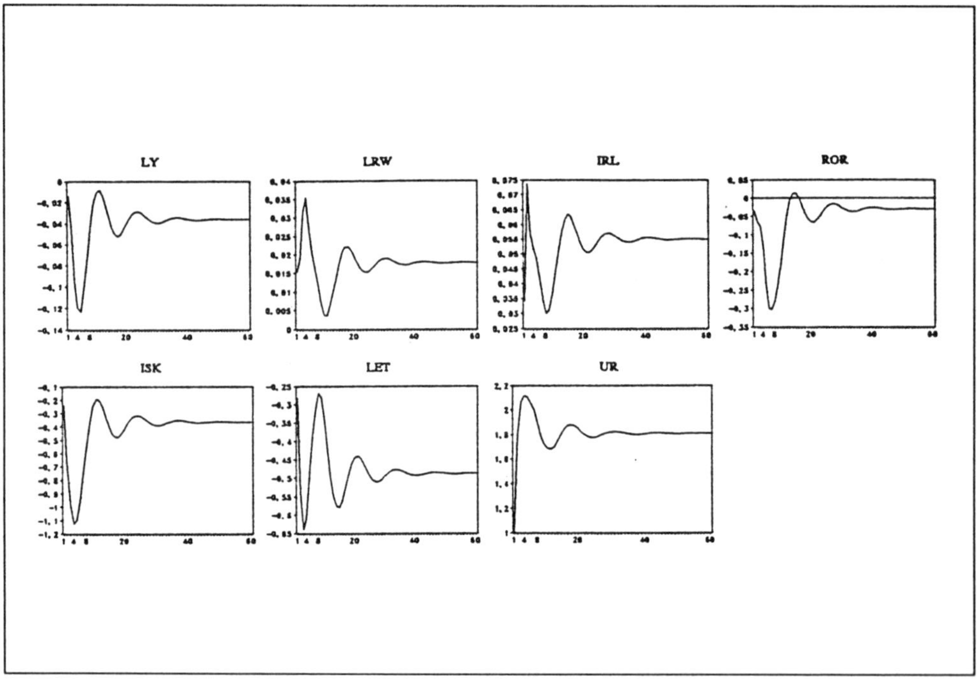

Les réponses de l'emploi montrent une très forte persistence des innovations spécifiques du chômage, une nette persistence des chocs d'investissement, de profit et d'intérêt, une réponse à long terme faible aux chocs de PIB et un impact négligeable des chocs salariaux. L'investissement fait intervenir des effets accélérateurs et profits assez faibles. Le taux de profit présente des chocs propres très persistants, une sensibilité à long terme au chômage, et surtout une réponse négative aux chocs d'investissement qui correspond à un phénomène de rendements rapidement décroissants.

Une caractéristique majeure de ces résultats qui rejoignent ainsi les tests de causalité est le faible rôle des innovations de PIB, que privilégie pourtant le schéma d'identification retenu *a priori*. De même, l'impact des chocs de salaire est d'ampleur trop faible pour être significatif.

La contribution des chocs d'investissement ressort par contre nettement, plus que celle des chocs de profitabilité : du "théorème d'H. Schmidt", seule la seconde assertion reçoit de cet exercice une part de validation empirique.

Décomposition de la variance de l'erreur de prévision

			LY				
PAS	*LY*	*LRW*	*IRL*	*ROR*	*ISK*	*LET*	*UR*
1	100	0.00	0.00	0.00	0.00	0.00	0.00
2	92.99	0.05	0.99	3.05	2.17	0.32	0.40
4	88.61	0.21	0.85	3.85	5.48	0.43	0.53
8	80.24	0.18	0.89	9.14	6.54	2.57	0.40
20	78.84	0.15	0.59	6.67	11.34	1.81	0.57
80	79.22	0.10	0.21	3.97	15.10	0.92	0.44
			ROR				
1	5.91	0.35	2.09	91.62	0.00	0.00	0.00
2	7.68	0.10	3.65	88.00	0.13	0.17	0.23
4	5.57	0.83	4.83	84.65	1.20	0.95	1.93
8	2.22	0.98	5.23	80.04	8.13	0.66	2.71
20	0.86	0.97	7.46	69.03	16.71	1.55	3.38
80	0.24	0.91	8.81	62.31	21.96	1.99	3.75
			ISK				
1	27.18	0.11	2.07	0.12	70.49	0.00	0.00
2	21.84	0.06	1.12	1.43	73.83	1.64	0.05
4	22.51	0.20	0.80	4.93	68.52	1.30	1.70
8	19.47	0.25	1.61	12.46	60.81	3.78	1.58
20	19.73	0.41	1.75	12.45	59.47	4.24	1.92
80	19.75	0?41	1.75	12.44	59.39	4.27	1.94
			UR				
1	1.15	0.71	5.24	0.39	12.03	13.28	67.16
2	2.80	0.35	6.01	0.36	20.68	12.61	57.16
4	8.14	0.46	3.04	0.53	30.46	10.42	46.91
8	8.51	0.33	2.09	2.91	29.83	7.16	49.13
20	5.63	0.28	3.08	1.99	19.94	9.89	59.15
80	3.36	0.30	3.98	0.65	12.17	11.94	67.56

3.2. RFA

La dynamique du chômage résulte en Allemagne essentiellement de ses propres innovations à court terme, et encore à plus de moitié à un horizon de 20 ans. Une opposition très nette avec le cas français résulte de la forte contribution des chocs de profit. L'impact du PIB s'estompe rapidement. L'examen des IRF confirme la modestie des réponses à d'autres chocs que les impulsions de chômage et de profit. A nouveau le message provenant de l'étude des causalités est confirmé et précisé.

L'investissement est principalement affecté par ses chocs propres et les innovations du PIB. L'ensemble des effets sur le taux de profit est très persistant et l'investissement n'exerce pas cet effet défavorable à long terme que l'on obtenait en France.

La contribution sensible des innovations de profit est ainsi le résultat majeur des estimations sur la RFA.

RFA — Réponse du taux de chômage à un choc de

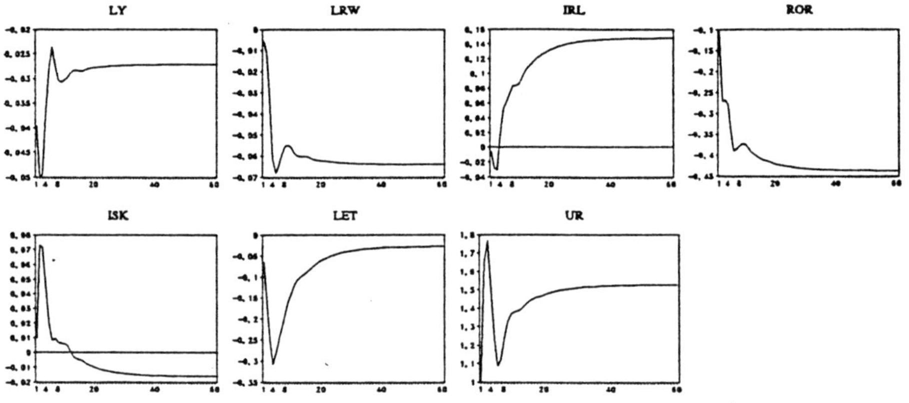

Décomposition de la variance de l'erreur de prévision

			LY				
PAS	*LY*	*LRW*	*IRL*	*ROR*	*ISK*	*LET*	*UR*
1	100	0.00	0.00	0.00	0.00	0.00	0.00
2	77.16	2.27	0.00	18.06	0.00	0.06	2.41
4	68.60	7.02	0.14	18.75	0.88	2.04	2.53
8	59.04	6.83	0.43	25.54	0.85	4.37	2.89
20	55.06	7.09	0.40	29.60	0.86	4.67	2.29
80	52.32	7.42	0.50	32.47	0.95	4.66	1.66
			ROR				
1	2.21	0.00	0.96	93.81	0.00	0.00	0.00
2	2.31	0.28	2.87	94.03	0.20	0.05	0.24
4	0.89	1.37	10.51	83.52	2.01	0.04	1.64
8	0.29	1.91	18.78	69.30	3.63	2.89	3.18
20	0.11	2.15	26.27	49.40	4.89	8.79	8.36
80	0.12	2.33	29.45	39.67	5.34	11.83	11.23
			ISK				
1	48.74	1.55	0.68	0.49	48.51	0.00	0.00
2	39.69	1.39	1.33	10.55	45.39	0.08	1.53
4	35.86	2.15	1.13	9.38	47.79	1.86	1.78
8	32.42	2.32	1.31	9.43	48.26	3.75	2.48
20	30.93	1.97	0.71	7.39	47.76	7.27	3.93
80	29.96	1.43	0.65	4.81	44.64	12.01	6.47
			UR				
1	19.47	0.28	0.03	4.10	0.14	0.85	75.11
2	13.37	0.33	0.24	8.38	2.07	1.52	74.07
4	10.10	4.00	0.23	9.89	1.86	3.83	70.97
8	7.46	8.74	1.26	16.37	1.04	4.54	60.56
20	5.18	9.89	3.81	20.44	0.39	2.15	58.12
80	3.44	10.18	6.82	22.37	0.17	0.51	56.48

3.3. Royaume-Uni

Par rapport aux cas précédents, la variabilité du chômage est mieux expliquée par les autres sources d'impulsion, comme le montrait l'étude des causalités. C'est essentiellement la contribution du PIB qui ressort et secondairement celle du salaire réel. La réponse aux chocs de profit et d'investissement présente un bon profil et une nette persistance, mais avec une contribution faible.

Investissement et profit répondent favorablement aux chocs du PIB, mais sont nettement affectés à long terme par les innovations du chômage. On remarque également qu'un choc salarial accroît le chômage et réduit à long terme rentabilité, investissement et PIB. La réponse à long terme du chômage à un choc spécifique atteint ici un niveau particulièrement élevé (3,5).

GBR — Réponse du taux de chômage à un choc de

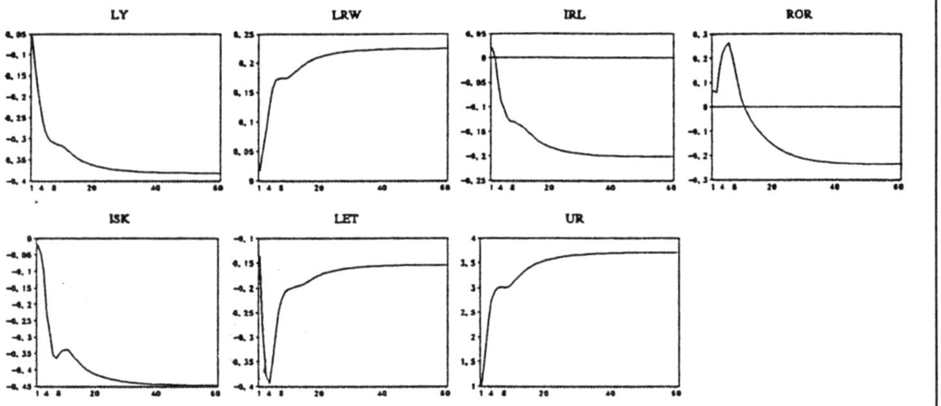

Décomposition de la variance de l'erreur de prévision

			LY				
PAS	*LY*	*LRW*	*IRL*	*ROR*	*ISK*	*LET*	*UR*
1	100	0.00	0.00	0.00	0.00	0.00	0.00
2	93.48	0.08	0.07	4.32	0.85	1.16	0.00
4	85.30	3.07	0.85	4.93	0.80	1.79	3.23
8	73.18	8.06	2.95	6.71	0.36	0.67	8.04
20	60.17	12.58	6.27	7.68	0.55	0.25	12.46
80	54.14	14.41	7.92	8.04	0.80	0.32	14.34
			ROR				
1	2.33	5.23	0.35	92.07	0.00	0.00	0.00
2	3.01	8.48	1.29	86.92	0.05	0.04	0.17
4	3.95	19.54	10.07	56.13	1.71	0.18	8.40
8	13.40	25.49	15.24	28.28	4.43	0.05	13.07
20	18.26	25.87	17.42	19.41	5.19	0.21	13.60
80	20.38	25.49	17.52	16.89	5.17	0.37	14.15
			ISK				
1	14.50	0.03	0.03	0.16	85.26	0.00	0.00
2	21.27	0.29	1.28	4.04	72.07	0.07	0.94
4	28.36	5.56	1.48	3.36	53.09	1.21	6.89
8	34.96	13.52	3.21	2.48	31.99	0.96	12.85
20	36.98	17.10	5.53	3.06	22.75	0.24	14.30
80	37.15	18.49	6.84	3.72	18.59	0.04	15.14
			UR				
1	27.21	3.24	1.26	0.53	0.16	9.60	57.96
2	36.78	6.22	0.27	0.20	0.19	11.39	44.90
4	40.75	10.90	1.43	0.42	0.97	8.22	37.28
8	43.12	15.76	2.60	0.38	2.17	3.95	31.98
20	44.34	17.62	3.71	0.14	2.41	1.68	30.07
80	43.95	18.84	4.81	0.22	2.67	0.67	28.81

3.4. USA

Aux Etats-Unis, l'auto-explication de la variance du chômage est encore plus réduite qu'au Royaume-Uni, et ne représente plus que 20 % à long terme. La contribution des chocs de PIB domine dans le court / moyen terme (de 2 à 4 ans) conformément à une logique de loi d'Okun, mais à long terme les contributions du profit puis de l'investissement deviennent les principales. Les *IRF* présentent des réponses à long terme du chômage supérieures à l'unité aux chocs de profit et d'investissement, mais de 0.9 à ses impulsions spécifiques, ce qui est moindre qu'en Europe.

Les fonctions de réponse de l'investissement s'annulent toutes puisque *ISK* est stationnaire, mais l'impact du profit est fort à moyen terme. Comme en France, la rentabilité est affectée défavorablement à long terme par des chocs d'investissement, ce qui constitue avec l'effet favorable du PIB, la principale contribution à l'explication de cette variable. Cette dégradation de la rentabilité est cohérente avec le fait qu'un surcroît d'investissement accroisse à moyen et long terme le chômage. Notons que l'impact de chocs salariaux serait plutôt de type keynésien, favorables à l'emploi et réduisant le chômage.

USA — Réponse du taux de chômage à un choc de

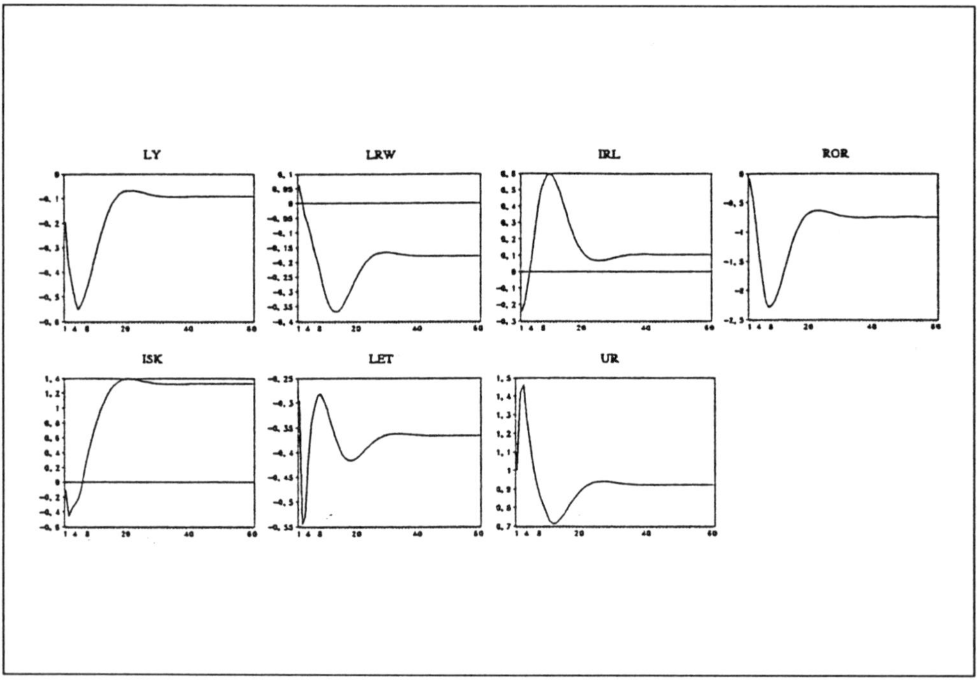

Les Etats-Unis présentent ainsi un cas où les effets d'investissement et de rentabilité sont simultanément présents, contrairement aux pays européens, mais s'opposent dans leur direction : un surcroît d'investissement, qui affecte la rentabilité, se traduit par une élévation à terme du chômage.

Dans l'ensemble le rôle à court terme du PIB ressort ici plus nettement que ne le suggeraient les causalités.

Décomposition de la variance de l'erreur de prévision

				LY			
PAS	*LY*	*LRW*	*IRL*	*ROR*	*ISK*	*LET*	*UR*
1	100	0.00	0.00	0.00	0.00	0.00	0.00
2	72.80	2.09	0.28	14.36	6.74	0.92	2.78
4	56.85	1.65	2.60	32.89	4.12	0.69	1.16
8	42.44	2.13	10.10	43.24	1.43	0.22	0.40
20	29.77	5.66	17.07	44.07	2.86	0.19	0.35
80	25.03	7.37	15.85	44.05	7.28	0.22	0.17
				ROR			
1	14.81	0.02	9.82	75.34	0.00	0.00	0.00
2	14.42	0.32	10.90	73.65	0.21	0.13	0.33
4	8.81	0.32	19.81	68.59	1.14	0.57	0.72
8	3.60	0.24	29.43	57.61	6.48	0.80	1.79
20	13.90	0.41	21.91	30.55	29.74	0.56	2.89
80	26.58	0.68	8.30	10.12	51.17	0.73	2.38
				ISK			
1	27.70	1.82	1.67	0.98	67.80	0.00	0.00
2	31.79	1.41	0.77	3.14	61.80	0.06	0.99
4	36.62	0.71	3.93	14.32	44.57	0.12	0.69
8	32.46	0.74	11.34	26.01	28.99	0.07	0.36
20	27.84	2.52	17.65	28.34	22.87	0.11	0.63
80	27.82	2.54	17.67	28.37	22.83	0.11	0.64
				UR			
1	26.08	0.79	15.97	0.41	0.49	8.40	47.83
2	32.93	0.23	7.55	3.33	2.75	10.84	42.33
4	40.17	0.22	2.74	16.01	1.74	7.74	31.36
8	34.32	0.96	7.37	37.11	0.85	3.57	15.80
20	21.28	4.29	11.84	36.49	9.77	3.99	12.32
80	10.45	4.09	5.73	25.23	29.33	6.08	19.06

3.5. Canada

Le Canada présente le cas d'explication la plus complète de la variance du taux de chômage par les sources d'impulsions autres que les chocs spécifiques. La contribution du PIB domine à l'horizon de 2 à 4 ans et reste élevée, alors qu'elle n'apparaissait pas significative au sens d'un test de causalité de Granger. A l'horizon de 5 ans et plus, la contribution des chocs de rentabilité devient la principale, les impulsions d'investissement et d'emploi apportent un complément d'explication.

L'examen des autres variables montre la forte réponse de l'investissement aux innovations de rentabilité et la forte persistance des chocs spécifiques de profit.

Canada — Réponse du taux de chômage à un choc de

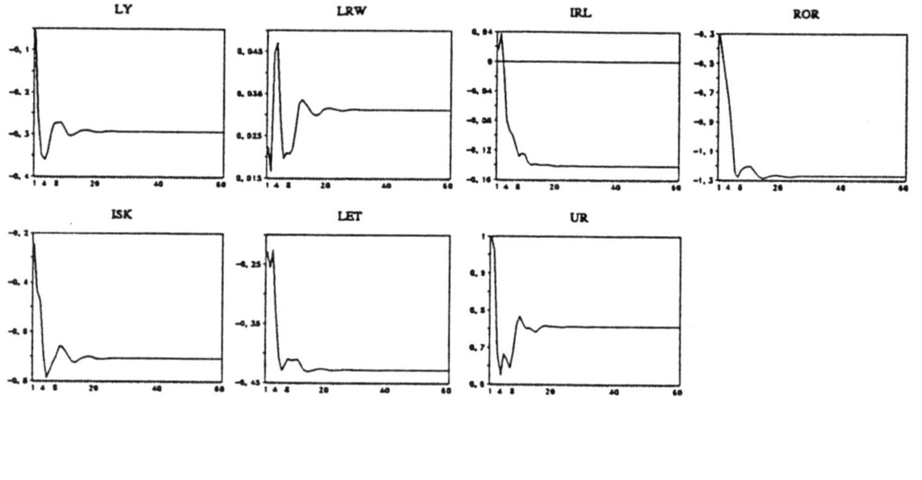

Décomposition de la variance de l'erreur de prévision

			LY				
PAS	*LY*	*LRW*	*IRL*	*ROR*	*ISK*	*LET*	*UR*
1	100	0.00	0.00	0.00	0.00	0.00	0.00
2	92.14	0.22	0.43	6.41	0.37	0.27	0.13
4	79.30	0.12	2.40	13.08	3.38	0.17	1.51
8	56.29	0.14	4.77	31.23	4.78	1.34	1.40
20	43.73	0.24	7.11	40.28	4.69	1.93	1.98
80	38.46	0.29	8.10	44.02	4.69	2.21	2.20
			ROR				
1	0.67	5.94	4.07	89.30	0.00	0.00	0.00
2	4.88	6.29	1.36	86.46	0.34	0.01	0.63
4	10.54	6.95	0.54	75.06	1.50	0.62	4.75
8	6.94	8.57	0.37	71.62	2.24	0.48	9.75
20	3.81	8.49	0.89	74.99	1.18	0.14	10.47
80	2.77	8.36	1.18	76.03	0.83	0.03	10.76
			ISK				
1	18.42	0.04	0.94	9.35	71.23	0.00	0.00
2	24.49	0.02	5.20	14.04	54.94	0.81	0.47
4	17.62	0.05	7.24	23.25	49.01	1.71	1.09
8	15.20	0.47	8.64	28.34	44.91	1.57	0.83
20	15.08	0.39	7.63	32.32	42.44	1.63	0.48
80	14.68	0.36	7.02	34.86	41.07	1.69	0.29
			UR				
1	4.00	0.61	0.14	8.43	6.21	10.90	69.68
2	28.84	0.31	0.35	9.50	8.37	8.13	44.48
4	45.98	0.69	0.61	13.12	11.01	6.51	22.10
8	35.89	0.36	1.60	26.45	13.64	8.49	13.54
20	30.47	0.31	2.69	32.70	13.13	9.23	11.43
80	28.03	0.30	3.21	35.52	12.95	9.55	10.40

4. CONCLUSION

La proposition, associée souvent au nom d'H. Schmidt, d'une influence déterminante des profits sur le chômage, via les investissements, a été soumise au test dans le cadre d'un modèle multivarié, retenant les méthodes modernes de spécification et d'analyse des systèmes vectoriels à correction d'erreur. Un examen de la littérature théorique montre sans doute qu'il faut supposer des hypothèses limites pour que le manque d'investissement soit le facteur principal d'hystérèse du chômage, et la méthodologie statistique retenue a pleinement pris en compte — et même privilégié — les schémas traditionnels d'explication par l'activité macroéconomique, le PIB et le salaire réel.

Au-delà d'une certaine fragilité que comportent ces méthodes d'application relativement récente, et qu'exprime par exemple la difficulté d'interpréter certaines relations de cointégration et la grande dispersion des réponses qui ressort d'un exercice de simulation non reporté ici (Hénin et Jobert, 1993), une très nette convergence des résultats obtenus s'exerce dans le sens d'un rôle essentiel des taux de profit et d'investissement, qui apparaissent plus autonomes, plus robustes et plus explicatifs que les variables traditionnelles. D'une certaine manière, logiques "classiques" et "keynésiennes" seraient ainsi renvoyées dos à dos car les chocs de PIB et de salaires n'apparaissent pas comme les facteurs déterminants de l'explication du chômage. La logique associée à l'affirmation d'H. Schmidt n'est pas totalement confirmée : comparativement aux explications précédentes, elle sort incontestablement renforcée de cet exercice. La dynamique des profits apparaît par exemple assez exogène par rapport aux chocs de PIB et de salaire, et pourtant déterminante par ses effets sur l'investissement, le chômage et, dans certains cas, le PIB lui-même.

Par rapport à cette situation moyenne, le Royaume-Uni constitue une exception plus proche d'une logique traditionnelle, combinant loi d'Okun et dynamique salariale déterminantes, tandis qu'en France c'est la dynamique propre de l'investissement qui apporte la contribution principale à l'évolution du chômage.

Bibliographie

Anderson S. et Devereux M., 1988, "Trade Unions and the Choice of the Capital Stock", *Scandinavian Journal of Economics*, 27-44.

Atkinson A., Blanchard O.J., Fitoussi J.P., Flemming J.S., Malinvaud E., Phelps E.S. et Solow R., 1992, "La désinflation compétitive, le Mark et les politiques budgétaires en Europe", Le Seuil.

Bean C., 1989, "Capital Shortage and Persistent Unemployment", *Economic Policy*, 11-54.

Blanchard O.J., 1990, "Unemployment : Getting the Question Right and Some of the Answers", in Drèze et Bean, ed. *Europe's Unemployment Problem, MIT Press*, 66-89.

Blanchard O.J. et Summers L., 1986, "Hysteresis and the European Unemployment Problem", in Fischer F., ed. *NBER Macroeconomics Annual*, 1986, MIT Press.

Bond S. et Meghir C., 1990, "Dynamic Investment Models and the Firm's Financial Policy", ronéoté, Institute for Financial Studies.

Burda M.C., 1988, "Is there a Capital Shortage in Europe ?", *Weltwirtschaftliches Archiv*, 38-57.

Cléments M.P. et Mizon G., 1991, "Empirical Analysis of Macroeconomic Time Series : VAR and Structural Models", *European Economic Review*, 887-932.

de la Croix D. et Licandro O., 1992, "Investissement, incertitude de la demande et contraintes de capacités", *Economie et Prévision*, 106, 85-96.

Drèze J. et Bean Ch., 1990, *Europe's Unemployment Problem :* Coordination et texte introductif, MIT Press.

d'Autume A. et Michel Ph., 1985, "Future Investment Constraints reduce Present Investment", *Econometrica*, 203-206.

Giavazzi F. et Wyplosz,, 1985, "The Zero Root Problem : A Note on the Dynamic Determination of the Stationary Equilibrium in Linear Models", *Review of Economic Studies*, 353-357.

Grout P.A., 1984, "Investment and Wage in the Absence of Binding Contracts : A Nash Bargaining Approach", *Econometrica*, 449-460.

Hargreaves-Heap S.P., 1980, "Choosing the wrong natural rate: accelerating inflation or decelerating employment and growth", *Economic Journal*, 90, 611-620.

Hénin P.Y. et Jobert Th., 1993, *Does profit Squeeze Cause Unemployment ? Comparative Evidence from Dynamic Multivariate Models*, ronéoté, CEPREMAP.

Malinvaud E., 1983, *Essais sur la théorie du chômage*, Calman Lévy.

Malinvaud E., 1987, "Capital productif, incertitude et profitabilité", *Annales d'Economie et de Statistiques*, 1-36.

Johansen S. et Juselius K., 1990, "Maximum Likelihood Estimation and Inference on Cointegration with Application to the Demand for Money", *Oxford Bulletin of Economics and Statistics*, 169-210.

Nickell S., 1990, "Unemployment : A Survey", *The Economic Journal*, 391-439.

Modigliani F., Monti M., Drèze J. et Layard R., 1987, "Reducing Unemployment in Europe, the Role of Capital Formation", in R. Layard et L. Calmfors, ed., *The Fight against Unemployment*, MIT Press.

Sachs J.P., 1987, "High Unemployment in Europe : Diagnosis and Policy Implications", in C.H. Siven, ed., *Unemployment in Europe, Analysis and Policy Issues*, Timbra, 7-42.

Sims C.A., Stock J. et Watson M., 1990, *Inference in linear time series models with some unit roots*, Econometrica, 58, 113-144.

Van de Klundert Th. et Van Schaik A., 1990, "Unemployment Persistence and Loss of Productive Capacity : A Keynesian Approach", *Journal of Macroeconomics*, 363-380.

Van der Ploeg F., 1987, "Trade Unions, Investment and Employment : A Noncooperative Approach", *European Economic Review*, 14, 65-92.

ANNEXE MÉTHODOLOGIQUE

TESTS DE STATIONNARITÉ, COINTÉGRATION ET MODÉLISATION MULTIVARIÉE

Thomas JOBERT

INTRODUCTION

L'économétrie des séries temporelles connaît depuis quelques années un considérable développement tant du point de vue des travaux théoriques que des travaux empiriques.

Depuis Box et Jenkins (1970), de nombreuses d'avancées ont été faites tant sur la caractérisation univariée des processus que sur l'aspect multivarié.

Le but de cette annexe méthodologique est de présenter une série de stratégies de tests reposant sur des avancées théoriques récentes de l'économétrie des séries temporelles, pouvant être appliquée de manière relativement simple. C'est pourquoi nous n'entrerons pas dans des discussions approfondies sur l'aspect statistique des problèmes. Nous essayerons de voir de manière concrète comment ces nouveaux outils économétriques peuvent être appliqués.

Une première partie sera consacrée à la caractérisation univariée des processus et aux tests de racine unitaire. Dans la seconde partie, nous aborderons les processus multivariés. Nous définirons d'abord les notions d'intégration et de cointégration. L'essentiel cette partie porte sur la méthode développée par Johansen et Juselius pour estimer un VECM et identifier économiquement les relations de cointégration. Enfin, nous traiterons du concept de causalité au sens de Granger et aux tests qui lui sont associé sur les processus VAR comme sur les VECM.

1. STRATÉGIE DE TEST DE RACINE UNITAIRE

1.1. Processus stationnaires

Un processus à temps discret est une suite de variables aléatoires réelles $(x_t)_{t \in \mathbb{Z}}$. La loi d'un tel processus est caractérisée par les lois de toute sous-famille finie $x_{t_1} \ldots x_{t_n}$, $n \in \mathbb{N}^*$, $t_1 \ldots t_n \in \mathbb{Z}$ (théorème de Kolmogorov). Lorsque chacune des variables x_t vérifie $E\, x_t^2 < \infty$ (processus du second ordre), la loi du processus est partiellement résumée par les espérances des diverses variables et par leurs covariances.

Pour pouvoir faire de l'inférence statistique sur des variables aléatoires dont on n'observe qu'une réalisation, on est obligé de supposer que la loi des sous familles reste constante au cours du temps. Le processus est alors stationnaire en loi. Cette hypothèse étant trop restrictive, on se limite aux moments d'ordre un et deux du processus.

Définition : un processus $(x_t)_{t \in \mathbb{Z}}$ est stationnaire du second ordre (au sens large ou L^2) si :

(i) $\forall t \in \mathbb{Z}, \quad \text{Var}\, x_t < \infty$

(ii) $\forall t \in \mathbb{Z}, \quad E x_t = m < \infty$ (indépendant de t)

(iii) $\forall t, h \in \mathbb{Z}, \quad \gamma(h) = \text{cov}(x_t, x_{t+h})$ (indépendant de t)

A partir du moment où comme le suggère l'inspection graphique, les séries macro économiques ne paraissent comporter ni une moyenne ni une variance constante au cours du temps, la stationnarité ne doit plus être présumée et doit être testée.

L'inspection du graphe du processus en niveau et en différence, ainsi que de son corrélogramme peut apporter une idée sur la nature de la série. Le graphe permet de déceler une éventuelle tendance déterministe.

Quant aux autocorrélations, on montre que, pour des processus admettant une racine unitaire, celles-ci sont proche de 1 et décroissent lentement de façon linéaire. La première autocorrélation partielle d'un processus intégré d'ordre 1 doit être proche de l'unité et toutes les autres non significativement différentes de zéro.

Enfin, le corrélogramme de la série en différence (si la série admet une racine unitaire) permet grâce à la méthode de Box et Jenkins d'identifier le processus comme un ARMA(p, q).

Il faut compléter cette analyse descriptive du processus par des tests plus formels de racine unitaire.

1.3. Les tests de racine unitaire

Soit le processus $\Delta y_t = \alpha + \beta t + \rho y_{t-1} + u_t \quad u_t \sim iid\,(0, \sigma^2)$. Tester l'hypothèse de racine unitaire revient à tester $\rho = 0$ contre $\rho < 0$. Il suffit donc d'estimer les paramètres α, β, ρ par les MCO. Sous l'hypothèse nulle $\rho = 0$, l'estimateur de ρ est convergent. Il converge même plus vite que sa vraie valeur lorsque que $\rho < 0$ (Fuller, 1976, p369). Toutefois l'estimateur des MCO de ρ ne suit pas asymptotiquement une loi normale. Une caractéristique de sa distribution est de dépendre du modèle considéré, c'est-à-dire de la présence ou non d'un terme constant et d'une tendance. Les procédures d'inférence classiques ne nous permettent donc pas de tester l'hypothèse nulle $\rho = 0$.

Cependant Fuller (1976), Dickey et Fuller (1979,1981) ont dérivé les valeurs critiques de ces distributions asymptotiques, mais aussi les distributions empiriques des statistiques par des méthodes de simulation. Ils montrent notamment que leurs résultats restent valides si le résidu suit un processus ARMA(p, q) stationnaire. Said et Dickey (1984) proposent d'approximer le processus ARMA(p, q) par un processus AR(k). Il suffit donc d'estimer par les MCO un modèle dans lequel auront été rajoutés des termes retardés de la variable différenciée de manière à *blanchir* le résidu.

Au cours de la dernière décennie, un nombre important de travaux, tant théoriques qu'empiriques, ont été publiés sur les problèmes de racine unitaire et il existe aujourd'hui de nombreux tests tant sous l'hypothèse nulle de racine unitaire que sous l'hypothèse alternative. Les économètres ont aussi proposé des méthodes paramétriques ou non paramétriques pour corriger l'éventuelle autocorrélation du résidu. Cependant, comme le note Perron (1991) "pour ce qui a trait aux tests eux mêmes, la procédure de Dickey-Fuller apparait à l'heure actuelle comme la plus robuste". C'est pourquoi nous allons développer une stratégie de tests de racine unitaire basée sur les tests de Fuller (1976), Dickey-Fuller (1981) et la correction paramétrique de Said et Dickey (1984). Nous utiliserons la table 8.5.2 page 373 de Fuller (1976) permettant de tester la racine unitaire pour un processus pouvant admettre une tendance déterministe et une constante. Pour tester la présence d'une tendance déterministe ou d'une constante, suite aux remarques de Perron (1988), nous déconseillons d'utiliser les tables I, II et III page 1062 de Dickey-Fuller (1981). En effet, la distribution des statistiques t sous l'hypothèse nulle des coefficients individuels de la tendance déterministe n'est pas invariante par rapport à certains paramètres de nuisances. Par contre les tests joints ϕ_1 ϕ_2 ϕ_3 (tableaux IV, V et VI page 1063) restent invariants malgré leur faible puissance.

1.3.1. *Stratégie de test séquentiel*

Soient les six équations:

$$(0)\quad \Delta y_t = \sum_{i=1}^{k} \gamma_i \Delta y_{t-i} + \varepsilon_t$$

$$(1)\quad \Delta y_t = \alpha + \beta t + \rho y_{t-1} + \sum_{i=1}^{k} \gamma_i \Delta y_{t-i} + \varepsilon_t$$

$$(2)\quad \Delta y_t = \alpha + \rho y_{t-1} + \sum_{i=1}^{k} \gamma_i \Delta y_{t-i} + \varepsilon_t \quad \text{où } \varepsilon \sim iid\,(0, \sigma^2)$$

$$(3)\quad \Delta y_t = \rho y_{t-1} + \sum_{i=1}^{k} \gamma_i \Delta y_{t-i} + \varepsilon_t$$

$$(4)\quad \Delta y_t = \alpha + \beta t + \sum_{i=1}^{k} \gamma_i \Delta y_{t-i} + \varepsilon_t$$

$$(5)\quad \Delta y_t = \alpha + \sum_{i=1}^{k} \gamma_i \Delta y_{t-i} + \varepsilon_t$$

Une étape préliminaire consiste à fixer le nombre de retards k permettant de blanchir les résidus. "Ce problème est important puisque le résultat du test dépend souvent du choix de ce paramètre. Plusieurs facteurs peuvent expliquer une telle sensibilité. Premièrement, l'inclusion d'un nombre insuffisant de valeurs retardées peut affecter le niveau du test. Deuxièmement, l'introduction d'un trop grand nombre de retards peut affecter la puissance du test (puisqu'un plus grand nombre de paramètres est estimé et que le nombre effectif d'observations diminue étant donné le besoin de conditions initiales) (...). Ces facteurs suggèrent l'importance de choisir le paramètre k judicieusement. En particulier une règle de sélection fixe, sans égard à la nature des données, peut mener à une procédure inadéquate. Une méthode de sélection fondée sur la nature des données a plus de chance de donner lieu à des tests avec un bon niveau et une puissance supérieure" Perron (1991).

Vue l'importance du choix du nombre de retards k, nous proposons d'essayer plusieurs critères de choix de k (il existe bien d'autres tests). Un premier critère peut être fourni par le Q de Box-Pierce[1] ou la statistique transformée de Ljung-Box[2]. On teste alors la nullité des autocorrélations du résidu. Le nombre p doit être choisi relativement élevé, on le prend généralement dans la zone 15-20. Cependant, ces tests sont peu puissants et amènent souvent à un k très faible.

On peut aussi avoir recours à des tests basés sur la matrice d'information de Kulback tel que le critère BIC[3], ou le critère de Hannan[4] qui sont des critères consistants (on cherche alors la valeur qui minimise le critère). Cependant des simulations ont montré qu'à distance finie, le nombre de retards du critère BIC est inférieur ou égal au nombre de retards donné par le critère de Hannan.

La dernière méthode s'appuie sur un test d'hypothèse concernant le coefficient du dernier retard inclut dans l'autorégression estimée. Il s'agit de choisir comme le propose Perron (1989) un nombre de retards maximal *a priori*, soit $k$max. On estime une autorégression de degré $k$max. Si le coefficient associé au dernier retard est significatif, $k = k$max. Sinon, on réduit l'ordre de l'autorégression estimé un à un jusqu'à ce que le coefficient associé au dernier retard inclus soit significatif. Si aucun n'est significatif, on choisit $k = 0$. Il est important de noter que cette méthode séquentielle doit s'effectuer en partant d'un modèle général vers un modèle plus spécifique.

Bien qu'il faille fixer k pour chaque équation, nous proposons d'effectuer tous les tests sur le modèle le plus général, à savoir le modèle (1), ce qui allège fortement l'étape préliminaire de la stratégie de tests séquentiels de racine unitaire[5]. De plus, le fait d'avoir un nombre différent de retards pour chaque équation éliminerait l'aspect emboîté de la stratégie de test et rendrait impossible les tests joints de Dickey-Fuller (1981).

---

1. $Q = T \sum_{h=1}^{p} \hat{\rho}_h^2 [\tilde{\varepsilon}]$
2. $Q' = T(T+2) \sum_{h=1}^{p} (T-h)^{-1} \hat{\rho}_h^2 [\tilde{\varepsilon}]$
3. $BIC = T * \log(\sigma^2) + \log T * (k+n)$ où $k + n$ est le nombre total de régresseurs du modèle.
4. $T * \log(\sigma^2) + 2 \log((\log(T)) * (k+n)$
5. Si le vrai processus n'admet pas de tendance déterministe, on risque d'introduire des autocorrélations fallacieuses dans les résidus estimés en le régressant sur une constante et le temps. On peut alors introduire un trop grand nombre de retards, ce qui peut affecter la puissance du test, mais pas son niveau.

Une fois k fixé, il s'agit de définir une stratégie de test. En partant du modèle le plus général à savoir le modèle (1), on évite des problèmes de non convergence des estimateurs ou de puissance de test asymptotiquement nulle qui peuvent surgir si on effectue un test sur un modèle mal spécifié (par exemple omission de la tendance déterministe).

La stratégie choisie est séquentielle et descendante.

On procède par étape:

Etape 1. On teste dans l'équation (1) l'hypothèse de racine unitaire. Le test $\rho = 0$ se fait suivant la statistique τ_τ de Fuller(1976) tableau 8.5.2 page 373.

Si on rejette la racine unitaire, on peut alors tester les coefficients de la tendance déterministe avec des t de Student standards.

Si $\beta \neq 0$ et $\alpha \neq 0$ le processus est stationnaire autour d'une tendance déterministe $I(0) + T + C$.

Si $\beta \neq 0$ et $\alpha = 0$ le processus est stationnaire autour d'une tendance déterministe sans constante $I(0) + T$.

Si $\beta = 0$, le processus n'admet pas de tendance déterministe et il faut retester la racine unitaire dans un modèle sans tendance. On passe à l'étape 3.

Si on accepte la racine unitaire, on va tester α et β sachant que $\rho = 0$. On passe à l'étape 2.

Etape 2. Le processus étant différencié dans l'équation (4), les statistiques suivent des lois standards. Si $\beta \neq 0$ le processus est intégré d'ordre 1 autour d'une tendance quadratique. Cette conclusion doit être perçue comme un signal. Nous proposons alors de tester un modèle avec changement de pente. Les tests seront présentés dans la suite de l'annexe.

Si $\beta = 0$, on passe à l'étape 3.

Etape 3. On teste dans l'équation (2) l'hypothèse de racine unitaire. Le test $\rho = 0$ se fait suivant la statistique τ_μ de Fuller (table 8.5.2 page 373).

Si on rejette la racine unitaire, on peut alors tester l'hypothèse d'un processus stationnaire non centré ($\alpha \neq 0$) par des statistiques standards.

Si $\alpha \neq 0$, le processus est stationnaire autour d'une constante $I(0) + C$.

Si $\alpha = 0$, il faut retester l'hypothèse d'une racine unitaire sur un processus sans constante. On passe à l'étape 5.

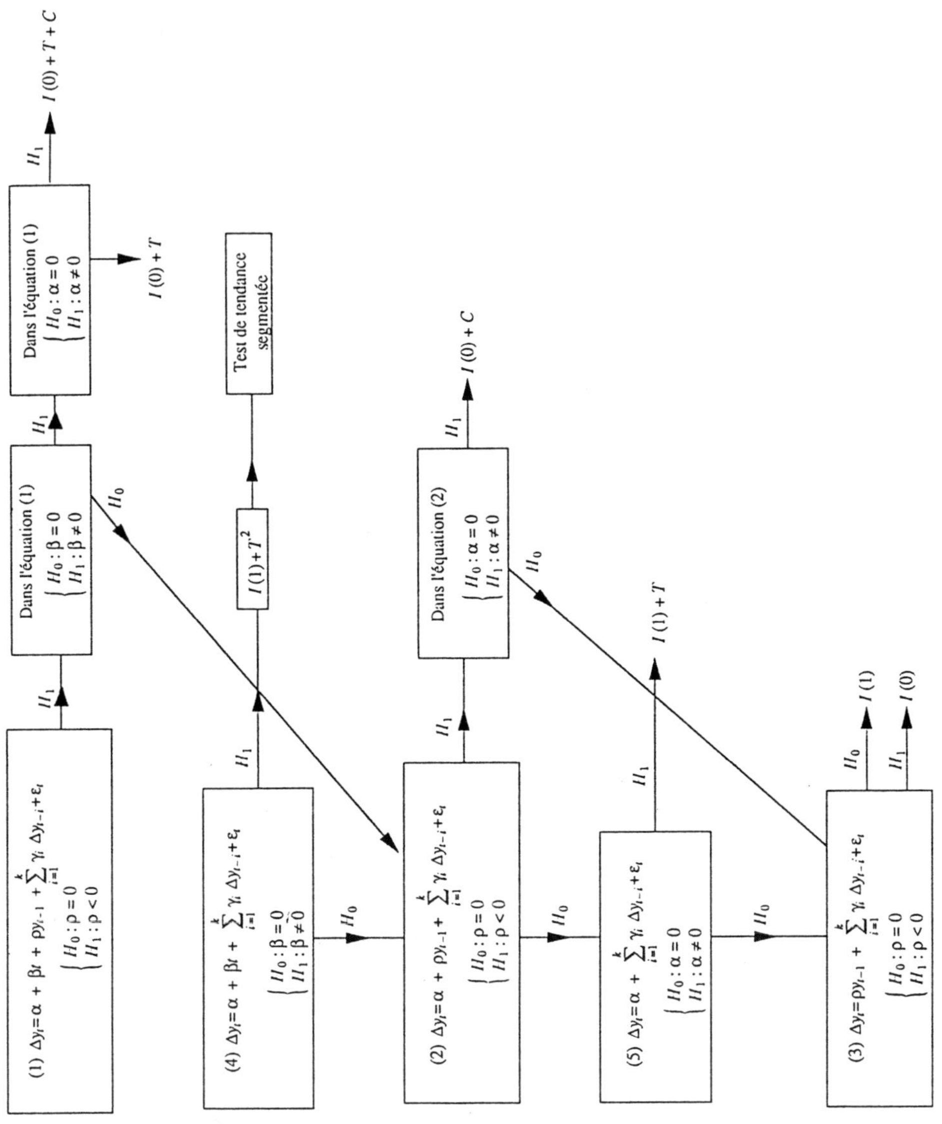
(1) $\Delta y_t = \alpha + \beta t + \rho y_{t-1} + \sum_{i=1}^{k} \gamma_i \Delta y_{t-i} + \varepsilon_t$
$H_0 : \rho = 0$
$H_1 : \rho < 0$
Dans l'équation (1)
$H_0 : \beta = 0$
$H_1 : \beta \neq 0$
Dans l'équation (1)
$H_0 : \alpha = 0$
$H_1 : \alpha \neq 0$
$I(0) + T + C$
$I(0) + T$
Test de tendance segmentée
$I(1) + T^2$
(4) $\Delta y_t = \alpha + \beta t + \sum_{i=1}^{k} \gamma_i \Delta y_{t-i} + \varepsilon_t$
$H_0 : \beta = 0$
$H_1 : \beta \neq 0$
(2) $\Delta y_t = \alpha + \rho y_{t-1} + \sum_{i=1}^{k} \gamma_i \Delta y_{t-i} + \varepsilon_t$
$H_0 : \rho = 0$
$H_1 : \rho < 0$
Dans l'équation (2)
$H_0 : \alpha = 0$
$H_1 : \alpha \neq 0$
$I(0) + C$
$I(1) + T$
(5) $\Delta y_t = \alpha + \sum_{i=1}^{k} \gamma_i \Delta y_{t-i} + \varepsilon_t$
$H_0 : \alpha = 0$
$H_1 : \alpha \neq 0$
(3) $\Delta y_t = \rho y_{t-1} + \sum_{i=1}^{k} \gamma_i \Delta y_{t-i} + \varepsilon_t$
$H_0 : \rho = 0$
$H_1 : \rho < 0$
$I(1)$
$I(0)$
H_0
H_1

Si on accepte la racine unitaire, on passe à l'étape 4 où l'on va tester α conditionnellement à $\rho = 0$.

Etape 4. Le processus étant différencié dans l'équation (5), les statistiques suivent des lois standards. Si a $\alpha \neq 0$ le processus est intégré d'ordre 1 autour d'une tendance déterministe $I\ (1) + T$.
Si $\alpha = 0$, on passe à l'étape 5.

Etape 5. Dans l'équation (3), testons $\rho = 0$. Ce test se fait suivant la statistique τ de Fuller (1976) table 8.5.2 page 373.
Si $\rho < 0$, le processus est stationnaire $I(0)$.
Si $\rho = 0$, le processus est intégré d'ordre 1 $I(1)$.

Cette stratégie de tests séquentiels n'intègre pas explicitement les tests d'hypothèses jointes ϕ_1 ϕ_2 ϕ_3 de Dickey-Fuller (1981). Nous proposons de les utiliser comme un moyen de contrôle des résultats de la stratégie ci-dessus. On rappelle que ces tests utilisent les F statistiques usuelles. Par contre les statistiques des ϕ ne suivent pas asymptotiquement une loi de Fisher-Snedecor. Dickey-Fuller (1981) ont donc tabulé les distributions empiriques des ϕ (page 1063, table IV, V et VI).

$$\phi_1 \begin{cases} H_0 : \rho = \alpha = 0 & \text{processus } I\ (1) \\ H_1 : \text{processus } I\ (0) + C \end{cases}$$

$$\phi_1 = \frac{(SSR_0 - SSR_2\ )\ /\ 2}{SSR_2\ /(T - k - 2)}$$

SSR_i est la somme des carrés des résidus de l'équation i.

$$\phi_2 \begin{cases} H_0 : \rho = \alpha = \beta = 0 & \text{processus } I\ (1) \\ H_1 : \text{processus } I\ (0) + T + C \end{cases}$$

$$\phi_2 = \frac{(SSR_0 - SSR_1\ )\ /\ 3}{SSR_1\ /(T - k - 3)}$$

$$\phi_3 \begin{cases} H_0 : \rho = \beta = 0 & \text{processus } I\ (1) + T \\ H_1 : \text{processus } I\ (0) + T + C \end{cases}$$

$$\phi_3 = \frac{(SSR_5 - SSR_1\ )\ /\ 2}{SSR_5\ /(T - k - 3)}$$

Si par exemple, on trouve le processus stationnaire autour d'une tendance déterministe $I(0) + T + C$, on doit rejeter l'hypothèse nulle de ϕ_2 et de ϕ_3. En revanche, ϕ_1 ne nous apprendra rien.

1.3.2. *Les tests de tendance fragmentée*

Il est possible d'arriver à la conclusion d'un processus intégré d'ordre 1 autour d'une tendance quadratique. Oularis, Park et Phillips (1989) proposent des tests de racine unitaire avec une tendance déterministe ayant des polynômes de degrés inférieurs ou égaux à 5. Cependant, ce type de processus nous semble terriblement *ad-hoc* et la justification économique peu satisfaisante. Il est en revanche possible que le processus subisse un changement de pente de sa tendance déterministe. Si la stratégie de test décrite ci-dessus nous amène à un processus intégré d'ordre 1 autour d'une tendance quadratique, nous proposons dans un premier temps de vérifier si l'hypothèse d'une tendance quadratique peut être levée au profit d'un changement de pente à la date D. Si c'est le cas, il faut regarder si la présence d'une tendance segmentée permet de rejeter la racine unitaire.

Soient les équations :

$$(6) \qquad \Delta y_t = \alpha_1 + \alpha_2 DU_t + \beta t + \sum_{i=1}^{k} \gamma_i \Delta y_{t-i} + \varepsilon_i$$

$$(7) \qquad \Delta y_t = \alpha_1 + \alpha_2 DU_t + \sum_{i=1}^{k} \gamma_i \Delta y_{t-i} + \varepsilon_i$$

où : $DU_t = \begin{cases} 1 \text{ si } t > T_D \\ 0 \text{ sinon} \end{cases}$

Si il existe une date D pour laquelle $\beta = 0$ et $\alpha_1 \neq 0$, $\alpha_2 \neq 0$ dans l'équation (6), alors l'hypothèse d'une tendance quadratique peut être levée au profit d'un changement de pente. La série peut alors être estimée par l'équation (7). Pour trouver la date D, on peut soit partir d'une date *a priori*, soit balayer l'échantillon.

Perron (1989) propose des tables statistiques, basées sur des simulations, permettant de tester l'hypothèse d'une racine unitaire dans un modèle avec tendance segmentée. Il s'agit de son modèle (B) :

$$H_0 : \rho = 0 \rightarrow \Delta y_t = \alpha_1 + \alpha_2 DU_t + \sum_{i=1}^{k} \gamma_i \Delta y_{t-i} + \varepsilon_i$$

$$H_1 : \rho < 0 \rightarrow \Delta y_t = \alpha + \beta_1 t + \beta_2 \; DT_t + \rho y_{t-1} + \sum_{i=1}^{k} \gamma_i \Delta y_{t-i} + \varepsilon_i$$

$$\text{où : } DU_t = \begin{cases} 1 \text{ si } t > T_D \\ 0 \text{ sinon} \end{cases} \qquad DT_t = \begin{cases} t \text{ si } t > T_D \\ 0 \text{ sinon} \end{cases}$$

La statistique de ce test se trouve page 1377 table VB.

Si $\rho < 0$, le modèle est stationnaire autour d'une tendance segmentée.

Si $\rho = 0$, le modèle est intégré d'ordre 1 autour d'une tendance segmentée.

La distribution de ρ dépend de la date D.

1.3.4. *Remarques*

— Dans la stratégie décrite ci-dessus, nous avons supposé que le processus était au plus intégré d'ordre 1. Cette hypothèse doit être vérifiée en appliquant à nouveau les tests de racine unitaire en prenant comme processus initial la série différenciée. Si le processus est intégré d'ordre 1, alors les tests conduits sur :

$$\Delta^2 y_t = \alpha + \beta t + \rho \, \Delta y_{t-1} + \sum_{i=1}^{k'} \gamma_i \Delta^2 y_{t-i} + \varepsilon_t$$

doivent nous amener à rejeter l'hypothèse de racine unitaire. Si ce n'est pas le cas, alors la variable est intégrée d'ordre 2 $I(2)$.

Bien que ce ne soit pas le cas des principales séries macro économiques, il est possible de trouver certains processus $I(2)$. Notamment les séries de prix, ce qui se traduit par le fait que l'inflation serait un processus intégré d'ordre 1, ce qui n'est pas particulièrement choquant d'un point de vue économique.

— Certains auteurs proposent d'inclure dans une stratégie de test de racine unitaire, les tests joints ϕ. Ils utilisent alors les τ de Fuller (1976) pour tester la racine unitaire et les ϕ pour tester la tendance déterministe, ce qui peut permettre d'arriver plus vite à une conclusion et donc de réduire la perte de niveau global du test.

Cependant, ils sont parfois obligés d'avoir recours au test sur α dans l'équation (5).

Cette stratégie n'inclut pas l'aspect séquentiel et emboité de celle décrite ci-dessus. De plus, ils risquent, en n'estimant pas l'équation (4) de passer à coté des processus avec tendance segmentée.

— Phillips et Perron (1988) proposent une correction non paramétrique du résidu permettant de traiter à la fois une autocorrélation et une éventuelle hétéroscédasticité. Le principal problème de cette correction réside dans le choix tout à fait arbitraire du nombre de retards k.

— Nous développerons dans la section 2.2.3. des tests de racine unitaire dans un système multivarié grâce à la méthode de Johansen (1988).

2. PROCESSUS MULTIVARIÉS

2.1. Processus multivariés non stationnaires

Définition : La série multivariée x_t est intégrée d'ordre d si elle admet une représentation ARMA non-déterministe, inversible, stationnaire après d différenciations.

On notera : $x_t \sim I(d)$

Bien que chacune des composantes de x_t soit intégrée d'ordre d, il peut exister des combinaisons linéaires de ces composantes intégrées d'ordre strictement inférieur à d. On dira alors que les séries (x_{jt}) $j = 1 \ldots n$, sont cointégrées d'ordre d, b si :

$$\exists\, \beta \neq 0 \ \text{ tel que } \ Z_t = \beta' x_t \sim I(d-b), \ b > 0$$

Le vecteur β est appelé vecteur de cointégration.

Considérons un vecteur x_t de dimension n, admettant la représentation VAR suivante :

$$\Phi(L)\, x_t = \mu + \varepsilon_t$$

(2.1)
$$x_t = \sum_{i=1}^{p} \Phi_i\, x_{t-i} + \mu + \varepsilon_t$$

La stationnarité du processus est vérifiée si, et seulement si, det $[\Phi(z)] = 0 \Rightarrow |z| > 1$.

Le problème se pose s'il existe des racines de det $[\Phi(z)]$ sur le disque unité (les composantes de x_t sont $I(h) > 0$) nous amenant alors à différencier h fois le processus et à analyser les conséquences.

Dans la suite de notre étude, nous supposerons que les variables au plus intégrées d'ordre 1.

Dans le cas où il existe des composantes $I(1)$, nous avons :

$$(2.2) \qquad \Delta x_t = \sum_{i=1}^{p-1} \Gamma_i \Delta x_{t-i} + \pi x_{t-p} + \mu + \varepsilon_t$$

avec : $\Gamma_i = Id + \sum_{j=1}^{i} \Phi_i$ et $\pi = Id - \sum_{j=0}^{p} \Phi_j$. La discussion va porter sur le rang de la matrice π.

Trois cas sont envisageables :

1) rang $(\pi) = 0$, alors la représentation est celle d'un VAR en différences premières,

2) rang $(\pi) = n$, alors x_t est stationnaire,

3) $0 <$ rang $(\pi) = r < n$, alors il existe r relations de cointégration et des matrices de taille (n, r) α et β (non uniques) telles que $\pi = \alpha \beta'$.

On interprète les relations $\beta_i' x_t$ comme les i combinaisons linéaires stationnaires de variables non-stationnaires et α_{ij} comme le poids de la relation de cointégration i dans l'équation j du modèle.

L'écriture d'un VAR en différences peut alors conduire à une erreur de spécification dans la mesure où l'on omet les relations de long terme.

Une écriture VECM, "modèle vectoriel à correction d'erreur", est alors adaptée, comme le stipule le théorème de représentation de Granger [1987].

Théorème :

a) La série x n'est pas cointégrée si, et seulement si, le modèle (2.2) s'écrit :

$$\Gamma(L)\,\Delta x_t = \varepsilon_t$$

où $\Gamma(L)$ est un polynôme (matriciel) de degré $n-1$, tel que les racines de det $[\Gamma(L)]$ sont à l'extérieur du disque unité.

b) Si la série x est cointégrée et si β' est une matrice (r, n) dont les lignes sont des vecteurs de cointégration indépendants, le modèle (2.2) admet une représentation à correction d'erreur du type : $\alpha\beta' x_t + \Gamma(L)\,\Delta x_t = \varepsilon_t$ où α est une matrice (n,r) et $\Gamma(0) = Id - \alpha\beta'$.

De façon équivalente, le modèle (2.2) s'écrit :

$$\alpha\beta' x_{t-1} + \Gamma^*(L)\,\Delta x_t = \varepsilon_t \quad \text{avec} \quad \Gamma^*(0) = Id$$

2.2. Estimation d'un VECM

2.2.1. *La méthode de Engle et Granger*

Engle et Granger [1987], Engle et Yoo [1987] ont proposé de déterminer les relations de cointégration existant dans un système par une méthode en deux étapes. Dans une première étape, on régresse par les MCO les variables en niveau et l'on regarde si le résidu de cette régression est stationnaire. Si le résidu est stationnaire, on le réintroduit dans une deuxième étape dans notre modèle qui devient un VECM.

Pour le test de relation de cointégration entre processus intégrés d'ordre 1, par exemple (x_t) et (y_t), on estime par les MCO une régression statique de long terme entre les niveaux de ces variables :

$$y_t = \hat{a} + \hat{b}\,x_t + \hat{u}_t$$

$\hat{u}_t$ est le résidu de l'équation cointégrante.

Puis on estime par les MCO :

$$\Delta \widehat{u}_t = \rho\, \widehat{u}_{t-1} + \sum_{i=1}^{k} \gamma_i\, \Delta\widehat{u}_{t-i} + \varepsilon_t$$

On teste l'hypothèse nulle de non-cointégration, c'est-à-dire $H_0 : \rho = 0$ avec la statistique de Student de ρ à l'aide des différents tests proposés dans la littérature (Dickey et Fuller, Engle et Yoo, Phillips et Ouliaris...).

Si on rejette l'hypothèse nulle de non cointégration, on estime par les MCO équation par équation (théorème de Zelner) un modèle en différence dans lequel le résidu retardé de l'équation cointégrante est rajouté comme variable exogène :

$$\begin{cases} \Delta x_t = \phi_{11}(L)\, \Delta x_t + \phi_{12}(L)\, \Delta y_t + \alpha_1\, \widehat{u}_{t-1} + \varepsilon_{1t} \\ \Delta y_t = \phi_{21}(L)\, \Delta x_t + \phi_{22}(L)\, \Delta y_t + \alpha_2\, \widehat{u}_{t-1} + \varepsilon_{2t} \end{cases}$$

Johansen propose de tester directement dans le cadre d'un VAR en niveau les relations de cointégration.

2.2.2. *La méthode de Johansen*

Nous allons présenter sommairement la méthode de Johansen [1988].

Soit le modèle :

$$\Delta x_t = \sum_{i=1}^{p-1} \Gamma_i\, \Delta x_{t-i} + \pi\, x_{t-p} + \mu + \varepsilon_t \qquad \varepsilon_t \rightsquigarrow N(0, \Lambda)$$

Nous avons déjà vu les conditions de rang concernant la matrice π et nous allons nous intéresser plus particulièrement au test de l'hypothèse :

$$\pi = \alpha\beta'$$

qui va nous permettre une représentation en niveau de notre modèle général.

On s'intéressera par la suite, si l'hypothèse précédente est vérifiée, à des conditions plus restrictives concernant ces matrices α et β.

En fait, il s'agira d'examiner une liste d'hypothèses que nous avons trouvée pertinente pour la dérivation de notre modèle VECM.

Cette liste d'hypothèses est directement liée à l'utilisation d'un logiciel, utilisable sous RATS, créé par Juselius [1991].

La liste d'hypothèses est la suivante:

H_1 : modèle (2.1) VAR en niveau
H_2 : $\pi = \alpha\beta'$ où α et β sont (n, r) de plein rang colonne
H_{31} : $\pi = \alpha\beta'$ et $\beta = H\,\varphi$ où H est (n, s) connue, φ est (s, r), $r \leq s \leq n$
H_{32} : $\pi = \alpha\beta'$ et $\beta = (H, \psi)$ où H est (n, r_1) connue et ψ est (n, r_2)
H_{33} : $\pi = \alpha\beta'$ et $\beta = (H\,\varphi, \psi)$ où H est (n, s) connue, φ est (s, r_1) et ψ est (n, r_2)
H_4 : $\pi = \alpha\beta'$ et $\alpha = A\,\phi$ où A est (n, m) donnée et ϕ est (m, r)
H_5 : H_{31} et H_4

Les hypothèses H_1 et H_2 permettent de déterminer le nombre de relations de cointégration.

H_{31} permet de tester des restrictions linéaires sur toutes les relations de cointégration.

H_{32} permet d'imposer une ou plusieurs relations de cointégration, les autres étant estimées librement.

H_{33} permet de tester des restrictions linéaires sur une ou plusieurs relations de cointégration, les autres étant estimées librement.

H_4 permet de tester la nullité de toutes les relations de cointégration dans une équation (c'est un test d'exogénéité

H_5 test joint de H_{31} et H_4. C'est un test de prédétermination[6].

A ces différentes hypothèses (excepté H_1), il est nécessaire de spécifier deux éléments : tout d'abord, il est bien évident qu'elles sont paramètrées par le nombre de relations de cointégration r. Ensuite, il convient de déterminer le statut de la constante μ dans notre modèle.

En effet, décomposons μ tel que $\mu = \alpha\, \beta_\mu' + \alpha_\perp\, \delta'$, avec $\alpha_\perp$ une matrice $(n, n - r)$ de plein rang orthogonale aux colonnes de α et δ un vecteur colonne de taille $(n - r)$.

Si $\alpha_\perp\, \delta' = 0$, cela implique qu'il n'existe pas de tendance déterministe dans notre modèle (les tendances déterministes sont alors cointégrées). La matrice des vecteurs de cointégration β

6. Nous reviendrons par la suite sur les notions d'exogénéité faible et de prédétermination.

contient alors une constante. Les tests restent les mêmes (on les note H^*). Nous reviendrons par la suite sur la mise en oeuvre du test sur la cointegration des tendances déterministes.

Comme le vecteur des résidus du modèle est supposé gaussien, nous pouvons écrire sa vraisemblance. La fonction de vraisemblance est d'abord concentrée par rapport aux paramètres $\Gamma_1, \ldots, \Gamma_{p-1}$ et μ en régressant Δx_t et x_{t-p} sur $\Delta x_{t-1}, \ldots, \Delta x_{t-p+1}$ et 1. Ceci nous donne les residus R_{0t} et R_{pt} et la matrice des moments croisés :

$$S_{ij} = \frac{1}{T} R_i R_j' \qquad i, j \in (0, p)^2$$

On en déduit la forme réduite :

$$R_{0t} = -\pi R_{pt} + u_t \quad \text{avec} \quad \pi = \alpha \beta'$$

pour β fixé, on peut estimer α par :

$$\hat{\alpha}(\beta) = -S_{0p} \beta (\beta' S_{pp} \beta)^{-1}$$

et β est déterminé en résolvant le programme :

$$| \lambda S_{pp} - S_{p0} S_{00}^{-1} | = 0$$

dont les solutions sont les valeurs propres : $\hat{\lambda}_1 > \ldots > \hat{\lambda}_n$ et $\xi = (\xi_1, \ldots, \xi_n)$ les vecteurs correspondants qui forment une base orthogonale.

On calcule alors les vecteurs $V_i = S_{pp}^{-\frac{1}{2}} \xi_i \quad i = 1, \ldots, n$ nous permettant de trouver la matrice $\hat{\beta} = [V_1 \ldots V_n]$ et nous donnant le maximum de vraisemblance :

$$L_{\max}^{-2/T}(H_1) = \det(S_{00}) \prod_{i=0}^{n} (1 - \hat{\lambda}_i)$$

On peut écrire le test du Rapport de Vraisemblance de l'hypothèse nulle $H_2(r)$ dans H_1 car celle-ci est une hypothèse $H_2(r)$ avec $r = n$ (on appelle ce RMV "test de la trace").

On peut écrire le test du Rapport de Vraisemblance de l'hypothèse nulle $H_2\,(r\,)$ dans H_1 car celle-ci est une hypothèse $H_2\,(r)$ avec $r = n$ (on appelle ce RMV "test de la trace").

$$-\,2\ln(Q\,;H_2\,(r\,)\,|H_1\,) = -\,T\sum_{i=r+1}^{n}\ln(1-\widehat{\lambda}_i\,)$$

et le test du RMV pour tester $H_2\,(r)$ dans $H_2\,(r+1)$ est (on l'appelle "test de la valeur propre maximale") :

$$-\,2\ln(Q\,;r\,|r+1) = -\,T\ln(1-\widehat{\lambda}_{r+1}\,)$$

Les lois des tests ont été tabulées dans Johansen et Juselius [1990].

Remarque : Sous l'hypothèse H_2 et $\mu = \alpha\,\beta_\mu^{'}$ (c'est-à-dire H_2^*) les résultats restent valables mais avec les S_{ij}^* au lieu des S_{ij}. Pour tester si les tendances déterministes sont cointégrées, on fixe d'abord le nombre de relations de cointégrations par le test de la trace et de la valeur propre maximale dans le modèle non contraint (H_2), puis on teste si $H_2^*\,(r)$ est dans $H_2\,(r)$ grâce à la statistique :

$$-\,2\,Ln\,(Q\,;H_2^*\;(r)\,|H_2\,(r)) = -\,T\sum_{i=r+1}^{n}Ln\left\{\frac{1-\widehat{\lambda}_i^*}{1-\widehat{\lambda}_i}\right\}$$

qui suit un $\chi^2\,(n-r\,)$.

Exemple : considérons un processus x_t de dimension 4 :

$$(x_t^{'}\,) = (x_{1t}^{'}\,,\,x_{2t}^{'}\,,\,x_{3t}^{'}\,,\,x_{4t}^{'}\,)\,.$$

Le test de la trace permet de tester 3 relations de cointégration contre 4, 2 relations de cointégration contre 4, 1 relation de cointégration contre 4, un VAR en différence contre un VAR en niveau. Le test de la valeur propre permet de tester 3 relations de cointégration contre 4, 2 relations de cointégration contre 3, etc.

Si on accepte 2 relations de cointégration, on estime le modèle sous l'hypothèse $\mu = \alpha\beta_\mu^{'}$, on récupère λ_3^* et λ_4^* ce qui nous permet de tester si les tendances déterministes sont cointégrées.

Dans la suite, nous reprendons pour exemple un processus de dimension 4 admettant deux relations de cointégrations.

2.2.3. *Restrictions et tests sur les matrices* α *et* β

— *Restrictions identiques sur l'ensemble des vecteurs cointégrants* (H_{31})

On a H_{31} : $\beta = H\,\varphi$, où H est une matrice connue. Nous nous limiterons ici à la spécification des statistiques et de leur loi, les différences vis-à-vis de la démarche suivie dans l'hypothèse H_2 ne concernant que la reformulation de la régression par les MCO de la maximisation de la vraisemblance pour α fixé.

Ici elle se formule de la façon suivante :

$$R_{0t} = \alpha\,\varphi'\,H'\,R_{1t} + u_t$$

La statistique qui s'interprète comme un rapport de vraisemblance est :

$$-2\ln(Q\,;H_{31}(r)/H_2(r)) = T\sum_{i=1}^{r}\ln(1-\widehat{\lambda}_i)/(1-\widetilde{\lambda}_i)$$

où les $\widehat{\lambda}_i$ et $\widetilde{\lambda}_i$ sont respectivement les valeurs propres du modèle non-contraint et du modèle contraint.

Cette statistique suit asymptotiquement un $\chi^2\,(r\,(n-s))$.

Exemples : — Si nous voulons tester l'exclusion de la première variable x_{1t} des deux relations de cointégration, c'est-à-dire :

$$\beta'\,x_t = \begin{pmatrix} 0 & \beta_{12} & \beta_{13} & \beta_{14} \\ 0 & \beta_{22} & \beta_{23} & \beta_{24} \end{pmatrix} \begin{pmatrix} x_{1t} \\ x_{2t} \\ x_{3t} \\ x_{4t} \end{pmatrix}$$

en posant : $H = \begin{pmatrix} 0 & 0 & 0 \\ 1 & 0 & 0 \\ 0 & 1 & 0 \\ 0 & 0 & 1 \end{pmatrix}$

on a bien :

$$H\varphi = \begin{pmatrix} 0 & 0 & 0 \\ 1 & 0 & 0 \\ 0 & 1 & 0 \\ 0 & 0 & 1 \end{pmatrix} \begin{pmatrix} \varphi_{11} & \varphi_{12} \\ \varphi_{21} & \varphi_{22} \\ \varphi_{31} & \varphi_{32} \end{pmatrix} = \begin{pmatrix} \beta_{11} = 0 & \beta_{21} = 0 \\ \beta_{12} = \varphi_{11} & \beta_{22} = \varphi_{12} \\ \beta_{13} = \varphi_{21} & \beta_{23} = \varphi_{22} \\ \beta_{14} = \varphi_{31} & \beta_{24} = \varphi_{32} \end{pmatrix} = \beta$$

— Si nous voulons tester l'opposition des coefficients des deux premières variables dans les deux relations de long terme, c'est-à-dire :

$$\beta' = \begin{pmatrix} \beta_{11} & -\beta_{11} & \beta_{13} & \beta_{14} \\ \beta_{21} & -\beta_{21} & \beta_{23} & \beta_{24} \end{pmatrix}$$

en posant : $H = \begin{pmatrix} 1 & 0 & 0 \\ -1 & 0 & 0 \\ 0 & 1 & 0 \\ 0 & 0 & 1 \end{pmatrix}$

on a bien :

$$H\varphi = \begin{pmatrix} 0 & 0 & 0 \\ -1 & 0 & 0 \\ 0 & 1 & 0 \\ 0 & 0 & 1 \end{pmatrix} \begin{pmatrix} \varphi_{11} & \varphi_{12} \\ \varphi_{21} & \varphi_{22} \\ \varphi_{31} & \varphi_{32} \end{pmatrix} = \begin{pmatrix} \beta_{11} = \varphi_{11} & \beta_{21} = \varphi_{12} \\ \beta_{12} = -\varphi_{11} & \beta_{22} = -\varphi_{12} \\ \beta_{13} = \varphi_{21} & \beta_{23} = \varphi_{22} \\ \beta_{14} = \varphi_{31} & \beta_{24} = \varphi_{32} \end{pmatrix} = \beta$$

— *Test de relations de cointégration connues a priori*

Si l'on dispose d'une connaissance *a priori* de certaines relations devant théoriquement intervenir dans notre modèle, on peut tester si elles appartiennent à l'espace cointégrant. En fait, on peut se servir de ce test pour vérifier de manière jointe des relations de cointégration identifiées séparément grâce au test H_{33}.

De plus, ceci offre un cadre à l'étude de la stationarité de chacune des variables. L'hypothèse nulle de ce test est la stationnarité, à la différence des tests de Dickey-Fuller. Toutefois, ce test est conditionnel au choix des séries intervenant dans l'espace cointégrant.

On a H_{32} : $\beta = (H, \psi)$, et la régression suivante, avec $\alpha = (\alpha_1, \alpha_2)$:

$$R_{0t} = \alpha_1 H' R_{0t} + \alpha_2 \psi' R_{1t} + u_t$$

La statistique de test est donnée par :

$$-2 \ln (Q ; H_{32} (r)/H_2 (r)) = T\left(\sum_{i=1}^{r_1} \ln (1 - \hat{\rho}_i) + \sum_{i=1}^{r_2} \ln (1 - \hat{\lambda}_i) - \sum_{i=1}^{r} \ln (1 - \tilde{\lambda}_i) \right)$$

qui suit un $\chi^2 (r_1 (n - r))$, avec les $\hat{\rho}_i$ correspondant aux valeurs propres des vecteurs connus (H), les $\hat{\lambda}_i$ correspondant à celles de ψ et les $\tilde{\lambda}_i$ à celles du modèle non contraint.

Exemple : Si nous voulons tester la stationnarité de la première variable x_{1t}, en imposant comme vecteur de cointégration :

$$\beta' = \begin{pmatrix} 1 & 0 & 0 & 0 \\ 0 & \beta_{22} & \beta_{23} & \beta_{24} \end{pmatrix}$$

on teste bien la stationnarité de x_{1t}.

Si la matrice β' est acceptée, il faut vérifier que le coefficient α_{11} (le poids de la variable x_{1t} dans l'équation différentiée de x_1) n'est pas nul. Une condition nécessaire est fournie par le test H_4 (test d'exogénéité faible dont l'un des paramètres d'intérêt serait la relation de long terme formée du seul paramètre x_{1t}).

— *Restrictions sur certains vecteurs cointégrants*

A la différence de l'hypothèse H_{31}, on peut préférer ne tester que des restrictions portant sur certains vecteurs cointégrants. On définit alors H_{33} comme :

$$H_{33} : \beta = (H\ \varphi, \psi)$$

et l'équation des MCO devient :

$$R_{0t} = \alpha_1\ \varphi'\ H'\ R_{0t} + \alpha_2\ \psi'\ R_{1t} + u_t$$

La statistique du test est identique à celle du cas précédent, mais avec les $\hat{\rho}_i$ comme valeurs propres de $H\ \varphi$.

$$-2\ \ln (Q\ ; H_{33}\ (r)/H_2\ (r)) = T \left(\sum_{i=1}^{r_1} \ln (1 - \hat{\rho}_i) + \sum_{i=1}^{r_2} \ln (1 - \hat{\lambda}_i) - \sum_{i=1}^{r} \ln (1 - \hat{\lambda}_i) \right)$$

Cette statistique suit un $\chi^2\ ((p - s - r_2))\ r_1)$.

Exemple : nous voulons tester l'opposition des coefficients des deux premières variables dans une seule des deux relations de long terme, c'est-à-dire :

$$\beta' = \begin{pmatrix} \beta_{11} & -\beta_{11} & \beta_{13} & \beta_{14} \\ \beta_{21} & \beta_{22} & \beta_{23} & \beta_{24} \end{pmatrix} = \begin{pmatrix} (H\ \varphi)' \\ \psi\ ' \end{pmatrix}$$

en posant : $H = \begin{pmatrix} 1 & 0 & 0 \\ -1 & 0 & 0 \\ 0 & 1 & 0 \\ 0 & 0 & 1 \end{pmatrix}$

on a bien :

$$H\ \varphi = \begin{pmatrix} 1 & 0 & 0 \\ -1 & 0 & 0 \\ 0 & 1 & 0 \\ 0 & 0 & 1 \end{pmatrix} \begin{pmatrix} \varphi_{11} \\ \varphi_{21} \\ \varphi_{31} \end{pmatrix} = \begin{pmatrix} \beta_{11} = \varphi_{11} \\ \beta_{12} = -\ \varphi_{11} \\ \beta_{13} = \varphi_{21} \\ \beta_{14} = \varphi_{31} \end{pmatrix}$$

On peut donc identifier une à une les relations de cointégration avec le test H_{33} et après tester conjointement les relations trouvées avec le test H_{32}.

— *Restrictions sur la matrice* α

On rappelle que H_4 correspond à : $\alpha = A\,\phi$.
On définit la matrice B telle que :

$$B\,'A = 0 \quad \Rightarrow \quad B\,'\alpha\,\phi^{-1} = 0 \quad \Rightarrow \quad B\,'\alpha = 0$$

On peut donc tester, grâce à cette hypothèse, la nullité d'une ou plusieurs lignes de la matrice α. Johansen (1991, théorème 1) montre que ce test est un test d'exogénéité faible[7] de certaines variables Δx_i quand les paramètres d'intérêts sont α et β.

La statistique est la même que pour l'hypothèse de nullité de certains β_{x_i} (H_{31}), à savoir :

$$-2 \ln (Q\,;H_4\,(r)/H_2\,(r)) = T \sum_{i=1}^{r} \ln\,(1 - \hat{\lambda}_i)\,/\,(1 - \tilde{\lambda}_i)$$

où les $\hat{\lambda}_i$ et $\tilde{\lambda}_i$ sont respectivement les valeurs propres du modèle non-contraint et du modèle contraint.

Cette statistique suit asymptotiquement un $\chi^2\,(r\,(n - m))$.

— *Exemple* : nous voulons tester l'exogénéité faible de Δx_1, c'est-à-dire la nullité de α_{1j} $\forall\, j \in \{1, 2\}$, α s'écrivant alors :

$$\alpha = \begin{pmatrix} 0 & 0 \\ \alpha_{21} & \alpha_{22} \\ \alpha_{31} & \alpha_{32} \\ \alpha_{41} & \alpha_{42} \end{pmatrix}$$

Posons : $A = \begin{pmatrix} 0 & 0 & 0 \\ 1 & 0 & 0 \\ 0 & 1 & 0 \\ 0 & 0 & 1 \end{pmatrix}$ on a alors $B = \begin{pmatrix} 1 \\ 0 \\ 0 \\ 0 \end{pmatrix}$ et $B\,'A = 0$.

7. Pour une approche plus complète de l'exogénéité et la prédétermination, voir Gourieroux et Monfort (1990) chapitres X et XII.

On trouve bien :

$$\alpha = A\,\phi = \begin{pmatrix} 0 & 0 & 0 \\ 1 & 0 & 0 \\ 0 & 1 & 0 \\ 0 & 0 & 1 \end{pmatrix} \begin{pmatrix} \phi_{11} & \phi_{12} \\ \phi_{21} & \phi_{22} \\ \phi_{31} & \phi_{32} \end{pmatrix} = \begin{pmatrix} 0 & 0 \\ \phi_{11} & \phi_{12} \\ \phi_{21} & \phi_{22} \\ \phi_{31} & \phi_{32} \end{pmatrix}$$

$$\Rightarrow B'\,\alpha = (1\;0\;0\;0) \begin{pmatrix} \alpha_{11} & \alpha_{12} \\ \alpha_{21} & \alpha_{22} \\ \alpha_{31} & \alpha_{32} \\ \alpha_{41} & \alpha_{42} \end{pmatrix} = 0 \Rightarrow \alpha_{11} = \alpha_{22} = 0$$

— *Tests joints sur* α *et* β

L'hypothèse jointe est $H_5 : \beta = H\,\psi$ et $\alpha = A\,\phi$. On reprend la statistique commune aux deux tests pris séparément, c'est-à-dire :

$$-2\ln(Q\,;H_5(r)/H_2(r)) = T\sum_{i=1}^{r}\ln(1-\hat{\lambda}_i)/(1-\tilde{\lambda}_i)$$

qui suit un $\chi^2(r(2n-s-m))$.

Ce test peut servir pour caractériser la prédétermination d'une variable qui requiert l'exclusion de cette variable des relations de cointégration et sa faible exogénéité.

2.2.4. *Stragégie de test discriminante et recherche d'une forme structurelle*

— *Etape préliminaire*

Une fois que l'on a vérifié que le processus multivarié x_t ne contient que des composantes au plus intégrées d'ordre 1, il faut fixer l'ordre k du VAR. Plusieurs outils sont à notre disposition. On peut se servir de critères basés sur la matrice d'information de Kulback comme le critère BIC ou le critère de Hannan. Il est aussi possible d'effectuer une procédure descendante de test du maximum de vraisemblance testant un VAR d'ordre $k + 1$ contre un VAR d'ordre k.

Ensuite, nous proposons la démarche suivante :

a) *Détermination du nombre de relations de cointégration et du statut de la constante*

Grâce aux tests de la trace et de la valeur propre maximale, on fixe le nombre de relations de cointégration dans le modèle général. On teste ensuite si $H_2^*(r)$ est dans $H_2(r)$.

b) *Etude de la stationnarité*

On applique le test H_{33} ou H_{33}^* décrit dans la section précédente.

c) *Etude de l'exclusion de certaines variables*

On applique le test H_{31} ou H_{31}^* suivant le statut de la constante.

d) *Etude de l'exogénéité faible*

On applique le test H_4 ou H_4^*.

e) *Etude de la prédétermination*

Ce test (H_5 ou H_5^*)se fait sur les variables qui sont à la fois exclues des relations de cointégration et faiblement exogènes.

f) *Ecriture du VECM sous forme bloc récursive*

Nous allons montrer dans un exemple comment écrire le VECM sous forme bloc récursive. Le bloc marginal est composé des variables prédéterminées ou faiblement exogènes.

On peut alors limiter l'étude des relations de long terme au bloc conditionnel, ce qui réduit la taille du système.

g) *Retour à l'étape b*

On applique à nouveau les tests d'exclusion, d'exogénéité faible et de prédétermination aux variables du bloc conditionnel.

h) *Identification des relations de long terme*

Il s'agit de chercher une forme structurelle dans le bloc conditionnel en imposant des restrictions sur β. C'est l'étape la plus importante. Elle permet de donner un sens économique aux relations de long terme.

— Exemple

Reprenons notre processus composé de quatre variables, admettant deux relations de cointégration et dont les tendances déterministes ne sont pas cointégrées.

Si la variable x_1, est faiblement exogène, le modèle

$$\begin{pmatrix} \Delta x_{1t} \\ \Delta x_{2t} \\ \Delta x_{3t} \\ \Delta x_{4t} \end{pmatrix} = \begin{pmatrix} \phi_{11}(L) & \phi_{12}(L) & \phi_{13}(L) & \phi_{14}(L) \\ \phi_{21}(L) & \phi_{22}(L) & \phi_{23}(L) & \phi_{24}(L) \\ \phi_{31}(L) & \phi_{32}(L) & \phi_{33}(L) & \phi_{34}(L) \\ \phi_{41}(L) & \phi_{42}(L) & \phi_{43}(L) & \phi_{44}(L) \end{pmatrix} \begin{pmatrix} \Delta x_{1t} \\ \Delta x_{2t} \\ \Delta x_{3t} \\ \Delta x_{4t} \end{pmatrix}$$

$$+ \begin{pmatrix} 0 & 0 \\ \alpha_{21} & \alpha_{22} \\ \alpha_{31} & \alpha_{32} \\ \alpha_{41} & \alpha_{42} \end{pmatrix} \begin{pmatrix} \beta_{11} & \beta_{12} & \beta_{13} & \beta_{14} \\ \beta_{21} & \beta_{22} & \beta_{23} & \beta_{24} \end{pmatrix} \begin{pmatrix} x_{1,t-k} \\ x_{2,t-k} \\ x_{3,t-k} \\ x_{4,t-k} \end{pmatrix} + \mu + \begin{pmatrix} \varepsilon_{1,t} \\ \varepsilon_{2,t} \\ \varepsilon_{3,t} \\ \varepsilon_{4,t} \end{pmatrix}$$

peut être écrit sous forme bloc récursive. Le bloc marginal est alors :

$$\Delta x_{1t} = \phi_{11}(L)\,\Delta x_{1t} + \phi_{12}(L)\,\Delta x_{2t} + \phi_{13}(L)\,\Delta x_{3t} + \phi_{14}(L)\,\Delta x_{4t} + \mu_{x1} + \varepsilon_{1t}$$

et le bloc conditionnel :

$$\begin{pmatrix} \Delta x_{2t} \\ \Delta x_{3t} \\ \Delta x_{4t} \end{pmatrix} = \begin{pmatrix} \phi_{21}(L)^+ & \phi_{22}(L)^+ & \phi_{23}(L)^+ & \phi_{24}(L)^+ \\ \phi_{31}(L)^+ & \phi_{32}(L)^+ & \phi_{33}(L)^+ & \phi_{34}(L)^+ \\ \phi_{41}(L)^+ & \phi_{42}(L)^+ & \phi_{43}(L)^+ & \phi_{44}(L)^+ \end{pmatrix} \begin{pmatrix} \Delta x_{1t} \\ \Delta x_{2t} \\ \Delta x_{3t} \\ \Delta x_{4t} \end{pmatrix}$$

$$+ \begin{pmatrix} \alpha_{21} & \alpha_{22} \\ \alpha_{31} & \alpha_{32} \\ \alpha_{41} & \alpha_{42} \end{pmatrix} \begin{pmatrix} \beta_{11} & \beta_{12} & \beta_{13} & \beta_{14} \\ \beta_{21} & \beta_{22} & \beta_{23} & \beta_{24} \end{pmatrix} \begin{pmatrix} x_{1,t-k} \\ x_{2,t-k} \\ x_{3,t-k} \\ x_{4,t-k} \end{pmatrix} + \mu^* + \begin{pmatrix} \varepsilon^+_{2t} \\ \varepsilon^+_{3t} \\ \varepsilon^+_{4t} \end{pmatrix}$$

Les résidus des deux blocs sont orthogonaux par construction.

Cette reparamétrisation du système impose en fait la présence d'un terme contemporain de la variable faiblement exogène (Δx_1) dans chaque équation du bloc conditionnel.

Nous voyons que les relations de long terme n'interviennent plus dans le bloc marginal. Nous pouvons donc limiter notre étude à un système réduit : le bloc conditionnel. Il faut maintenant identifier économiquement les deux relations de long terme par des restrictions linéaires sur la matrice β.

Si la variable x_1, avait été prédéterminée, elle aurait été exclue des relations de long terme du bloc conditionnel.

Le logiciel proposé par Juselius permet de donner à certaines variables un statut de variables faiblement exogènes ou prédéterminées.

2.3. Causalité

2.3.1. *Causalité et processus stationnaire*

Nous allons étudier la notion de causalité au sens de Granger dans le cadre de processus stationnaires. Dans cette section, nous supposerons donc que les processus sont stationnaires.

Définition : $\{y\}$ ne cause pas $\{x\}$ au sens de Granger si :

$$\forall t \quad E\,[x_t / I_{t-1}(x), I_{t-1}(y)] = E\,[x_t / I_{t-1}(x)\,]$$

$I_{t-1}(x)$ est l'espace engendré par les combinaisons linéaires des valeurs passées de x.

Le concept de causalité au sens de Granger (1969) s'interprète en terme de prédictabilité. Si un processus $\{y\}$ cause au sens de Granger un processus $\{x\}$, alors il est possible d'utiliser $\{y\}$ pour prévoir les mouvements à court terme de $\{x\}$. La causalité ainsi définie est statistique. Elle n'implique pas nécessairement l'existence d'une causalité économique, mais elle en indique la probabilité.

Soit le modèle non contraint

$$\begin{bmatrix} B_y(L) & B_{yx}(L) \\ B_{xy}(L) & B_x(L) \end{bmatrix} \begin{bmatrix} y_t \\ x_t \end{bmatrix} = \begin{bmatrix} \mu_y \\ \mu_x \end{bmatrix} = \begin{bmatrix} e_{yt} \\ e_{xt} \end{bmatrix}$$

avec :

$$\mathrm{Var}\begin{pmatrix} e_{yt} \\ e_{xt} \end{pmatrix} = \Sigma = \begin{pmatrix} \Sigma_y & \Sigma_{yx} \\ \Sigma_{xy} & \Sigma_x \end{pmatrix}$$

$y \in R^n$, $x \in R^m$, on suppose que le VAR est d'ordre p.

L'hypothèse H_0 selon laquelle $\{y\}$ ne cause pas $\{x\}$ se traduit dans le modèle VAR par la contrainte :

$$H_0 : B_{xyj} = 0 \qquad \forall j \quad 1 \leq j \leq p.$$

B_{xyj} est de dimension (m, n). Nous avons donc$m * n * p$ contraintes indépendantes.

$$\omega = (\theta = T \operatorname{Log} \frac{\det \hat{\Sigma}^0}{\det \hat{\Sigma}} > \chi^2_{(1-\alpha}(mnp)) \quad \text{zone de rejet de } H_0$$

$\hat{\Sigma}^0$ est la matrice de variance-covariance des résidus estimés du modèle contraint.

$\hat{\Sigma}$ est la matrice de variance-covariance des résidus estimés du modèle non contraint.

On montre que le test de causalité au sens de Granger peut se ramener à un test de Fisher sur la deuxième équation du VAR.

2.3.2. *Stratégie de test de causalité dans un VECM*

Les résultats développés dans cette section s'appuient sur le théorème de Sims, Stock et Watson (1990) et sur les travaux effectués par Toda et Phillips (1991) à partir de ce théorème et de la méthode proposée par Johansen.

Nous nous limiterons ici à l'étude de la causalité au sens de Granger d'une variable sur une autre[8].

Bien que le processus multivarié x_t ne soit pas stationnaire, il est possible de développer une stratégie de test de causalité au sens de Granger dans un VECM s'appuyant sur des statistiques standards. Toda et Phillips montrent à l'aide de simulation que les résultats obtenus sur un VECM sont plus puissants que ceux basés sur un VAR en niveau ou en différence.

Nous allons présenter la stratégie de test de causalité au travers d'un exemple.

8. Pour une stratégie de test de causalité au sens de Granger d'un bloc de variables sur un autre, voir Toda Phillips (1991).

Reprenons notre processus de dimension quatre admettant deux relations de cointégration :

$$\begin{pmatrix} \Delta x_{1t} \\ \Delta x_{2t} \\ \Delta x_{3t} \\ \Delta x_{4t} \end{pmatrix} = \begin{pmatrix} \phi_{11}(L) & \phi_{12}(L) & \phi_{13}(L) & \phi_{14}(L) \\ \phi_{21}(L) & \phi_{22}(L) & \phi_{23}(L) & \phi_{24}(L) \\ \phi_{31}(L) & \phi_{32}(L) & \phi_{33}(L) & \phi_{34}(L) \\ \phi_{41}(L) & \phi_{42}(L) & \phi_{43}(L) & \phi_{44}(L) \end{pmatrix} \begin{pmatrix} \Delta x_{1t} \\ \Delta x_{2t} \\ \Delta x_{3t} \\ \Delta x_{4t} \end{pmatrix}$$

$$+ \begin{pmatrix} \alpha_{11} & \alpha_{12} \\ \alpha_{21} & \alpha_{22} \\ \alpha_{31} & \alpha_{32} \\ \alpha_{41} & \alpha_{42} \end{pmatrix} \begin{pmatrix} \beta_{11} & \beta_{12} & \beta_{13} & \beta_{14} \\ \beta_{21} & \beta_{22} & \beta_{23} & \beta_{24} \end{pmatrix} \begin{pmatrix} x_{1,t-k} \\ x_{2,t-k} \\ x_{3,t-k} \\ x_{4,t-k} \end{pmatrix} + \mu + \begin{pmatrix} \varepsilon_{1,t} \\ \varepsilon_{2,t} \\ \varepsilon_{3,t} \\ \varepsilon_{4,t} \end{pmatrix}$$

On veut tester la causalité au sens de Granger de la variable x_2 sur la variable x_1.

On définit $\pi_{12} = \alpha_{11}\,\beta_{12} + \alpha_{12}\,\beta_{22}$.

Soient les tests :

$$H_a \begin{cases} H_{a_0} & : \phi_{12}(L) = 0 \\ H_{a_1} & : \exists k \,/\, \phi_{12,k} \neq 0 \end{cases}$$

non causalité de court terme de Δx_2 sur Δx_1

$$H_4 \begin{cases} H_{4_0} : \alpha_{11} = \alpha_{12} = 0 \\ H_{4_1} : \alpha_{11} \neq 0 \text{ ou } \alpha_{12} \neq 0 \end{cases}$$

exogénéité faible de x_1

$$H_{31} \begin{cases} H_{31_0} : \beta_{12} = \beta_{22} = 0 \\ H_{31_1} : \beta_{12} \neq 0 \text{ ou } \beta_{22} \neq 0 \end{cases}$$

exclusion de x_2 des relations de *LT*

$$H_b \begin{cases} H_{b_0} & : \pi_{12} = 0 \\ H_{b_1} & : \pi_{12} \neq 0 \end{cases}$$

le test H_a se fait par un test de Wald. Les tests H_{31} et H_4 ont été décrits dans la section 2.2.3. Le test H_b est un test de Student.

STRATÉGIE DE TEST

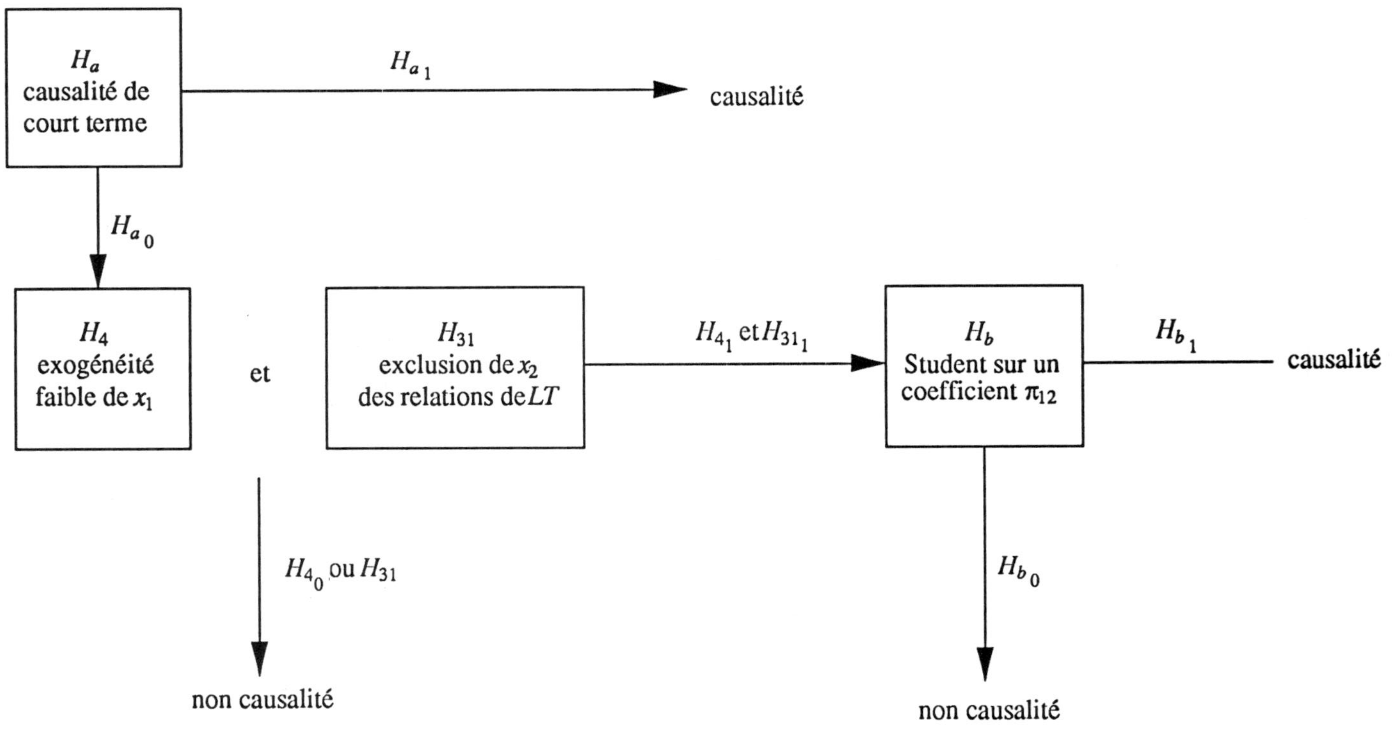

Remarques : Si x_1 est faiblement exogène, elle ne peut-être causée qu'à court terme.
Si x_2 est exclue des relations de long terme, elle ne peut causer x_1 qu'à court terme

Bibliographie

Campbell J.Y. et Perron P., 1991, "Pitfalls and opportunities: what macroeconomics should know about unit root", *NBER Technical Working Paper.*

Fuller W.A.,1976, "Estimation and hypothesis testing for non stationary time series", *Ph.D. Thesis, lowa State University, Ames.*

Dickey D.A. et Fuller W.A., 1979, "Distribution of the estimators for autoregressive time series with a unit root", *Journal of the American Stanstical Associatlon,* 74, 427-431.

Dickey D.A. et Fuller W.A., 1981, "Likelihood ratio tests for autoregressive time series with a unit root", *Econometrica,*49, 1057-1072.

Engle R.F., Hendry D.F. et Richard J.F., 1983, "Exogeneity", *Econometrica,* 51, 277-304.

Engle E.F. et Granger C.W.J., 1987, "Co-integation and error correction: representation, estimation and testing", *Econometrica,* 55, 251-276.

Gouriéroux C. et Monfort A., 1990, "Séries temporelles et modèles dynamiques", *Economica.*

Hénin P.Y., 1989, "Sur la non-stationnarité des séries macroéconomiques : tendances, cycles et persistance", *Revue d'Economie Politique,* 5, 661-691.

Hénin P.Y. et Jobert T., 1990, "Persistance du chômage et hystérèse : une étude économétrique comparative", *Proceedings of the Applied Econometrics Association Conference on the Econometrics of Labour Market*, Strasbourg, December.

Johansen S., 1991, "Estimation and hypothesis testing of cointegration vectors in gaussian vector autoregressive models", *Econometrica,* 59, 1151-1581.

Johansen S., 1991, "Cointegration in partial system and the efficiency of single equation analysis", *Journal of Econometrics,* 52, 389-402.

Johansen S. et K Juselius, 1990, "Maximum likelihood Estimation and inference on cointegration, with applications to the demand for money", *Oxford Bulletin of Economics and Statistics*, 52, 169-210.

Johansen S. et Juselius K., 1991, "Testing structural hypotheses in a multivariate cointegration analysis of the PPP and the UIP for UK", *Journal of Econometrics,* 53, 211-244.

Juselius K., 1991, "CATS in RATS" a manual to cointegration analysis, Institute of Economics, *University of Copenhagen.*

Nelson C.R. et Plosser C.I., 1982, "Trend and random walks in macroeconomic time serie: some evidence and implications", *Journal of Monetary Economics,* 10, 139-162.

Ouliaris S., Park J.Y. et Phillips P.C.P., 1989, "Testing for a unit root in the presence of a maintained trend", *Advances in Econometrics and Modelling,* édité par B. Raj. Dordrecht: Kluwer Academic Publishers.

Perron P., 1988, "Trends and random walks in macroeconomic time series: Further evidence from a new approach", *Journal of Economic Dynamics and Control*, 12, 297-332.

Perron P., 1989, "The great crash, the oil price shock, and the unit root hypothesis", *Econometrica*, 57, 1361-1401.

Perron P., 1991, "Racines unitaires en macroeconomie : le cas d'une variable", *Working Paper C.R.D.E.*

Said S.E. et Dickey D.A., 1984, "Testing for unit roots in autoregressive-moving average models of unknown order", *Biometrica*,71, 599-608.

Schmidt P. et Phillips P.C.B., 1992, "Testing for a unit root in the presence of deterministic trend", *Oxford Bulletin of Economics and Statistics*, 54, 169-210.

Sims C., Stock J.H. et Watson M.W., 1990, "Inference in linear time series models with some unit roots", *Econometrica*, 58, 133-144.

Toda H.Y et Phillips P.C.B., 1991, "Vector autoregressions and causality", *Cowles Foundation Discussion Paper*, n° 977.

Toda H.Y. et Phillips P.C.B. 1991, "The spurious effect of unit roots on exogeneity test in vector autoregressions: an analytical study", *Cowles Foundation Discussion Paper*, n° 978.

Toda H.Y. et Phillips P.C.B., 1991, "Vector autoregressions and causality: a theoritical overview and simulation study", *Cowles Foundation Discussion Paper*, n° 1001.

TABLE DES MATIÈRES

Composé par Economica, 49, rue Héricart, 75015 PARIS
Imprimé en France. - JOUVE, 18, rue Saint-Denis, 75001 PARIS
N° 210808A. - Dépôt légal : Juin 1993